복 있는 사람

오직 여호와의 율법을 즐거워하여 그 율법을 주야로 묵상하는 자로다.
저는 시냇가에 심은 나무가 시절을 좇아 과실을 맺으며 그 잎사귀가 마르지 아니함 같으니
그 행사가 다 형통하리로다. (시편 1:2-3)

박영선 목사의 설교선집은 설교구어체로 된 친절한 성경 강해설교의 전범(典範)입니다. 『믿음』에서는 인간의 실존적 곤경과 하나님 은혜의 압도적인 권능을 찬양합니다. 『교회』에서는 지상의 현실교회에 실망한 사람들에게 위로가 될 만한 교회의 진면목, 참된 자리를 자세히 살핍니다. 하나님의 권능에 찬 구원 은혜에 의존하는 신앙도상의 신자들이 부대끼며 살아가며 상처를 주고받으며 자라가는 곳이 교회입니다. 불완전한 교회에 다니는 것도 하나님의 구원 은혜에 붙들릴 때만 가능합니다. 『성화』는 구원받은 신자들이 하나님 나라를 향해 순례하는 과정에서 거쳐야 하는 거룩한 품성 변화를 다룹니다. 여기서 교회는 신자들만을 위한 자폐적 친교권이 아니라, 사회와 세상 안에서 하나님의 구원 은혜와 다스리실 의지를 대변하는 증언공동체이자, 세상을 위해 그리고 세상을 향하여 파송된 증인공동체입니다. 기독교회의 사회적 책임은 신자 각각의 성화를 필연적으로 요구합니다. 『자유』는 하나님이 인간의 믿음과 순종을 지극히 귀하고 소중한 결단으로 봐 주시는 하나님의 따뜻한 시선을 다룹니다.

이 설교선집의 네 가지 특장(特長)은 다음과 같습니다. 첫째, 원숙하고 자애로운 설교자의 복음전도, 복음초청의 음성이 설교선집 전체를 이끌어 갑니다. 복음을 전할 때 사용하기에 매우 유익합니다. 둘째, 지상교회에 정착하지 못하고 표류하는 신자들에게 위로가 됩니다. 이 설교들은 질책하기보다 어루만지는 어조가 완연합니다. 셋째, 사후구원이나 탈세계적인 천당의 한자리를 얻고자 애쓰며 교회 안에서만 신앙을 소비하려는 자기만족적인 신자들에게 사회와 더 넓은 세상을 품도록 시야를 넓혀 줍니다. 마지막으로, 신앙 여정의 마지막 순간까지 자유라는 존엄한 선물을 바르게 사용하여 하나님과의 동행을 잘 마치도록 권고합니다. 자유는 성령에 붙들린 신자들에게는 하나님을 애타게 갈망하도록 만드는 거룩한 속박입니다. 이 책을 읽는 독자들은 설교가 하나님의 생명의 말씀을 중심에 두고 이루어지는 성도의 교제임을 깨달을 뿐 아니라, 기독교 신앙이 하나님과 더불어 걷는 감미로운 동행이자 부단한 교제의 세계임을 깨닫게 될 것입니다. 그와 더불어 불완전하고 비틀거리는 자신의 신앙에 지나치게 절망하지 않으며, 흠결이 있는 지상의 기구적 교회에서 만나는 또 다른 불완전한 동료 신자들에 대해서도 좌절하지 않을 덕성을 기를 수 있을 것입니다.

김회권, 숭실대학교 기독교학과 교수

한국교회 강단의 걸출한 설교자들 가운데서도 박영선 목사는 남다른 목소리를 가진 설교자입니다. 그 목소리에는 영웅이나 사람의 실력이 아니라, 하나님과 그분의 은혜만을 전하려는 결기가 서려 있습니다. 쉬운 대답 그리고 누구나 할 수 있을 법한 대답 대신, 치열한 고민과 갈등의 몸부림을 통해 깊은 곳에서 건져 낸 지혜가 담겨 있습니다. 모범적이고 양순한 소위 '잘 믿는' 신자의 시각보다는, 의심하고 거부하는 '뻐딱한' 관점으로부터 비롯된 통찰이 녹아 있습니다. 한 사람의 신앙인으로서 그리고 설교자로서 그가 평생 붙들고 씨름했던 주제를 따라 선별한 이 설교선집은 자기 믿음과 한국교회 현실에 대해 고민하는 그리스도인들에게 위로와 해답이 될 것입니다. 그리고 의심하고 회의하는 청중을 둔 설교자들을 위한 안내서 역할도 하리라 믿습니다.

조광현, 고려신학대학원 설교학 교수

성화

성화

박영선 목사 설교선집 2

박영선 지음 · 조주석 엮음

복 있는 사람

성화 박영선 목사 설교선집 2

2013년 8월 5일 초판 1쇄 인쇄
2023년 6월 1일 개정증보판 1쇄 인쇄
2023년 6월 9일 개정증보판 1쇄 발행

지은이 박영선
엮은이 조주석
펴낸이 박종현

(주) 복 있는 사람
주소 서울특별시 마포구 연남동 246-21
전화 02-723-7183, 7734(영업·마케팅) 팩스 02-723-7184
이메일 hismessage@naver.com
등록 1998년 1월 19일 제1-2280호

ISBN 979-11-92675-48-0 04230
ISBN 979-11-92675-37-4 04230 (세트)

지난 40년 동안 이 설교들을 들어 주고 함께해 준,

남포교회 성도들에게

1부 성화의 본질

개정증보판 저자 서문

어느덧 40여 년 동안 설교자의 길을 걸어왔습니다. 이 과정에서 저의 설교
는 성경을 어떻게 해석하느냐 하는 문제에 집중했다고 생각합니다. 신자
가 온갖 경우를 겪으며 실력을 쌓아 가는 일, 곧 '철이 드는 것'에 관한 것으
로 성경을 해석하게 되었습니다. 그것이 성경을 읽어 낸 저의 설교의 열매
라고 생각합니다.

신자는 처음에 실존적 신앙으로 시작합니다. 예수를 만나고, 십자가
와 부활 그리고 영생을 알게 되는 감격이 있습니다. 하지만 그는 곧 구원과
천국의 확신만으로 쉬운 답을 찾을 수 없는 갖가지 경우의 현실을 마주해
야 합니다. 그것은 우리 인생과 인류 역사가 시간 속에서 진행되는 과정이
기 때문입니다. 성경에 담긴 이야기는 다만 잘한 것과 잘못한 것으로 구분
해야 할 그런 목록으로 가득 찬 것이 아닙니다. 여기에는 인간이 살아가면
서 드러내는 실패와 후회와 상처의 경험이 담겨 있습니다.

신앙은 있고 없거나, 강하고 약한 것이 아닙니다. 배우고 자라고 겪고
깨치며, 한 인격체로 구체화되는 성숙과 완성이 신앙의 내용이기 때문입
니다. 결국 '철이 든다'는 것은 안목을 갖고 분별과 선택을 할 수 있는 경지
인 동시에, 소원과 현실의 모순을 겪으며 성도의 정체성과 신분을 갖추어
가는 것이라 할 수 있겠습니다.

성화

성경이 가리키는 방향으로 나아가겠다고 결심하지만, 실제로 답을 내지 못하는 현실적 무능을 마주하면 절망하곤 합니다. 우리는 늘 그 둘 사이에 놓여 있습니다. 설교는 그런 신자에게 하나님의 신실하심에서 생겨나는 소망이 무엇인지를 제시할 수 있어야 합니다. 모든 것이 합력하여 선을 이룬다는 약속은 잘잘못의 도덕적 이분법을 넘어섭니다. 우리의 모든 경험이 결국 유익이 된다는 위로와 격려가 설교로 전해져야 할 이유입니다.

이번에 『믿음』, 『성화』, 『교회』(개정증보판)에서 『자유』까지 네 권의 선집이 완성되었습니다. 이 네 주제들은 저의 설교가 무엇을 담고 있는지 알게 하는 큰 그림의 역할을 할 것입니다. 이 주제들과 관련하여 전체적인 맥락에서 말씀드리고 싶습니다.

성화는 완벽이 아니라 성장과 성숙의 일입니다. 하나님의 형상이라는 창조 때 부여된 인간의 참모습이 그리스도를 본받는 가운데 완성으로 나아가는 것을 뜻합니다. 그러니 갈등과 후회의 현실은 마땅히 통과해야 할 과정입니다. 이 경험이 펼쳐지는 **교회**는 그리스도의 몸으로 삼위 하나님의 연합 위에 서 있으며, 성도는 이 안에서 아름다움을 느끼고 감사 속에 교제와 친밀한 연합을 경험합니다. 이 모든 것을 가능하게 하는 **믿음**이란 하나님에 대한 신뢰, 곧 이해와 항복을 말합니다. 도덕과 교리로 다 담을 수 없는, 상대에 대한 의존을 뜻합니다. 인류의 운명에 적극적으로 개입하시는 하나님이 나를 찾아오셔서 붙드셨기에 비로소 시작된 하나님과의 교제가 믿음입니다. 우리에게 절망은 없다는 창조주의 거룩한 의지와 고집이 여기에 담겨 있습니다.

흔히 교회 생활의 기준이 되는 잘잘못과 유능함, 봉사, 구제는 하나님과의 연합에서 빚어지는 감사와 찬송을 모두 담지 못합니다. 구약이 보여주는 역사와 신약이 선포하는 은혜로부터 드높여지는 찬송은 치성과 쓸모라는 기능론이 아니라, 하나님과의 화목이라는 존재론에서만 비로소 동참할 수 있는 것입니다.

창조와 구원의 궁극적 목표는 하나님과 그분의 형상으로 창조된 인간이 믿음과 사랑의 관계를 맺는 데 있습니다. 기독교가 말하는 믿음과 사랑은 독립적이고 자발적인 상대를 전제합니다. 그리고 요한일서에서 가르치듯, 이 사랑에는 공포가 없습니다. 인간이 선택의 주체로서 책임을 감당하는 것은 하나님이 자유를 허락하셨기 때문입니다. 이 **자유**는 하나님이 우리를 사랑하시며, 우리에게 명예와 영광을 일임하신다는 증거입니다. 자유와 선택권을 가진 존재들만 누릴 수 있는 이 관계는 양심과 도덕을 만족시키는 것만으로는 충분히 설명될 수 없습니다. 그것은 믿음과 사랑으로 만들 수 있는 영광과 기쁨의 견고한 기초이지만, 기독교 신앙의 진정한 열매나 영광은 더욱 크고 놀라운 것입니다.

우리는 이제 부흥의 시대를 지나 이전과는 많이 다른 시대 앞에 서 있습니다. 우리는 그 도전들을 받고 있습니다. 이런 현실 속에서 우리는 어떻게 살아야 할까요? 예수님께서 구원을 베풀어 목적하신 바를 다시 한번 떠올려 봅시다. "아버지께서 내 안에, 내가 아버지 안에 있는 것같이 그들도 다 하나가 되어 우리 안에 있게 하옵소서"(요 17:21)라고 하신 기도 말입니다. 이웃이 경쟁과 경계의 대상이 아닌 진정한 진리와 생명을 지닌 형제가 될 수 있고 또 되어야 합니다. 이것은 명령과 강요가 아니라 인간 존재의 명예와 만족의 넘침입니다. 하나님의 창조자 예수로 말미암은 구원이 목표하는, 절대 실패나 포기도 없는 영광과 찬송의 정체성, 인격성, 운명들은 하나님의 의지요 고집이 낳은 은혜의 결실입니다. 그런 소망과 믿음과 현실이 우리의 것이 되었으면 합니다. 이 선집이 그런 도전에 응전하는 한국 교회 그리스도인들에게 의미 있는 유익이 되었으면 합니다.

앞선 세 선집에 추가로 들어간 설교들을 더 찾아내어 전체적으로 짜임새 있게 구성했을 뿐 아니라 또 『자유』라는 선집을 엮기 위해 후반기 설교 곳곳에서 해당 자료들을 뽑아내어 체계 있게 구성한 조주석 목사님, 그리고 '복 있는 사람' 출판사의 편집자와 박종현 대표에게 감사를 표합니다.

2023년 6월
박영선 목사

초판 저자 서문

제가 지금까지 살아오면서 깨달은 한 가지 사실은, 나의 가는 길이 맴도는 길이거나 방향 없이 가는 길인 줄 알았는데 그렇지 않았다는 것입니다. 하나님은 저를 등산을 시키듯 인도하셨습니다. 끊임없이 앞사람 뒤꿈치를 보고 걸었는데, 문득 가던 길을 멈추고 내려다보니 시야가 생긴 것입니다.

여기까지 오는 과정에서 가장 중요했던 것은 강해설교입니다. 성경을 다 읽어 보기로 한 것입니다. 저는 조감도를 가지고 들어간 것이 아니라 그냥 들어간 것입니다. 그러니 제가 한 설교는 이제 와서 보니 강해설교가 아니라, 성경 통독을 한 셈입니다.

그러나 그 시절에 한 설교가 아주 쓸모없지는 않았다는 생각이 듭니다. 설교에서 가장 중요한 요소는 실존, 공통의 실존에 있는 자의 신앙적 발언이어야 합니다. 그리고 거기에 성경 전체를 아우르는 조망과 분별이 있어야 합니다. 즉 단순히 옛날에 누가 이랬다는 식의 인용과 복제가 아닌, 지금 살고 있는 현실의 위협과 도전에 대해서 성경이 어떻게 답하느냐 하는 것을 다루는 것이 설교입니다.

제가 예전에 많이 놓쳤던 것은 '전제'입니다. 기독교 신앙이 내 이해에서 약간 관념화되어 있다는 것을 알았습니다. 그래서 역사성이라는 것을 가장 많이 놓쳤습니다. 역사성이란 내가 누군가의 후손으로 태어났다는

성화

것입니다. 그것은 땅을 사 놓는 것과 그 땅에 씨를 뿌리는 것이 관념 속에서는 충돌되어 보였던 것이지요. 시간적 전후라는 이해를 놓치고 정답을 찾으려 했기에 진전이 아니라 유일함만 정답이 되었습니다.

이제까지 한 제 설교들에서 선별하여 믿음·성화·교회라는 주제로 설교선집을 출간하게 되었습니다. 이런 주제들을 선택한 것은, 기독교 신앙과 신앙생활에 대한 보편적 진리가 다음 세대로 이어지는 일에 유익한 주제들이라 생각했기 때문입니다. 전 세대의 유산이란, 개인적으로 가지는 특별함이나 영웅성이 아니라 모든 일반 신자와 평범한 신앙생활에 필요한 보편적 격려와 증언이어야 합니다. 이 일에 이 선집이 조그만 역할을 할 수 있을 것입니다. 약도를 그리고 길을 내는 것이라 생각합니다. 누구나 올 수 있게 길을 내는 것입니다. 도로 표지판도 있고 지도도 만들어 놓으면 처음 들어오는 사람에게 그것이 도움이 될 것입니다.

성화에 대한 관심은 제 신앙 과정에서 현실적 문제였습니다. 구원이 다만 내세적이고 현세에서는 임무만 있다는 식의 설명으로는 설득력이 없었습니다. 그것이 반복되는 일상생활로서의 현실 세계에 대한 답은 주지 못했기 때문입니다.

신앙의 길이 어떤 거룩한 완성을 목표로 한다고 어렴풋이 짐작하기는 했습니다. 그러나 도덕성이나 종교성 또는 신비주의적 체험으로는 매일 반복해서 도전해 오는 실존의 무게를 감당할 수 없었습니다. 의욕이나 진심에 의한 어떤 성취나 진전이 완벽을 향한 소원이 되는 당연한 명분이기는 했지만 그것이 제 경우에서는 실패로 얼룩지곤 했습니다.

제가 이해한 성화는 자기 의를 꺾고 예수님처럼 전적으로 아버지께 의존하는 것입니다. 그래서 성공보다는 실패가 많은, 안심보다는 자책이 많은 것이 성경이 가르치는 보편적 성화의 길이라고 깨닫게 되었습니다. 성공이 잘못은 아니지만 자랑으로 갈 수가 있습니다. 이에 반해 실패는 은혜와 용서를 더 많이 구하며 하나님께 대한 의존성을 높인다는 점에서 오히려 성화의 길에 더 유용하게 보입니다. 이제는 한 걸음 더 나아가 의존성과 함께 자신의 한계를 수긍하는 것이 성화의 길이요 중요한 본질이라고 생각합니다.

내가 내 자신에게조차 모든 것을 기대할 수 없다는 한계를 인식하고, 그것이 부족함과 못난 것이라기보다 나를 하나님의 일하심에 맡겨 그 하시는 일의 한 부분이 되는 것을 받아들일 수 있게 되었습니다. 그것은 작아지는 것이 아니라 하나님의 무한하심에 참여하는 것이요 다른 이들의 자리를 존중하고 그들과 조화와 화음을 이루어 하나님의 큰일을 성취해 나가는 것입니다.

모두가 소중하고 모두가 고맙고 서로가 서로에게 필요한 존재인 것을 깨닫게 될 때, 비로소 자기 자리를 알게 됩니다. 그것이 자칫 작고 일부분에 불과하다는 오해를 가질 수 있지만 그것을 극복하고 명예와 책임을 갖게 되는 것, 그것이 성화라고 생각합니다.

마지막으로, 이 선집에 들어갈 설교들을 오랜 시간에 걸쳐 힘겹게 선별하고 다듬은 조주석 목사와 '복 있는 사람' 출판사의 편집자와 박종현 대표에게 사의(謝意)를 표합니다.

2013년 7월
박영선 목사

성화

개정증보판 엮은이 서문

지난 10년간 많은 독자들의 사랑을 받은 '박영선 목사 설교선집'이 이제 새로운 옷을 입고 『믿음』, 『성화』, 『교회』(개정증보판), 『자유』 네 권으로 독자 여러분을 만나게 되었습니다. 2013년 초판을 펴낸 기존 선집 세 권에 『자유』가 추가되어 완성되는 셈입니다. 이와 더불어 기존 선집도 개정하고 증보해야 할 시점에 이르게 되었습니다.

왜 우리는 오늘날 여전히 박영선 목사의 설교를 읽어야 할까요? 그 이유는 한마디로 그가 지난 40여 년 동안 설교에서 오직 하나님만 드러내려고 힘써 왔기 때문이라고 봅니다. 그것이 교회를 서거나 넘어지게 하는 근본 문제라는 설교자의 큰 확신에 바탕을 둔 것이겠지요. 후반기 설교에서는 '인간의 자유' 문제도 깊이 있게 다루는데, 이로써 그가 하나님의 절대주권에 대한 오해 곧 기계론주의에서 벗어날 수 있는 신앙 사유도 우리에게 제공했다고 생각합니다.

『성화』의 경우, 초판에 수록된 설교 가운데 21편은 그대로 유지하고 나머지 2편은 새로운 5편의 설교로 대체하여 총 26편으로 재구성했습니다. 이와 같은 구성에 맞추어 차례 순서 및 제목도 전체 흐름에 맞게 재조정했고, 기존 본문에서 매끄럽지 않은 표현들도 일부 수정했습니다.

『성화』에 새로 추가된 설교들은 2011년 이후 발행된 것들로, 주로 설교자가 성화를 주제로 더욱 발전시키고 성숙시킨 내용이나 아이디어가 발견된 설교들을 중심으로 선정했습니다. 이 설교들에서 성화와 관련해서 발전된 내용이 있습니다. 성화는 고난에 참여하여 부활로 가는 까닭에 성육신적인 삶이요 누적되어 충만해지는 삶이라고 말한다는 것입니다.

초판에서 설교 선정 작업 원칙은 크게 네 가지였습니다. 이 기준은 개정증보판에도 그대로 준용됩니다. 다만 초판 선집에 수록된 설교들을 2007년 이전 설교들로 제한했던 셋째 원칙이 조정되었는데, 박영선 목사의 설교 사역이 2007년 이후 지금까지 계속되었고 2011년 이후 수많은 설교가 새로 발행되었기 때문입니다. 무엇보다 박영선 목사의 설교가 내용이나 주제 면에서 그동안 확장되고 심화된 것이 가장 큰 이유입니다. 참고로 2007-2010년 설교는 전반기에서 후반기로 넘어가는 과도기로 전반기와 크게 다르지 않다는 판단하에 추가 선정에서 제외했습니다.

이번 판에 새로 추가된 설교들은 다음의 설교집에서 선정했습니다. 2011년부터 발행된 강해서는 모두 13권입니다. 그중에서 『성화』에 새로 추가한 설교들은 다음의 강해서에서 찾았습니다. 『박영선 목사의 산상수훈 강해』(2011), 『믿음은 사람보다 크다』(2012), 『다시 보는 로마서』(2015).

이 모든 작업을 통해 독자들이 박영선 목사의 삶과 신앙, 설교에 보다 쉽고 친근하게 다가서게 되기를 기대합니다.

2023년 6월
조주석 목사

초판 엮은이 서문

평화의 시기가 왔습니다. 핍박도 지나갔고 전쟁도 그쳤습니다. 시대가 바뀐 것입니다. 몸으로는 우리가 이 사실을 금방 알아챌 수 있습니다. 그러나 교회의 강단은 그렇지 못했습니다. 결사각오만 주로 외쳐댄 설교가 그 증거였다고 설교자는 토로합니다. 일상을 어떻게 살 것인가 하는 문제는 강단에서 거의 다루어지지 않았다는 이야기입니다. 박영선 목사에게는 자신의 청소년기가 그런 시기였고, 1970년대 부흥 시대였던 청년기가 그런 시기였던 것입니다.

이러한 개인의 고민과 교회 현실을 배경으로 하고서 성화라는 주제가 그의 강단에 들어옵니다. 그리스도인의 일상사를 다루는 것이 성화라는 주제인데 당시 교회의 일반 현실은 다른 현상을 보였습니다. 그런 현상은 재림이나 종말에 치중한 설교에서, 칭의와 성화를 혼동한 워치만 니의 책들에서, 구원의 은혜에 보답하기 위해 전도나 봉사에 열심을 내야 한다는 사람들의 생각에서, 구원의 확신을 완성인 것처럼 오해한 베뢰아파의 가르침에서 두드러지게 나타났다고 지적합니다.

성화란 무엇입니까? 설교자에 따르면 그것은 책임인 동시에 선물이라고 주장합니다. 책임이라 함은 성화가 칭의와는 달리 신자가 일상생활 속에서 자신의 성품의 변화를 위해 의와 거룩함을 선택하고 연습해야 한다는 뜻이요, 선물이라 함은 죄와의 투쟁에서 실패하기 때문에 자신의 힘으로 할 수 없다는 것을 인정하고 하나님께 의존해야 하며 또 하나님께서 승리를 주셔야 한다는 것을 말합니다. 설교자에 따르면, 성화는 '신분에 영향을 줄 수 없는 싸움'입니다. 설교자의 이런 독특하고 정확한 지적은 우리에게 하나님의 주권적 은혜가 무엇인지를 확신하게 하며 또 마음의 평안도 가져다줍니다. 하나님은 결코 실패하실 수 없습니다.

그의 성화 설교에서 하나의 변화가 보입니다. 그것은 갈라디아서 2:20에 대한 태도입니다. 설교 초기에는 그것을 칭의의 구절로 파악했지만 나중에는 성화의 구절로 파악한다는 것입니다. 이와 같은 변화가 말하는 바는 역사 속에 놓인 어떤 설교자라도 인식론적 한계를 가질 수밖에 없다는 뜻일 것입니다. 여기에서 설교자의 겸손이 필요하다는 것과 역사적 교회의 신앙 전통에 대하여 결코 소홀히 할 수 없다는 것을 생각해 볼 수 있습니다.

세 권으로 된 선집 중 두 번째에 해당하는 『성화』는 성화에 관한 설교들로 이루어져 있습니다. 이 선집도 『믿음』과 마찬가지로 선정 기준은 다음의 원칙을 따랐습니다. 첫째, 단권 설교집은 소수로 제한한다. 둘째, 주로 강해 시리즈 설교집에서 선정한다. 셋째, 2007년 이전 설교들로 제한한다. 넷째, 주제의 논리성을 살려 설교들을 배열한다.

첫째 원칙은 기존의 단권 설교집들이 그 나름으로 각각의 주제를 충분히 살리고 있어서 가능한 한 중복을 피하되, 선집에 꼭 필요한 한두 편만 택하려는 의도에서 그렇게 정한 것입니다. 여기에 포함된 단권 설교집은 『구원 그 이후』(1984)와 『성화의 신비』(2006)입니다.

둘째 원칙은 강해 시리즈에 실린 수많은 설교들을 통해 그가 말하는 특정 주제, 곧 성화에 관한 주제를 독자로 하여금 쉽게 읽어 낼 수 있도록 도우려는 의도에서 그렇게 했습니다. 해당 강해 시리즈는 모두 6개입니다. 1986년에 출간된 요한복음 강해(6권)를 필두로, 에베소서 강해(6권), 고린도전서 강해(4권), 로마서 강해(8권), 고린도후서 강해(4권), 마태복음 강해(6권)가 2005년까지 계속 나왔습니다. 누가 이 수많은 책들을 단숨에 읽고 그의 성화론을 알거나 자신의 것으로 삼을 수 있겠습니까.

셋째 원칙은 2007년을 기점으로 그의 세계가 전후로 크게 나누어졌다고 보기에 그렇게 정했습니다. 2007년 이전의 설교에서는 주로 하나님과 한 개인의 관계 문제가 부각되어 나타납니다. 이것은 그의 신앙론이든, 성화론이든, 교회론이든 그 어디서든 쉽게 볼 수 있을 것 같습니다. 단적인 예로, 그는 교회를 가정에 비유해서 종종 설명하는데 교회를 가리켜 신앙을 훈련하는 장으로 이해한다는 점에서도 그렇습니다. 물론 그의 설교가 사회나 문화나 국가의 문제를 전혀 그 대상으로 삼지 않았다는 것은 결코 아닙니다. 그렇더라도, 2007년을 전후로 그 이전과 단절하는 것은 아니지만 더 종합적인 세계관이 그의 설교에 서서히 더 드러나고 있는 것은 사실입니다. 그 계기가 바로 '청장년을 위한 특별 강좌'(2007)라고 말할 수 있습니다. 이 특강이 그 분기점이 되었다고 생각합니다.

마지막으로 넷째 원칙은 강해 시리즈 설교가 성경 각 권의 장절을 따라 전달된 까닭에 여러 주제들이 혼재된 상태로 배열되어 있고 주제의 논리성을 따라 '성화'가 무엇인지 쉽게 파악하기 어렵다고 판단했기에 그렇게 했습니다. 그러나 이 넷째 원칙에는 장단점이 있습니다. 주제의 논리성은 쉽게 읽어 낼 수 있겠지만 설교 당시의 맥락은 상당히 상실될 수 있다는 단점이 있습니다. 그럼에도 불구하고 이제 그가 자신의 문제로 삼고 외쳐온 성화를, 부분적 이해가 아닌 그 전모를 어느 정도 한눈에 볼 수 있게 할 것입니다. 이것이 본 선집의 장점이 될 것입니다.

박영선 목사는 자신의 설교에 삶의 논리를 담고 있습니다. 그의 설교는 신학의 논리로 청중을 강요하지 않고 하나님이 우리를 만나 주시는 삶의 현실이 어떻게 일어나고 진행되는지 설명하려고 애를 씁니다. 이러한 작업을 통해 그리스도에 근거한 하나님의 은혜를 전달하고 있습니다. 따라서 그의 설교는 구원론적 설교요 기독론적 설교라고 할 수 있겠습니다. 이처럼 복음을 중시하는 설교는 사도 바울의 모범을 따르는 것으로서 어느 시대든 이런 설교가 요청된다 하겠습니다.

　　첫 번째 선집인 『믿음』이 올해 1월에 발행된 이후 이제 마지막으로 『교회』 선집이 출간을 기다리고 있습니다. 『성화』 설교 자료들이 다 선정된 후에 일차 교열을 맡아 수고한 우경신 전도사와 중간에서 여러 실무 역할을 맡은 '복 있는 사람' 출판사에게 감사의 말을 전합니다.

2013년 7월

조주석 목사

1

성화의 본질

01

영광으로 가는 길

고후 5:1-4

만일 땅에 있는 우리의 장막 집이 무너지면 하나님께서 지으신 집 곧 손으로 지은 것이 아니요 하늘에 있는 영원한 집이 우리에게 있는 줄 아느니라. 참으로 우리가 여기 있어 탄식하며 하늘로부터 오는 우리 처소로 덧입기를 간절히 사모하노라. 이렇게 입음은 우리가 벗은 자들로 발견되지 않으려 함이라. 참으로 이 장막에 있는 우리가 짐진 것같이 탄식하는 것은 벗고자 함이 아니요 오히려 덧입고자 함이니 죽을 것이 생명에 삼킨 바 되게 하려 함이라.

최종 완성에 대한 오해

신자들은 종말론적 소망, 영원한 나라에서의 완성을 궁극적 목표로 삼고 걸어가는 자입니다. 고린도후서 5장에서 이를 구체적으로 설명하고 있습니다. 이 세상에 있는 것 중에서 우리의 궁극적인 목표가 되는 것은 하나도 없고, 지금은 영원한 영광으로 가는 과정이며 이곳은 그 완성을 위하여 훈련받는 곳입니다. 시간적으로나 장소적으로 지나가는 곳이요, 지나가는 시간임을 강조하고 있습니다. 이렇게 고린도후서 5:1-4에서 궁극적인 목표에 관한 얘기를 하면서 살펴봐야 할 것은 최종적인 완성에 대한 일반적인 오해를 씻어 버려야 한다는 것입니다.

　가장 대표적인 것은 "이 장막에 있는 우리가 짐진 것같이 탄식하는 것

성화

은 벗고자 함이 아니요 오히려 덧입고자 함이니"(4절)라는 표현입니다. 이는 성경을 기록하던 시대에 만연했던 헬레니즘에 근거한 이원론을 의식하고 쓴 말입니다. 이는 정신은 의롭고 거룩한데, 육신이 정신을 붙잡아 두고 방해하는 것으로 생각하여, 구원이란 정신이 육체로부터 자유로워지는 것이라는 식의 믿음이었습니다. 우리가 믿는 기독교 신앙은 관념론적인 것이 아니며 정신적 이상주의를 추구하는 것도 아닙니다. 성경은 죄악된 성품과 함께 우리의 몸 자체도 거룩한 몸으로 변화될 것을 얘기합니다. "이 장막에 있는 우리가 짐진 것같이 탄식하는 것은 벗고자 함이 아니요 오히려 덧입고자 함이니"라고 합니다. 새 몸을 갖는 것입니다.

인간이 가진 죄는 몸이 아니고 우리의 죽은 영혼에 있는 것입니다. 모든 잘못된 행위는 우리의 몸 때문이 아니라 인간의 존재 속에 있는 생각과 취향과 소원이 악하기 때문입니다. 그래서 우리는 본문 1절부터 4절까지의 내용이 신자들이 기다려야 하는 종말론적 소망이요, 궁극적 목표인 것을 염두에 두고서, 그 속에 있는 일반적인 구원관과 신앙의 목표가 어떻게 다른가를 살펴야 합니다. 또 우리 신자들이 종말론적 구원관, 마지막 목적, 완성, 부활, 이런 부분에 대하여 무엇을 잘못 알고 있는지 확인할 필요가 있습니다.

우선 1절에 "만일 땅에 있는 우리의 장막 집이 무너지면"이라고 나옵니다. 여기 '장막 집'이라는 것은, 지금 썩을 육체 속에 거하는 우리의 모습을 빗대어 얘기하는 것입니다. 그런데 왜 '만일'이라고 했을까요? "만일 땅에 있는 우리의 장막 집이 무너지면", 그럼 안 그럴 수도 있다는 말입니까? 그것이 아닙니다. 이 당시에는 예수님께서 곧 오실 줄 알았습니다. 왜냐하면 주님께서 "너희가 살아서 나를 볼 자가 있다"고 하신 말씀에 근거해서 제자들이 모두 죽기 전에 예수님께서 다시 오실 줄 알았거든요. 그런데 지나고 보니까 그렇게 빨리 오시지는 않았습니다. 아직까지도 안 오셨으니까요. 재림이 상당히 연기되었는데, 그것은 신학적으로 유명한 논쟁거리 중의 하나입니다. "주님께서 분명히 임박한 종말을 얘기하셨음에도 불구하고, 왜 예수님의 재림은 연기되었는가?" 그런 문제가 아주 중요한 신학 논쟁으로 남아 있습니다. 우리에게는 하나도 문제될 것이 없지만, 시비를 거는 쪽에서는 그것을 문제 삼습니다. 그런 의미에서 여기의 '만일'이라는 것은 살아서 주를 만날 수 있지만 죽은 후 주님의 재림을 맞이하는 사람도 있기 때문에 그렇습니다. 이 얘기는 주님이 다시 오실 때 살아 있는 자와 그 전에 죽은 자는 어떤 차이가 있느냐 하는 의문이 제기되었기 때문에 등장한 답입니다.

죽은 자와 산 자 사이에 차이가 있는가

그래서 이런 질문을 합니다. "신자가 죽었을 때 화장을 하면 주님이 재림하셔서 부활할 때 재구성할 것이 다 타 버리지 않습니까?" 그 사람들은 다 부활하지 못하는 걸까요? 땅에 묻혀서 썩은 것과 화장을 해서 타 버리는 것 중에서 어느 쪽이 더 철저하게 소멸해 버리는 겁니까? 불에 타서 죽은 것이 보기에는 더 철저하게 소멸하는 것처럼 생각되시죠. 썩는 데는 시간이 오래 걸리니까, 당장 묻었을 때는 좀 남아 있는 것 같지만 썩고 나면 다 그게 그거죠. 좀 더 확장해서 상이군인이 되어서 팔이나 다리를 잃은 사람은 부활할 때 어떻게 되느냐고 묻는데, 다 멀쩡하게 부활하게 됩니다. 그때는 어떤 모습이냐면, 고린도전서 15장에서 그 영광이 애벌레와 나비같이 다르고, 꽃씨와 꽃같이 다르다고 했습니다.

그러나 여기에서의 초점은 먼저 죽은 사람, 즉 죽어서 주를 만나는 사람과 살아서 주의 재림을 기다리는 사람이 차별이 없다는 겁니다. "만일 땅에 있는 우리의 장막 집이 무너지면 하나님께서 지으신 집 곧 손으로 지은 것이 아니요 하늘에 있는 영원한 집이 우리에게 있는 줄 아느니라. 참으로 우리가 여기 있어 탄식하며 하늘로부터 오는 우리 처소로 덧입기를 간절히 사모하노라"(1-2절).

살아 있는 자들도 이 몸뚱이로 가는 것이 아니라 변화된 몸을 기다립니다. 변화된 몸은 앞에서 얘기한 것같이 애벌레와 나비 같고, 꽃씨와 꽃같이 다릅니다. 살아 있는 육체를 가진 것과 썩어 있는 것 사이에, 그다음 변화된 육체를 부여받는 데 있어서는 차이가 없습니다. 지금 갖고 있는 육체가 조금도 나을 것이 없다는 말입니다. 죽어서 주님의 재림을 보는 것이 살아서 주의 재림을 보는 자들보다 못할 것이 없다는 데에 1절과 2절을 할애하고 있는 것입니다.

그렇다면 "죽은 자에게 불이익이 없다"는 것은 무엇을 근거로 하는 말입니까? 만일 살아서 주님을 만나는 자들이 있다면, 그 육체가 살아 있고, 지금 소유하고 있다는 것만으로는 유익한 것이 없다고 합니다. 성경은 여러 군데에서 변화되어야 한다는 것을 강조하고 있습니다.

형제들아, 자는 자들에 관하여는 너희가 알지 못함을 우리가 원하지 아니하노니 이는 소망 없는 다른 이와 같이 슬퍼하지 않게 하려 함이라. 우리가 예수께서 죽으셨다가 다시 살아나심을 믿을진대 이와 같이 예수 안에서 자는 자들도 하나님이 그와 함께 데리고 오시리라. 우리가 주의 말씀으로 너희에게 이것을 말하노니 주께서 강림하실 때까지 우리 살아남아 있는 자도 자는 자보다 결코 앞서지 못하리라(살전 4:13-15).

죽은 자들에게도 불이익이 없습니다. 죽어서 육체가 썩어 있다고 해도 살아 있는 육체를 갖고 있는 자들과 비교할 때 불이익을 당하지 않는다고 말합니다.

휴거란 산 자가 마지막 완성의 자리로 불려가는 것

데살로니가전서 4:16은 늘 말썽의 소지가 있는 휴거에 대한 구절입니다.

> 주께서 호령과 천사장의 소리와 하나님의 나팔 소리로 친히 하늘로부터 강
> 림하시리니 그리스도 안에서 죽은 자들이 먼저 일어나고 그 후에 우리 살
> 아 남은 자들도 그들과 함께 구름 속으로 끌어 올려 공중에서 주를 영접하
> 게 하시리니 그리하여 우리가 항상 주와 함께 있으리라(살전 4:16-17).

이것은 무엇 때문에 등장하는 겁니까? 휴거가 가장 잘못 사용되는 것 중의 하나가 대환난을 면하는 하나님의 간섭으로 쓰인다는 것입니다. 실제로 휴거가 대환난 전에 일어날 수 있는 가능성에 대해서는 부정할 수 없습니다. 그럴 가능성이 충분히 있지만, 성도의 휴거는 주의 재림과 연결되어 있습니다. 마지막 완성의 자리로 불려가는 것을 말합니다.

그것은 어떤 특별한 성도들에게만 허락되고 어떤 특정한 사건을 면하게 하는, 즉 환난을 면하게 하는 방편이 아닙니다. 하나님도 그의 백성 모두를 완성의 자리로, 영광의 자리로 부르시기 위하여 재림하사 죽은 자들을 부활시키는 것과 같이, 살아 있는 자도 영광된 몸으로 부활시키려고 하십니다. 휴거가 환난을 면하자고 약속된 사건은 아니라는 말입니다. 휴거나 주의 재림에 대한 우리의 궁극적인 소망은 하나님께서 우리에게 약속하신 영원한 나라를 허락하시고 그 나라를 유업으로 주시는 것입니다. 더 이상 사망과 병드는 것, 이별이나 죄, 부패가 없는 나라에 우리를 불러 영원한 몸으로, 영광의 몸으로 살게 하시는 것을 바라보는 것입니다. 휴거가 이 땅에서 일어나는 재난과 불행을 면하는 방법이나 신비한 체험으로 이해되고 있는 것은 가장 큰 잘못입니다.

17절의 휴거는 공중으로 들려 올라간다는 데에 초점이 있는 것이 아 닙니다. 우리가 앞서 얘기한, 죽은 자가 산 자와 비교해서 불이익이 없는 까닭은 주님이 재림할 때, 죽지 않고 살아 있는 육체를 갖고 있다는 것이 하나님께서 약속한 우리의 궁극적인 영광의 모습에 하나도 도움 될 것이 없기 때문입니다. 살아 있는 육체도 변화되어야 하는, 버려야 되는 육체이 기 때문입니다. 그것이 17절의 초점입니다.

죽은 자에게 불이익이 없다는 것은 주님이 다시 오실 때 저들도 영광 스런 모습으로 부활할 것이기 때문입니다. 저들은 이미 죽었기 때문에, 즉 육체가 썩었기 때문에 다시 육체를 가져야 된다는 의미에서 원래의 몸으 로의 부활이 아닙니다. 영광의 몸으로의 부활, 그 부활의 몸은 죽었기에 가 져야 되는 것이 아닙니다. 살아 있는 우리도 영원한 나라에서 영원한 몸으 로 살기 위해서는 변화되어야 합니다. 육체의 부활은 죽은 자나 산 자 모두 에게 필요한 변화입니다.

살아 있는 자들이 모일 때 구름 속으로 끌어올려 주를 영접하게 하는 것, 이것은 여러 가지를 연상하게 하는 표현입니다. 주님께서 부활하시고 40일간 이 세상에 계시다가 부활을 증명하시고 승천하신 모습을 기억하 실 것입니다. 주가 승천하실 때 구름이 저를 가려서 보이지 않게 되었다는 사도행전의 말씀을 기억하실 것입니다. 그 구름은 우리가 말하는 자연계 의 구름을 말하는 것이 아니고 하나님의 영광을 나타내는 표현 중 하나입 니다.

모세가 여호와 하나님의 부름을 받고 시내산에서 율법을 받을 때, 하 나님께서 강림하신 것을 표현한 부분을 봅시다. 출애굽기 19장과 20장에 빽빽한 구름이 시내산 위에 있었다는 내용을 기억하실 것입니다. 또 솔로 몬이 성전을 완성했을 때, 성전에 연기가 충만했다든가 구름이 가득했다 는 표현으로 영광이 가득한 하나님의 임재를 나타내고 있습니다. 여기서도 구름 속으로 끌어올려 주를 영접한다는 말이 우리가 지금 현재의 몸이 아닌, 영광된 몸으로 변화되는 것을 근거로 한다는 것을 충분히 이해해야 합니다.

대환난이 일어나서 서울이 불바다가 되었을 때 거기서 끌어 올려지는, 동화에 나오는 것같이 두레박을 타고 올라가는 것 같은 의미의 휴거를 생각한다면, 그것은 신앙의 초점에서 굉장히 멀리 간 겁니다. 성경은 그런 식의 휴거가 아니라 궁극적으로 우리가 변화하여 영광의 몸으로 주 앞에 부름 받는 모습을 말하고 있습니다. 데살로니가후서 2장으로 가보십시다. 지금 이 말씀과 연결해서 주의 재림과 종말에 대해 우리가 기억하고 넘어가야 될 말씀입니다.

> 형제들아, 우리가 너희에게 구하는 것은 우리 주 예수 그리스도의 강림하심과 우리가 그 앞에 모임에 관하여 영으로나 또는 말로나 또는 우리에게서 받았다 하는 편지로나 주의 날이 이르렀다고 해서 쉽게 마음이 흔들리거나 두려워하거나 하지 말아야 한다는 것이라. 누가 어떻게 하여도 너희가 미혹되지 말라. 먼저 배교하는 일이 있고 저 불법의 사람 곧 멸망의 아들이 나타나기 전에는 그날 이르지 아니하리니 그는 대적하는 자라. 신이라고 불리는 모든 것과 숭배함을 받는 것에 대항하여 그 위에 자기를 높이고 하나님의 성전에 앉아 자기를 하나님이라고 내세우느니라. 내가 너희와 함께 있을 때에 이 일을 너희에게 말한 것을 기억하지 못하느냐. 너희는 지금 그로 하여금 그의 때에 나타나게 하려 하여 막는 것이 있는 것을 아나니 불법의 비밀이 이미 활동하였으나 지금은 그것을 막는 자가 있어 그중에서 옮겨질 때까지 하리라. 그때에 불법한 자가 나타나리니 주 예수께서 그 입의 기운으로 그를 죽이시고 강림하여 나타나심으로 폐하시리라. 악한 자의 나타남은 사탄의 활동을 따라 모든 능력과 표적과 거짓 기적과 불의의 모든

속임으로 멸망하는 자들에게 있으리니 이는 그들이 진리의 사랑을 받지 아니하여 구원함을 받지 못함이라. 이러므로 하나님이 미혹의 역사를 그들에게 보내사 거짓 것을 믿게 하심은 진리를 믿지 않고 불의를 좋아하는 모든 자들로 하여금 심판을 받게 하려 하심이라(살후 2:1-12).

종말을 강조하면 일상사를 소홀히 함

데살로니가후서 2:1-12을 인용하고 있는 근거로 죽은 자에게 불이익이 없다는 것은 산 자도 변해야 한다는 의미입니다. 산 자가 휴거된다는 것은 환난을 면하기 위해서가 아니라 변화와 완성을 지시하는 말씀이었습니다. 그럼 "결국 완성될 것이라면 하나님이 왜 빨리 부르시지 않았습니까?"라는 문제가 제기됩니다. 그렇게 따지면 예수 믿은 다음 더 이상 죄를 짓지 않고 빨리 죽거나, 고민하지 않고 주님 오실 때까지 잠자고 있다가 주님 오시는 날 변화되는 것이 어떻겠습니까? 살아 있는 자라면 "주님, 빨리 오십시오"라는 것이 소원이 아니겠습니까?

그러나 고린도후서 5:2을 보면, "참으로 우리가 여기 있어 탄식하며 하늘로부터 오는 우리 처소로 덧입기를 간절히 사모"한다고 합니다. 4절, "참으로 이 장막에 있는 우리가 짐진 것같이 탄식하는 것은 벗고자 함이 아니요 오히려 덧입고자 함"이라고 합니다. 잘 생각해 보십시오. 이 육체의 부활과 함께 가장 근본적인 것은 신령한 우리의 속사람, 새사람 된 우리의 성품과 인격에는 점진적인 변화가 필요하다는 것입니다. 이에 비해 육체의 완성은 최종적인 시간에 홀연히, 갑자기 변화합니다. 그래서 고린도후서 4:17에 "환난의 경한 것이 지극히 크고 영원한 영광의 중한 것을 우리에게 이루게 함"이라고 했습니다.

그러면 우리 입장에서는 주 안에서 죽음을 맞보게 하시는 날이 있다고 할지라도 손해가 아닙니다. 이 세상에서 내가 죽음을 맛보게 된다면 거기까지가 내가 걸어야 했던 길임을 인정하듯, 살아 있을 때 주를 만난다면 주께서 내게 완성하시려고 하던 일이 완성된 후 주를 만나야 될 것 아닙니까? 준비되기 전에 오시면 안 됩니다.

종말론적인 시각에서 볼 때 재림이란 신앙인으로서의 새 사람으로의 완성입니다. 하나님 나라를 유업으로 받는 길에서 나의 완성과 하나님께서 나를 부르시는 것을 말합니다. 그러면 종말이나 휴거를 오해했던 것같이 환난을 면하고 괴로운 세상을 면하는 것, 훈련을 면하는 맥락에서 "빨리 오시옵소서"만 하고 있다면 그것은 옳지 않습니다. 그러니까 종말을 제일 오해하는 것은 재림이나 종말을 강조하면서 일상사를 소홀히 하는 태도입니다.

1992년 10월 28일 휴거가 얼마나 큰 문제였습니까? 그것을 믿었던 사람들은 일상생활을 소홀히 했습니다. 그들은 아이들을 학교에 안 보내고 자신들도 직장에 안 나갔습니다. 왜냐구요? 10월 28일이 정말 얼마 남지 않았기 때문이었습니다. 하나님이 성경에 어느 날, 어느 시에 주님을 다시 보내실지, 언제가 세상의 종말인지를 알리시지 않은 가장 큰 이유가 뭘까요? 그것은 언제 오시더라도 그때까지 내가 나를 하나님의 사람으로 채찍질하고 훈련해서 주를 만날 준비를 해야 하기 때문입니다.

어떤 분이 돌아가신 아버지를 기억하고 쓴 기사 중에, 아버지가 앞으로 6개월밖에 살지 못한다는 선고를 받고는 변하셨다는 내용이 있었습니다. 할 말은 꼭 하고, 할 일이 있으면 꼭 하면서 6개월을 충실히 살다가 돌아가셨답니다.

우리의 종말론도 그래야 합니다. 세상이 우리의 영원한 목적지가 아니라는 의미에서 종말에 대하여, 세상에 대하여, 그렇게 인연을 끊고, 생각을 끊는 것이 좋습니다. 그러나 그럼에도 불구하고 하나님께서는 세상 속에서 우리를 완성시키고 계십니다. 세상 속에서 완성이라는 과정을 진행시키신다는 것, 즉 하나님은 재창조를 하실 때 첫 창조를 없애지 않으셨다는 것을 명심해야 합니다. 사실 아담과 하와의 범죄에 대해 아담과 하와, 둘만 죽이고 새 인류를 만들면 되셨을 것입니다. 하지만 하나님은 그러지 않으셨습니다. 첫 창조를 그대로 두고, 온 땅이 다 죄의 영향을 받은 모습이 된 것을 참으셨으며, 예수 그리스도를 이 땅에 보내서서 인간들의 손에 죽는 것까지 감수하셨습니다. 어쨌든 하나님은 창조라는 첫 작품을 놔두고 그 속에서 재창조해 나가셨습니다. 이것 또한 잊지 말아야 할, 하나님이 일하시는 방법 중의 하나입니다.

신앙훈련을 시키실 때도, 하나님이 우리를 거듭나게 하셨다 해도 우리 속에 당장 변화되는 것은 없습니다. 하나님을 알고 하나님의 사람으로 영원히 살아난 것 외에는 갑자기 공부가 잘 되는 것도 아니고, 생긴 게 바뀌지도 않습니다. 환경이 변하는 것도 아닙니다. 그 속에서 어쨌든 이 일을 해내도록 되어 있습니다. 따라서 우리로 하여금 신실한 완성을 향한 인내와 성실함을 그만 두게 만드는 것, 이것은 성경이 가르치려는 진정한 종말관이 아닙니다.

장막 집은 궁극적 목적이 아님

본문으로 돌아오면 '장막 집'은 여기가 우리의 궁극적 목적지가 아니라는 것을 암시하는 말로 쓰입니다. 동시에 이 과정을 통해서 영원한 나라로 들어간다는 의미도 있습니다. 바울이 장막 집이라는 표현을 사용하는 것은 추측컨대 이스라엘 백성의 광야 생활을 역사적 배경으로 합니다.

그들은 젖과 꿀이 흐르는 가나안 땅에 들어가기 전에 이미 그 땅을 기업으로 약속 받았는데도, 40년 동안 광야 생활을 했습니다. 그 40년의 광야 생활에는 부정적인 의미와 긍정적인 의미가 담겨 있습니다. 부정적으로는 그들의 불신앙이 약속받은 안식을 얼마나 연기시켰는가, 어떤 식으로 늦게 받게 되었는가 하는 것입니다. 긍정적으로는 광야 생활을 통해서만 영원한 나라에 들어갈 수 있었다는 것입니다. 광야 생활은 신명기 말씀처럼 사람이 떡으로만 사는 것이 아니요, 하나님의 입에서 나오는 말씀으로 사는 줄을 배우는 과정이었습니다.

우리는 고난을 통하여 순종을 배우고 인생을 통하여 이 세상이 얼마나 거짓된 곳인지를 분명히 확인합니다. 이러한 종말론적 시각과 소망을 가지고 살아가는 신자들에게 있어서, 이 장막이 얼마나 멋있느냐 하는 것은 무가치하다는 말입니다. 내 텐트가 네 텐트보다 좋다는 것은 도무지 할 얘기가 아닌 것입니다. 이 텐트는 목적지를 향해 가기 위하여 잠시 쓰는 연습용이자 훈련용이며, 발을 디디고 넘어갈 사다리이고 징검다리입니다. 사다리가 얼마나 멋지냐는 것은 무의미합니다. 사다리를 딛고 어디에 갔느냐가 중요한 것입니다.

이 얘기를 통해 사도 바울이 고린도 교회의 교인들에게 가르치는 것은 무엇입니까? 내가 가르치는 것에는 등을 돌린 채 너희를 속이고 거짓을 가르치는 거짓 교사들에게 왜 빠져 있는지 생각해 보라는 겁니다. "너희는 너희 장막의 장식에 넋을 빼앗기고 있다"는 말입니다. 텐트를 보지 말고 텐트를 치면서 어디로 가고 있느냐 하는, 그 방향과 목적지를 보라는 말입니다. 그럼 왜 텐트를 갖고 다녀야 합니까? 어디로 가기 위해서 텐트를 지니고 다니는 겁니까? 그건 가나안에 가기 위해서입니다. 영원한 나라에 가기 위하여 텐트를 치고 있어야 합니다.

여러분이 가진 건강, 학식, 재능, 뭐든지 다 그렇습니다. 그것이 도대체 왜 필요합니까? 영원한 나라로, 영광의 자리로, 하나님이 약속하신 영원한 소망을 향하여 가는 한 장막인 것입니다. 약속을 위해 쓰이고 있는지 아니면 그것 자체를 자랑하고 있는지를 날카롭게 꾸짖는 말씀입니다. 우리의 신앙생활도 이와 같습니다. 우리는 세상이 지나가는 나그네 된 인생길인 줄 알고 있습니다. 그러나 우리는 이 과정을 소홀히 할 수 없습니다. 여기서 우리는 하나님께서 허락하시고 준비하시고 요구하신 영광의 사람으로 훈련되어야 합니다. 언제 완성될지 모릅니다. 하지만 무조건 이 고난과 어려움을 면하는 데에 우리의 종말관이 있거나 주의 재림을 소망하는 일이 있어서는 안 됩니다. 하나님께서 다시 오셔서 변화시켜 주실 그때에, 부끄럽지 않게 우리를 완성하여 그 앞에 서야 할 것입니다. 이것이 우리의 소망이요, 책임입니다. 이것이 지금 살고 있는 우리의 인생 속에서 우리를 돌아보게 하는 것입니다.

세상 사람들은 여기가 전부인 줄 알고 매일 그의 장막을 치장하고 자랑합니다. 하지만 우리는 주를 위하여, 영원한 나라를 위하여 장막을 옮겨가는 자로서, 스스로를 돌아보아야 합니다. 이에 대한 눈이 뜨인다면 여러분은 많은 시험에서 구원받을 것이요, 많은 시련에 대해서도 든든하게 승리할 것입니다. 하나님은 우리에게 약속한 모든 것을 이루실 것입니다. 하나님이 무엇을 어떻게 요구하시는지를 깨닫고, 지혜롭고 충성된 신앙의 승리와 순종과 인내가 우리에게 얼마나 필요한지 아시는 신앙인이 되기를 바랍니다.

02

성화의 기초

롬 3:31

그런즉 우리가 믿음으로 말미암아 율법을 파기하느냐. 그럴 수 없느니라. 도리어 율법을 굳게
세우느니라.

신앙주의자의 오해

십자가로 말미암아 하나님의 자녀가 된 복음을 제대로 이해하고 있다면 우리에게는 자랑할 것이 없습니다. 이제 생각해 볼 것은 우리가 이해한 구원, 우리가 이해한 신앙이 구원과 조화를 이루고 있는가 하는 것입니다. 구원 얻은 신자가 가장 오해하는 것으로는 자랑이 있습니다. 자랑은 신자들이 자기 안에서 어떤 모양으로든지 구원의 조건을 만들어 내는 실수입니다. "나는 내가 결단했다", "나는 저 사람보다 낫다", "나는 저 사람보다 열심히 간구했다" 등 자기 안에서 구원의 조건을 드러내는 것입니다. 이럴 때 구원이 자기가 가진 것의 결과로 나타나고, 그렇지 않은 사람들을 차별하게 됩니다. 하지만 우리는 구원을 그렇게 얻지 않았습니다.

우리는 구원 얻을 조건이나 자격이 아무것도 없고, 우리가 아직 죄인 되었을 때에 주님께서 예수 그리스도를 보내셔서 죄로부터 구원하시고 하

나님의 자녀로 삼으셨습니다. 전적인 은혜요, 하나님의 긍휼이요, 하나님께서 우리에게 거저 주신 선물이라고 했습니다. 그런데 자칫 극단으로 갈 수가 있습니다. 신앙을 하나님이 거저 주시는 은혜로 보고, 모든 것을 하나님께 맡기고 구하기만 하면 된다는 '신앙주의'로 흐르는 것입니다. 율법이 갖는 성격처럼 우리의 책임이 없어지고, 모든 것이 하나님께로부터 왔고 그의 은혜로 말미암으니 우리의 믿음도 결국 누가 하나님께 더 많이 매달리느냐, 누가 더 많이 맡기느냐의 싸움으로 넘어갈 수 있습니다.

이 문제에 대하여 잘못 이해한 사람이 워치만 니입니다. 그가 쓴 책들 중에 우리에게 도움을 주는 부분도 있으나, 이 부분에서는 크게 오해했습니다. 그가 쓴 책 중에 가장 좋은 책은 『정상적인 그리스도인의 생활』로, 로마서를 다룬 것입니다. 우리가 얻은 구원은 우리가 노력한 결과가 아니고 전적인 은혜라고 하는 부분에서는 옳습니다. 그러나 그는 칭의와 성화의 문제를 혼동했습니다.

칭의, 좁은 의미에서의 구원, 죄의 자녀로부터 하나님의 자녀가 되는 칭의에는 우리에게 조건이나 원인이 없습니다. 하지만 하나님으로 말미암아 구원을 허락받은 이후에는 책임 있는 생활이 요구됩니다. 이 부분을 성화라고 합니다. 칭의에 있어서 우리는 조건을 내세울 것이 없고 우리 속에 그 원인이 없지만, 구원을 얻은 자로서 우리는 믿음을 가지고 노력을 기울여서 신자답게 살아야 합니다. 그 책임이 전적으로 우리에게 있습니다. 그런데 우리는 보통 이 두 가지를 바꾸어서 쓰곤 합니다. 구원은 자기가 선택하고 믿어서 얻었고, 성화는 주시옵소서로 하는 겁니다.

"나에게 좋은 성품을 주시옵소서." "나에게 이러저러한 것을 주시옵소서." 이것은 달라고 할 게 아닙니다. 노력해서야 합니다. 칭의에 해당하는 구원은 선물로 주어지지만, 성화는 각자가 노력하지 않으면 안 됩니다. 성경에는 두려운 말씀이 기록되어 있습니다. "스스로 속이지 말라. 하나님은 업신여김을 받지 아니하시나니 사람이 무엇으로 심든지 그대로 거두리라"(갈 6:7). 성화에 관한 이야기입니다.

그러나 지금 우리가 다루고 있는 것은 칭의입니다. 죄의 노예였던 우리가 어떻게 하나님의 자녀가 되었는지를 따지면 됩니다. 우리에게는 자랑거리도, 조건도, 원인도 없습니다. 그것을 확인해야 합니다. 자랑할 수 없습니다. 이 모든 것은 율법의 요구가 이루어지도록 하는 데 목적이 있습니다. 예를 들면 마태복음 5:17-18 같은 말씀입니다. "내가 율법이나 선지자를 폐하러 온 줄로 생각하지 말라. 폐하러 온 것이 아니요 완전하게 하려 함이라. 진실로 너희에게 이르노니 천지가 없어지기 전에는 율법의 일점 일획도 결코 없어지지 아니하고 다 이루리라."

율법을 만족시킨 십자가 사건

주님께서 오신 것, 즉 십자가가 율법을 필요 없게 만들거나 율법을 폐지시키지 않습니다. 이것을 명심해야 합니다. 은혜로 구원을 얻습니다. 그 은혜로 얻은 구원이 율법과 어떻게 손을 잡는가를 모르면 우리는 신앙주의로 빠집니다. 우리의 성화는 실패하고 맙니다. 갈라디아서 4장입니다.

때가 차매 하나님이 그 아들을 보내사 여자에게서 나게 하시고 율법 아래에 나게 하신 것은 율법 아래에 있는 자들을 속량하시고 우리로 아들의 명분을 얻게 하려 하심이라(갈 4:4-5).

주의해서 보십시오. 하나님께서 우리를 구원하시는 방법은 율법을 폐기시키거나 율법을 완화시키는 게 아니라 율법을 만족시키면서 구원하는 것입니다. 우리는 구원이 율법으로 말미암지 않는다는 것과 그 구원이 율법을 세운다는 것이 어떤 의미에서 대치되고 어떤 의미에서 조화되느냐 하는 것을 혼동합니다. 로마서 8장입니다.

> 율법이 육신으로 말미암아 연약하여 할 수 없는 그것을 하나님은 하시나니 곧 죄로 말미암아 자기 아들을 죄 있는 육신의 모양으로 보내어 육신에 죄를 정하사 육신을 따르지 않고 그 영을 따라 행하는 우리에게 율법의 요구가 이루어지게 하려 하심이니라(롬 8:3-4).

구원을 이루어서 무엇을 하려고 합니까? 율법의 요구를 이루려고 한다는 말입니다. 그럼 율법으로는 안 되나요? 율법의 요구를 만족시킬 수 있는 자격과 능력을 가질 수 있는 자리, 즉 구원을 얻는 자리로 오는 것은 율법이 하지 못합니다. 율법은 우리에게 거룩을 요구합니다. 거룩해야 된다는 목표와 요구를 제시하지만, 율법 자체가 우리를 거룩하게 만들지는 않습니다. 이곳이 바로 은혜가 서고 십자가가 서야 하는 자리입니다. 우리는 죄를 범하고 율법을 범하고 율법의 심판 아래 있습니다. 율법은 우리를 정죄할 뿐 우리를 살려내지는 못합니다.

하나님의 은혜로, 십자가로 말미암아, 그리스도의 속죄 사역으로 우리가 구원을 얻습니다. 왜 구원하셨나요? 율법의 요구를 이루려는 것입니다. 우리는 십자가로 말미암아 은혜로, 값없이, 선물로 구원을 받았습니다. 구원은 우리로 하여금 율법을 만족시키는 데로 나아가게 합니다. 율법으로 구원을 얻지는 않았습니다. 하지만 구원을 얻었으면 율법을 이루는 데로 가야 합니다. 그런데 우리는 율법으로 구원을 얻은 것이 아니므로 율법은 나와 상관이 없다고 생각하기 쉽습니다.

아무 노력도 하지 않고 언제든지 필요할 때 엎드려서 기도만 하면 된다고 생각하는 것이 신앙주의자들의 큰 오해 가운데 하나입니다. 십자가는 율법보다도 더 하나님의 거룩과 은혜를 증거하고 있습니다. 십자가가 왜 율법보다도 더 하나님의 의와 거룩을 증거하고 있는가는 율법이 요구하는 것이 무엇인가부터 추적하면 분명해집니다. 레위기 19장입니다.

여호와께서 모세에게 말씀하여 이르시되 너는 이스라엘 자손의 온 회중에게 말하여 이르라. 너희는 거룩하라. 이는 나 여호와 너희 하나님이 거룩함이니라(레 19:1-2).

거룩은 율법의 가장 중요한 내용이고 목표입니다. 그것은 하나님께서 거룩하시기 때문입니다. 하나님의 소유가 되려면 거룩하신 분의 소유가 되기 위한 거룩함이 필요합니다. 그래서 이런 요구들이 있는 것입니다. "너희 각 사람은 부모를 경외하고 나의 안식일을 지키라. 나는 너희의 하나님 여호와이니라"(레 19:3). 부모를 경외하고 안식일을 지키십시오. 그것이 거룩한 길입니다. 그것을 어기면 거룩해지지 않습니다. 아니, 죄악의 자리, 하나님이 싫어하시는 것을 하면 하나님의 소유가 되지 못합니다. "너희는 헛된 것들에게로 향하지 말며 너희를 위하여 신상들을 부어 만들지 말라. 나는 너희의 하나님 여호와이니라"(레 19:4). 다른 것을 섬기면서 하나님의 휘하에 있을 수 없습니다. 이것이 율법의 요구입니다. 거룩입니다.

하나님의 거룩하심이 우리에게 요구하는 것

하나님의 거룩하심이 우리에게 무엇을 요구하는지 보십시오. 신명기 30:15입니다.

보라, 내가 오늘 생명과 복과 사망과 화를 네 앞에 두었나니 곧 내가 오늘 네게 명령하여 네 하나님 여호와를 사랑하고 그 모든 길로 행하며 그의 명령과 규례와 법도를 지키라 하는 것이라. 그리하면 네가 생존하며 번성할 것이요 또 네 하나님 여호와께서 네가 가서 차지할 땅에서 네게 복을 주실 것임이니라. 그러나 네가 만일 마음을 돌이켜 듣지 아니하고 유혹을 받아 다른 신들에게 절하고 그를 섬기면 내가 오늘 너희에게 선언하노니 너희가 반드시 망할 것이라. 너희가 요단을 건너가서 차지할 땅에서 너희의 날이 길지 못할 것이니라. 내가 오늘 하늘과 땅을 불러 너희에게 증거를 삼노라. 내가 생명과 사망과 복과 저주를 네 앞에 두었은즉 너와 네 자손이 살기 위하여 생명을 택하고 네 하나님 여호와를 사랑하고 그의 말씀을 청종하며 또 그를 의지하라. 그는 네 생명이시요 네 장수이시니 여호와께서 네 조상 아브라함과 이삭과 야곱에게 주리라고 맹세하신 땅에 네가 거주하리라(신 30:15-20).

하나님께서 이스라엘 백성을 사랑하사 자기 백성을 삼으시고 애굽에서 꺼내셨습니다. 바로를 무찌르고 홍해를 가르고 광야 생활을 거쳐서 젖과 꿀이 흐르는 땅으로 인도하셨습니다. 그리고 그들을 사랑하시고 복을 주시기를 원하셨습니다. 그러나 아무리 사랑하고 복 주기를 원해도 그들이 하나님의 거룩에 저촉되면 저주하실 수밖에 없고 벌을 내리실 수밖에 없는 분이 하나님이십니다. 그래서 경고하십니다. "너희는 복을 얻고 잘살기 위해서 내 말을 들어라. 나는 거룩하지 않은 것을 그냥 넘어가지는 못하는 하나님이다." 이것이 구약성경의 가장 중요한 가르침입니다. 하나님은 우리를 사랑하십니다.

그러나 사랑하기 때문에 우리가 지은 죄를 없었던 것으로 하시는 분은 아닙니다. 이것이 어디서 나타납니까? 바로 십자가입니다. 우리가 지은 죄를 용서하실 수 없는 하나님, 그럼에도 불구하고 죄 지은 우리를 사랑하시는 하나님, 우리를 구원하시고 사랑을 완성하실 때 죄를 유야무야하실 수는 없는 하나님, 그래서 하나님은 무엇으로 그 죄를 해결하셨습니까? 십자가입니다. 그의 아들, 예수 그리스도를 우리 죄를 대신해 십자가에 못 박아 피 흘리게 하신 분이 하나님 아닙니까? 십자가 사건보다 더 율법과 일치되는, 하나님의 공의와 거룩이 증거되는 사건이 어디 있습니까?

우리는 하나님의 은혜와 선물로 구원을 얻었다는 것을 기억해야 합니다. 이 선물과 구원은 우리를 거룩하게 하려는 하나님의 뜻입니다. 하나님은 우리의 죄를 그냥 넘어 가시지 않습니다. 그러므로 우리는 죄를 짓지 말아야 합니다. 혹 실수해서 죄를 지었다면 빨리 회개해야 합니다. 그리스도의 십자가는 바로 이것을 위하여 갈보리 산 위에 세워졌고 지금도 유효합니다. 하지만 이것만큼 신자들을 오해하게 만드는 것도 없을 것입니다. 우리는 십자가를 사랑과 긍휼, 자비로는 알고 있어도, 십자가가 하나님의 공의의 표현이라는 점에 대해서는 너무나 과소평가하고 있습니다. 우리가 어디로 부름 받았는가를 모르고 있습니다. 우리는 거룩으로 부름 받았습니다. 그래서 성경은 하나님의 거룩하심같이 거룩해지도록 우리를 인도합니다.

마태복음 22:36에서 어떤 율법사가 묻습니다. "선생님, 율법 중에서 어느 계명이 크니이까. 예수께서 이르시되 네 마음을 다하고 목숨을 다하고 뜻을 다하여 주 너의 하나님을 사랑하라 하셨으니 이것이 크고 첫째 되는 계명이요 둘째도 그와 같으니 네 이웃을 네 자신 같이 사랑하라 하셨으니 이 두 계명이 온 율법과 선지자의 강령이니라."

이것이 율법입니다. 율법의 핵심입니다. 율법의 궁극적인 목표입니다. "목숨을 다하여 하나님을 사랑할 것, 네 이웃을 사랑하되 자기 몸을 사랑하는 것같이 사랑할 것"입니다. 이것이 거룩의 궁극적인 목적입니다. 그래서 우리는 십자가로 말미암아 구원을 얻은 것이 무엇인가를 분명히 할

성화

필요가 있습니다.

십자가는 율법의 요구를 이루라고 우리에게 허락된 출발선입니다. 우리는 죄 가운데서부터 십자가로 말미암아 구속함을 받았습니다. 이것은 끝이 아닙니다. 시작입니다. 구원의 시작입니다. 하나님의 자녀로서의 탄생에 불과합니다. 하나님의 자녀로서 완성의 자리까지 가야 할 시작을 선물로 받은 것입니다. 하나님의 크신 은혜이자 선물로 이것들을 거저 받았습니다. 그러나 이제 우리는 경건을 연습하고 거룩을 준비하여 하나님이 기뻐하시는 자리로 채찍질하여 달려가야 합니다.

로마서 6:10에서 이런 식으로 설명합니다. 십자가가 무엇을 의미합니까?

그가 죽으심은 죄에 대하여 단번에 죽으심이요 그가 살아 계심은 하나님께 대하여 살아 계심이니 이와 같이 너희도 너희 자신을 죄에 대하여는 죽은 자요 그리스도 예수 안에서 하나님께 대하여는 살아 있는 자로 여길지어다. 그러므로 너희는 죄가 너희 죽을 몸을 지배하지 못하게 하여 몸의 사욕에 순종하지 말고 또한 너희 지체를 불의의 무기로 죄에게 내주지 말고 오직 너희 자신을 죽은 자 가운데서 다시 살아난 자 같이 하나님께 드리며 너희 지체를 의의 무기로 하나님께 드리라. 죄가 너희를 주장하지 못하리니 이는 너희가 법 아래에 있지 아니하고 은혜 아래에 있음이라(롬 6:10-14).

구원이 시작이라고 말합니다. 우리는 이제부터 죄의 병기가 아닌 의의 병기로 우리를 바치는 싸움을 해야 합니다. 하나님 앞에 우리를 산 제사로 드리는 성화의 과정을 가야 됩니다. 목숨을 걸고 하나님을 사랑하고 내 이웃을 내 몸과 같이 사랑하는 싸움을 우리 안에서 이루어내야 합니다. 이것은 하루아침에 되지 않습니다.

애굽 탈출이 궁극적 목표가 아님

좀 더 직접적인 예를 성경에서 찾아보기로 하겠습니다. 출애굽기 12:1로 가봅시다.

> 여호와께서 애굽 땅에서 모세와 아론에게 일러 말씀하시되 이 달을 너희에게 달의 시작 곧 해의 첫 달이 되게 하고 너희는 이스라엘 온 회중에게 말하여 이르라. 이 달 열흘에 너희 각자가 어린 양을 잡을지니 각 가족대로 그 식구를 위하여 어린 양을 취하되 그 어린 양에 대하여 식구가 너무 적으면 그 집의 이웃과 함께 사람 수를 따라서 하나를 잡고 각 사람이 먹을 수 있는 분량에 따라서 너희 어린 양을 계산할 것이며 너희 어린 양은 흠 없고 일 년 된 수컷으로 하되 양이나 염소 중에서 취하고 이 달 열나흗날까지 간직하였다가 해 질 때에 이스라엘 회중이 그 양을 잡고 그 피를 양을 먹을 집 좌우 문설주와 인방에 바르고 그 밤에 그 고기를 불에 구워 무교병과 쓴 나물과 아울러 먹되 날것으로나 물에 삶아서 먹지 말고 머리와 다리와 내장을 다 불에 구워 먹고 아침까지 남겨두지 말며 아침까지 남은 것은 곧 불사르라. 너희는 그것을 이렇게 먹을지니 허리에 띠를 띠고 발에 신을 신고 손에 지팡이를 잡고 급히 먹으라. 이것이 여호와의 유월절이니라(출 12:1-11).

유월절은 이스라엘 백성을 애굽에서 벗어나게 하신 하나님의 은혜를 기념하는 절기입니다. 동시에 영적으로는 우리가 어떻게 죄의 노예로부터 구원을 얻게 되었는가, 유월절 양 되시는 예수 그리스도의 대속물 되심으로 인한 구원의 상징이 담긴 중요한 예식입니다. 어린양이 우리의 죄를 대신하여 죽듯, 예수 그리스도께서 우리를 대신하여 죄의 대속물이 되어 우리가 죄로부터 자유를 얻게 된 것입니다. 여기서 고기 먹는 방법을 11절에서 자세히 봅시다. 먹는 방법에 중요한 차이가 있습니다. 허리에 띠를 띠고 발에 신을 신고 손에 지팡이를 잡고 급히 먹도록 되어 있습니다. 말하자면 이것은 서서 먹는 음식입니다. 유월절은 구원의 출발이었기 때문입니다. 구원은 노예와 종 되었던 애굽 집에서 떠나는 것이 전부가 아닙니다. 애굽으로부터 홍해를 건너 나오는 것이 전부가 아닙니다. 젖과 꿀이 흐르는 땅, 가나안에 가기까지가 구원입니다.

유월절을 지키고 애굽에서 탈출하는 것은 시작입니다. 거기서부터 먼 길을 가야 합니다. 가나안에 들어가기 위하여 제일 먼저 해야 되는 것은 애굽 노예의 자리로부터의 탈출이었습니다. 그것 없이는 원하는 자리로 갈 수 없습니다. 그러나 탈출이 궁극적인 목적은 아닙니다. 애굽으로부터의 해방은 가나안에 들어가기 위한 조건에 불과합니다. 우리의 구원도 마찬가지입니다. 십자가가 왜 있었는가? 우리가 하나님께서 요구하시는 영광의 자리로 가기 위한, 죄로부터의 해방으로서 필요했습니다. 그것은 출발입니다.

오늘날 한국교회에는 이 탈출만을 궁극적인 목표로 삼고 신앙생활을 하는 사람이 적지 않습니다. 애굽에서 탈출하지 않고는, 죄의 종으로부터 그리스도의 십자가로 말미암아 구원을 얻는 것 없이는 목적지에 가지 못합니다. 그런 의미에서 구원은 사활이 달린 중요한 것입니다. 그러나 구원을 전체로 놓고 볼 때는 애굽으로부터의 탈출, 죄로부터의 해방은 클라이맥스나 목표가 아니고 가장 중요한 사건도 아닙니다. 목적지에 가는 것이 가장 중요한 것입니다. 그것을 위한 조건에 불과합니다. 새로운 출발, 새로운 탄생, 죄로부터의 해방 없이는 우리가 하나님 앞의 영광스러운 자리에 갈 수 없는 것이 사실이지만, 이것이 궁극적인 목표가 되어 거기 머물러서는 안 됩니다.

하지만 한국교회에서는 전도가 너무 강조되고 있습니다. 물론 전도를 강조하는 것은 괜찮습니다. 그러나 전도가 성화나 하나님 앞에 가는 궁극적인 목표까지 삼켜버린 채, 궁극적인 목표로 서 있습니다. 그래서 한국 교회 신자들을 보면, 홍해 바다 해변에 횟집을 차려놓고 앉아 있는 사람들 같습니다. 저쪽 애굽에 있는 사람들에게 손을 흔들며 "이리 오라, 이리 오라" 합니다. 아닙니다. 구원의 가장 중요한 경험과 자랑은 젖과 꿀이 흐르는 가나안 땅에 들어가서 둘이 매고 가야 하는 큰 포도송이에서 확인되어야 합니다. 여기서는 할 것이 없습니다. 전도는 구원의 여정 중에 분명히 한 획을 그어야 하는 중요한 사건이요, 필수 과정입니다. 그럼에도 불구하고 여기에만 서 있다는 데에 문제가 있습니다.

"나는 기뻐요. 나는 지금 죽어도 천국에서 눈뜰 거예요." 이것 하나로 평생을 먹고 사는 사람, 어떻게 구원을 얻었는가를 눈물범벅이 되어 감격스럽게 간증하는 사람이 최고의 신자로 평가받고, 부러운 목표가 되어 있어선 안 된다는 것입니다.

여러분이 구원을 얻고 신자로 부름을 받아서 신앙을 점검하며 꼭 보여주어야 하는 모습이 무엇인지 아십니까? 하나님을 목숨을 걸고 사랑하는 길에서 진전이 있는가? 거룩을 물어보는 것입니다. 성품과 인격에서 신앙을 물어보는 것입니다. 얼마만큼 거룩해졌는가, 얼마만큼 주를 닮았는가 하는 것을 물어보는 것입니다. 신앙이란 행복과 감격의 연속이 아니라 갈등의 연속이라고 이야기하는 것이 옳습니다. 왜냐하면 이제는 율법이 사정없이 우리를 채찍질하기 때문입니다. 왜 거룩하게 살지 않는가? 이렇게 우리를 채찍질하는 것이 신자가 된 후에 겪는 현실적인 상황이기 때문입니다.

예수 믿고 나면 갈등이 찾아옴

여러분, 신앙을 한번 재정비해 보십시오. 예수를 믿고 난 다음에 맨 처음 찾아온 것이 무엇입니까? 기쁨일 수 있습니다. 하지만 기쁨에 이어서 더 큰 기쁨이 오는 것이 아니라 갈등이 찾아옵니다. 어떤 갈등입니까? 말씀대로, 하나님을 기쁘시게 하며 살 때, 세상이 여러분을 환영하지 않았던 쓴 경험을 하셨을 것입니다. 정직하게 양보하며 살았는데, 세상에서 아무런 보상을 받지 못하고 오히려 짓밟힌 상처가 있을 것입니다. 그래서 어떻게 하셨습니까? 신앙을 제쳐놓고 불신자처럼 살아보지 않았습니까? 그런데 하나님은 예수 그리스도의 피로 값 주고 사신 영혼들을 사망의 길에서 잠 자도록 내버려 두지 않으십니다. 믿는 사람들에 대해서는 간섭을 하십니다. 여러분의 영혼을 괴롭히고 세상으로 가는 것을 자꾸 막으십니다. 그래서 어떻게 하셨습니까?

하나님 앞에서 이렇게 소리쳐 본 적이 있습니까? "하나님, 내가 죄 좀 짓는 것이 하나님께 뭐 그렇게 큰 영향을 끼친다고 이렇게 방해를 하십니까?" 예전에 보았던 영화 '포세이돈 어드벤처'에서는 진 핵크만이 나중에 스팀 핸들을 돌리면서 이렇게 아우성칩니다. "하나님, 도와주시지 않아도 좋습니다. 방해나 하지 말아 주십시오." 한 번씩은 해 보셨죠? 왜 그런 이야기를 할 수밖에 없습니까? 하나님 말씀이 내 뒤통수를 붙잡고 있지만 왠지 말씀대로만 살아선 안 될 것 같고, 그래도 세상 사람보다는 내가 좀 나은데도 하나님은 도와주시진 못할망정 방해하고 괴롭힌단 말입니다. 수없이 경고를 듣다가 어느 날 한 번 터지는 날이 있습니다. 그런 날은 뭐라고 간증하십니까? "난 맞아도 싸다." "이럴 줄 알았어." 여러분 주위에서 너무나 많이 듣던 이야기가 아닙니까? 이후 그는 하나님께 완전히 몰두하는 사람으로 바뀝니다. 이것은 누구에게나 일어나는 일입니다. 저는 말로 해서 알아듣는 사람을 몇 명 보지 못했습니다. 쉽게 돌아오지 않습니다. 얻어맞고야 돌아옵니다. 여태껏 몇 십 년 동안 세상을 따라 살았던 것을 하루아침에 바꿉니다. 다시 시작해야 합니다.

인간적인 눈으로 볼 때에는 신앙생활이야말로 정말 갈등과 처절한 실패의 연속이라고 이야기할 수 있습니다. 인간은 그리 지혜롭지 않습니다. 한두 번 매를 맞아서는 돌아오지 않습니다. 누가 신앙을 행복이라 했습니까? 그렇지 않습니다. 행복도, 기쁨도, 형통도 아닙니다. 하나님의 크신 은혜로 우리는 비로소 하나님의 자녀로 출생했습니다. 미운 일곱 살을 지나야 하고 사춘기를 지나야 합니다. 끊임없이 하나님과 우리 사이에 갈등이 생깁니다. 그렇게 쉽게 순종하지 않습니다.

그러나 알아야 할 것이 있습니다. 이 과정을 통과하지 않고는 완성의 자리에 가지 못합니다. 갈등이 없는 것이 신앙이라고 생각해서는 안 됩니다. 하나님께서는 거룩을 우리에게 다 이루기까지 절대 손을 놓지 않으십니다. 그 전에는 죽지도 않습니다. 하나님은 그리스도의 피로 값 주고 산 그 값을 다 이루기까지는, 여러분을 죽도록 내버려 두시지도 않습니다. 여러분을 하나님 앞에서 완성된 모습으로 세우실 때까지는 절대로 포기하지 않으십니다.

시험을 통해 연단됨

베드로전서 1장으로 가보십시다. 이제 "구원과 율법이 어떻게 같이 가는가"가 여기에 정확히 나옵니다. 3절입니다.

> 우리 주 예수 그리스도의 아버지 하나님을 찬송하리로다. 그의 많으신 긍휼대로 예수 그리스도를 죽은 자 가운데서 부활하게 하심으로 말미암아 우

리를 거듭나게 하사 산 소망이 있게 하시며 썩지 않고 더럽지 않고 쇠하지 아니하는 유업을 잇게 하시나니 곧 너희를 위하여 하늘에 간직하신 것이라. 너희는 말세에 나타내기로 예비하신 구원을 얻기 위하여 믿음으로 말미암아 하나님의 능력으로 보호하심을 받았느니라. 그러므로 너희가 이제 여러 가지 시험으로 말미암아 잠깐 근심하게 되지 않을 수 없으나 오히려 크게 기뻐하는도다. 너희 믿음의 확실함은 불로 연단하여도 없어질 금보다 더 귀하여 예수 그리스도께서 나타나실 때에 칭찬과 영광과 존귀를 얻게 할 것이니라(벧전 1:3-7).

여기서부터 구원을 미래 지향적으로 이야기하고 있다는 것을 기억하십시오. 3절 끝 부분은 "우리를 거듭나게 하사 산 소망이 있게 하시며", 4절은 "썩지 않고 더럽지 않고 쇠하지 아니하는 유업을 잇게"라고 했습니다. 기업이란 유산을 말합니다. 그리고 "너희를 위하여 하늘에 간직하신 것이라"고 했습니다. 우리가 말세에 나타내기로 예비하신 구원을 얻고, 예수 그리스도의 십자가로 하나님의 자녀가 된 것이 전부는 아닙니다. 우리가 갈 곳은 자녀다운 자리, 영광의 자리에 가는 것, 말세에 나타날 것, 그리고 7절 끝에 있는 것같이 칭찬과 영광과 존귀를 얻게 하는 자리인 것입니다. 그럼 우리 앞에는 무엇이 기다리고 있습니까? 6-7절에 시험을 당해야 한다는 것입니다. 시험을 받아 믿음의 시련으로, 연단되어야 한다고 합니다.

마음속에서 죄와 헛된 것을 뿌리 뽑고 거룩으로 완성되기 위하여, 우리가 아직 죽지 않고 남아 있는 것입니다. 하나님이 아직 불러 가시지 않은 것입니다. 나를 행복하게, 기쁘게 하고 내 욕심을 채우기 위해서 지금의 신앙생활, 지금의 인생을 허락하신 게 아닙니다. 지금은 우리가 단련되어야 하고 완성되어야 하는 아주 귀중한 시간입니다. 주님 오시는 날 우리가 받아야 할 영광의 자리를 바라고 있어야 합니다.

그러므로 너희 마음의 허리를 동이고 근신하여 예수 그리스도께서 나타나실 때에 너희에게 가져다주실 은혜를 온전히 바랄지어다. 너희가 순종하는 자식처럼 전에 알지 못할 때에 따르던 너희 사욕을 본받지 말고 오직 너희를 부르신 거룩한 이처럼 너희도 모든 행실에 거룩한 자가 되라. 기록되었으되 내가 거룩하니 너희도 거룩할지어다 하셨느니라(벧전 1:13-16).

이것이 구원입니다. 율법을 이루는 것입니다. 십자가로 말미암아 우리를 하나님의 자녀로 삼으신 뜻입니다. 거룩을 연습하고 거룩으로 나아가십시오. 거룩의 궁극적인 목표는 하나님을 목숨 걸고 사랑하며, 이웃을 내 몸같이 사랑하는 것입니다. 그 영광의 자리에 서는 것, 아버지의 성품에 동참하는 것, 예수 그리스도의 뒤를 좇는 것을 연습하십시오. 그것을 여러분의 성품과 인격과 피와 살로 삼으십시오. 그것이 구원입니다.

성화

03

거룩한 자

요 17:17
그들을 진리로 거룩하게 하옵소서. 아버지의 말씀은 진리니이다.

신분과 소속 차원의 거룩함

성경에서 거룩이라는 단어는 거룩한 자, 성도라는 표현으로 더 많이 씁니다. 거룩할 성(聖)에 무리 도(徒)를 써서 성도라고 하는데, 거룩한 자라는 것은 언제나 신분과 소속 차원에서 하나님께 속한 자라는 뜻입니다. 하나님께 속한 것은 뭐든지 거룩하다고 합니다. 성결하다, 깨끗하다, 더럽지 않다는 개념 이전의 문제입니다. 소속에 관한 문제입니다.

　에베소서를 비롯해서 여러 교회에 보낸 서신서들을 보면 언제나 서두에 '어디에 있는 교회와 성도들에게'라는 표현들을 보게 됩니다. 여기에서 말하는 거룩함이라는 것은 그런 소속과 신분에 관한 것이 아닙니다. 만약 이것이 소속과 신분에 관한 것이라면 요한복음 17:19에 있는 것같이 "그들을 위하여 내가 나를 거룩하게 하오니"라는 표현은 맞지 않습니다. 거룩이라는 말이 여기서 의미하는 것은 구원을 받았다는 신분에 관한 것이 아니라 구원의 수준에서의 완성적 차원을 의미하는 것입니다. 이것은 우리에게 어려운 대목입니다.

먼저 이 부분에 대한 전체적인 이해를 돕고, 다음 내용으로 들어갔으면 합니다. 한국교회가 처음에 기독교를 전할 때의 핵심은 "예수를 믿으면 천당 갑니다"였습니다. 복음을 가장 간략하게 설명했던 구호인 '예수 천당 불신 지옥', 이것이 한국 초기 기독교의 메시지였습니다. 조금 더 교리적으로 진전되어서는 천주교와 기독교가 어떻게 다른가를 많이 말했습니다. 그 후에는 우리가 우리의 행위로 구원을 얻는 것이 아니라 은혜로 얻는 것이며, 하나님이 우리를 택하시고 예정하셔서 얻은 것이기 때문에 취소되지 않는다는 예정론이 중요한 가르침이었습니다.

다음에 등장한 것이 구원의 확신입니다. 우리가 예수를 믿으면 우리의 운명이 취소되거나 변경되지 않는다는 기쁨, 하나님의 자녀된 확신입니다. 그 확신을 가지게 된 이후에는 해야 할 일로 전도, 봉사 이런 것들이 요구되었습니다. 이런 것들이 한국교회가 지금까지 걸어온 발자취라고 봅니다.

그런데 거룩을 이야기할 때 두 가지 면을 말씀드린 것같이 구원 문제에도 혼란이 있었습니다. 구원은 확신과 감격으로 끝나는 것이 아니라 그것이 시작이라는 겁니다. 구원은 시작입니다. 하나님께서 예수 그리스도를 보내셔서 우리를 죄에서 꺼내시고 하늘나라에 앉히시며 하늘나라 백성으로 완성하실 것입니다. 그래서 출발입니다. 그럼에도 불구하고 마치 완성인 것같이 오해되는 바람에 이런 문제가 생겼습니다. 대표적인 예가 베뢰아파입니다.

그들은 구원을 얻은 것을 완성이라고 생각하기 때문에 이런 질문을 던집니다. "여러분은 지금 예수 믿는 사람으로 여기 앉아 있습니다. 여러분은 의인입니까 죄인입니까?" 이에 대해 죄인이라고 하면, "어째서 우리가 죄인입니까, 의인이죠" 하며 호통을 칩니다. 그 말은 맞습니다. 예수 그리스도로 말미암아 우리는 의인이 되었습니다. 우리의 행위가 아니라 그분의 은혜와 사랑, 긍휼로 말미암아 의인이 되었습니다. 그러나 그것은 신분과 소속 면에서 그렇습니다. 수준에서는 그렇지 않습니다. 오죽하면 사도 바울이 자기를 가리켜 내가 "죄인 중의 괴수"라는 말을 썼겠습니까? 완성의 차원에서 볼 때 자신을 죄인이라고 설명할 수밖에 없는 것입니다.

예수님의 비유 중에도 그런 말이 나옵니다. "주인이 식사하기 전에 종이 먼저 식사하는 법이 어디 있느냐, 주인이 오면 시중을 들어 식사하게 하고 세숫물도 갖다 준 후에야 자기가 밥을 먹는 것이 아니냐." 그때 주인이 잘했다 그러면, 종은 "저는 무익한 종입니다. 제 할 일을 했습니다"라고 말할 뿐이라는 것입니다.

우리는 신앙생활 속에서 이만하면 되었다는 마음을 가져 본 적이 없습니다. 없는 것이 당연합니다. 갈수록 힘이 나는 것이 아니라 어떤 의미에서는 좌절하게 됩니다. 저는 작년 다르고, 올해 다른 것을 느낍니다. 작년에는 늘 삼 년이라고 그랬는데, 올해는 삼 개월 하는 마음이 저를 무겁게 짓누르고 있습니다. 목사 노릇을 삼 개월이나 더 할 수 있을까? 그전에 불러 주시면 멋있겠는데, 망신 톡톡히 당하고 쫓겨난 다음에 죽으면 어떻게 하나. 이런 생각이 저를 무겁게 누릅니다.

마찬가지로 구원은 하나님께서 우리를 예수 그리스도로 말미암아 하나님의 자녀로 삼아 주신 겁니다. 그의 자녀라는 신분을 얻게 된 것이 출발이며, 이후에는 자녀답게 사는 것이 남아 있듯이 여기 거룩이란 말도 그런 의미에서 주께서 제자들 앞에서, 하나님 앞에 드린 기도인 것입니다.

구원에 대한 오해

구원은 출발에 불과하며 완성을 향해 나가야 합니다. 대표적인 성경 구절이 빌립보서 2장입니다.

> 그러므로 나의 사랑하는 자들아 너희가 나 있을 때뿐 아니라 더욱 지금 나
> 없을 때에도 항상 복종하여 두렵고 떨림으로 너희 구원을 이루라. 너희 안
> 에서 행하시는 이는 하나님이시니 자기의 기쁘신 뜻을 위하여 너희에게 소
> 원을 두고 행하게 하시나니(빌 2:12-13).

구원을 얻으면 끝이 아닙니다. 하지만 베뢰아파는 예수를 제대로 믿
고 있으면, 예수 안에 정말 제대로 되어 있으면 그는 완전한 자라서 어떤
부족한 일도 생기지 않는다고 봅니다. 부족한 일이 생기는 것은 그의 믿음
이 약해서 마귀가 침범하고 그 부위를 장악해 병들게 하고 근심을 일으키
며 어려운 일들을 일으킨다는 겁니다. 안경 낀 사람은 전부 눈에 귀신이 들
어와 있다는 것이 베뢰아식 생각입니다.

말이 안 되는 것 같은데도 여러 사람이 이런 문제에 영향을 받고 현혹
됩니다. 결국 진리를 소원하는 게 아니라 내 필요가 더 절박하기 때문에 하
나님이 안 해주시면, 귀신이나 도깨비, 염라대왕이라도 좋으니 병만 낫게
해준다면 거기 가서 발바닥이라도 핥겠다는 식입니다. 하나님 아니라도
좋다 이겁니다. 이 일만 해주신다면, 성경책을 갈아서 마시라면 갈아 마실
것이고 십자가를 부러뜨리라면 부러뜨리겠다는 겁니다.

그게 무슨 신앙입니까? 그렇다면 왜 순교가 성경에 등장합니까? 하나
님이 우리에게 필요한 것을 언제나 완벽하게 채우시고 어려운 문제가 없다
면 순교가 왜 등장합니까? 왜 죽도록 충성하라가 등장합니까? 왜 나를 위
하여 너희가 환난과 고통을 당한다는 약속이 필요합니까? 아픕니다, 망합
니다, 하지만 내가 이 진리만은 놓지 않으리라, 그것이 신앙입니다. 어째서
우리의 필요로 인해 진리를 놓아 버려도 좋은 것이 되었느냐는 말입니다.

개인적으로 잘 아는 집사님이 한 분 있습니다. 아주 열심이 있는 신자입니다. 베뢰아 같은 신앙을 조롱하던 사람이었습니다. 어느 날 그가 어떤 병에 걸렸는데 병원에서 고치지를 못했습니다. 요즘 그분은 베뢰아 사람들을 초청하여 기도 받고 귀신 쫓아내는 일을 한다고 합니다.

우리의 신앙은 어디에 있는 것입니까? 우리가 믿는다는 것은 무엇입니까? 우리가 편안할 때 외치는 것이 신앙이 아닙니다. 위기에 처하여, 생사의 갈림길에 놓여 둘 중에서 하나밖에 선택할 수 없을 때 우리의 신앙이 드러날 것입니다. 여러분은 지금 무엇을 잡고 있습니까? 여기까지 오신 것을 보면 괜찮은 분일 것이라고 기대하지만, 알 수 없는 것이 사람의 마음이니까 마음이 놓이질 않습니다.

신앙이 그리스도에게까지 자라야 함

에베소서 4장에 의하면 구원이라는 것이 이런 식으로 요구되고 있다는 것을 아셔야 합니다.

> 우리가 다 하나님의 아들을 믿는 것과 아는 일에 하나가 되어 온전한 사람을 이루어 그리스도의 장성한 분량이 충만한 데까지 이르리니(엡 4:13).

우리 앞에 이런 목표가 있습니다. 이루어지지 않은 것들입니다.

> 오직 사랑 안에서 참된 것을 하여 범사에 그에게까지 자랄지라. 그는 머리니 곧 그리스도라(엡 4:15).

그리스도에게까지 자라야 합니다. 신앙생활이란 우리가 가지고 있는 어떤 사상이나 철학이 아닙니다. 나는 예수를 믿어, 이렇게 말하는 것이 신앙이 아닙니다. 그에게까지 자라야 합니다. 이것이 거룩한 일입니다. 하나님께서는 우리를 불러 이 목표를 향해 움직이게 하십니다. 이것이 우리를 세상에 남겨두신 이유입니다. 우리는 그리스도에게까지 자라야 합니다.

이런 식으로 생각해야 합니다. 예수님이 잡히시던 밤에 병정들이 와서 그를 잡으려고 하자 베드로가 칼을 빼어 그중 한 사람의 귀를 잘랐습니다. 예수님께서 그 귀를 붙여 주시면서 이것까지 참으라 하십니다. 신자는 복수심으로 사람을 대하지 않습니다. 우리나라 사람들이 얼마나 회의를 할 줄 모르는지 아시죠? 반대 의견이면 무조건 다 원수 아닙니까? 웃으면서 말하는 것을 연습해야 합니다. 웃음이 나오기까지 기다려서는 안 됩니다. 연습하십시오. 안 나오는 웃음을 웃고, 참을 수 없는 일들을 참으려고 스스로 쳐 복종시켜야 합니다. 거룩한 성품이 되도록 훈련하셔야 합니다.

오른편 뺨을 때리면 왼편 뺨을 대라. 그리고 진단서를 떼어라. 이렇게 말하는 것은 없습니다. 왜 오른편 뺨이죠? 손등으로 때린 것이기 때문에 오른편 뺨입니다. 뺨은 원래 아프라고 때리는 자리가 아닙니다. 모욕적인 자리이죠. 손등으로 때리면 손바닥으로 때리는 것보다 일곱 배쯤 더 모욕하는 것입니다. 그 모욕을 당하십시오. 당하셔야 합니다. 그리고 어떻게 하라고요? 왼편 뺨도 대라고요. 지금 당장은 그렇게 할 수 없습니다. 우리 평생에 걸쳐 노력해야 합니다.

속옷을 달라고 그러면 겉옷도 주어라. 왜 속옷입니까? 이스라엘 사람들은 확실히 현실적인 사람들입니다. 받지 못한 빚 때문에 채권자가 차압하러 가면, 가져갈 수 있는 것은 다 가지고 갑니다. 속옷도 가져갈 수 있지만 겉옷은 못 가져갑니다. 왜 그렇죠? 속옷만으로는 밖에 나올 수 없지만 겉옷만 입고는 나올 수 있기 때문입니다. 그런데 그것까지도 주라고 합니다. 물욕에 관한 싸움이라면 우리는 거기에 걸리지 않습니다. 누가 억지로

성화

오 리를 가자고 하면 십 리도 가라고 합니다. 억지로 오 리를 가는 것은 당시 로마의 법의 한도였습니다. 부역을 시킬 때에는 그 마을에서 십 리까지만 끌고 갈 수 있었습니다. 더 이상 갈 수 없습니다. 억지로 데리고 갈 수 있는 게 오 리입니다. 그것이 로마의 법이었습니다. 그런데 십 리까지도 가주라고 합니다.

거룩하게 되기를 요구함

세상의 권세와 물욕과 복수심에서 해방되는 자리로 가는 것이 거룩의 완성입니다. 하지만 우리는 그렇게 살지 않습니다. 우리는 늘 뭔가를 안고 있고 외우고 있으며, 손에 쥐고 있고 마음에 갖고 있습니다. 그러나 변하지는 않습니다. 그렇다면 그것은 우리 것이 아닙니다. 사상과 우리가 믿고 있는 내용들 때문에 스스로를 오판하지 마십시오. 자신의 삶에서, 대화와 생애 속에서 다른 사람이 되어야 합니다. 그것이 여러분의 싸움입니다. 갈등이 여러분 안에 있어야 합니다.

오늘날 현대인이 앓는 최고의 병은 생각하지 않는 것입니다. 아파하지 않는 것입니다. 이 싸움을 시도하지 않습니다. 여러분, 설교를 듣고 감동하고 결심하며 마음에 커다란 충동을 느낀 것을 여러분의 실력이라고 생각하지 마십시오. 우리는 무참히 깨지곤 합니다. 아니요, 깨지지 않았을 겁니다. 나가서 적을 대해 보면, 세상의 악과 죄는 내 것에 비해 너무 어마어마해서 그냥 슬며시 꼬리를 내리고 맙니다.

우리는 싸움을 시작해 보지도 않은 신자입니다. 위축되어 있습니다. 우리 모두의 병입니다. 아무도 신자로서의 삶을 살지 않습니다. 무슨 낯으로 주일에 와서 앉아 계시는 겁니까? 그게 무슨 신앙입니까? 시도해 보지도 않았기에, 생긴 상처도, 받은 수모도 없습니다. 짓밟힌 처절함도 없고 좌절도 해본 적 없습니다. 그런데도 우리는 주일을 지킵니다. 이것이 우리의 제일 큰 병입니다. 나온 사람을 괄시해서 쫓아 보내니 그 교회가 될 리가 있습니까? 성경은 거룩하게 되기를 요구합니다. 마태복음 21장에 가면 예수님이 이런 뼈아픈 예를 들고 계십니다.

> 그러나 너희 생각에는 어떠하냐. 어떤 사람에게 두 아들이 있는데 맏아들에게 가서 이르되 얘 오늘 포도원에 가서 일하라 하니 대답하여 이르되 아버지 가겠나이다 하더니 가지 아니하고 둘째 아들에게 가서 또 그와 같이 말하니 대답하여 이르되 싫소이다 하였다가 그 후에 뉘우치고 갔으니 그 둘 중의 누가 아버지의 뜻대로 하였느냐. 이르되 둘째 아들이니이다. 예수께서 그들에게 이르시되 내가 진실로 너희에게 이르노니 세리들과 창녀들이 너희보다 먼저 하나님의 나라에 들어가리라. 요한이 의의 도로 너희에게 왔거늘 너희는 그를 믿지 아니하였으되 세리와 창녀는 믿었으며 너희는 이것을 보고도 끝내 뉘우쳐 믿지 아니하였도다(마 21:28-32).

자명한 이야기입니다. 더 이상 무슨 설명이 필요하겠습니까. 아는 것과 그렇게 사는 것은 다릅니다. 하나님께서 여러분의 마음을 감동시키셔서 이런 말씀들을 듣고, 마음이 찔리고 그렇게 살기 위해 결심하고, 살 힘을 주시기를 원합니다. 우리는 구원을 사상과 믿는 내용으로만 가지고 있을 게 아니라 그렇게 살아야 하는 것으로 요구받고 있는 사람들입니다.

싸움을 요구하는 구원

신자의 생활은 그런 의미에서 좌절과 갈등, 고민과 처절할 정도로 하나님 앞에 매달려 기도하는 생애의 연속이라고 생각합니다. 잠 못 이루는 밤, 몸부림치는 밤, 자기가 미운 밤, 하나님도 야속한 밤이 사실은 많아야 합니다. 하나님 어찌하여 이런 자리에 저를 놓으십니까? 이런 감당치 못할 자리에 저를 놓으십니까? 그것이 욥의 고백들입니다. 나 같은 것이 죄를 범하였다 해도 하나님께 뭐가 그렇게 대단한 일이라고 침 삼킬 동안도 놓아두시지 않습니까? 나 같은 것이 죄 하나 지은 것이 무엇이 그리 대단하다고 와서 일일이 간섭하시고 발가벗겨 창피를 당하게 하며 아프게 하십니까? 이런 갈등이 있어야 합니다. 이것은 믿음이 없는 것이 아닙니다. 이런 갈등이야말로 정당한 믿음의 자리에 들어간 경험이요, 제대로 된 코스입니다. 갈등이 없는 것이 우리의 병입니다.

빌립보서 1장에서 사도 바울이 이렇게 요구합니다.

> 그리스도를 위하여 너희에게 은혜를 주신 것은 다만 그를 믿을 뿐 아니라 또한 그를 위하여 고난도 받게 하려 하심이라. 너희에게도 그와 같은 싸움이 있으니 너희가 내 안에서 본 바요 이제도 내 안에서 듣는 바니라(빌 1:29-30).

사도 바울은 빌립보 성도들에게 고난을 요구했고, 자신의 생애를 통하여 고난을 증거했습니다. 고난이 필요한 이유는, 하나님의 일이 이루어지기 때문이 아니라 그 고난을 통해 당사자가 성장하기 때문입니다.

출애굽 사건을 생각해 보십시오. 출애굽 사건은 모세가 있었기 때문에 가능한 사건입니까? 모세를 위하여 출애굽 사건이 있는 것입니까? 이 얼마나 재미있는 질문인가 생각해 보십시오. 우리는 늘 모세가 있었기 때문에, 위대한 지도자가 있어서 출애굽이 가능했다고 생각합니다. 하지만 성경은 그렇게 얘기한 적이 없습니다.

에스더 사건을 기억하시죠. 모르드개가 와서 이렇게 얘기를 합니다. "하나님이 이 일을 위하여 너에게 왕비 직분을 맡겼을 것이다. 네가 안 해도 하나님은 다른 방법으로 이 일을 하실 것이다. 넌 그때 하나님 앞에 무슨 답변을 하려느냐?"

모세가 없어도 하나님은 이스라엘 백성을 구하십니다. 하나님은 모세 없이도 그 일을 하십니다. 왜 모세를 쓰셨죠? 그 일로 모세가 성장하는 것을 우리에게 보여주시는 것입니다. 이 교회를 통하여 최고의 유익을 얻는 사람이 누구입니까? 물어볼 것도 없이 저입니다. 여러분 중에 누가 아프면 제가 아프지 아니하며 누가 어려움 속에 있으면 제가 애쓰지 않았겠습니까? 다른 교회는 제가 없어도 괜찮습니다.

사도 바울은 그의 생애를 통하여 증거하고 있습니다. 그가 변하는 모습을 보십시오. 그의 기다림과 참음, 온유와 겸손, 눈물과 기도가 그의 서신에 기록되어 있지 않습니까? 그가 거룩해진 것입니다.

일꾼이 된다고 생각하지 마십시오. 하나님이 여러분을 통하여 일을 시키려고 한다고 생각하지 마십시오. 일을 주어서 여러분을 고치려고 하는 것뿐입니다. 거룩해지는 것입니다. 여러분에게 왜 자녀를 주셨죠? 왜 가정을 주며, 이 사회에서 살게 하십니까? 그것을 통해서 성장하라는 것입니다. 우리는 주님이 얘기한 것같이 일흔 번씩 일곱 번이라도 용서하고, 너희 안에 이 마음을 품으라는 말에 아멘 해야 합니다. 예수님이 죽기까지 복종하셨던 것, 십자가에 죽으심을 본받아 그가 요구하는 것을 따르기로 결심하며 실천하는 자로서 살아야 하는 것입니다. 우리가 와서 서 있는 게 아니라, 그분께로부터 부름 받았고 인도함 받았습니다. 이 싸움에 걸려든 자입니다. 변하셔야 합니다. 싸움을 하셔야 합니다.

성경은 우리들이 평소에 얘기하는 행복을 약속한 적이 없습니다. 사도 바울은 그를 위하여 고난을 받는 것이 약속되어 있고 이 같은 싸움이 있다고 말합니다. 전쟁에 쉬운 것이 있습니까? 전쟁이 아름다운 적이 있었습니까? 그렇지 않습니다. 전쟁이란 모든 것을 포기해야 하고 양보해야 하

성화

며, 모든 것을 뒤로 보류하고 살아남기 위한 싸움입니다. 살아남는 문제 하나밖에는 다른 것을 신경 쓸 여유가 없습니다. 우리는 그렇게 싸워야 하는 사람들입니다.

십자가 사건이 의도한 것

십자가 사건은 우리를 죄로부터 구합니다. 거룩을 향하여 의도된 것이요 우리가 그 앞에 부름을 받고 있는 것입니다. 그래서 로마서 6장에서 사도 바울은 이 사건을 "그런즉 우리가 무슨 말을 하리요. 은혜를 더하게 하려고 죄에 거하겠느냐"(롬 6:1)라고 묘사하고 있습니다. 이 말을 이해하기는 쉽지 않지만, 아주 중요한 질문이라는 것은 아셔야 합니다.

　우리는 은혜로 구원을 얻었습니다. 우리가 구원해 달라고 해서가 아니라 하나님께서 그냥 그분의 사랑과 은혜, 주권을 따라 정하신 대로 사랑하는 자들을 구원하셨습니다. 그런데 이 은혜와 긍휼로 말미암는 속죄를 이야기하기만 하면 꼭 이 질문을 합니다. 죄 지어도 용서해 주실 것이 아니냐? 맞습니다. 그 말이 틀리지 않습니다. 여러분이 가서 무슨 짓을 해도 구원에서 취소되지 않습니다. 그것이 성경의 가르침입니다. 그러나 이런 이야기입니다. 내가 지금 이 기차를 탄 것이 내가 탄 것이 아니라 하나님이 부산을 가라고 태워 주셨습니다. 그러나 탄 녀석들이 한다는 이야기가 "내가 타려고 하지도 않았는데 태워 주셨어. 그것이 은혜래. 내리면 또 태워 주시겠지." 내리면 태워 주고, 내리면 또 태워 주다가 죽는 날까지 부산을 한 번도 못 가보고 수원도 가본 적이 없이, 아니 한강 철교도 못 건너 가보고 내렸다 탔다 하다가 돌아가셨다는 것입니다. "그런즉 우리가 무슨 말을 하리요. 은혜를 더하게 하려고 죄에 거하겠느냐. 그럴 수 없느니라. 죄에 대하여 죽은 우리가 어찌 그 가운데 더 살리요"(롬 6:1-2).

딴짓을 하며 생애를 허비하지 말고 차 타고 부산을 가라고 태워 놓았더니 내렸다 탔다만 하다가 궁극적인 목표에 이르지 못했다는 말입니다. 내렸다 탔다 할 틈이 없습니다. 차 타고 끝까지 가야 합니다. 죄인 된 자리, 저주 받은 자리에서 구원을 얻었다는 것을 목적으로 아니까 내려도 또 태워 주겠네, 라는 생각이 들게 된 것 같습니다.

그래서 여기에 이런 식으로 얘기를 합니다. "그러므로 우리가 그의 죽으심과 합하여 세례를 받음으로 그와 함께 장사되었나니 이는 아버지의 영광으로 말미암아 그리스도를 죽은 자 가운데서 살리심과 같이 우리로 또한 새 생명 가운데서 행하게 하려 함이라"(롬 6:4). 이제는 우리가 적극적으로 해야 할 일이 있습니다. 거룩해지는 일입니다. "이와 같이 너희도 너희 자신을 죄에 대하여는 죽은 자요 그리스도 예수 안에서 하나님께 대하여는 살아 있는 자로 여길지어다"(롬 6:11).

우리는 걸어야 할 길을 가지 않고 딴 짓을 할 수 있습니다. 열차에서 내리는 일도 가능합니다. 그렇다고 해서 하나님이 우리가 하나님의 자녀라는 것을 포기하신다는 의미는 아닙니다. 하나님이 우리에게 요구한 길에서 다른 길로 빠져 나가거나 게으를 수 있으며, 딴 길로 들어설 수도 있습니다. 그러나 그 길은 하나님이 의도한 길의 연장선상에 있는 것이 아니기 때문에, 늘 맞고 돌아오는 것으로 결론이 납니다. 맞고 돌아가면 원위치이고 가는 길을 그만큼 손해 보는 것입니다.

우리는 거룩을 위하여 부름을 받습니다. 하나님께서는 우리를 통하여 하나님의 자녀된 자의 아름다움을 만들어 내고 싶어 하십니다. 우리는 자신을 쳐서 복종하고 순종하며 기도하고 매달려야 합니다. 그런 싸움이 있어야 합니다. 이것이 주님이 우리를 향하여 하신 기도이고 요구입니다. 이 일 때문에 주님은 이 세상에 오셨고 우리를 죄에서 구원하셨습니다. 더 이상 우리는 죄인이 아닙니다. 죄에게 자신을 맡기지 마십시오. 죄가 맺은 열매가 무엇입니까? 사망뿐입니다. 주님께 맡기고 성령에게 이끌림을 받으십시오. 의와 거룩을 위해 자신을 구별하십시오. 그 마지막은 영광과 존귀, 생명과 칭찬입니다. 우리는 그 일 때문에 모인 사람들입니다. 하나님이 그 일을 위하여 새로 빚고 만들어 내신 자들입니다. 여러분의 신앙을 다시 한번 일으키고 믿는 도리들을 붙잡아 실천하기로 결심하십시오. 거룩을 향한 싸움 때문에 빚어지는 모든 일에 하나님의 도우심을 구하십시오. 그 기도를 내 생애에 가장 중요한 일로 삼겠다고 약속하는 시간이 되시기 바랍니다.

04
성화와 말씀

요 13:1-11

유월절 전에 예수께서 자기가 세상을 떠나 아버지께로 돌아가실 때가 이른 줄 아시고 세상에 있는 자기 사람들을 사랑하시되 끝까지 사랑하시니라. 마귀가 벌써 시몬의 아들 가룟 유다의 마음에 예수를 팔려는 생각을 넣었더라. 저녁 먹는 중 예수는 아버지께서 모든 것을 자기 손에 맡기신 것과 또 자기가 하나님께로부터 오셨다가 하나님께로 돌아가실 것을 아시고 저녁 잡수시던 자리에서 일어나 겉옷을 벗고 수건을 가져다가 허리에 두르시고 이에 대야에 물을 떠서 제자들의 발을 씻으시고 그 두르신 수건으로 닦기를 시작하여 시몬 베드로에게 이르시니 베드로가 이르되 주여, 주께서 내 발을 씻으시나이까. 예수께서 대답하여 이르시되 내가 하는 것을 네가 지금은 알지 못하나 이 후에는 알리라. 베드로가 이르되 내 발을 절대로 씻지 못하시리이다. 예수께서 대답하시되 내가 너를 씻어 주지 아니하면 네가 나와 상관이 없느니라. 시몬 베드로가 이르되 주여, 내 발뿐 아니라 손과 머리도 씻어 주옵소서. 예수께서 이르시되 이미 목욕한 자는 발밖에 씻을 필요가 없느니라. 온 몸이 깨끗하니라. 너희가 깨끗하나 다는 아니니라 하시니 이는 자기를 팔 자가 누구인지 아심이라. 그러므로 다는 깨끗하지 아니하다 하시니라.

끝까지 사랑하신다

요한복음 13장에는 예수님께서 십자가에 달리시기 전, 마지막 준비를 하는 장면이 나와 있습니다. 13-16장에서 예수님은 마지막으로 제자들에게 권면하고 설명하셨고, 17장에서는 기도하셨습니다. 그 이후에는 겟세마네 동산에 가시고 그곳에서 잡히셔서 심문당하시고 그 다음날 십자가에 달리시게 됩니다. 13장 사건에는 끝까지 사랑하셨다는 말씀이 있고, 3절 이하에는 저녁 식사와 제자들의 발을 씻기시는 장면이 나옵니다. 오늘 본문은 그런 의미에서 11절까지입니다.

예수님께서는 모든 제자들의 발을 씻기시고 이렇게 씻기는 것이 필요한 일이라고 강조하셨습니다. 베드로가 "주님이 제 발을 씻어 주시는 것을 감당치 못하겠으니 저는 사양하겠습니다"라고 하자 예수님은 "내가 너를 씻어 주지 아니하면 네가 나와 상관이 없느니라"고 말씀하십니다. 발 씻기는 것이 봉사나 겸손, 섬김에 관한 이야기 이상의 뜻이 있음을 암시하는 장면입니다.

그러자 9절에서 "시몬 베드로가 이르되 주여, 내 발뿐 아니라 손과 머리도 씻어 주옵소서. 예수께서 이르시되 이미 목욕한 자는 발밖에 씻을 필요가 없느니라. 온 몸이 깨끗하니라. 너희가 깨끗하나 다는 아니니라"(요 13:9-10)라고 합니다. 그러니까 이미 목욕한 자는 몸을 다시 씻을 필요가 없이 발만 씻으면 된다고 하십니다.

이 말씀을 잘 이해할 필요가 있습니다. 이 대목을 이해해야 구원과 성화에 관한 신앙생활을 이해하시게 됩니다. 예수님께서 이 세상을 하직할 때가 되셨습니다. 이 세상을 떠나서 아버지께 돌아가실 것입니다. 예수님은 그의 제자들을 끝까지 사랑하셨습니다. '끝까지'라는 말 속에는 다음과 같은 뜻이 포함되어 있습니다. '너희 중 하나가 나를 팔리라', 즉 배신자가 있을 것을 아십니다. "예수께서 이 말씀을 하시고 심령이 괴로워 증언하여 이르시되 내가 진실로 진실로 너희에게 이르노니 너희 중 하나가 나를 팔리라 하시니"(요 13:21). 자기를 팔아넘길 자가 있을 것을 아셨고, 베드로처럼 자기를 부인할 자가 있을 것도 아십니다. "베드로가 이르되 주여, 내가 지금은 어찌하여 따라갈 수 없나이까. 주를 위하여 내 목숨을 버리겠나이다. 예수께서 대답하시되 네가 나를 위하여 네 목숨을 버리겠느냐. 내가 진실로 진실로 네게 이르노니 닭 울기 전에 네가 세 번 나를 부인하리라"(요 13:37-38).

이미 알고 계셨습니다. 나중에 겟세마네 동산에서 마지막 기도를 하실 때, 예수님은 참으로 힘들게 기도하시면서 제자들에게도 동참해 줄 것을 요구하셨습니다. 그러나 세 번이나 와서 보니까 세 번 다 제자들이 자고 있었습니다.

끝까지 사랑하신다는 말씀은 우리에게도 참으로 은혜가 되는 약속입니다. 어떤 의미에서 볼 때 우리는 유다나 베드로처럼, 주인이며 스승인 분이 하는 일이 무엇인지도 모르고 있는 어리석은 제자 같습니다. 그런데도 우리를 끝까지 사랑하셔서 그의 사랑을 이루어내시고야 만다는 말씀입니다. 13장은 참으로 큰 위로가 되는 약속입니다. 끝까지 사랑하시는 방법은 여기서처럼 발을 씻기시는 장면에 묘사된 식으로 하셨습니다. 우리는 보통 성경에서 '씻긴다'는 대목만 나오면 피로 우리 죄를 씻는다는 것에 너무 집중하는 경향이 있습니다. 성경에는 우리가 죄인 된 자리에서 하나님의 자녀로 옮긴, 죄 씻음 받고 구원받은, 중생한 것에 관한 이야기만 있는 것이 아닙니다. 그다음에 성결에 관한 문제에 대해서 꼭 지적하고 있습니다.

성결을 위해 물로 씻음

예를 들면 구약의 성전에서의 모습을 상상해 보셔야 합니다. 성전에는 사방에 벽을 쌓아 만든 뜰이 있습니다. 뜰 안에는 성소가 따로 있습니다. 성소 안에는 둘로 나누어서, 네모난 데를 둘로 나누어서 안을 지성소라고 합니다. 가장 거룩한 곳입니다. 그 안에는 속죄소라는 곳이 있습니다. 거기에는 일 년에 꼭 한 번밖에 못 들어가는데, 그것도 대제사장만이 피를 가지고 들어가서 이스라엘 모든 민족의 죄를 속죄하는 것입니다. 잘못 들어가면 죽게 되는 장소입니다. 아무나 들어갈 수 있는 데가 아닙니다. 반을 나눈 앞쪽은 보통 제사장들이 늘 드나들 수 있는 곳입니다. 거기에는 촛대가 있는데, 언제나 불을 켜놓아야 합니다. 또 향을 발라서 향냄새가 나는 향단이 있고, 진설병을 늘 놔두는 상이 있습니다. 그 세 가지가 성소 안에 있습니다. 지성소와 성소는 휘장으로 막혀 있습니다. 예수님이 돌아가실 때 성소의 휘장이 위로부터 둘로 갈라졌다고 하는 것이 바로 여기입니다. 앞으로 나오면 뜰입니다. 뜰에는 문에서 들어오자마자 단이 놓여 있습니다. 놋으로 싼 큰 네모난 단에서 모든 제물을 잡습니다. 제물로 가져온 송아지나 양, 염소나 비둘기를 가져오는 대로 여기서 잡아서 각을 뜨고 피를 쏟고 고기들을 제단 위에 놓고 불사릅니다.

이 단과 성소 사이에 세숫대야라는 것이 놓여 있습니다. 보통 주의를 집중하지 않는 물건 중의 하나입니다. 여기에는 말하자면 제물로 인하여 깨끗해진 자만이 들어가는 것입니다. 피 없이는 성소에 들어가지 못합니다.

> 그리스도께서는 장래 좋은 일의 대제사장으로 오사 손으로 짓지 아니한 것 곧 이 창조에 속하지 아니한 더 크고 온전한 장막으로 말미암아 염소와 송아지의 피로 하지 아니하고 오직 자기의 피로 영원한 속죄를 이루사 단번에 성소에 들어가셨느니라(히 9:11-12).

그러니까 성소에는 제물의 피로 속죄한 다음에야 들어가게 되는 것입니다. 성소는 하나님을 만나는 곳이기 때문에 거룩한 장소입니다. 죄인이 그냥 들어가면 죽을 수밖에 없습니다. 그래서 우리 죄를 대속하는 속죄제를 드리고 정결하게 된 이후에야 들어갈 수 있는 곳입니다. 그러나 분명히 대속되었음에도 불구하고, 신약 식으로 이야기하면 구속받고 중생했음에도 불구하고, 번제단과 성소 사이에 물그릇이 또 놓여 있습니다.

모세가 율법대로 모든 계명을 온 백성에게 말한 후에 송아지와 염소의 피 및 물과 붉은 양털과 우슬초를 취하여 그 두루마리와 온 백성에게 뿌리며 이르되 이는 하나님이 너희에게 명하신 언약의 피라 하고 또한 이와 같이 피를 장막과 섬기는 일에 쓰는 모든 그릇에 뿌렸느니라. 율법을 따라 거의 모든 물건이 피로써 정결하게 되나니 피흘림이 없은즉 사함이 없느니라(히 9:19-22).

"피흘림이 없은즉 사함이 없느니라." 피로 죄를 속합니다. 그러나 죄를 속하여 성결하게 된 자도, 신분적으로 거룩하게 된 자도 수준적으로의 성결을 위하여 물로 씻는 일이 더 필요하다는 것입니다. 제물을 잡고 그 피로 우리를 정결하게 했음에도 불구하고 성소에 들어가는 중간에 꼭 물그릇이 놓여 있어서 거기서 자기를 씻고 들어가게 되어 있는 것입니다. 오늘 우리가 읽은 본문에서 보자면 "내가 네 발을 씻기지 아니하면 네가 나와 상관이 없느니라"는 것입니다. 구원을 얻었다는 것이, 말하자면 예수 그리스도의 속죄로 인하여 우리가 하나님의 자녀가 되었다는 것으로 그냥 벌거벗고 성소에 들어가리라고 쉽게 생각해서는 안 된다는 것입니다. 물론 우리의 구원은 다 이루어진 것입니다. 예수 그리스도께서 나를 위하여 내 죄를 대신 지시고 십자가에 돌아가심으로 우리가 구원을 얻은 것은 사실입니다. 그러나 구원은 우리를 벌거벗은 사람으로 구원해 내지는 않습니다. 구원은 언제나 완성을 향한 어떤 목표가 있습니다.

다른 본문을 예로 들어 얘기하자면 어떤 부자가 잔치를 열고 이웃 사람들을 불렀는데 아무도 안 오겠다고 합니다. 다 바쁘다고 합니다. 그래서 주인이 종들에게 명령을 내렸습니다. "길거리에 나가서 누구든지 잡아오너라." 그래서 지나가던 사람을 강권해서 잔치에 불렀습니다. 그랬음에도 불구하고 주인이 나중에 이렇게 말합니다. "예복을 입지 않은 자는 쫓아내라."그래서 성경이 이야기하고 있는 구원에는 이런 대목이 있습니다. "예수 그리스도께서 우리를 위하여 돌아가신 이상 그가 사랑하시고 자기의 자녀로 택한 자를 성결하게 하지 않는 자는 없다."이것이 꼭 붙어 나오는 것입니다. 우리의 노력이나 조건으로 구원을 얻은 것이 아니고 은혜로 구원 얻었다는 것은 구원 얻은 이후에는 그냥 놀고 있어도 된다는 뜻이 아니라는 것입니다.

입시철이 되면 부모님에게 가장 크게 효도하는 것은 학교에 입학하는 것입니다. 그렇지 않습니까? 합격하는 것보다 기쁜 일이 있겠습니까? 그럼 끝입니까? 붙은 자와 떨어진 자는 어느 쪽이 편합니까? 재수라는 것을 염두에 두지 않는다면 떨어진 사람은 이제부터 하기 싫은 공부 안 해도 되고 오히려 입학한 자가 그다음부터 괴로운 것입니다. 학교는 공부하기 위해서 들어간 것이지 놀기 위해서 합격한 것은 아니라는 말입니다.

구원이란 언제나 그렇습니다. 여러분이 예수 그리스도의 피의 십자가로 구원을 얻으신 자녀라면, 그다음에 당장 요구되는 것이 발을 씻는 작업입니다. 성결하게 되며, 거룩하게 되며, 하나님의 성품에 참예하는 자로서의 완성의 길을 걷도록 요구받고 있는 것입니다. 그래서 늘 제가 설명하는 식으로 말하자면 아직 여러분은 졸업 학점이 다 차지 않아서 세상을 못 떠나고 계시는 것입니다. 그리고 우리는 바로 이 대목에서 놀라게 되는 것입니다.

말씀으로 성결하게 됨

예수님께서 자기의 백성을 사랑하시되 끝까지 사랑하셨다는 이 '끝까지'는 시간이나 운명적인 것만 있는 것은 아닙니다. 한 번 그가 나를 사랑하시면 절대 나를 놓지 않으십니다. 내가 배신하고 혹시 실수나 실패를 한다 할지라도 나를 버리지 않으십니다. 그럼 사랑이라는 것이 죄를 덮어 주고, 실수도 덜어 주니까, 아무래도 좋은 것입니까? 그건 아니라는 말입니다. 우리를 위하여 제단에 몸을 불사르신 예수 그리스도께서는 우리를 성소에 들어가게 하기 위하여 꼭 씻는 일을 하시고야 만다는 것입니다. 우리의 전 인생에 간섭하셔서 우리를 고치십니다. 물로 씻는다는 것의 의미를 성경은 다음처럼 묘사합니다. 에베소서 5장을 보십시다.

> 아내들이여, 자기 남편에게 복종하기를 주께 하듯 하라. 이는 남편이 아내의 머리 됨이 그리스도께서 교회의 머리 됨과 같음이니 그가 바로 몸의 구주시니라. 그러므로 교회가 그리스도에게 하듯 아내들도 범사에 자기 남편에게 복종할지니라. 남편들아, 아내 사랑하기를 그리스도께서 교회를 사랑하시고 그 교회를 위하여 자신을 주심 같이 하라. 이는 곧 물로 씻어 말씀으로 깨끗하게 하사 거룩하게 하시고 자기 앞에 영광스러운 교회로 세우사 티나 주름 잡힌 것이나 이런 것들이 없이 거룩하고 흠이 없게 하려 하심이라(엡 5:22-27).

여기에서 부부라는 것은 신자들에게 있어서는 굉장히 놀라운 직분이라는 것을 알게 됩니다. 부부는 그리스도와 그의 몸 된 교회의 상징입니다. 남편은 주 예수 그리스도의 상징이 되고, 아내는 예수 그리스도의 사랑과 모든 관심의 대상인 그의 몸 된 교회입니다. 교회란 여기서 신자를 총칭하는 용어입니다. 그래서 신자가 되면 가정에서 남편의 말에 꼭 순종하셔야 합니다. 남편이 주일날 교회에 가지 말고 놀러 가자고 하면 따라가십시오. 남편과 싸우지 마십시오. "여보, 오늘은 교회에 가야 되는 날인줄 알고 있지만 오늘은 딴 데 좀 가야겠어." 그러면 말없이 따라가십시오. 거기까지만 아내의 책임입니다. 그리고 가서 '난 할 것 다 했다' 너무 기쁘게 놀지는 마십시오. 그 이후의 책임은 남편에게 있을 뿐입니다. 물론 남편이 다음부터 놀러가게 부추기지는 마십시오. 남편에게 준 권위는 명령하고 폼재고, 말하자면 대접받기 위한 권위가 아니라 예수 그리스도의 상징으로서 존재한다는 것입니다. 놀랍죠? 아내의 상징은 신자의 상징이기 때문에, 종종 예수님 같지 않은 남편의 명령에도 예수님 앞에 순종하는 자의 모습을 가져야 되기 때문에 어려운 때가 많습니다. 남편이 예수님 닮은 모습이 아니니까 나도 신자 모습을 잘 못하겠다고 하지 마시고, 남편이 어떠하든 간에 아내로서 자기 책임을 다하십시오.

여기 바로 중요한 근거 구절이 있습니다. "물로 씻어 말씀으로 깨끗하게 하사 거룩하게 하시고"(엡 5:26)입니다. 물로 씻는다는 것은 '말씀으로' 씻는 것을 말합니다. 모든 신자는 구원을 얻은 이후에 말씀으로 성결케 됩니다. 왜 말씀이 여기에 등장하는 걸까요? 이 세상은 우리 모두가 경험하고 있는 것입니다. 다 알고 있는 겁니다. 무엇이 즐겁고 자랑할 만한지 압니다. 하지만 영원한 것에 대해서는 사실 잘 모릅니다. 알고 있는 것이 너무나 없습니다. 우리가 원래 알고 있던 것이 아닙니다. 기독교의 내용은 약속된 것이며 미래에 관한 것이지, 우리가 과거에 경험했던 것은 아닙니다. 이제부터 우리가 믿음 속에서 확보하고 확인하고 경험하고 성장해야 하는 부분입니다. 그래서 이 싸움이 어렵습니다. 우리가 알고 있던 것들의 싸움이라면 경험과 경험, 사실과 사실을 놓고 비교하겠지만, 약속에 관한 것이기 때문에 약속에 관해서 얼마만큼 자세히 분명하게 머릿속에 그리고 있느냐에 따라 달라집니다.

약속의 내용을 기억해야 함

이런 생각을 해보십시오. 출애굽 사건을 볼 때마다 놀라게 되는 것은 이스라엘 백성이 그토록 많은 기적 속에서 애굽을 탈출했는데도, 광야 생활을 하는 동안 그들은 하나님 말씀에 제대로 순종하지 않았다는 것입니다. 어떻게 그럴 수가 있을까요? 핵심은 애굽은 그들에게 경험이 있는 곳이었지만, 가나안은 들어가 본 적이 없는 곳이었다는 것입니다. 그들은 가나안을 향해 가고 있는 중이지 아직 가나안 안에 들어와 있는 건 아니라는 말입니다. 가는 길은 광야입니다. 가나안과 애굽을 비교하는 게 아니라, 애굽과 광야를 비교하다 보니 비록 종으로 살았을지언정 애굽이 낫다는 것입니다. "거기에 있을 때에는 마늘도 있고, 부추도 있고, 고기도 있고, 떡도 있었는데 여기에서는 보이는 것이 아침에도 만나, 점심에도 만나, 저녁에도 만나밖에 없다. 이럴 바에야 왜 나왔느냐?" 이것이 이스라엘 백성이 호소했던 가장 어려웠던 시험거리였습니다. 젖과 꿀이 흐르는 땅은 가나안이었지 광야는 아니었기 때문입니다. 가나안을 향하여 가는 길 위에 있기 때문에, 우리가 비교할 수 있는 경험은 지금 '여기'와 옛날에 경험했던 '그곳'입니다.

그러면 어디가 더 나은 곳입니까? 예수 믿고 사는 지금과 예수 안 믿었을 때 중에 어느 쪽이 더 낫습니까? 예수 안 믿었을 때가 훨씬 낫습니다. 그때는 죄를 지어도 최소한 양심의 가책이 없었는데, 지금은 그때보다 죄를 덜 짓는데도 그때보다 더 불편합니다. 그때는 악하게 살았어도 성공했는데, 지금은 정직하게 살아도 만사가 불통입니다. 그래서 우리는 혼동하게 됩니다. 이렇게 하는 것이 잘하는 건가? 예수를 믿는다는 것이 결국 이것인가? 이렇게 살아도 되는가? 가치가 있는 길인가? 그래서 자꾸 말씀을 읽으셔야 되는 겁니다. 말씀을 볼 때, 이것이 어디로 가는 통로인가를 알게 되고 이 통로 끝이 무엇인가를 확인하게 됩니다. "사망으로 인도하는 길은 그 길이 넓어서 많은 사람이 그 길로 온다. 그러나 생명으로 인도하는 길은 그 길이 좁고 협착해서 찾는 사람이 적으니라." 이런 말씀들을 통해서 우리가 가는 길이 좁은 길이며, 좁은 길 저쪽에 생명의 자리가 있고, 영원과 하늘나라가 있는 줄 아는 것입니다.

성경에 표현된 약속과 말씀을 통해서, 우리는 내가 누구이며, 지금 내가 겪고 있는 것이 무엇인가를 직시하게 됩니다. 성경 외에 그 어떤 것도 우리를 성결한 자리로 이끌고 인내하고 결심하며 분별하게 만들 수 없습니다. 그것이 바로 말씀이 갖는 효력이자 필요성입니다. 하지만 신자들은 신앙생활의 길이 확신과 흥분, 자랑이 되게 해달라고 그럽니다. 도착하는 곳이 의미 있고 보람 있으며 자랑스러운 곳인데, 가는 길 자체가 좋지 않으면 안 가겠다는 것입니다. 목적지가 어디이건 길이 좋아야 선택하겠다는 것입니다.

유머를 하나 들어보시겠습니까? 밤에 길을 가다 보니까 한 사람이 어두운 곳에서 몸을 구부리고 뭘 찾고 있었습니다. "여보시오. 거기서 뭘 하고 있습니까?" "돈을 잃어버렸소." 그러자 길 가던 사람이 "여보시오. 그렇게 어두운 데서 뭐가 보인단 말이요. 저기 가로등 밑에 가서 찾으시오"라고 했습니다. 그것을 '각주구검'(刻舟求劍)이라고 합니다. 배를 타고 강을 건너다가 물건을 떨어뜨리자, 배 옆에다 표시를 해놓았습니다. 그런 뒤 배를 백사장에 갖다 대고는 그 옆을 찾는 겁니다. 우리가 지금 그렇게 살고 있습니다.

신앙생활이라는 것은 그런 의미에서 언제나 믿음이 동원될 수밖에 없는 것입니다. 믿음이란 어떤 대상과 내용에 관한 신뢰입니다. 그런데 그 대상과 내용에 관한 그림이 희미한 것입니다. 약속된 것들에 대해서는 전혀 아는 바가 없고 우리의 필요성에만 급급해 있습니다. 내가 이것을 얼마나 필요로 하는가? 얼마나 간절히 원하는가? 그것을 신앙이라고 생각하는 것입니다. 오늘날 신앙은 아주 이상한 것이 되어 버렸습니다. 누가 더 목말라하는가의 싸움이 되고 있습니다. 누가 더 목마른가가 아닙니다. "무엇에 대해서 목마른가?"라는 대상이 선명해야 합니다. 그것이 우리를 성결하게 할 수 있는 것입니다. 그래야 거룩한 길로 갈 수 있습니다. 그렇지 않으면 하나님이 아닌, 자기 욕심이 미혹당하는 길로 가게 됩니다. 자기도 모르는 사이에 쫓아가게 됩니다.

성결에서 말씀이 유일한 안내자

로마서 12장에는 이 부분에 대한 최종적인 결론이 나옵니다.

> 그러므로 형제들아, 내가 하나님의 모든 자비하심으로 너희를 권하노니 너희 몸을 하나님이 기뻐하시는 거룩한 산 제물로 드리라. 이는 너희가 드릴 영적 예배니라. 너희는 이 세대를 본받지 말고 오직 마음을 새롭게 함으로 변화를 받아 하나님의 선하시고 기뻐하시고 온전하신 뜻이 무엇인지 분별하도록 하라(롬 12:1-2).

우리는 결국 이것을 위하여 부름 받은 사람들입니다. 이것을 위해 하나님께서 예수 그리스도를 보내 구원해 내신 백성들입니다. 구원을 얻은 기쁨이 있으십니까? 예수 그리스도로 말미암아 중생한 확신이 있으십니까? 그렇다면 다음에 직면하게 되는 것은 기쁨과 환희와 함께 있는 성경에 대한 책임입니다. 거룩함을 향한 먼 길이 우리 앞에 놓여 있다는 것을 아셔야 합니다. 이 세대를 본받지 말고 마음을 새롭게 해서 하나님의 선하시고 기뻐하시고 온전하신 뜻을 우선 알아야 합니다. 하나님이 원하시는 것이 무엇인가? 그의 온전하시고 선하시고 기뻐하신 뜻이 무엇인가? 이것이 다 말씀입니다. 하나님의 말씀에 대해서 익숙해지셔야 합니다. 말씀에 대하여 정통해야 하고, 하나님의 말씀이 여러분의 길을 비추는 빛이자 등이 되셔야 합니다. 유일한 안내자이어야 합니다. 선택의 기준, 분별의 기준, 목적이어야 합니다. 그것을 위해 예수 그리스도께서 돌아가셨고 여러분을 자기 백성으로 만드셨습니다. 이것이 바로 본문에서 말하는 끝까지 사랑하신다는 뜻입니다.

주님은 우리를 고아처럼 내버려 두지 않으시고 우리 마음 마음에 찾아 오셨습니다. 주님은 여러분 생애에서 이 싸움을 하고 계십니다. 여러분 생애 속에 얼마나 많은 갈등이 있었는지 돌아보십시오. 말씀대로 사는 것과 내가 익숙했던 옛날 방식대로 살고 싶은 것의 갈등이 없을 수는 없습니다. 하지만 생각해 보면 우리는 말씀대로 승리한 적이 별로 없습니다. 우리의 욕심을 따라 살았던 때가 더 많습니다. 그런데도 주님은 "자기 백성을 사랑하시되 끝까지 사랑하셨다"고 하십니다. 주님은 자신이 의도하신 거룩함과 성결의 완성을 위해서, 여러분의 생애에 간섭하십니다. 여러분의 마음에 오셔서 의의 길로, 거룩함의 길로, 성결의 길로 인도하시고 강권하실 것입니다. 이제는 그 일에 귀를 기울이고, 그 권면에 무릎을 꿇는 자가 되겠다고 결심하셔야 합니다. 그렇지 않으면 많이 맞고 돌아오게 됩니다. 슬픔과 애통과 처절한 일을 당하고 돌이키게 됩니다. 성경이 말씀으로 권면할 때, 돌이키면 칭찬받고 상급을 받으면서 행복하게 될 것입니다.

여러분 자신을 의지하지 마십시오. 여러분의 생각대로 하지 마십시오. 우리가 마땅히 빌 바를 알지 못하기 때문에 성령님께서 말할 수 없는 탄식으로 우리를 위하여 간구하신다고 합니다. 우리는 우리의 것이 아니고, 성령의 전이요 주께서 피로 값 주고 사신 성도라고 합니다. 기어코 우리를 점도 없고 흠도 없이 거룩하고 아름다운 모습으로 만드실, 하나님의 의지와 뜻이 이곳보다 더 분명히 나타난 곳은 없습니다. 여러분의 인생을 한 번 더 하나님의 말씀 앞에 조명하시고, 고치시고, 자신의 성품을 하나님의 성품에 비교하며 분발시키는 계기가 되시기 바랍니다. 하나님은 지금 여러분에게 요구하고 계십니다.

　이제는 여러분의 책임입니다. 각자가 이 약속과 권면의 말씀에 순종하여 주님과 더불어 사는 인생의 참다운 기쁨과 환희를 맛보시기 바랍니다. 그 길의 행복함과 승리를 누리시기 원합니다. 이것이 오늘 본문을 통해 우리에게 말씀하시는 하나님의 뜻입니다. 그 사랑을 외면하지 마십시오.

05

죄에 대하여 죽음

롬 6:3-4

무릇 그리스도 예수와 합하여 세례를 받은 우리는 그의 죽으심과 합하여 세례를 받은 줄을 알지 못하느냐. 그러므로 우리가 그의 죽으심과 합하여 세례를 받음으로 그와 함께 장사되었나니 이는 아버지의 영광으로 말미암아 그리스도를 죽은 자 가운데서 살리심과 같이 우리로 또한 새 생명 가운데서 행하게 하려 함이라.

예수 그리스도와의 연합

로마서 6장의 내용을 제대로 이해하기 위해서는 은혜의 정확한 뜻을 이해하는 것이 필요합니다. 은혜는 우리의 구원이 가능하게 된 전적인 이유입니다. 우리의 자격이나 조건, 노력 없이 하나님께서 우리를 구원하신 하나님의 방법이자 이유이며, 능력입니다. 이렇게 말하면 우리가 무엇 때문에 노력할 필요가 있으며 애써야 하는가, 라는 질문에 부딪히게 됩니다. 이것이야말로 은혜를 이해하느냐 못 하느냐에 있어서 가장 중요한 질문입니다.

"은혜를 더하게 하려고 죄에 거하겠느냐"(1절). 은혜가 왜 왔느냐에 대답이 있습니다. 우리가 죄에 거할 수 없는 것은 죄에 대해 죽었기 때문이라고 이야기합니다. 어떻게 죄에 대해서 죽었습니까? 이는 예수 그리스도에게 세례를 받았기 때문이라고 이야기합니다. 구원은 우리가 죄와 사망의 영역으로부터 나오고 의와 거룩, 영생의 영역으로 들어가는 것입니다. 죄와 사망의 영역에서 나오고 의와 거룩과 영생의 영역으로 들어가는 이 일을 위해 주님께서 오셔서 우리를 주님과 연합시키셨습니다. 죄와 사망의 영역에서 나오기 위한 죽음, 의와 거룩, 영생의 영역으로 들어가는 부활을 주님이 이루셨습니다. 우리는 그리스도와 연합되었기 때문에 이 일이 우리의 것이 될 수 있었다고 이야기하는 것, 이것이 구원입니다.

처음으로 돌아갑시다. 그 일을 내가 아닌 주님이 하셨다는 것 때문에 "은혜를 더하기 위하여 죄에 거하자"는 말이 나올 법도 합니다. 그러나 이 문제에서 우리가 생각해 볼 것은 은혜가 우리의 노력 없이 공짜로 어떤 결과를 얻게 된 방법인 것은 사실이지만, 은혜의 의도가 무엇이냐는 것입니다. 은혜가 어떤 목표와 목적이 있었기에 이런 방법을 쓰게 되었느냐는 것입니다. 우리를 죄와 사망의 영역에서부터 의와 거룩의 영역으로 옮겨 가도록 이 방법을 동원했던 것입니다. 죄로부터 나오고 의와 거룩, 영광으로 들여보내기 위해서 동원된 방법입니다. 그런데 은혜의 의도와 목적은 외면되고 공짜로 되었다는 것만 강조하다 보면, 하나님이 은혜를 베풀어 주시니까 우리는 별로 할 것이 없다는 어리석은 생각에 빠져들게 됩니다.

이제 우리는 로마서 6장을 통해 은혜가 우리를 죄와 사망에서 구해냈고 의와 거룩, 영생에 이르게 했다는 것을 제대로 인식할 때, "은혜를 더하게 하려고 죄에 거하겠느냐"라는 질문이 얼마나 어리석은 질문인가를 알게 됩니다.

그러므로 우리가 그의 죽으심과 합하여 세례를 받음으로 그와 함께 장사되었나니 이는 아버지의 영광으로 말미암아 그리스도를 죽은 자 가운데서 살리심과 같이 우리로 또한 새 생명 가운데서 행하게 하려 함이라(롬 6:4).

성화

이 말씀에서처럼 그리스도와 연합한 것이 어떤 국면에서의 연합이냐는 것을 분명히 할 필요가 있습니다.

우리는 그리스도의 죽으심과 장사지낸 바 되었고, 그의 부활에 연합되어 있습니다. 여기서 예수 그리스도와의 연합은 우리의 체험이 아니며, 우리의 경험이 아닙니다. 로마서 5장에서 살펴본 바와 같이, 우리는 그리스도와 연합해서 죽음과 부활의 결과를 맛보았습니다. 우리 혼자서 죽음과 부활을 만들어 내거나 경험하고 있지 않습니다. 예수님만이 십자가상에서 죽으셨고, 예수님만이 사흘 만에 부활하셨습니다. 우리는 그에게 연합되었기 때문에, 그에게 일어난 것이 바로 우리의 것이 된 것입니다. 이는 주관적이거나 체험적 사건이 아니고, 객관적 사건이며 그것이 우리의 것이 된 것임을 분명히 해야 됩니다.

이 문제를 이해하기 위하여 로마서 5장에서는 대표 원리로 설명했습니다. 아담 안에 있었던 우리, 우리가 죄를 지었거나 죄인이라는 감각이 있지 않았음에도 불구하고 우리는 죄인이었습니다. 그것을 무엇으로 증명했습니까? 어린아이가 태어나서 어떤 의식을 가지거나 어떤 결정을 내리거나 어떤 능력을 가지기 전에 죽는 것에서 보았습니다. 아기가 죄를 지을 능력이나 시간이 없음에도 불구하고 죽을 수밖에 없는 것은 그가 죄와 사망의 권세 아래 있기 때문이었습니다. 그가 죄와 사망 아래 있을 수밖에 없는 것은 죄를 지어서가 아니라 죄인의 후손이었기 때문입니다. 아담 안에 있는, 죄와 사망의 권세 아래 있는 존재였기 때문입니다. 그것은 우리의 경험이나 느낌의 문제가 아닙니다. 마찬가지로 예수를 믿는다, 구원을 얻었다는 말 속에는 하나님의 크신 능력과 베푸신 구원으로 영원한 나라의 시민이 되었으며 우리의 운명이 주의 은혜 아래 있다는 것을 압니다. 이것이 신앙입니다.

칭의의 구절인 갈라디아서 2:20

우리는 이 문제를 성화 문제와 함께 오해하기 쉽습니다. 신자들이 자신의 회심과 예수 그리스도를 영접함으로 말미암아 구원을 얻었다는 것을 확인한 후에, 성화의 과정으로 죄와 사망에 관하여 죽은 것을 도입하는 예가 많습니다. 더 깊은 영적 생활을 위해서 죄에 대하여 죽어야 된다고 배우거나 생각하는 이들이 많습니다.

유명한 책 가운데 『자아가 죽을 때』라든가 『옥합이 깨어질 때』라는 책이 있습니다. 이 책에서 말하는 것은 결코 틀린 내용도 아니고 틀린 제목도 아닙니다. 그러나 성경에서는 죄에 대하여 죽는다는 것을 칭의의 차원에서 이야기하는 때가 있고 성화의 차원에서 이야기하는 때가 있습니다. 표현은 같지만 내용은 전혀 다릅니다. 우리는 죄에 대해서 죽을 수가 없습니다. 왜냐하면 이미 죽었기 때문입니다. 그래서 로마서 6:2을 읽겠습니다. "그럴 수 없느니라. 죄에 대하여 죽은 우리가 어찌 그 가운데 더 살리요"(롬 6:2). 우리는 죄에 대하여 죽었습니다. 이미 일어난 일입니다. 성경에는 분명히 우리의 옛 행실을 죽이라든가, 십자가를 지라는 식의 요구가 있는 것도 사실입니다. 그럼 어떻게 다릅니까?

먼저 성화의 차원에서 쓰인 구절이라고 생각했으나 그렇지 않은 대표적인 구절을 예로 들 필요가 있습니다. 갈라디아서 2:20 말씀입니다.

내가 그리스도와 함께 십자가에 못 박혔나니 그런즉 이제는 내가 사는 것이 아니요 오직 내 안에 그리스도께서 사시는 것이라. 이제 내가 육체 가운데 사는 것은 나를 사랑하사 나를 위하여 자기 자신을 버리신 하나님의 아들을 믿는 믿음 안에서 사는 것이라(갈 2:20).

성화

여기에는 분명히 나는 십자가와 함께 못 박혔고, 나는 이제 주를 믿는 믿음 안에서 살며, 나는 이제 더 이상 내가 아니고 예수님이 살도록 하는 사람이라는 사도 바울의 고백이 있습니다. 우리는 이것을 성화의 대표적인 모델로 취할 때가 많습니다. 그러나 갈라디아서 2:20은 성화의 예가 아닙니다. 11절부터 봅시다.

게바가 안디옥에 이르렀을 때에 책망 받을 일이 있기로 내가 그를 대면하여 책망하였노라. 야고보에게서 온 어떤 이들이 이르기 전에 게바가 이방인과 함께 먹다가 그들이 오매 그가 할례자들을 두려워하여 떠나 물러가매 남은 유대인들도 그와 같이 외식하므로 바나바도 그들의 외식에 유혹되었느니라. 그러므로 나는 그들이 복음의 진리를 따라 바르게 행하지 아니함을 보고 모든 자 앞에서 게바에게 이르되 네가 유대인으로서 이방인을 따르고 유대인답게 살지 아니하면서 어찌하여 억지로 이방인을 유대인답게 살게 하려느냐 하였노라. 우리는 본래 유대인이요 이방 죄인이 아니로되 사람이 의롭게 되는 것은 율법의 행위로 말미암음이 아니요 오직 예수 그리스도를 믿음으로 말미암는 줄 알므로 우리도 그리스도 예수를 믿나니 이는 우리가 율법의 행위로써가 아니고 그리스도를 믿음으로써 의롭다 함을 얻으려 함이라. 율법의 행위로써는 의롭다 함을 얻을 육체가 없느니라. 만일 우리가 그리스도 안에서 의롭게 되려 하다가 죄인으로 드러나면 그리스도께서 죄를 짓게 하는 자냐. 결코 그럴 수 없느니라. 만일 내가 헐었던 것을 다시 세우면 내가 나를 범법한 자로 만드는 것이라. 내가 율법으로 말미암아 율법에 대하여 죽었나니 이는 하나님에 대하여 살려 함이라(갈 2:11-19).

게바는 베드로입니다. 사도 베드로가 이방인들과 함께 식사를 하다가 야고보와 그 일행이 오자 할례자가 무할례자와 같이 식사를 할 수 없다는 유대인들의 법에 따라 황급히 도망을 갔습니다. 그러자 바울이 베드로를 여러 사람 앞에서 책망했습니다. 이유는 네가 유대인으로서 이방인과의 구별을 아직도 계속하고 있다면, 너는 하나님의 백성이 되는 데에 유대인이라는 것이 어떤 조건이 된다고 생각하는 것이 아니냐? 즉 할례를 받는다든가, 율법을 지킨다는 것이 구원에 있어서 하나의 조건이 된다고 생각하는 것이 아니냐? 너는 사람이 율법의 행위로 구원을 얻는 것이 아니고 하나님의 은혜로 구원 얻는 줄 알고, 그 일에 사도로 부름을 받은 것이 아니냐? 그런데 어째서 너는 유대인들 앞에서 이방인들을 구별함으로써 마치 구원의 조건 속에 예수를 믿는 것과 함께 율법의 조건이 필요한 것같이 행동했느냐는 것입니다.

다시 19절을 보십시오. "내가 율법으로 말미암아 율법에 대하여 죽었나니 이는 하나님에 대하여 살려 함이라"(갈 2:19). 그러고 나서 20절인 것입니다. 그렇지 않지 않느냐? 우리는 율법으로 구원을 얻는 것이 아니지 않느냐? 그럼 우리는 어떻게 얻었느냐? "내가 그리스도와 함께 십자가에 못 박혔나니 그런즉 이제는 내가 사는 것이 아니요 오직 내 안에 그리스도께서 사시는 것이라." 이것이 우리의 구원의 원리라고 말하고 있습니다. 그러니까 갈라디아서 2:20은 성화의 예가 아니고 구원에 대한 진술인 것입니다. 우리가 어떻게 구원을 얻었느냐? 우리가 어떻게 죄와 사망에서 벗어났느냐? 율법을 지켜서냐, 할례를 받아서냐? 아니지 않느냐? 예수님과 함께 십자가에 못 박힌 데서부터 나오지 않았느냐 이것입니다.

죄에 대하여 죽었다는 의미

우리가 예수님 안에 들어간 것이 아니라, 예수님이 오셔서 우리를 그분 안에 품으셨습니다. 우리는 그와 연합한 자이기 때문에, 예수님이 죽고 부활하서서 허락된 구원을 결과로써 소유하게 된 게 아닙니까? 이것이 갈라디아서 2:20의 이야기입니다. 그럼에도 불구하고 우리는 예수를 믿고 난 다음 그리스도인의 충만한 체험과 삶에 이르기 위해서는 그리스도와 함께 죽어야 한다고 생각하기가 쉽습니다. 우리 안에 죄의 뿌리나 생각이 남아 있지 않은 그런 상태로 가는 것이라고 한다면, 우리는 죄에 대하여 죽어야 합니다. 사실 죄에 대하여 죽기 위해서 고행을 하고, 금욕적인 생활도 하고, 기도원에 올라가서 단절된 생활을 하는 등의 노력도 많이 해왔습니다.

우리는 죄에 대하여 분명히 죽었습니다. 여기서 죄에 대하여 죽었다는 것은 영역과 통치의 개념입니다. 우리는 죄의 본성에 대하여 죽은 것이 아닙니다. 죄의 영역과 통치에 대하여 죽었습니다. 우리는 지금 죄와 죄의 통치 속에 있지 않습니다. 죄의 환경이나 죄의 통치 아래 있지 않습니다. 우리는 의와 거룩의 영역에 있고 은혜의 통치 아래 있습니다. 로마서 6장에 의하면 그의 죽으심과 합하여 세례를 받음으로 그와 함께 장사되었다고 합니다. 장사되었다는 것이 무엇입니까? 장례를 치른다는 것은 죽음을 분명하게 확인하는 의식입니다. 사람이 죽었으면 금방 가져다 묻지 않습니다. 죽은 다음에 땅에 묻기까지는 그래도 희망이 있을지도 모릅니다. 그러나 일단 묻으면 끝난 것입니다. 그의 죽음이 분명해지고, 확실하게 확인되는 것이 장례입니다. 장사지내는 것입니다. 우리는 예수 그리스도와 함께 죄와 사망에 대하여 죽었는데, 얼마만큼 확실하냐면 그 일에 대하여 장사지낸 바 되었다고 성경이 이야기하고 있습니다.

그러나 우리가 당황하게 되는 것은 아직도 우리 안에 죄의 유혹과 죄에 대한 생각이 남아 있다는 것입니다. 성경이 가르치는 것은 이것입니다. 죄가 우리를 다스리지 않는다는 것입니다. 은혜가 우리를 다스립니다. 불신자와 신자의 가장 큰 차이가 무엇이냐면 불신자는 가끔 착한 일을 해도 돌아가는 집이 죄입니다. 그래서 착한 일을 한 것이 우습고 어색합니다.

그러나 신자는 죄를 지으면 어색합니다. 이제부터도 여러분은 죄를 많이 지을 수 있습니다. 횟수로 많이 지을 수 있지만 죄에 계속 거할 수는 없습니다. 죄를 지으면 나랑 어울리질 않습니다. 남이 어떻게 보느냐가 아니라 스스로 생각할 때 그렇다는 것입니다. 스스로가 죄를 지으면 여러분 안에서 그것이 부딪히는 것을 경험합니다. 왜 그렇습니까? 이제 여러분을 인도하고 여러분 안에 계시는 이가 죄와 함께 계실 수 없는 분이기 때문입니다.

신자들은 그럼에도 불구하고 왜 내 속에 죄에 대한 뿌리와 죄를 지을 가능성들이 남아 있느냐고 반문하곤 합니다. 이것은 다른 문제입니다. 이제부터 우리가 노력해야 되는 문제입니다. 고쳐야 하는 문제입니다. 죄에 대하여 죽었다는 것은 죄에 대한 생각과 죄에 대한 감각, 죄에 대한 실패 가능성이 우리 안에 남아 있지 않다는 이야기가 아닙니다. 죄가 우리를 다스리지 않습니다.

그것은 이런 것과 같습니다. 여러분이 만일 영국에 가서 산다면 여러분은 저절로 영국식이 됩니다. 동양인이 서양에 가서 살면서 서양 문화에 익숙해집니다. 그런 사람을 바나나에 빗대어 말합니다. 겉은 노란데 속은 하얗다는 것입니다. 미국에 이민을 간 사람들을 만나 이야기를 해 보면 한국에 오고 싶어 합니다. 왜냐하면 미국이 정신의 깊은 것까지는 자기와 맞지 않기 때문입니다. 그래서 한국에 돌아옵니다. 하지만 다시 한국에서는 못 살겠다고 합니다. 무엇 때문에 못 살겠다고 하는 줄 아십니까? 차가 너무 난폭하게 다니고, 사람들이 몸을 떠밀고, 말을 너무 험하게 하고, 불친절하고 법이 지켜지지 않는다는 것입니다. 그래서 제가 아는 한 분에게 이런 충고를 했습니다. 미국에선 법이 사정 봐주지 않고 집행되지 않는가? 한국은 법이 말도 안 되게 집행될 때도 있지만, 그것이 나에게 유익을 주는 게 얼마나 많은 줄 아는가? 여기서는 법대로 되는 게 없어서 얼마나 다행인가? 대한민국에서 누가 잡혀 들어갔다면 한 다리 건너서 알아보면 다 일가 친척입니다. 나올 수 없는 일에 나오고, 잡혀갈 수 없는 일에 잡혀가고, 뜯기지 않을 돈 뜯기고, 생기지 않을 돈 생기고 그래서 공평합니다. 한국에서 사는 즐거움을 여러분은 모르시죠? 운전하고 가다가 교통경찰에게 잡히면 어떻게 합니까? 저는 필요한 대로 고르라고 면허증과 현금 두 가지를 제시합니다. 그분이 돈 받아 가지고 간다고 자기가 쓰는 것이 아닙니다. 부인에게 줍니다. 그럼 부인이 학교 선생님께 갖다 드립니다. 학교 선생님은 목사님께 드리고, 목사님은 교통순경에게 주어서 돈이 한 바퀴 도는 동안 모든 사람이 자기 할 일을 하고, 그래서 관계가 돈독해지며 행복하게 사는 나라, 아! 대한민국. 이 재미를 모르는 것입니다. 세상 사는 것은 어디나 똑같습니다. 사람은 그가 사는 곳에 물이 드는 법입니다.

죄가 아닌 은혜가 우리를 다스림

은혜가 우리를 통치한다는 것은 이렇습니다. 옛날에 죄 속에 이틀 있었으면 하루 있게 되고, 반나절 있고, 한 시간 있고, 죄 짓기를 시작했다가 중간에 손을 놓아 버리는 식으로 점점 바뀝니다. 그러나 많은 신자들은 "저는 나아진 것 같지 않습니다, 제 신앙은 도무지 발전하는 것 같지 않습니다"라고 말합니다. 과연 그럴까요? 여러분은 발전하고 있습니다. 여러분이 신앙적으로 발전할 때는 외적인 실천보다 속에 있는 원리로부터 발전하는 법입니다. 하지만 소원과 실천은 언제나 거리가 있는 법입니다. 여러분의 실천이 소원을 거의 쫓아오질 못합니다. 여러분 마음속에 있는 거룩한 소원이 훨씬 앞서가고 있기 때문에, 실천이 지나간 해에 비교하면 훨씬 앞섰음에도 불구하고, 앞서가는 소원과는 거리가 점점 더 멀어지는 것입니다. 그래서 옛날에 가졌던 특이한 생각과 기특한 행동 간의 차이보다 지금 가진 거룩한 소원과 거룩한 실천 사이의 간격이 더 커져 있는 것 같은 느낌이 드는 것입니다. 그러나 그렇지 않습니다. 여러분은 은혜의 영역에 있고 은혜의 통치 속에 있기 때문에, 점점 더 죄에서 멀어지고 의와 거룩을 향해 나가고 있습니다. 이것이 신자의 현실입니다.

스스로를 점검해 보십시오. 여러분이 주일 아침 예배 드리러 온 것이 언제부터입니까? 일 년에 한 번, 한 달에 한 번, 그러다 어느 때인가 성가대에 앉아 있고, 그러다가 신학교 가고, 목사 되고 그러는 것입니다. 자기도 모르게 변하고 있습니다. 물론 교회 나왔다가 그다음에 안 나오는 사람이 없지는 않습니다. 그러나 보십시오. 나 교회 나가도 아는 척하지 마세요, 처음에 이런 사람들이 많습니다. 심방 오지 마세요, 뭐 시키지 마세요, 헌금 같은 것 강요하지 마세요, 그런 사람이 몇 년 내에 어떻게 바뀌는지 아십니까? 중요한 직분을 맡아 가지고 다른 사람들은 게으르다고 화내고 있습니다. 그러나 자기는 변했다고 생각하지 않습니다. 자기는 옛날이나 지금이나 변한 것이 없다고 생각합니다. 아닙니다. 그는 벌써 많이 변해 있고 많이 미쳐 있습니다. 그래서 쉬어야 하는 날임에도 불구하고 신자들에게는 주일이 가장 피곤한 날이 됩니다. 주일에 많은 봉사와 분주함 속에 지냈음에도 불구하고, 한편으론 이 날을 쉼으로 소유하고 있는 것도 사실입니다. 주 안에서 일한 것, 주의 일을 한 것 자체가 커다란 휴식이 되는 것입니다. 실제로는 바쁜 하루가 되었음에도 불구하고 말입니다. 이것은 은혜 아래 있기 때문입니다. 그래서 우리는 논리적인, 분명한 정리를 할 수 있어야 합니다. 우리가 자신을 죽이는 것은 성화를 위한 기초 단계가 아닙니다. 내가 성화를 위하여 나를 십자가에 못 박아야 되는 것이 아니라 십자가 아래 못 박혀 있기 때문에 성화가 가능해지는 것입니다.

로마서 6:11을 보십시오. "이와 같이 너희도 너희 자신을 죄에 대하여는 죽은 자요 그리스도 예수 안에서 하나님께 대하여는 살아 있는 자로 여길지어다." 여기서 죄에 대하여는 죽은 자요, 하나님에 대해서는 산 자로 여기라고 합니다. 이것은 안 될 것을 그렇게 된 척하라는 것이 아닙니다. 자기 분발을 하라는 것이 아닙니다. 자기 최면을 걸라는 것도 아닙니다. 이것은 우리가 자녀들을 기를 때 하는 이야기와 같습니다. 너 좀 학생답게 굴어라. 이것입니다. 학생답게 굴라는 것은 학생이니까 그러는 것이고, 좀 남자답게 굴라는 것은 남자니까 그렇고, 형답게 굴라는 것은 형이니까 그러는 것입니다. 우리에게 일어난 일이기 때문에, 이제 그 일에 걸맞은 사람이 될 것을 요구하는 것입니다.

> 그러므로 너희는 죄가 너희 죽을 몸을 지배하지 못하게 하여 몸의 사욕에 순종하지 말고 또한 너희 지체를 불의의 무기로 죄에게 내주지 말고 오직 너희 자신을 죽은 자 가운데서 다시 살아난 자 같이 하나님께 드리며 너희 지체를 의의 무기로 하나님께 드리라(롬 6:12-13).

여기가 성화입니다. 우리는 이제 우리를 누구에게 드리느냐에 선택권이 있습니다. 죄가 우리를 주관하지 못하고 은혜가 우리를 주관하기 때문입니다. 죄가 우리를 주관할 때는 우리는 의에게 우리를 바칠 선택권이 없습니다. 이제 우리는 의에게 우리를 바칠 수 있습니다. 14절이 바로 그 이야기입니다. "죄가 너희를 주장하지 못하리니 이는 너희가 법 아래에 있지 아니하고 은혜 아래에 있음이라"(롬 6:14).

성화를 선택하는 구원받은 자

에베소서 4장을 봅시다.

> 너희는 유혹의 욕심을 따라 썩어져 가는 구습을 따르는 옛 사람을 벗어 버

리고 오직 너희의 심령이 새롭게 되어 하나님을 따라 의와 진리의 거룩함으로 지으심을 받은 새 사람을 입으라(엡 4:22).

옛 사람을 어떻게 하라고 합니까? '죽이라'가 아니라 '벗어 버리고 새 사람을 입으라'는 것입니다. 새 사람이 되라는 것이 아닙니다. 옛 사람을 죽이고 새 사람이 되는 일을 우리가 하지 않습니다. 그것은 주님께서 구원 속에서 우리에게 이미 해주신 것입니다. 우리는 새 사람입니다. 그러나 새 사람이 새 사람답게 사느냐 하는 것은 이제부터 우리의 책임입니다. 24절에 뭐라고 되어 있습니까? 하나님을 따라 의와 진리의 거룩함으로 지으심을 받았다고 합니다. 이것은 우리가 받은 것입니다. 우리가 한 것이 아닙니다. 이제 새 사람을 입는 싸움은 우리의 싸움입니다. 새 사람다운지 아닌지의 싸움인 것입니다.

구원을 우리 것으로 가지느냐, 아니냐는 우리가 선택하지 않습니다. 구원은 하나님이 우리에게 베푸신 것입니다. 은혜로 주신 것입니다. 우리는 의와 거룩으로 살 수 있게 되었습니다. 그러나 거룩하게, 즉 구원 얻은 자답게 사느냐 못 사느냐는 우리 책임입니다. 그것이 구원 자체를 성립시키거나 취소시키는 문제가 아닙니다. 이것을 혼동하지 마십시오. 그런데 가끔 신자들에게는 이런 오해가 있습니다. 마치 우리가 구원을 선택하는 것 같은 겁니다. 그러나 우리는 구원을 선택하지 않습니다. 우리는 성화를 선택합니다. 성화를 선택하는 것은 구원받은 자에게만 가능한 것입니다. 구원이 이루어지지 않은 사람은 성화를 선택할 수가 없습니다. 그는 죄의 노예이기 때문입니다. 우리는 성화를 선택해야 합니다. 그러나 하나님이 우리가 성화를 선택하게 내버려 두셨느냐? 그렇지 않습니다. 우리는 성화를 선택할 수밖에 없습니다. 왜냐하면 은혜가 우리를 다스리고 있기 때문입니다. 그러나 그 다스림이 더 유효하고 더 풍성하기 위하여 우리가 협조

성화

해야 됩니다. 이것이 성화입니다. 에베소서 5:15을 보십시오.

> 그런즉 너희가 어떻게 행할지를 자세히 주의하여 지혜 없는 자 같이 하지 말고 오직 지혜 있는 자 같이 하여 세월을 아끼라. 때가 악하니라. 그러므로 어리석은 자가 되지 말고 오직 주의 뜻이 무엇인가 이해하라(엡 5:15-17).

어리석은 자가 되지 말고 지혜 있는 자가 되라고 하는데 왜 그렇습니까? 네가 누구인지 알라는 것입니다. 여러분은 여러분의 운명을 취하하거나 포기하거나 실패로 돌아가게 할 수 없습니다. 여러분이 실패할 수 있는 것은 성화입니다. 성화가 안 되었다고 천당 가는 것이 취소되지는 않습니다. 하나님의 자녀라는 신분이 취소되지 않습니다. 여러분은 하나님의 자녀라는 신분과 하나님의 나라에 가는 것을 빼앗기지 않습니다. 따라서 어리석은 자가 되지 말아야 합니다.

다시 처음 질문으로 돌아가 봅시다. "은혜를 더하게 하려고 죄에 거하겠느냐. 그럴 수 없느니라." "그럴 수 없느니라"가 눈에 들어오십니까? "죄에 대하여 죽은 우리가 어찌 그 가운데 더 살리요." 우리를 죄에서 꺼내서 어디로 보내려고 은혜를 베푸신 겁니까? 영광의 자리로, 의와 거룩으로, 생명으로, 하나님의 존전에서의 우리의 자랑으로 가도록 은혜가 도입된 것입니다. 그런데 그것이 공짜로 됐다는 방법론 하나에만 집착해서 또 타락합니다. 또 용서해 주시겠지. 물론입니다. 여러분이 죄 짓고 회개하면 또 용서하십니다. 하지만 거기서만 들락거리면 뭐가 됩니까? 완전히 거지로 올라가는 것입니다. 작년에 왔던 각설이로 하늘나라에 가는 것입니다. 성경은 그렇게 말합니다. 우리는 그럴 수 없는 존재입니다.

은혜가 도입된 것은 우리로 하여금 죄와 사망의 영역에서 벗어나서 하나님의 자녀다운 삶을 살게 하기 위해서입니다. 그러기 위하여 은혜가 우리를 다스립니다. 여러분이 노력을 하지 않아도 여러분 마음에 함께 계시는 주님의 은혜가 여러분을 가만 놔두지 않습니다. 이제 여러분은 더 지혜로워야 합니다. 여러분의 영혼 깊은 곳에서 울려나는 하나님의 음성에 귀 기울여야 하고 거기에 순종해야 합니다. 어리석게 생각하지 말아야 합니다. 우리에게 허락된 구원이 우리를 어디로 이끄는지 주의 깊게 듣고 신자다운 삶을 살아야 합니다. 그것이 우리의 자랑입니다. 이것이 신자가 은혜 아래서 누리는 현실입니다. 그것이 우리의 것이 된 이유는 우리가 죄의 영역에서 나왔기 때문입니다. 이것이 구원입니다. 여러분은 이제 아무도 더 이상 뒤를 돌아보거나 죄에 대하여 집착하셔서는 안 됩니다. 그럴 수도 없습니다. 이것이 성경이 이야기하는 신자의 본 모습입니다. 여러분의 남은 생애 동안 바로 이 은혜가 왕 노릇하기 원합니다. 여러분에게 허락된 구원의 목표와 방향을 향하여 최선의 노력을 경주하여 승리하시고 하나님 앞에 설 때 부끄럽지 않도록 준비하시기 원합니다.

06

하나님에 대하여 산 자

롬 6:11

이와 같이 너희도 너희 자신을 죄에 대하여는 죽은 자요 그리스도 예수 안에서 하나님께 대하여는 살아 있는 자로 여길지어다.

예수 그리스도와 연합한 자

우리는 죄와 관계를 끊었습니다. 아직도 죄를 지을 수는 있지만, 우리는 죄에 속한 사람이 아닙니다. 우리는 하나님께 속한 사람입니다. 우리는 하나님에 대해서는 산 자이며, 하나님의 진노와 형벌 아래 있지 않습니다. 하나님의 복 주심과 인도하심 속에서 영광과 거룩의 자리로 나갈 사람들입니다. 하나님에 대하여 산 자로서 신자가 기억해야 할, 두 국면을 통해 신자된 기쁨을 느끼고 신앙생활에서 도움을 받으시기 원합니다.

하나님에 대하여 산 자 된 신자들이 기억할 첫 번째 국면은 예수 그리스도와 연합하였다는 겁니다. 그리스도와의 연합은 구원의 차원에서, 우리가 죄에서 벗어나 하나님과 살기 위해서 필요했습니다. 옛날 우리가 죄 아래 있을 때 죄가 우리에게 죄를 공급했던 것같이, 주님께서 우리와 함께 계셔서 우리에게 거룩한 것을 공급하십니다. 우리를 영광의 자리에 이르도록 지키시는 것입니다.

나는 포도나무요 너희는 가지라. 그가 내 안에, 내가 그 안에 거하면 사람이
열매를 많이 맺나니 나를 떠나서는 너희가 아무것도 할 수 없음이라. 사람
이 내 안에 거하지 아니하면 가지처럼 밖에 버려져 마르나니 사람들이 그것
을 모아다가 불에 던져 사르느니라. 너희가 내 안에 거하고 내 말이 너희 안
에 거하면 무엇이든지 원하는 대로 구하라. 그리하면 이루리라(요 15:5-7).

포도나무와 가지의 비유는 신자들이 꼭 기억해야 할 현실입니다. 포
도나무에 포도가 열리는 것을 상상해 보십시오. 가지 끝에 포도가 주렁주
렁 열립니다. 그러나 가지가 열매를 달고 있으나 가지가 열매를 맺는 것은
아닙니다. 뿌리로부터 전달된 영양분이 거기 와서 결실되는 것입니다. 우
리가 누구에게 붙어 있는가를 아셔야 합니다. 포도나무가 된 우리는 주님
께 연합되어 있기 때문에 거룩한 것을 결실하게 되어 있습니다.

우리가 만들지 않았을 뿐만 아니라, 우리로부터 생기지 않는 거룩한
것과 영광스러운 것을 결실하는 것입니다. 주님 안에 있기 때문입니다. 예
전에 마음속에 있던 불경한 것들, 더러운 것들이 우리를 유혹하고 옭아매
었듯이, 이제는 거룩한 것이 우리 안에서 권고하며 분발시키는 것을 경험
하실 것입니다. 신자들은 어떤 의미에서 예수를 믿고 평안을 맛보지만, 예
수를 믿는 동안 고달픔이 있는 것도 사실입니다. 더 경건해지고 더 영광스
러워져야 하므로, 채찍질과 권면을 받는다는 면에서 마음이 쉼을 얻지 못
하는 것입니다. 이만하면 됐다는 교만한 생각을 하지 못하게 하는 것, 이것
은 우리가 주님 안에 있기 때문입니다.

교회는 그리스도의 충만

에베소서에서 보면 주님과 우리의 연합은 좀 더 깊어집니다.

> 또 만물을 그의 발 아래에 복종하게 하시고 그를 만물 위에 교회의 머리로
> 삼으셨느니라. 교회는 그의 몸이니 만물 안에서 만물을 충만하게 하시는
> 이의 충만함이니라(엡 1:22-23).

성경에 나오는 교회라는 표현은 구약에서 이스라엘이라는 표현과 같
습니다. 주를 믿는 하나님의 자녀들 전체를 가리키는 말입니다. 곧 주를
믿어 하나님의 자녀가 된 모든 신자들은 그리스도의 몸입니다. 23절을 잘
봅시다. "교회는 그의 몸이니 만물 안에서 만물을 충만하게 하시는 이의
충만함이니라." 만물 안에서 만물을 충만하게 하시는 자는 누구입니까? 만
물 안에서 만물을 충만하게 하시는 자의 충만은 무엇입니까? 만물 안에서
만물을 충만하게 하시는 자는 예수 그리스도입니다. 그의 충만이니까 이
충만은 그리스도는 아닙니다. 23절의 주어가 무엇입니까? 교회입니다. 바
로 교회가 그 충만입니다. 교회가 예수 그리스도의 충만입니다. 말하자면
예수 그리스도는 교회가 없으면 충만하지 못하시다는 것입니다. 만물 안
에서 만물을 충만하게 하시는 이시지만, 그럼에도 불구하고 우리와 함께
하시지 않는 한 충만하지 않기로 하셨다는 뜻입니다.

주님과 우리의 관계를 아십니까? 예수 그리스도께서는 지금 천국 보
좌 우편에 계시지만, 머리만 가 계신다는 의미로 설명할 수 있습니다. 곧
우리가 천국 자리에 함께 앉기까지 그는 충만하지 않으시기로 하신 것입
니다.

우리 주 예수 그리스도의 하나님, 영광의 아버지께서 지혜와 계시의 영을 너희에게 주사 하나님을 알게 하시고 너희 마음의 눈을 밝히사 그의 부르심의 소망이 무엇이며 성도 안에서 그 기업의 영광의 풍성함이 무엇이며 그의 힘의 위력으로 역사하심을 따라 믿는 우리에게 베푸신 능력의 지극히 크심이 어떠한 것을 너희로 알게 하시기를 구하노라. 그의 능력이 그리스도 안에서 역사하사 죽은 자들 가운데서 다시 살리시고 하늘에서 자기의 오른편에 앉히사(엡 1:17-20).

우리의 구원을 완성시키는 하나님의 열심

이제 우리는 하나님의 복 주심의 능력과 의지 가운데 있습니다. 하나님은 아브라함에게 이렇게 약속하셨습니다. "내가 너를 복의 근원이 되게 할지라." 하나님의 의지입니다. "너를 축복하는 자를 복 주고, 너를 저주하는 자를 내가 저주하리라." 하나님의 의지입니다. 하나님이 우리 편이 되십니다. 하나님의 모든 열심과 능력을 가지심이 나타내는 말은 하나님에 대하여 산 자 된 우리를 향한 것입니다.

우리는 신자로서의 인생을 살면서 혼자 책임지려고 할 때가 많습니다. 즉 하나님에 대하여 살아 있다는 것이 무엇인지 모릅니다. 우리가 애써 죄를 거부하고 거룩한 삶을 사는 것은 옳습니다. 그렇게 살아야 합니다. 그러나 우리가 조심해야 될 것은 실패라는 것이 삶의 끝은 아니라는 것입니다. 내 길은 내 손 안에 있지 않고 하나님의 손에 놓여 있습니다. 그렇다고 하나님의 손에 있으니 맘대로 살라는 말은 아닙니다.

전에 고통받던 자들에게는 흑암이 없으리로다. 옛적에는 여호와께서 스불론 땅과 납달리 땅이 멸시를 당하게 하셨더니 후에는 해변 길과 요단 저쪽

성화

이방의 갈릴리를 영화롭게 하셨느니라. 흑암에 행하던 백성이 큰 빛을 보고 사망의 그늘진 땅에 거주하던 자에게 빛이 비치도다. 주께서 이 나라를 창성하게 하시며 그 즐거움을 더하게 하셨으므로 추수하는 즐거움과 탈취물을 나눌 때의 즐거움 같이 그들이 주 앞에서 즐거워하오니 이는 그들이 무겁게 멘 멍에와 그들의 어깨의 채찍과 그 압제자의 막대기를 주께서 꺾으시되 미디안의 날과 같이 하셨음이니이다. 어지러이 싸우는 군인들의 신과 피 묻은 겉옷이 불에 섶 같이 살라지리니(사 9:1-5).

이스라엘의 구원을 예언하고 약속합니다. 무엇을 근거로 한 약속입니까? 아래의 구절을 근거로 한 것입니다.

이는 한 아기가 우리에게 났고 한 아들을 우리에게 주신 바 되었는데 그의 어깨에는 정사를 메었고 그의 이름은 기묘자라, 모사라, 전능하신 하나님이라, 영존하시는 아버지라, 평강의 왕이라 할 것임이라. 그 정사와 평강의 더함이 무궁하며 또 다윗의 왕좌와 그의 나라에 군림하여 그 나라를 굳게 세우고 지금 이후로 영원히 정의와 공의로 그것을 보존하실 것이라. 만군의 여호와의 열심이 이를 이루시리라(사 9:6-7).

"만군의 여호와의 열심이 이를 이루시리라"(사 9:7하). 예수 그리스도를 보내신 것은 하나님이 기뻐하시는 뜻입니다. 그분이 이렇게 하시기로 결심하셨고 작정하셔서 우리 편을 들며 우리를 위하시고 복되게 하시겠다는 의도였습니다. 우리를 영광의 자리에 세우기 위하여 하나님이 모든 정성을 기울이기로 하신 존재, 이것이 하나님에 대하여 산 자된 우리의 위치입니다.

하나님께 대하여 산 자의 현주소

하나님께 대하여 산 자 된 신자들이 기억할 두 번째 국면입니다. 하나님께서 우리를 구원하시고 우리를 복되게 하시기 위하여 예수 그리스도를 보내셨습니다. 예수 그리스도를 보내사 우리 죄를 위하여 그를 죽이시고, 우리를 의롭게 하시기 위하여 부활시키고, 우리를 영광스럽게 하시려고 하늘 보좌 우편에 앉히셨습니다.

우리는 그 안에 있습니다. 그리스도의 죽음과 함께 우리는 죄에 대하여 죽었고, 그가 부활했을 때 하나님에 대하여 살았고, 그의 승천과 함께 우리는 하늘 보좌 우편에 함께 있습니다. 우리에게 아직 일어나지 않은 일은 무엇입니까? 천국에 가는 것 외에는 다 이루어졌습니다. 하나님은 우리를 천국 보좌에 앉히기 위하여 예수 그리스도를 보내셔서 우리와 연합시키셨습니다. 그의 죽음과 부활로 인해 일어난 일은 이미 우리에게 다 일어났고 우리의 것입니다.

여기서 우리가 할 일은 언제나 예수 그리스도께로 돌아가는 것입니다. 그리스도의 죽음과 부활이야말로 우리가 지금 서 있는 현실을 확인하는 명백하고 유일한 증거입니다. 또한 장차 우리가 어디로 갈 것인가, 우리의 생명이 어떻게 될 것인가를 분명하게 확인하는 증거입니다. 여태껏 일어나고 성취된 일을 통해서, 하나님은 우리를 약속하셨던 천국에 앉히실 것임을 알려 주셨습니다. 그분의 열심과 성의, 능력을 다 동원해서 이루시고야 말 것이라는 것을 확신시켜 주셨습니다. "그런즉 이 일에 대하여 우리가 무슨 말 하리요. 만일 하나님이 우리를 위하시면 누가 우리를 대적하리요"(롬 8:31).

결국 구원의 확증은 하나님의 의지에서 비롯된 것입니다. 하나님이 우리를 위하시고 하나님이 우리 편이시면 누가 우리를 대적하겠습니까?

성화

하나님이 우리 편인 것을 무엇으로 알 수 있습니까? "자기 아들을 아끼지 아니하시고 우리 모든 사람을 위하여 내주신 이가 어찌 그 아들과 함께 모든 것을 우리에게 주시지 아니하겠느냐"(롬 8:32). 아들도 아끼지 않으셨는데, 더 이상 무엇을 아끼시고 주시지 않겠습니까? 이것이 하나님에 대하여 산 자 된 신자의 현주소입니다.

우리의 소원은 어디로 향해야 하는가

이 두 국면을 가지고 하나님에 대하여 산 자된 우리의 신분과 위치, 삶과 우리의 자랑들을 확인해 봅시다. 실제로 신자들은 이런 삶을 누리지 못하고 살고 있습니다. 가장 큰 이유는 하나님에 대하여 살고 죄에 대하여 죽었다는 삶의 영역이 바뀐 것과 그 가치를 모르기 때문입니다. 신자들은 하나님에 대하여 산 영역에 있으면서도 죽은 저 세상의 것들을 탐합니다. 그것은 마치 출애굽 사건에서 이스라엘 백성이 종 되었던 애굽 땅은 벗어났지만, 약속의 땅에 들어갈 것을 거부하고 광야에 사는 것과 같습니다. 광야에서의 생활은 애굽의 종살이와 비교할 때 결코 낫지 않았습니다. 성경에서 보면, 광야 생활 내내 이런 불평이 있습니다. 애굽에 살 때는 참외도 먹고 부추도 먹고 무엇도 먹고 무엇도 먹었는데 여기는 아침에도 만나, 저녁에도 만나, 이것밖에 없다는 불평입니다. 종으로 살던 애굽과 자유인이 된 광야 생활을 비교하는 것입니다. 종 되었던 땅을 벗어나는 가장 큰 이유는 약속의 땅에 들어가기 위한 것입니다. 그곳은 어느 면으로 보나 애굽 땅보다 더 풍성하고 자유로운 내 땅입니다. 그러나 광야에 있으면 종은 아니지만 부유하지 않습니다.

예수를 믿은 가치가 무엇인지를 지금은 뚜렷이 이해하지 못합니다. 그 가치를 하나님에 대하여 산 자라는 의미 속에서 보다 폭넓게 바라보아야 합니다. 우리가 처해 있는 상태를 우리의 가시적 현실과만 비교하는 신앙 태도를 각성해야 한다는 말입니다.

> 내가 주 안에서 크게 기뻐함은 너희가 나를 생각하던 것이 이제 다시 싹이 남이니 너희가 또한 이를 위하여 생각은 하였으나 기회가 없었느니라. 내가 궁핍하므로 말하는 것이 아니니라. 어떠한 형편에든지 나는 자족하기를 배웠노니 나는 비천에 처할 줄도 알고 풍부에 처할 줄도 알아 모든 일 곧 배부름과 배고픔과 풍부와 궁핍에도 처할 줄 아는 일체의 비결을 배웠노라. 내게 능력 주시는 자 안에서 내가 모든 것을 할 수 있느니라(빌 4:10-13).

내게 능력 주시는 자 안에서 내가 이것도 할 수 있다, 저것도 할 수 있다는 내용이 아닙니다. 이 당시 사도 바울은 옥중에 갇혀 있고 빌립보 교회에서 위문단이 찾아왔습니다. 그는 고통 속에 갇혀 있는 상태였습니다. 고달픈 것입니다. 바울이 물질에 좌우되지 않았던 것은 능력 주시는 자가 따로 있기 때문이었습니다. 세상은 내게 능력을 주지 않습니다. 세상의 배부름, 세상의 풍부가 내 힘이 아닙니다. 궁핍하게 만드는 것과 배고프게 만드는 것이 나를 방해할 수 없습니다. 바울은 오직 주님으로부터 힘을 공급받기 때문에, 만약 자신이 쇠약해진다면 그것은 주님이 문을 닫을 때일 것이라고 합니다.

지금 신자들의 약점은 하나님에 대하여 산 자의 영역에 살고 있으나, 실제로 모든 소원은 아직도 저쪽 세상에 두고 있다는 것입니다. 여러분의 소원은 이런 것들입니다. "모든 것을 하실 수 있는 주님, 다른 것은 다 좋습니다. 딸자식 하나 시집 좋은 데로 가게 해주십시오." "우리 막내 학교에 붙여 주십시오." 모든 소원이 옛날에 우리가 손을 끊었던 세속 영역에 가 있습니다. 물론 시집 잘 가지 말라는 것도 아니고 학교 붙지 말라는 것도 아님니다. 그러나 모든 소원이 그렇다는 것입니다. 영적이지 않습니다. 성도에게 필요한 힘이 주님이 아닌 세상에 있습니다. 소원과 자랑도 주님 안에 있지 않고 세상 안에 있을 뿐입니다. 그럴 때 신자들은 영적이지 않은 일에 아우성치며 기도하게 됩니다.

주님께 오는 자는 결코 주리지 않습니다. 영원히 목마르지 않습니다. "예수께서 이르시되 나는 생명의 떡이니 내게 오는 자는 결코 주리지 아니할 터이요. 나를 믿는 자는 영원히 목마르지 아니하리라"(요 6:35). 신자들을 만나보면 목말라 있고 굶주려 있습니다. 아사 직전입니다. 그런데도 먹으라는 것을 다 싫다고 거절합니다. 도리어 먹어서는 안 되는 것을 달라고 기도합니다. 사람들이 그토록 울부짖으며 기도하는 제목들이 뭔가 써보십시오. 모두 저쪽 나라 세상의 것들입니다. 신령한 것을 구하지 않습니다. 자녀에 대해 가슴앓이를 합니다. 공부 못해서 속상해하는 부모는 많지만, 하나님을 두려워하지 않는다고 속상해하는 부모는 없습니다. 우리는 신자입니다. 우리에게는 결코 목마름이 없으며 영원히 주리지 않습니다. 주께 오는 자는 다 그렇습니다. 주께 온다는 것이 무엇을 의미합니까?

그러나 내가 너희에게 이르기를 너희는 나를 보고도 믿지 아니하는도다 하였느니라. 아버지께서 내게 주시는 자는 다 내게로 올 것이요 내게 오는 자는 내가 결코 내쫓지 아니하리라(요 6:36-37).

우리는 주로 인하여 사는 자입니다. 빌립보서 4:13과 같이 "내게 능력 주시는 자 안에서"입니다. 주님만이 내게 힘이시므로 하나님은 거룩한 것과 영원한 것, 하나님께 속한 것에 힘을 주십니다. 도둑질이나 포커 할 때는 힘을 주지 않습니다. 그런데도 우리는 끊임없이 쓸모없는 일들을 소원할 뿐, 주님으로 인해 살려고 하지 않습니다. 저 나라에 있는 것, 끊어 버린것, 다시는 돌아가서는 안 되는 영역의 것들을 요구합니다. 그래서 우리는 주리고 목마릅니다. 하지만 주님께서 친히 하신 약속은 결코 주리지 않고 영원토록 목마르지 않는 것입니다.

이 문제가 어떻게 적용되고 있습니까? 바울을 예로 들어 생각해 봅시다. 바울이 감옥에 있을 때 감옥 밖에 있던 자유인들이 도우러 왔습니다. 누가 더 부유한 자입니까? 이는 바울이 칭찬하는 내용에서 알 수 있습니다. 나를 찾아와서 고맙다는 것은 내게 필요한 것을 가지고 와서 잘했다는 것과는 분명히 다릅니다. 바울은 너희가 주의 사랑에 동참했으므로 내가 칭찬하노라고 했습니다. 주의 사랑을 전하기 위하여 이런 고통까지 감수하고 있으니 바울은 강한 자였습니다. 여러분, 바울처럼 되기를 원하십니까? 바울을 찾아온 빌립보 교인이 되시겠습니까? 아니면 그들이 면회할 때 입회한 로마병이 되시겠습니까?

요한복음 4장의 수가성 사마리아 여인과 예수님의 대화가 있은 이후의 내용입니다.

이 때에 제자들이 돌아와서 예수께서 여자와 말씀하시는 것을 이상히 여겼으나 무엇을 구하시나이까 어찌하여 그와 말씀하시나이까 묻는 자가 없더라. 여자가 물동이를 버려 두고 동네로 들어가서 사람들에게 이르되 내가 행한 모든 일을 내게 말한 사람을 와서 보라. 이는 그리스도가 아니냐 하니 그들이 동네에서 나와 예수께로 오더라. 그 사이에 제자들이 청하여 이르되 랍비여, 잡수소서. 이르시되 내게는 너희가 알지 못하는 먹을 양식이 있느니라. 제자들이 서로 말하되 누가 잡수실 것을 갖다 드렸는가 하니 예수께서 이르시되 나의 양식은 나를 보내신 이의 뜻을 행하며 그의 일을 온전히 이루는 이것이니라(요 4:27-34).

이것을 주님의 양식이라고 합니다. 결코 주리지 않고 결코 목마르지 않을 가장 큰 이유는 주님께서 우리와 함께 사시고 우리가 하나님에 대하여 산 자이기 때문입니다. 따라서 이제부터 우리 인생 속에는 한순간도 헛된 시간, 빈 시간이 없습니다. 하나님께서 우리와 함께 역사하시는 시간만 있습니다. 우리가 제대로 순종하고 귀를 기울여 하나님의 일에 동참하는 법을 배운다면 우리는 순간마다 이런 일이 연속되는 법을 배우게 될 것입니다. 주님이 기뻐하시는 일을 행함으로 우리 영혼이 만족한 포만감을 누리는 것입니다. 승리와 감사와 찬송을 영원토록 빼앗기지 않는 일생을 살도록 되어 있습니다.

평안과 복으로 인도하는 순종

요즘 젊은 부모들이 아이들 키우는 모습을 보면 못마땅합니다. 예전 우리 부모님들은 그렇게 키우지 않았습니다. 자녀를 키우는 데 있어서 가장 중요한 것은 부모의 희생입니다. 요즘 젊은 부모들은 옛날 부모님들보다 훨씬 좋은 조건에서 아이를 키웁니다. 옛날에는 희생할 수밖에 없었습니다. 그래서 옛날 부모님들은 내가 먹을 것 먹지 않고, 입을 것 입지 않고 너를 공부시켰다고 말씀하십니다. 요즘 부모들은 먹고 싶은 것 다 먹고, 입고 싶은 것 다 입고도 얼마든지 자녀를 교육할 수 있습니다. 그래서 옛날 부모님들에 비해서 요즘 부모들은 자신이 희생하고 있다는 것을 자녀에게 가르치지 못합니다. 물론 요즘 부모님들도 자녀들을 위하여 똑같은 사랑을 갖고 있습니다. 그런데 우리가 자라면서 본 부모님들은 자식이 잘되는 일을 위해서라면 기꺼이 희생을 감수했습니다. 맛있는 것은 자녀에게 주었지, 부모님이 드신 적이 없습니다. 지금도 맛있는 것은 자녀에게 먹이는데 더 맛있는 것을 먹을 돈이 부모에게 없는 것은 아닙니다. 그래서 어쩌면 불행한 시대인 것입니다. 자녀들은 부모님들이 그들을 위하여 돈 쓰는 것은 보지만, 무엇을 절제하고 있는가에 대해서는 배우지 못합니다. 깊이 반성할 부분입니다.

우리는 자라면서 부모님의 권위를 경험했습니다. 부모님들의 권위가 영향을 주었던 것은 실제로 희생을 했고 우리 편이 되어주셨기 때문입니다. 부모님은 굶으셔도 자녀들은 배부르게 했고, 자신이 가지고 싶은 것은 참아도 자녀들이 갖고 싶다는 것은 다 해주셨습니다. 희생을 하시면서 해주셨습니다. 하지만 그것은 부모님들에게 희생이 아니었습니다. 그것이 부모님들의 자랑이고 기쁨이었기 때문이었습니다. 그것이 유일하게 사는 낙이며, 삶의 보람이었습니다. 바로 이것이 신자의 삶이라는 것을 아십니까?

신자가 깨달아야 하는 것이 무엇일까요? 죄 아래 있었을 때 자신만을 위하여 살고, 자기를 자랑하고자 이웃과 늘 전쟁 상태에 있었던 참담한 기억을 잊지 않으셔야 합니다. 우리는 더 이상 자신을 증명하기 위하여 살거나 왕이 되기 위하여 살지 않습니다. 우리는 주 안에서 평안을 찾고 거기서 복된 것을 얻었습니다. 그 길을 가기 위해 가장 중요한 것은 순종입니다. 주님이 영광 받으셔야 하고 주님이 전면에 나타나셔야 합니다. 그것은 억지로 요구되는 책임이 아니라 자랑이요, 기쁨이요, 복입니다. 신자로서 그렇게 살지 못한다면 어리석은 사람입니다. 어리석다는 것은 실제로 필요한 것은 모르고 쓸데없는 데에 가서 시간을 허비하는 것을 말합니다. 하나님에 대하여 산 자답게 영광과 특권과 승리와 자랑을 놓치지 말고 자신의 것으로 누리십시오. 성경에 약속하신 것처럼, 결코 목마르지 않고 결코 주리지 않는 영원한 삶의 승리와 자랑들을 누리십시오.

하나님에 대하여 산 자와 함께 하시는 하나님의 능력과 승리를 열매 맺는 일에 방해할 것이 이 세상에 없다는 것을 경험하실 것입니다. 성경에 기록된 그 많은 아름다운 찬송과 놀라운 기록들이 여러분의 것임을 알게

성화

됩니다. 그것은 싫든지 좋든지 신자들이 살아갈 길이기도 합니다. 그 길을 거부하면 손해를 볼 뿐입니다. 그 길의 참 가치를 빨리 알 수 있도록 여러분은 기도하셔야 되고 더 깊은 신앙의 길로 가셔야 되고 영안이 열리도록 지혜로워져야 됩니다. 또한 하나님에 대하여 산 자가 되며 행복을 위하여 이 길을 가셔야 합니다. 지혜로운 신자들 앞에 놓인 이 복된 길을 갈 때, 아무도 실패하지 않기를 원합니다.

그리스도와의 연합

갈 2:19-20

내가 율법으로 말미암아 율법에 대하여 죽었나니 이는 하나님에 대하여 살려 함이라. 내가 그리스도와 함께 십자가에 못 박혔나니 그런즉 이제는 내가 사는 것이 아니요 오직 내 안에 그리스도께서 사시는 것이라. 이제 내가 육체 가운데 사는 것은 나를 사랑하사 나를 위하여 자기 자신을 버리신 하나님의 아들을 믿는 믿음 안에서 사는 것이라.

그리스도와의 연합의 중요성

우리는 구원의 문제에 있어서 죄와 사망으로부터 구원을 얻었고, 하나님의 자녀가 되는 칭의에 있어서 예수 그리스도 십자가의 효능을 깨달았습니다. 마찬가지로 구원을 얻은 이후에 부활하신 예수 그리스도와 연합한 자로서 성화를 완성하게 된다는 그리스도와의 연합된 구원도 성경을 통하여 거듭 확인했습니다.

구원이 은혜였듯이 그 이후에 이루어지는 참다운 신자의 성화도 은혜로 말미암습니다. 성화가 은혜로 말미암는다는 것은 우리가 실패한다고 해서 성화가 실패하는 것은 아니라는 말입니다. 성경은 예수님께서 우리를 죄와 사망에서 구하신 것으로 구원에 있어서 하실 일을 다 끝내셨고, 구원 얻은 후에는 우리가 홀로 신자로서 생활과 실천을 책임져야 하는 것처럼 느끼는 문제에 대해 교정해 줍니다. 갈라디아서 2:20에서처럼 "내가 사는 것이 아니요 오직 내 안에 그리스도께서 사시는 것이라"는 것입니다. 즉 그리스도와 내가 연합되어 있기 때문에, 예수님이 십자가에서 죽으실 때 죄에 대하여 그리스도와 함께 죽고, 그리스도께서 부활하실 때에 그리스도와 함께 부활합니다. 내가 하나님의 자녀로 부활한다는 것입니다. 죽음에서 그리스도와 연합했듯이, 살아나서 영원한 나라에 갈 때까지도 그리스도와 연합되어 있다고 말하는 것입니다.

그런 차원에서 볼 때, 나는 혼자가 아니며 그리스도와 함께합니다. 내가 나한테 절망한다거나 실패한다고 해서 내 운명이 결정되는 것이 아닙니다. 나는 그리스도와 연합되어 있기 때문에 내 구원이 실패가 되려면 그리스도께서 나를 포기하거나 그리스도와 내가 분리되어야만 한다는 말입니다. 즉 그리스도와의 연합이 계속되고 하나님의 약속과 은혜, 신실하심으로 연합된 이상 구원 문제는 취소되지 않는다는 것입니다.

우리말 성경에는 두드러지게 표현되어 있지 않습니다만, "내가 그리스도와 함께 십자가에 못 박혔나니 그런즉 이제는 내가 사는 것이 아니요 오직 내 안에 그리스도께서 사시는 것이라"에서 그리스도께서 사신 것이라는 표현은 미완료 시제입니다. 계속 살고 계시는 것입니다. 한 번 그렇게 하신 것이 아니라 계속 그리스도께서 나와 함께 살고 있는 것입니다. 여기에 그리스도와의 연합이 가지는 구원의 전체적인 비밀이 있습니다. 죄와 사망에서 구원함을 얻을 때 그리스도와 함께 죽었던 내가 그리스도와 함께 살아나고, 영광된 미래를 바라보고 완성되는 그날까지 그리스도와 연합되어 있을 것입니다. 하나님의 은총이 승리할 때까지 하나님은 우리를 떠나지 않으십니다.

행할 능력이 없다

그런데 우리는 이 사실의 중요성을 율법적 습성과 인과율, 원인과 결과의 법칙이라는 행위적 본성 때문에 자꾸 놓칩니다. 이 문제를 사도 바울은 로마서 7장에서 다루었습니다.

> 내가 행하는 것을 내가 알지 못하노니 곧 내가 원하는 것은 행하지 아니하고 도리어 미워하는 것을 행함이라. 만일 내가 원하지 아니하는 그것을 행하면 내가 이로써 율법이 선한 것을 시인하노니 이제는 그것을 행하는 자가 내가 아니요 내 속에 거하는 죄니라. 내 속 곧 내 육신에 선한 것이 거하지 아니하는 줄을 아노니 원함은 내게 있으나 선을 행하는 것은 없노라. 내가 원하는 바 선은 행하지 아니하고 도리어 원하지 아니하는 바 악을 행하는도다. 만일 내가 원하지 아니하는 그것을 하면 이를 행하는 자는 내가 아니요 내 속에 거하는 죄니라. 그러므로 내가 한 법을 깨달았노니 곧 선을 행하기 원하는 나에게 악이 함께 있는 것이로다. 내 속사람으로는 하나님의 법을 즐거워하되 내 지체 속에서 한 다른 법이 내 마음의 법과 싸워 내 지체 속에 있는 죄의 법으로 나를 사로잡는 것을 보는도다. 오호라 나는 곤고한 사람이로다. 이 사망의 몸에서 누가 나를 건져내랴. 우리 주 예수 그리스도로 말미암아 하나님께 감사하리로다. 그런즉 내 자신이 마음으로는 하나님의 법을 육신으로는 죄의 법을 섬기노라(롬 7:15-25).

곤고한 사람에 관한 문제입니다. 이 곤고한 사람은 선을 행하기 원하지만 늘 악에게 지기 때문에 곤고하다고 소리 지릅니다. 바울은 "우리 주 예수 그리스도로 말미암아 하나님께 감사하리로다"라고 선언합니다. 앞에 있는 곤고한 사람이 스스로 해결하지 못했던 것을 해결하고 있음을 암

성화

시하는 말입니다. 곤고한 사람의 고민은 무엇입니까? "내 속사람으로는 하나님의 법을 즐거워하되 내 지체 속에서 한 다른 법이 내 마음의 법과 싸워 내 지체 속에 있는 죄의 법으로 나를 사로잡는 것을 보는도다"(롬 7:22-23). 쉽게 말하자면 속사람은 하나님의 법을 즐거워하되 겉사람은 죄의 법을 따르고 있는 것입니다. 그래서 신자들 사이에도 겉사람과 속사람, 영에 속한 사람과 육에 속한 사람이라는 표현들을 쓰는 경우가 많습니다. 그런데 이 표현은 굉장히 위험한 표현입니다.

곤고한 사람이 싸우고 있는 것은 속사람이 하나님의 법을 즐거워하고 있는데, 겉사람이 죄의 법에게 지기 때문입니다. 영에 속한 사람은 하나님의 법을 즐거워하는데, 육에 속한 사람은 죄에게 지는 것입니다. 이것에 대한 대답은 우리 주 예수 그리스도입니다. 하나님께서 예수 그리스도로 말미암아 곤고한 사람들, 즉 죄에게 지는 사람들에게 승리를 주셨다는 것 아닙니까? 그런데 "감사하리로다" 다음에 뭐라고 반복됩니까? "육신으로는 죄의 법을 섬기노라"입니다. 속사람은 하나님의 법을, 겉사람은 죄의 법이라는 갈등에서 비명을 질렀으나 하나님이 예수 그리스도를 보내셔서 이 비명과 절망에서 우리를 구원하셨습니다. 그리고 다음에 뭐라고 언급합니까? 나로 말미암아 승리하게 된 것이 아니라 예수 그리스도로 말미암아 승리하게 되었다. 또한 그리스도가 등장하여 해답이 되어 주셨으나 해답을 받은 사람이 아직도 곤고한 사람의 비명 지르던 형편과 바뀐 것이 없이 마음으로는 하나님의 법을, 육신으로는 죄의 법을 섬기고 있다는 것입니다. 이상하지 않습니까?

우리는 근본적인 위험 요소를 갖고 있습니다. 그것은 속사람과 겉사람의 신앙 싸움이며, 영에 속한 사람과 육에 속한 사람이 우리의 마음속에서 갈등을 일으키는 것이라고 생각합니다. 그래서 예수 그리스도가 오셔서 속사람에게, 영에 속한 사람에게 힘을 주셔서 이기게 한다고 생각합니다. 그러나 로마서 7장에서는 그 싸움이 내가 싸우는 싸움이라고 말합니다. 속사람, 영에 속한 사람 다 좋습니다. 우리는 무엇이 선인지 알고 있습니다. 그러나 선을 행할 능력이 없습니다. 왜 그렇습니까? 우리는 죄인이기 때문입니다. 우리는 선에 대한 소망이나, 선에 대한 의지, 양심으로 죄를 이길 수 없습니다. 우리는 죄를 이길 힘을 가진 존재가 아닙니다. 비명을 지른 사람의 고민은 우리 힘으로는 죄를 이길 수 없다는 현실에 대한 절망의 비명인 것입니다.

신앙의 승리는 그리스도 안에만 있다

답은 우리 안에 없습니다. 밖에 있습니다. 예수 그리스도 안에 대답이 있습니다. 그리스도께서 오셔서 속사람을 강하게 하시고 영에 속한 사람에게 힘을 주어 이기게 하시는 게 아닙니다. 그리스도만이 죄를 이기시고, 우리가 그리스도 안에 들어가 있어야만 죄를 이기는 것입니다.

예를 들면, 노아시대에 홍수가 나서 온 세상이 물로 가득 찼습니다. 다 빠져 죽었습니다. 이때 물이 200미터 넘게 찼으나 하나님께서 우리 속사람을 강건하게 하셔서 키를 자꾸 키워주시고 200미터 이상 되어서 살아남게 하신 게 아닙니다. 물고기가 되어 아가미로 숨 쉬어 살아나게 하신 것도 아닙니다.

우리는 신앙의 승리가 하나님이 우리에게 주시는 새로운 힘, 즉 영적인 힘인 성령 충만을 주셔서 내가 내 안의 죄를 몰아내게 하는 싸움이라고 생각합니다. 성경은 그 얘기를 하는 게 아닙니다. 그리스도만이 이길 수 있고 그 안에 들어간 자만이 승리를 자기 것으로 가질 수 있다고 말합니다.

"내 속사람으로는 하나님의 법을 즐거워하되 내 지체 속에서 한 다른 법이 내 마음의 법과 싸워 내 지체 속에 있는 죄의 법으로 나를 사로잡는

성화

것을 보는도다"(롬 7:22-23). 그렇습니다. 둘이 싸워봤자 늘 집니다. 죄의 법이 나를 사로잡습니다. 죄인인 탓입니다. 나는 곤고한 사람입니다. 소원이 있고 무엇이 옳은지 알지만 행할 수가 없습니다. 율법이 우리에게 가르치는 것이 그것입니다. 율법으로 죄인 것을 알지만 죄를 거부하지 못합니다. 그래서 우리는 자꾸 이길 힘을 달라고 합니다. 더 많이 기도하고 더 많이 열심을 내어 이길 수 있는 신앙적인 힘을 갖는 것, 그것이 신앙이 좋은 것이요 승리라고 생각합니다. 그러나 그렇지 않습니다. "우리 주 예수 그리스도로 말미암아 하나님께 감사하리로다. 그런즉 내 자신이 마음으로는 하나님의 법을 육신으로는 죄의 법을 섬기노라"(롬 7:25).

예수 그리스도가 답인데 다시 뭐가 반복됩니까? "그런즉"이라는 말입니다. 여기서 "그런즉"이란 감사 후의 얘기입니다. 그런즉 내 자신이 마음으로는 하나님의 법을, 육신으로는 죄의 법을 섬긴다고 말하고 있습니다. 이것은 아직 변하지 않았다는 말입니다. 마음으로 하나님의 법을 섬기는 쪽에 하나님께서 힘을 주셔서 이기게 했다는 게 아닙니다. 나는 아직도 마음의 법과 육신의 죄의 법이 싸워서 늘 지는 그 상태 그대로 있는데, 그리스도께서 승리를 가지고 오셨다는 겁니다. "그러므로 이제 그리스도 예수 안에 있는 자에게는 결코 정죄함이 없나니 이는 그리스도 예수 안에 있는 생명의 성령의 법이 죄와 사망의 법에서 너를 해방하였음이라"(롬 8:1-2)고 말합니다.

결코 정죄함이 없다는 것은 율법적 기준에서 심판받지 않는다는 것입니다. 잘하면 상 받고 못 하면 벌 받는 행위와 법의 기준으로 평가 받지 않는다는 것입니다. 그럼 무엇으로 평가됩니까? 하나님의 자녀라는 신분으로 평가받습니다. 예수 그리스도 안에 있는 자에게는 결코 정죄함이 없다는 것은 무엇입니까? 우리에게 허락된 구원과 우리에게 주신 신앙의 승리는 행위의 법칙에 근거한 것이 아니라는 말입니다. 우리의 승리를 행위의 법칙으로 쟁취하려고 하면 얻을 수가 없습니다.

우리에게 주신 신앙의 승리는 우리에게 힘을 주고, 원인을 제공하며, 조건을 주어서 이기게 하는 구원이 아닙니다. 이것은 하나님이 예수 그리스도 안에서 허락하신 구원입니다. 우리는 그 안에 들어갈 구원과 은혜를 입은 자로서 그리스도의 승리가 내 것이 되는 방법으로 승리를 얻고 있지, 내가 무엇을 해서, 열심을 내어서, 훈련하고 배워서 얻는 구원은 없습니다. "이는 그리스도 예수 안에 있는 생명의 성령의 법이 죄와 사망의 법에서 너를 해방하였음이라. 율법이 육신으로 말미암아 연약하여 할 수 없는 그것을 하나님은 하시나니 곧 죄로 말미암아 자기 아들을 죄 있는 육신의 모양으로 보내어 육신에 죄를 정하사"(롬 8:2-3)라고 하기 때문입니다.

율법이 육신으로 말미암아 할 수 없는 자란 어떤 존재입니까? 곤고한 사람이었습니다. 마음의 법으로는, 속사람으로는 하나님의 법을 섬기며 따르고 승리하고 싶으나 늘 졌습니다. 율법이 가르친 것, 하나님께서 이렇게 하라고 하신 것을 할 수가 없었습니다. "율법이 육신으로 말미암아 연약하여 할 수 없는 그것을 하나님은 하시나니 곧 죄로 말미암아 자기 아들을 죄 있는 육신의 모양으로 보내어 육신에 죄를 정하사 육신을 따르지 않고 그 영을 따라 행하는 우리에게 율법의 요구가 이루어지게 하려 하심이니라"(롬 8:3-4). 영을 따라 행한다는 것이 여기서는 우리 안에 있는 것을 애기하는 것이 아닙니다. 이 영은 앞에 있는 생명의 성령의 법을 말합니다. "그러므로 이제 그리스도 예수 안에 있는 자에게는 결코 정죄함이 없"습니다(롬 8:1).

예수 그리스도 안에 있는 생명의 성령의 법이 죄와 사망의 법에서 우리를 해방하였다는 것은 행위 법칙이나 인과율(因果律)에 속한 것이 아니라는 말입니다. 구원을 얻은 모든 성도는 하나님의 은혜 아래 있습니다. 성령의 법을 좇는다, 영을 좇는다는 것은 우리를 자녀로 부르시고, 예수 그리

성화

스도 안에 있는 것이 우리의 것이 되게 하신다는 겁니다. 그리스도께서 승리하신 것이 나의 승리가 되게 하는 은혜와 믿음으로 부르고 있는 것입니다. 행위의 법칙이 아니라 은혜의 법칙으로, 내가 조건과 원인을 제공하여 얻는 승리의 결과가 아니라 예수 그리스도 안에 하나님께서 허락하신 은혜로 승리를 가지는 구원의 방법인 것입니다. 이것이 우리에게는 굉장히 익숙하지 않습니다.

칭의와 성화의 차이

우리가 처음 구원을 얻을 때, 예수를 믿으면 구원을 얻는다는 것을 아무도 이해하지 못했습니다. 하지만 어느 날 문득 나의 영혼이 살아난 것을 압니다. 영혼이 살아났다는 것을 어떻게 알까요? 그것은 하나님과 예수 그리스도에 대하여 알게 되기 때문입니다. 어떻게 알게 되었는지는 모릅니다. 하나님께서 우리의 영혼을 깨어나게 하셔서 보이는 것입니다. 하나님이 누구신지, 예수님이 왜 십자가를 지셨는지, 내가 누구인지가 보입니다. 그래서 우리는 회개를 합니다. 예수를 믿기로 결단을 합니다. 이런 것들은 원인이 아닙니다. 조건이 아닙니다. 결과인 것입니다. 구원 얻은 증상들입니다. 그러나 우리는 자꾸 그것을 원인이라고 생각합니다. 왜 그렇습니까? 우리의 사고방식은 내가 가지고 있는 어떤 결과에 대해 원인으로 확인하는 방법밖에 모르기 때문입니다. 인간이 가지는 사고방식입니다. 원인과 결과의 법칙입니다. 그래서 이미 결과이자 증상인 것들을 원인으로 생각하며 자신을 확인하곤 합니다.

구원이 이미 확보되었고 더 이상 변개할 수 없다는 것은 일단 칭의에서 분명하게 확인됩니다. 그러나 성화라는 것은 점진적이고 많은 시행착오 속에서 가는 것입니다. 성화에 대해서는 우리가 은혜를 입고 있고, 하나님이 우리를 인도하고 계신다는 것에 대한 확인이 칭의 문제에서와 사뭇 다릅니다. 따라서 우리는 새 사람으로서 예수 그리스도와 연합하여 승리하게 하신다는 성화의 과정을 확인할 방법이 없으니 의심하고 걱정하고 갈등하는 것입니다. 이는 오직 성경으로 확인할 수밖에 없습니다. "나는 하나님의 자녀다. 나는 의인이다"라는 정체성은 더 이상 율법을 근거로 해서 확립되는 것이 아니라 예수 그리스도로 말미암아 성취되어 있다는 것에서 확인할 수 있습니다.

우리가 하나님의 자녀가 되었다는 것이 내가 노력하고 하나님 앞에 무엇을 바쳐 얻은 것이 아닌 것처럼, 하나님의 자녀로 자라는 것도 하나님 앞에 내가 등록금을 내고 어떤 대가를 지불해서 얻는 것이 아닙니다. 하나님의 구원을 처음부터 끝까지 관통하는 것은 오직 하나님의 은혜와 사랑인 것입니다.

로마서 7장에서는 인간이 스스로 자신의 정체성을 확립하며 의와 선과 승리를 자기가 이루고자 하고, 자기 안에서 원인과 조건을 찾고 싶어 한 싸움에서 실패한 것을 말하고 있습니다. 그리고 로마서 8장에서는 예수 그리스도 안에서 하나님의 은혜로 값없이 정체성을 확보하고 있다는 사실에 대하여 얘기합니다. 이처럼 로마서 8장은 우리와 하나님의 관계와 또 우리에게 허락된 영원한 소망과 영광된 결국을 확보하고 있다는 것을 로마서 7장과 대조시켜 말하고 있습니다. 그래서 내가 그리스도의 신분과 명예와 의를 지니며 그분과 하나님과의 관계가 하나님과 나와의 관계를 확보시켜 줍니다.

예수 그리스도와 하나님과의 관계가 나와 하나님과의 관계가 됩니다. 이것은 십자가 전의 상태에서 십자가를 통과하여 죄와 사망에서 벗어나 벌을 면하는 정도가 아닙니다. 성부 하나님과 성자 하나님의 하나님되심과 그 사랑이 서로 연합하는 자리로까지 연결됩니다. 예수 그리스도의 십자가가 우리에게 허락된 하나님의 구원입니다. 이것을 다른 것으로 확인하려고 하지 마십시오.

물론 구원 얻은 이후에도 신자의 삶은 완벽하지 않습니다. 당연히 어렵습니다. 우리는 계속 죄를 짓습니다. 성화는 점진적인 것이기 때문에 노력해야 합니다. 실패를 맛보거나 절망하고 갈등하고 회의하고 좌절합니다. 그러나 하나님과의 관계는 예수 그리스도 안에서 이미 완벽하게 확보되어 있고, 취소되지 않고 변개되지 않으며 실패하지 않습니다. 우리가 의를 쫓고 신앙의 승리를 요구하는 것이 하나님과의 관계를 확보하려는 것이어서는 안 됩니다. 하나님의 자녀다운지를 묻는 것이라면 그건 당연히 물어봐야 합니다. 그러나 우리는 자칫 이 문제를 혼동합니다.

그리스도와의 연합에 의한 자신감

이렇게 얘기하는 것은 우리의 책임을 외면하게 만들고 노력과 책임에서 자유로운 방임주의자가 되게 하려는 것이 아닙니다. 하나님께서 우리를 사랑하사 처음부터 끝까지 우리의 승리와 영광을 위하여 어떻게 개입하셨고 간섭하셨으며 그 약속을 영원히 지키시는가를 아는 것이 기독교 신앙에서는 가장 중요한 근거가 되기 때문에 강조하는 것입니다. 그것이 우리로 하여금 하나님의 사람으로서 성화를 이룸에서 갈등을 일으키고 그 과정을 인내하고 극복하여 승리하게 하는 것입니다. 우리는 무서운 형벌이 아닌 하나님의 사랑에 근거해서 격려받고 새 힘을 공급받아 승리하게 됩니다. 로마서 6장에는 그리스도와의 연합에 대한 가르침이 있습니다.

우리가 알거니와 우리의 옛 사람이 예수와 함께 십자가에 못 박힌 것은 죄의 몸이 죽어 다시는 우리가 죄에게 종노릇하지 아니하려 함이니 이는 죽은 자가 죄에서 벗어나 의롭다 하심을 얻었음이라. 만일 우리가 그리스도와 함께 죽었으면 또한 그와 함께 살 줄을 믿노니 이는 그리스도께서 죽은 자 가운데서 살아나셨으매 다시 죽지 아니하시고 사망이 다시 그를 주장하지 못할 줄을 앎이로라. 그가 죽으심은 죄에 대하여 단번에 죽으심이요 그가 살아 계심은 하나님께 대하여 살아 계심이니 이와 같이 너희도 너희 자신을 죄에 대하여는 죽은 자요 그리스도 예수 안에서 하나님께 대하여는 살아 있는 자로 여길지어다. 그러므로 너희는 죄가 너희 죽을 몸을 지배하지 못하게 하여 몸의 사욕에 순종하지 말고 또한 너희 지체를 불의의 무기로 죄에게 내주지 말고 오직 너희 자신을 죽은 자 가운데서 다시 살아난 자 같이 하나님께 드리며 너희 지체를 의의 무기로 하나님께 드리라. 죄가 너희를 주장하지 못하리니 이는 너희가 법 아래에 있지 아니하고 은혜 아래에 있음이라(롬 6:6-14).

무슨 얘기를 합니까? 법 아래 있지 않고 은혜 아래 있습니다. 원인과 결과의 법칙에 있지 않습니다. 우리가 승리해야 승리가 오는 것이 아니라, 이미 우리는 승리할 신분을 갖고 있고 운명을 갖고 있습니다. 그러니 이제 승리자의 내용을 채워나가야 합니다. 승리할 운명에 있기 때문에 우리는 우리를 포기해서는 안 되고 실패로 끝나게 내버려 두어서도 안 됩니다. 내가 한 것만큼 승리가, 내가 한 것만큼 영광이라는 보상이 있다는 인과율로 신앙을 동원하지 말라는 것입니다. 여기서 그리스도와의 연합에 의한 자신감이란 우리 믿음의 근거요 신자로서 사는 모든 현실적 삶에 대한 배짱입니다. 실패한다면 그 실패마저도 결국은 나에게 유익하고, 궁극적인 승리를 위하여 한몫 할 것이라고 얘기할 수 있는 것입니다.

성화

예수를 믿는 믿음 안에서 살라

우리가 자신의 선을 의지하거나 의지를 내세워서 신앙생활을 하면 결국에 죄를 무시하거나 구원을 의심하게 됩니다. 둘 중 하나에 빠집니다. 현실적으로 죄를 이기는 것은 단숨에 되지 않습니다. 현실이 그렇다면서 많은 성도들이 체념하고 삽니다. 어디로 가야 하는지, 무엇을 해야 하는지 다 알고 있습니다. 그렇지만 그것은 목표이고 방향일 뿐입니다.

처음 예수 믿고 신앙의 감동이 있을 때에는 정답 얘기하고, 명분 얘기하고, 그렇게 살아야지 왜들 그렇게 못 사느냐고 자신만만하다가, 30년 정도 흐르면 "누가 그렇게 살아?" 이렇게 말하는 법입니다. 그 전에는 그 과정을 몰랐다는 것입니다. 목표가 과정을 가지고 있다는 것은 정답이 틀렸다는 것도 아니고 그 감동이 가짜라는 얘기도 아닙니다. 어릴 때는 크면 대통령 되고, 장관 되고, 일류 과학자 되는 그런 꿈을 갖고 크는 것입니다. 그러나 꿈이 크면 그 과정도 힘든 법입니다.

행위에 의존해서 하나님의 사랑을 받으려고 하거나 행위에 집착해서 자신의 의를 스스로 확인하고 싶어 하면 할수록 절망에 빠지게 됩니다. 신자에게 있어서 제일 중요한 문제가 있다면 절망의 문제입니다. 절망을 어떻게 이해하는가? 절망이 어디에서 오는가? 절망은 절대 부정적이지 않습니다. 절망을 모르고, 또 절망을 해결하지 않고 자란 신앙은 가짜입니다.

자칫 잘못하면 절망하지 않을 만한 것으로 신앙생활의 영역을 제한해 버리는 방법을 씁니다. 예를 들면 기도하고 봉사하는 정도로 신앙생활의 영역을 제한합니다. 일주일에 전도 두 번하고 성경 열 번 읽고 하는 식으로 절망이 필요 없는 것으로 자신의 잣대를 스스로 만들어 안심하시면 안 됩니다. 성화라는 것은 그것보다 훨씬 우리 본질의 깊은 데를 꿰뚫어 새롭게 하는 것입니다. 자신을 의지하며 하나님을 외면하고 혼자 살려는 마음을 제거하는 싸움입니다.

로마서 7장에서 8장으로 넘어오는 부분에서 우리가 인과율과 행위를 근거로 하지 않는 은혜로 말미암는 승리, 즉 예수 그리스도 안에 허락된 승리를 확인했습니다. 그런데 인간은 이것 하나를 유일한 기준으로 삼고 있습니다. 원인을 갖고 있는 것, 자격을 갖고 있는 것. 이것을 빼버리고 은혜를 얘기하면 내가 어디에 서 있는지 동서남북과 아래, 위를 구별할 수가 없습니다. 인간의 본성입니다. 여기서부터 빠져 나와야 합니다. 그리고 예수 그리스도 안에 들어가야 합니다.

우리는 예수 그리스도 안에 있습니다. 우리가 실천하는 신앙생활이나 선하고 의로운 소원들은 다 예수 그리스도 안에 있기 때문에 생긴 소원들입니다. 그것을 행하여 예수 그리스도 안에 들어가는 것이 아니라 예수 그리스도 안에 있기 때문에 생긴 소원들이요, 예수 그리스도 안에 있기 때문에 받는 도전인 것입니다. 에베소서 4장은 이렇게 가르침을 주고 있습니다.

그러므로 내가 이것을 말하며 주 안에서 증언하노니 이제부터 너희는 이방인이 그 마음의 허망한 것으로 행함 같이 행하지 말라. 그들의 총명이 어두워지고 그들 가운데 있는 무지함과 그들의 마음이 굳어짐으로 말미암아 하나님의 생명에서 떠나 있도다. 그들이 감각 없는 자가 되어 자신을 방탕에 방임하여 모든 더러운 것을 욕심으로 행하되 오직 너희는 그리스도를 그같이 배우지 아니하였느니라(엡 4:17-20).

그리스도 안에 있는 사람들은 다른 도전을 받습니다. 신자들의 신자된 증표나 증상은 죄 짓는 것이 괴롭다는 사실입니다. 끝없이 선함과 의로움에 대한 책임을 가집니다. 문제는 자기 안에 힘을 가져서 그것을 이루려고 하는 데에 있습니다. 이것이 어떻게 은혜에 속하고 예수 그리스도 안에서 이루어진 것인가를 알아야 합니다.

내가 그리스도와 함께 십자가에 못 박혔나니 그런즉 이제는 내가 사는 것
이 아니요 오직 내 안에 그리스도께서 사시는 것이라. 이제 내가 육체 가운
데 사는 것은 나를 사랑하사 나를 위하여 자기 자신을 버리신 하나님의 아
들을 믿는 믿음 안에서 사는 것이라(갈 2:20).

성경은 이렇게 가르칩니다. 믿음으로 산다는 말씀이 갖는 비밀과 신
비와 복된 것들을 확보하시기를 바랍니다. 우리는 예수 그리스도를 믿는
믿음 안에서 사는 것입니다.

08

벗고 입음

엡 4:22-24

너희는 유혹의 욕심을 따라 썩어져 가는 구습을 따르는 옛 사람을 벗어 버리고 오직 너희의 심령이 새롭게 되어 하나님을 따라 의와 진리의 거룩함으로 지으심을 받은 새 사람을 입으라.

아직도 다 얻지 못한 우리

우리가 읽은 이 본문에서 생각해 보려는 것은 벗고 입는 문제입니다. 유혹의 욕심을 따라 썩어져 가는 구습을 좇는 옛 사람을 벗으라, 그리고 새 사람을 입으라는 부분입니다. 신앙 훈련에 있어서 어려움을 겪었던 것은 이러한 문제들 때문이었습니다. 예수를 믿고 은혜를 얻었으니 이제 그 구원에 보답하자라는 생각을 가진 사람들과 많은 토론을 했습니다. 어떤 의미에서는 어려움도 겪었습니다. 지금도 많은 교회에서는 하나님의 사랑과 은혜로, 예수 그리스도의 십자가 대속 사역으로 우리가 하나님의 자녀가 되었다, 이제는 저주 받는 자리에서 하나님의 자녀, 천국 백성이 되었으니 구원의 도리를 더 많은 사람에게 전하여 하나님이 우리에게 베푸신 구원의 은혜와 사랑을 보답하자고 설명합니다.

성경은 신자가 하나님의 자녀가 되어 천국 백성이 되는 신분적 차원에만 머무르라고 하지 않습니다. 그다음의 이야기를 합니다. 구원을 얻어 하나님의 자녀가 되었으나 아직도 하나님의 계획이 우리에게 남아 있으며 우리가 아직 다 얻지 못한 것이 있다고 말씀합니다.

구원이라는 것은 신분 차원에서 예수 그리스도를 믿는 것으로 끝입니다. 더 고급한 신분이라는 것은 없습니다. 누구나 하나님의 사랑과 비교할 수 없는 고귀한 이름의 영광을 가집니다. 천사도 흠모하고 있는, 천사보다 더 높아질 하나님의 자녀라는 이름을 갖습니다. 성화가 지극히 많이 된 사람이나 그렇지 않은 사람이나 다 같이 하나님의 자녀입니다. 거기에는 차별이 없습니다. 계급도 없습니다.

그러나 성경은 그가 어떤 수준이냐에 대해서 참으로 많은 이야기를 합니다. 더 나아가 하나님의 자녀가 되었으니 자녀다운 수준, 하나님께서 자녀로 삼았기 때문에 자녀이기를 요구하는 수준에서 게으르지 말고 힘을 다하여 완성의 자리로 나가라고 권합니다. 그래서 신자는 하나님이 자기 자녀들에게 요구하시는 것을 만들어 나가는 과정에서 부수적으로 제3자들에게 자기가 가진 생명과 영광을 증명하게 되는지도 모릅니다. 신자가 믿고 알게 되는 생명의 도리와 하나님의 자비를 직접적으로 전하는 것만이 신자 된 도리나 가치가 있는 것은 아닙니다. 신자이기에 더 쌓고 추적하고 완성해야 하는 과정에서 원래 목표했던 것이 아니지만, 자신이 가진 생명과 영광, 진리와 천국에 관한 것을 소개하는 역할을 많이 하게 된다는 말입니다.

종교화된 신앙생활

이런 이야기를 하는 이유는 오늘날 한국교회의 신자들이 신앙생활을 종교화할 뿐, 내가 얼마나 성숙해야 하는가에 대해서는 내용이나 형태 면에서 많이 부족하기 때문입니다. 신자들에게 있어서 기도를 많이 해야 되고, 전도를 많이 해야 되고, 봉사를 많이 해야 하는 것은 신자이니까 마땅히 해야하는 일일 뿐입니다. 내가 그 수준이 되어서 맺는 열매나 꽃은 아니란 말입니다.

사과나무를 심고 몇 년이 지나야 열매를 맺는지 아십니까? 제가 아는 사실은 심은 그 해에는 열매를 거두지 못한다는 것입니다. 벚나무는 언제쯤 버찌가 열립니까? 채소는 심은 해에 거두지만, 나무의 열매들은 열매를 맺을 만큼 자란 다음에 열매가 맺히는 법입니다.

신자들도 신자다운 사람이 되어서, 스스로 전도를 한다든가 자신이 알고 있는 어떤 종교적인 아름다운 형태의 열매를 맺게 되어야 합니다. 나무가 자라야 열매를 맺을 수 있다는 것을 망각한 채 열매만을 고집하기 시작하면 열매를 사서 모으거나 열매를 만들기 시작하게 됩니다. 열매가 나무에서 자연스럽게 맺히는 게 아니라 열매를 만들게 되는 겁니다. 조화를 만들 수도 있고, 플라스틱 열매를 공장에서 만들어서 매달 수도 있습니다.

그래서 성경은 이런 이야기를 합니다. 마태복음 7장에서 사람들이 "주여, 우리가 주의 이름으로 선지자 노릇 하며 주의 이름으로 귀신을 쫓아내며 주의 이름으로 많은 권능을 행하지 아니하였나이까"라고 할 때, 예수님은 나는 너를 모른다고 하신다고 하셨습니다. 그 열매들은 분명히 기독교적인 열매 아닙니까? 그런데 왜 예수님은 그 사람들을 모른다고 하실까요? 이는 열매 맺는 사람으로 커서 열매를 맺은 것이 아니라, 나무는 열매 맺을 만하지 않은데 열매만 열심히 사 모은 사람이 되었다는 의미입니다. 어쩌면 이것이 오늘날 한국교회의 가장 심각한 싸움 중 하나가 아닐까 생각합니다.

많은 신자들이 난 요즘 기도를 안했어, 난 헌금을 안했어 하며 걱정합니다. 그러고는 지금까지 하지 않았던 기도를 하며, 하지 못한 헌금을 해서 대차대조표를 맞추어 나가려고 합니다. 마치 회계 결산하는 식으로 말입니다. 그러나 그렇지 않습니다. 우리가 점검해야 하는 것은 나는 왜 자연스럽게 기도가 나오지 않았는가, 하나님을 향한 사랑이 왜 자연스럽게 열매로 드러나지 못하는가입니다.

훈련이라는 것은 재미있습니다. 나무가 자랄 만큼 자라서 열매를 맺는 것인지, 열매를 맺으니 나무가 자라는 것인지 잘 모릅니다. 한 사람을 키우는 데 있어서 목표를 세워놓고 훈련을 시키는 것이 더 잘 자라는지, 잘 자라면 당연히 목표했던 바가 나오는지는 모릅니다. 둘 다 일리 있는 방법론입니다.

잘 가꾸어야 열매를 거둠

여기서 제가 지적하고 싶은 것은, 우리가 열매만 알지 열매를 맺는 나무에 대해서는 모르고 있다는 사실입니다. 기도나 봉사는 그 형태가 중요한 게 아니라, 하나님의 마음과 부합되며, 하나님의 성품에 공감하는 자리까지 컸기 때문에 저절로 나올 수밖에 없는 꽃이고 열매라는 겁니다.

목욕탕에 물을 받을 때 틀어 놓은 물이 목욕탕을 채우고 난 다음에는, 한 방울 떨어지면 한 방울 넘치고, 두 방울 떨어지면 두 방울 넘칩니다. 먼저 목욕탕이 차기 전에는 절대로 밖으로 넘치지 않습니다. 바가지로 퍼내기 전까지는 절대 밖으로 나오지 않습니다. 한 바가지 퍼내면 한 바가지 나오고, 두 바가지 퍼내면 두 바가지 나옵니다.

지금 자신들의 신앙생활이 실제로 넘쳐흐르는 것이 아님도 모른 채, 어떻게 더 짜내고 짜내서 더 많은 것을 만들어 내야 하느냐의 싸움을 해왔기 때문에 모두가 피곤하고 지쳐 있다고 생각이 됩니다. 목사로서도 이 문제에 많은 책임감을 느낍니다. 무엇인가를 넘치게 하고, 열매를 맺게 하고 그 열매를 따려면 거름을 줘야 되지 않습니까? 그런데 그렇게 하지 않고 나무 가지에게 왜 열매 안 맺느냐고 가지를 때리는 건 아닙니까? 거름을 줘서 그 거름이 나무의 성장과 함께 자연스럽게 열매로 나오게 하는 과정을 모르고 있지 않나 싶습니다.

그래서 교인들을 모아서 밤낮 두들겨 팹니다. "하나님이 여러분을 위해서 예수를 보내셨습니다. 아무 죄도 없는 분이 와서 골고다의 언덕을(이 부분은 아주 극적으로 해야 합니다), 가시관을 쓰시고, 피를 흘리시며 한 걸음, 또 한 걸음(울음 섞인 목소리로)……, 그런데 여러분은 뭐하고 있는 것입니까?" 죄인이 아닌 사람이 어디 있습니까? 그래서 있는 돈 없는 돈 다 털어서 냅니다. 그렇게 하고나도 또 죄인입니다. 여러분, 일주일 내내 뭘 했습니까? 그러면 할 말이 없습니다. 예수님의 사랑을 한 번이라도 생각해 본 적이 있습니까? 그러면 더욱 면목이 없어집니다. 생각을 언제 했겠습니까? 텔레비전 보기도 바쁘니, 생각을 안 했지요. 그러니 또 할 말 없습니다. 그래서 이제는 지친 것입니다. 짜내고 짜내고 또 짜내서 이제 남은 것이 하나도 없습니다. 모든 성도가 이렇게 말할 것 같습니다. 목사는 왜 안 짜내는가? 당신들은 좋은 차 타고 다니며, 좋은 것 먹으면서 왜 안 짜내는가? 이제 당신들을 짜내 보자.

아닙니다. 이것은 우리의 초점이 아닙니다. 어디가 문제였습니까? 무엇을 심어서 무엇을 거두는지 전혀 모르고 있는 것입니다. 나무에서 열매를 따고 싶거든 그 열매가 맺힐 수 있도록 그 나무에 거름을 주면서 키워야 합니다. 필요하다면 가지도 쳐주어야 하고 버팀목도 세워 줘야 합니다. 그런 모든 문제에서 우리가 전혀 백지인 것 같아 보입니다. 성경은 이렇게 말씀합니다. 구습을 좇는 옛 사람을 벗어 버리는 것입니다. 그리고 새 사람을 입어야 합니다.

벗는 것과 입는 것을 둘로 나누는 잘못

신자가 하나님의 자녀라는 신분을 가진 뒤에 해야 하는 싸움이 있습니다. 그 싸움은 새 사람을 입는 싸움입니다. 새 사람을 입는다는 것은 사실 이렇습니다. 성품이나 영적인 차원에서 인격이 하나님의 사람으로 변화되어 가는 것입니다. 그러면 어떤 문제에 부딪치든지 그 문제를 자연스럽게 하나님 차원에서 풀게 됩니다.

그것은 봉사나 전도, 구제일 수 있습니다. 기도도 자연스럽게 나올 것입니다. 그러나 우리는 자연스럽게 나올 때까지 놔두면 하지 않는 족속들입니다. 그래서 여기 재미있는 말이 나옵니다. 성경은 이에 대해 벗고 입는 두 가지 문제로 이야기를 합니다.

우선 이 훈련을 할 때는 구체적인 부분에서 나쁜 것을 하지 않아야 합니다. 옛 사람을 벗어 버리는 작업이 있어야 합니다. 또 꼭 해야 하는 것이 있습니다. 아이들 식으로 말하면, 학교는 빠지지 말아라, 오락실은 가지 말아라 하는 식입니다. 무엇을 하지 말고, 무엇을 하라는 말은 표현은 두 문장이지만 내용은 하나입니다. 학교 가는 시간에 오락실에 가 있다면 학교에는 안 가 있는 셈이고, 학교에 가 있다면 오락실에는 안 가 있을 것입니다. '~하지 말고, ~하라'는 것은 어떤 의미에서 한 가지 일입니다. 이 두 가지가 따로따로가 아닙니다. 왜냐하면 둘을 동시에 할 수 없기 때문입니다.

왜 이런 말씀을 드리는가 하면, 둘을 하나의 사건으로 이해하지 않고 나눠서 생각해서 실수할 때가 많기 때문입니다. 이렇게 생각하기 시작하면 주변에서 저지르는 실수를 우리도 저지르게 됩니다. 이렇게 벗는 일만 강조하게 되면 거짓말을 하지 말자, 도둑질을 하지 말자, 죄를 짓지 말자는 것만을 강조하게 됩니다. 오락실에 가지 말자, 아이들은 그렇게 결심을 잘합니다. 제 아이도 자꾸 오락실에 갔습니다. 못 가게 하려고 돈을 주지 않

있습니다. 그런데 어느 날 아이가 오락실 가서 구경만 하다가 8시간을 보내고 온 적이 있습니다. 그날 10시가 넘도록 안 들어와서 찾다가 미아 신고까지 했습니다. 나중에 아이의 말을 들어보니, 정신을 차리고 보니까 저녁 10시가 넘었더랍니다. 집에는 무서운 엄마가 있어서 들어가지도 못하고, 엘리베이터 앞 계단에 쭈그리고 앉아서 쩔쩔 매다가 나중에 배가 고프니까 들어왔던 겁니다. 오후 2시쯤 나가서 저녁도 안 먹고 10시가 넘도록 구경만 했는데도 저녁 10시가 후딱 넘어 버렸던 겁니다.

범죄도 역시 그렇습니다. 언젠가 TV프로그램 중 '전원일기'에서 화투를 치는 것을 잠깐 보았습니다. 처음에는 하려는 사람이 아무도 없었습니다. 구경만 합니다. 그러다가 슬그머니 끼어들게 됩니다. 그러고는 돈 다 털리고 옵니다. 우리는 죄를 이길 만큼 세지 않습니다. 죄와 내가 단둘이 있으면, 죄를 이기지 못합니다. 성경은 죄를 짓지 않기 위해서는 죄와 반대되는 일에 참여하라고 합니다. 교회에 나오는 것이 왜 중요한지 아십니까? 나와 있는 시간만큼 여러분은 죄와 동떨어질 수 있기 때문입니다.

더 적절한 예가 있습니다. 만일 실직을 해서 회사에 안 가거나 학교에 안 가게 되면, 가는 경우와 가지 않는 경우 중 어느 쪽이 돈이 많이 들까요? 놀 때가 돈이 더 많이 듭니다. 회사나 학교에 가면 그 시간은 돈 쓸 수 없는 시간이 되고 다른 것을 할 수 없는 시간이 됩니다. 그것만큼 유익이 있습니다. 회사에서 여러분에게 10시간, 11시간씩 일을 시킨다면 어떤 의미에서 다행입니다. 술 먹을 시간도 없고 딴 짓할 시간도 없는 것입니다. 만일 여러분이 놀아보십시오. 한 시간을 보내는 데 돈이 필요합니다. 돈을 들여서 그 시간을 메운다 해도 권태롭습니다. 더 큰 모험을 향해서 점점 자기가 감당할 수 없는 자리에까지 자신을 밀어 넣게 됩니다. 그래서 성경은 벗는 것은 입기 위해서라고 늘 말씀하는 것입니다. 옛 사람을 벗는 것은 새 사람을 입기 위해서입니다.

성화

예수님은 이런 예를 듭니다. 아주 유명한 예입니다. 복음서에 기록된 어떤 귀신들린 사람을 두고 하신 강화입니다. 귀신이 한 번 그 집에서 나갔습니다. 돌아다니다가 마땅한 거처가 없어서 다시 돌아와 보니까 그 집이 깨끗하게 치워져 있어서 제 친구들까지 데리고 들어왔다는 예입니다. 놀라운 예화입니다. 귀신이 쫓겨난 것은 그 귀신이 같이 있을 수 없는 다른 주인이 그 집을 차지하기 때문입니다. 하지만 귀신을 쫓아낸 후 혼자 평화를 유지하지 못해 다시 귀신이 들어왔다는 겁니다. 우리는 이런 계획을 세우곤 합니다. 예수를 열심히 믿으려고 할 때 보통은 담배를 끊는다, 술을 끊는다는 작정을 합니다. 그러나 그렇게 정하지 마십시오. 참 위험한 싸움입니다. 담배를 끊자! 그러지 말고 올해는 내가 교사로서 일을 한다, 올해는 내가 성가대를 하겠다는 식으로 정하셔야 합니다. 그러면 담배 냄새 풍기면서 성가대 석에 앉을 수 없기 때문에 최소한 토요일 저녁부터는 안 피워야 되고, 어쩌다 주일 아침에 피웠으면 하다못해 껌이라도 씹고 나와야 합니다. 아무래도 절제를 하게 됩니다.

하나님 앞으로 오는 영적으로 적극적인 생환, 곧 새 사람으로서의 생활을 시도하지 않으면서 옛 사람을 버리는 것은 성공하지 못합니다. 오히려 실패하거나 그것이 여러분을 훨씬 더 나쁘게 만들고 더 좌절하게 만들기 때문입니다. 담배 한 번 끊었다 다시 피우게 되면 그 사람의 신앙이 얼마나 약화되는지 아십니까? 나는 하나님 앞에 제대로 신자 되기는 그른 사람이라고 스스로 이등칸으로 밀어 넣게 됩니다. 큰 은혜 받아서 끊는다고 그랬다가 또 실패합니다. 이제는 삼등칸으로 내려오고 맙니다. 나중에는 완행칸도 좋다, 지옥만 아니라면 까짓 것 아무 데면 어떠냐 이렇게 되고 맙니다.

아닙니다. 여러분은 그렇게 부름 받지 않았습니다. 이미 여러 번 인용했습니다. 갈라디아서 5:16입니다.

> 내가 이르노니 너희는 성령을 따라 행하라. 그리하면 육체의 욕심을 이루지 아니하리라. 육체의 소욕은 성령을 거스르고 성령은 육체를 거스르나니 이 둘이 서로 대적함으로 너희가 원하는 것을 하지 못하게 하려 함이니라 (갈 5:16-17).

육체의 열매를 맺지 않으려면 성령을 좇고 있어야 합니다. 성령이 육체를 좇아가지 못하게 합니다. 내가 육체를 좇아가고 있다면 성령을 좇아갈 수가 없습니다. 우리는 백지 상태나 중립 지대에 있었던 적은 없습니다. 갈라디아서 5:19-21에 있는 것과 같이 "육체의 일은 분명하니 곧 음행과 더러운 것과 호색과 우상숭배와 주술과 원수 맺는 것과 분쟁과 시기와 분냄과 당 짓는 것과 분열함과 이단과 투기와 술 취함과 방탕함"입니다. 육체의 일을 하지 않겠다고 하지 말고, 22절 이하에 있는 것과 같이 "사랑과 희락과 화평과 오래 참음과 자비와 양선과 충성과 온유와 절제"를 늘 하고 있어야 한다고 말씀합니다. 그렇게 할 때, 반대쪽의 일은 할 수가 없기 때문입니다.

학교에 가 있으면 그 시간에 영화관에 가 있을 수가 없습니다. 그와 같은 맥락의 이야기입니다. 신자는 누구를 막론하고 신자 되었기 때문에 시작해야 하는 일이 있습니다. 하지만 우리는 어떤 것을 '안 한다'에서 시작합니다. 속고 있는 것입니다. 신자가 되셨으면 뭔가를 하려고 하십시오. 위에 언급한 것 중에 어떤 것을 하셔도 좋습니다. 제가 올해에 정한 것이

　　　　　　　　　　　　　　　성화

'온유'입니다. 제가 어떤 분을 만났더니 이런 말을 했습니다. 지난 주일에 그분이 친구를 데리고 교회에 왔었답니다. 예배 후 친구가 "아니 저 목사는 밤낮 저렇게 악쓰고 사납니?" 그래서 모시고 온 분이 그랬답니다. "옛날 다른 교회에 있었을 땐 더 하셨대." 제가 잘한 게 아닙니다. 하나님이 저에게 시키시는 일을 제대로 감당하지 못하고 있다는 증거입니다. 아직 멀었다는 것을 저도 인정합니다. 그래서 그 일을 감당하기 위해 온유해지려고 합니다. 올해 안 되면 내년에, 내년에 안 되면, 그다음 해에까지 꾸준하게 노력하려고 합니다. 늘 생각해야 하니까 기둥에 '온유'라고 써놓아야겠습니다. 그것이 여러분에게도 필요합니다. 하려고 하십시오.

그럼 왜 그런 일을 정해야 합니까? 새 옷을 입는 것, 곧 새 사람을 입는 것은 옛 사람을 버리기 위해서입니다. 단지 옛 사람을 버렸기 때문에 새 사람을 입었다고 상상해서는 안 됩니다. 이들은 목표를 정하고 그것을 소원으로 삼은 것을, 자기는 그것을 입은 사람이라고 우기는 형태로 나타납니다. '올해는 전도를 백 명 하자.' 그러고는 전도는 하나도 안 하고 '전도 백 명'이라고 쓰고만 다닙니다. 그런 것을 정하는 것이 여러분의 수준이 아닙니다.

우리가 새 사람을 입는 것은 한꺼번에 어떤 위치로 뛰게 하거나, 다른 사람과 나를 구별해서 잘난 척하기 위해서가 아닙니다. 하나님께서 우리를 지으신 뒤 목표하는 지점까지 가기 위해 필요한 훈련입니다. 옛 사람을 벗고 나를 쳐서 복종시키며 내 길을 달려가는 데 필요한 과정입니다. 필요한 목표를 세우십시오. 옛 사람을 벗고 새 사람을 입기 위하여, 하나님의 자녀답기 위해서, 훈련하면 그것이 자기 성품이 됩니다.

사람은 슬퍼서 웁니까, 울어서 슬픕니까? 보통은 슬퍼서 웁니다. 그러나 조사한 바에 의하면 울면 슬퍼진다고 합니다. 울다가 정말 울음이 복받쳐 본 적이 있지 않습니까? 왜 통성기도를 시키는지 아십니까? 다 그런 것은 아니지만 기도할 줄을 모르기 때문에 무슨 기도를 하는지 모르고 같이 하다 보면, 내용과 상관없이 시원한 기도를 하게 되기 때문입니다. 통성기도를 괄시하는 것은 아닙니다. 그런 요소가 있다는 겁니다.

여러분, 예전 학교생활을 생각해 보십시오. 잘 때리는 선생님이 있습니다. 처음에는 그렇게 때리려고 그런 것은 아닌데 때리다 보니까 점점 열이 올라서 죽어라고 때리는 선생님이 계십니다. 물론 사람은 감정에 의해서 행위를 하지만 행동도 감정을 지배합니다. 그래서 억지로라도 웃고 억지로라도 자기를 절제하기 시작하면 감정이 바뀐다고 합니다. 그런 것 중에 대표적인 것이 이런 것입니다.

사람의 얼굴은 성격대로 변합니다. 탤런트들도 연속극에서 악역을 잘 안 하려고 한답니다. 극 상황인데도 악역을 맡으면 자꾸 악해진다고 합니다. 실제로 성격이 못되게 변해 간답니다. 놀라운 일입니다. 여러분이 훈련하셔야 되는 것 중의 하나입니다. 일부러 웃어 보십시오. 그러면 여러분 성품이 조금씩 바뀝니다. 화를 내고 나쁜 짓을 하면 점점 그것이 쉬워집니다. 그것이 바로 하나님이 우리를 바꾸시기 원하시는 실제적인 훈련이요, 목표지점들입니다. 옛 사람을 벗어 버리십시오. 새 사람을 입으십시오. 더러운 것들을 하지 마십시오.

최고의 훈련 과제

지금 우리는 아주 쉬운 예를 들었지만 가장 중요한 것은 내가 내 욕심대로 살던 것으로부터 하나님의 계획 아래에 들어가는 무릎을 꿇는 자세입니다. 옛 사람을 벗고 새 사람을 입는 것이 최고의 훈련 과제인데 이 일에서 우리는 같이 기도해야 합니다. 이는 성경에서도 말하고 있습니다. 에베소서 4:17부터 봅시다. 옛 사람을 벗고 새 사람을 입는 데 있어서 가장 중요하게 대비하는 것이 이것입니다.

그러므로 내가 이것을 말하며 주 안에서 증언하노니 이제부터 너희는 이방
인이 그 마음의 허망한 것으로 행함 같이 행하지 말라. 그들의 총명이 어두
워지고 그들 가운데 있는 무지함과 그들의 마음이 굳어짐으로 말미암아 하
나님의 생명에서 떠나 있도다. 그들이 감각 없는 자가 되어 자신을 방탕에
방임하여 모든 더러운 것을 욕심으로 행하되 오직 너희는 그리스도를 그같
이 배우지 아니하였느니라. 진리가 예수 안에 있는 것같이 너희가 참으로
그에게서 듣고 또한 그 안에서 가르침을 받았을진대 너희는 유혹의 욕심을
따라 썩어져 가는 구습을 따르는 옛 사람을 벗어 버리고 오직 너희의 심령
이 새롭게 되어 하나님을 따라 의와 진리의 거룩함으로 지으심을 받은 새
사람을 입으라(엡 4:17-24).

가장 크게 대비되는 것이 무엇입니까? 이전엔 내가 나의 주인 노릇 하
고 왕 노릇 하며, 잘난 척하고 방탕에 자기를 방임하고 정력을 따라 살았습
니다. 지금은 우리의 참 주인이신 하나님 앞에 나와서 그분의 계획과 요구,
뜻 가운데서 영광을 회복합니다. 또 그의 요구에 따라 순종하는 자로서 새
사람다운 영광을 만들어 내야 합니다. 이것이 가장 큰 차이입니다.

가장 근본적이며 핵심적으로 훈련해야 되는 것은, 옛 사람을 벗고 새
사람을 입는 것입니다. 즉 우리가 겪는 어떤 일에서든지 하나님께서 무엇
을, 어떻게 하기를 원하시는가를 묻는 것입니다. 내 욕심과 내 판단이 아니
라 하나님이 요구하시는 것, 곧 성경이 말씀하고 있는 죽으면 죽으리라, 죽
기까지 복종하셨으니 곧 십자가에 죽으심이라와 같은 것들입니다.

베드로에게 주신 마지막 말씀도 그것입니다. "이제까지 네가 네 마음
대로, 네 원하는 대로 다녔지만 앞으로는 네가 원치 않는 일에 남이 너를

끼워 보내고 네가 원치 않는 곳에도 끌어가리라." 이제는 이것이 우리의 생애가 됩니다. 하나님의 뜻에 복종하는 훈련과 과정 속에서, 내 고집과 생각에 따라 하던 일을 벗어버리고, 나를 새롭게 만들어 주셔서 완성을 요구하시는 거룩과 의, 진리에 대해 배울 것입니다. 또 그것이 내 안에서 제대로 완성될 때 그것이 올바로 실천되는 것을 맛보게 될 것입니다.

그 과정에서 우리는 많이 반항하고, 알면서도 회피할 것이며, 모른 척하고, 스스로의 생각을 고집할 것입니다. 또한 많은 시행착오와 아픔, 좌절을 맛볼 것입니다. 그러나 우리는 승리할 사람들입니다. 그것은 하나님이 부르신 모든 자녀에게 궁극적으로 이루시려는 것입니다. 그 영광의 자리와 놀라움들은 성경에 묘사되어 있습니다. 단순히 황금보석 꾸민 집에 가는 것, 상함도 없고 해함도 없고 눈물도 죽음도 애통함도 다시는 없는 곳이라는 천국과 상급에 대한 이야기만은 아닙니다. 여기에는 그렇게 묘사된 집에 살 만한 주인이 되어야 한다는 것이 암시되어 있기 때문입니다. 그런 곳에 살 만한 사람, 그것이야말로 하나님이 우리가 사는 동안 우리를 훈련시키시고 고쳐서 완성시키실 모습입니다.

신자는 하나님을 믿습니다. 예수님을 믿습니다. 이렇게 해서 끝나는 것이 아닙니다. 고쳐져야 됩니다. 의와 거룩과 진리로, 하나님께서 지으신 새 사람으로 완성되어야 합니다. 여러분이 그 축복과 사랑의 대상인 것을 기억하시고, 자신의 신앙생활을 지금보다 더 힘 있게 하나님 앞에서 영위하시기를 바랍니다.

09
성화의 책임

롬 8:12-13

그러므로 형제들아, 우리가 빚진 자로되 육신에게 져서 육신대로 살 것이 아니니라. 너희가 육신대로 살면 반드시 죽을 것이로되 영으로써 몸의 행실을 죽이면 살리니.

성화의 단계로 오해되는 로마서 7-8장

로마서 8:12-13은 성도들이 남아 있는 죄와 투쟁하며 승리하는 것에 대해 가르칩니다. 성도의 성화를 가르쳐 주는 이 본문은 로마서를 이해하는 데 있어서 대표적으로 오해하게 되는 구절입니다. 먼저 로마서 7장과 8장을 성화의 단계로 보는 잘못이 있습니다. 먼저 로마서 7:15-24에 이르는 긴 진술들을 죄와 싸우는 성도의 모습으로 이해하고, 8장을 주님을 의지한 성화의 승리로 보는 오해입니다. 이런 가르침은 한국교회에서 아주 익숙한 견해입니다. 저희 목사들끼리도 이런 하소연을 할 때가 있습니다. 여러 해 동안 성도들을 가르쳤는데 이제야 로마서 7장에 이르렀다, 언제 8장에 이를지 모르겠다는 하소연입니다. 이런 식으로 목사님 생각이나 성도들의 성화 수준을 표현하는 것은 좋지만, 로마서 7-8장을 해석하는 데 있어서는 틀린 말입니다.

로마서 7장에 있는 대표적인 구절을 보십시다.

내 지체 속에서 한 다른 법이 내 마음의 법과 싸워 내 지체 속에 있는 죄의 법으로 나를 사로잡는 것을 보는도다. 오호라 나는 곤고한 사람이로다. 이 사망의 몸에서 누가 나를 건져내랴(롬 7:23-24).

여기서는 죄를 성도가 혼자 죄와 싸울 때 일어나는 갈등과 실패로 이 해하고 있으며, 로마서 8:2은 다르게 이해하고 있습니다. "이는 그리스도 예수 안에 있는 생명의 성령의 법이 죄와 사망의 법에서 너를 해방하였음 이라"는 표현은 성령이 주도한 승리로 보고 있습니다. 그런 대조로 보기 시작하면 7장의 기록은 성도가 죄를 극복하기 위해 자기 혼자 싸우는 처지 이고 8장은 주님께 자신을 맡겨서 승리하는 것으로 이해될 법도 합니다.

그러나 이 부분은 성도의 구원이 어떤 것인가에 대한 정확한 이해와 함께, 성화라는 것은 구원을 얻듯이 선물로 받는 것은 아니라는 것을 가르치고 있는 것입니다. 그래서 문제의 초점은 이것입니다. 구원처럼 성화도 온전히 주시는 선물인가 하는 것입니다. 그렇지 않다는 것을 앞부분에서 분명히 했습니다. 그러나 조금 더 확인을 하고 넘어 가기로 합시다.

같은 로마서 12:1로 갑니다.

그러므로 형제들아, 내가 하나님의 모든 자비하심으로 너희를 권하노니 너 희 몸을 하나님이 기뻐하시는 거룩한 산 제물로 드리라. 이는 너희가 드릴 영적 예배니라(롬 12:1).

너희의 몸을 하나님이 기뻐하시는 거룩한 산 제물로 드리라고 권하고 있습니다. 너희가 제물이 되었다는 것이 아닙니다. 로마서 12장에서는 우

성화

리의 몸을 거룩한 산 제물로 바치라고 권하고 있습니다. 만일 로마서 7장과 8장을 하나의 성화의 단계로 보면, 12장에 이르기까지 성도에게 하나님께 바치지 않은 것을 바치도록 권하고 있다는 것인데, 이것으로 본다면 앞의 오해들은 틀렸다는 것이 자명해지지 않습니까?

선택의 문제

갈라디아서 5:16로 가십시다.

> 내가 이르노니 너희는 성령을 따라 행하라. 그리하면 육체의 욕심을 이루지 아니하리라(갈 5:16).

성령이 우리를 주도하여 우리가 육체를 좇아가지 않게 되어 있는 것이 아니라 성령을 따라 행해야 육체를 좇아가지 않게 됩니다. 여기서 성도들은 성화가 선물이 아님을 알게 됩니다. 우리는 성화를 책임져야 합니다. 성경은 성화가 우리에게 가능하며, 우리에게 그것을 이루어낼 능력이 있다고는 가르쳐도, 그것을 선물이라고는 가르치지 않습니다.

그러면 왜 우리가 성화를 선물로 이해하는 것입니까? 성화를 선물로 이해하는 이유 중 하나는 우리가 죄와의 투쟁에서 실패하기 때문입니다. 내 힘으로는 하지 못한다, 그래서 하나님께서 승리를 주셔야 된다는 것입니다. 성경이 약속하는 것은 우리가 승리하기까지 하나님이 우리를 간섭하시고, 기회를 주고, 권면하고, 채찍질한다는 것이지 승리를 준다는 것은 아닙니다. 승리를 주는 것이 아니라 승리하기까지 하나님이 우리와 함께 하십니다.

그럼 이 이야기의 차이는 무엇이겠습니까? 성화의 승리를 선물로 받는 것과 내가 해야 된다는 것 사이의 가장 중요한 차이는 무엇이냐는 것입니다. 다시 말해서, 구원이 우리에게 무엇을 주었는가 하는 것입니다. 성화가 구원 속에 선물로 포함되어 있지 않다면, 선물로 주어진 구원 속에는 어디까지가 그 내용으로 들어 있는가 하는 것입니다. 구원에서 우리는 죄에서 해방되어 의와 거룩을 행할 능력과 자유를 얻었다는 것입니다.

> 하나님께 감사하리로다. 너희가 본래 죄의 종이더니 너희에게 전하여 준 바 교훈의 본을 마음으로 순종하여 죄로부터 해방되어 의에게 종이 되었느니라. 너희 육신이 연약하므로 내가 사람의 예대로 말하노니 전에 너희가 너희 지체를 부정과 불법에 내주어 불법에 이른 것같이 이제는 너희 지체를 의에게 종으로 내주어 거룩함에 이르라(롬 6:17-19).

이전에 우리는 죄의 종으로서 죄밖에는 지을 것이 없었습니다. 선택의 여지가 없었던 것입니다. 그런데 구원을 얻은 뒤엔, 죄가 우리를 주장하지 못합니다. 죄를 짓는다면 이제부터는 내가 선택하는 것입니다. 구원받기 전에는 죄를 짓는 것을 선택할 수 없었습니다. 죄밖에 질 수가 없었기 때문입니다. 그러나 지금은 의와 거룩을 선택할 수 있습니다. 그리고 의와 거룩을 위하여 지음을 받았습니다. 이것이 구원입니다.

그러면 의와 거룩을 선택하느냐, 죄를 선택하느냐로 우리의 운명이 바뀌느냐고 질문하고 싶을 것입니다. 그렇지는 않습니다. 또한 우리가 다시 죄를 선택하면 지옥으로 가고, 의를 선택하면 천국으로 가는, 그런 선택권이냐 하면 그렇지도 않습니다. 구원을 얻은 이후 우리의 운명은 하나님의 자녀로서만 고정되어 있고, 확증되어 있습니다. 무엇이 달라졌습니까? 우리가 구원을 얻기 전, 죄인이었을 때는 의와 거룩에 대해서 몰랐습니다. 하나님을 모르며 죄 아닌 것을 할 수가 없었습니다. 죄밖에 지을 수가 없었습니다. 그러나 지금은 의와 거룩을 위하여 지음 받았습니다. 그런데도 불구하고 죄를 지을 수 있습니다. 우리는 구원의 목적으로 의와 거룩을 행하라고 부름을 받았지만, 죄를 지을 수도 있습니다.

자신의 책임을 떠넘기는 잘못

한 걸음 더 나아가 "그렇다면 왜 우리를 죄와 격리시켜 주시지 않았습니까"라는 질문을 하고 싶으실 것입니다. 기왕 구원하셨으면 우리들이 죄로부터 영원히 격리되도록 구원하실 일이지, 왜 아직도 죄를 지을 수 있는, 의와 거룩을 선택해야 되는 처지에 고통스럽게 놓아 두셨느냐 하는 것입니다. 이것은 근본적인 질문입니다.

우리는 죄악된 세상에 살며 죄를 짓고, 악한 것에 의해 피해를 입을 때마다 똑같은 질문을 합니다. 하나님은 왜 선악과를 만드셨는가? 왜 따 먹도록 놓아두셨는가? 왜 사탄이 아담과 하와에게 접근하도록 하셨는가? 왜 선악과를 금고 속에 넣어 놓고 잠가 버리시지 않으셨는가? 철조망으로 쳐 놓지 않는가? 담벼락을 치지 않았는가? 이런 것들이 우리의 질문입니다. 여기에 근본적인 오해가 있는 것입니다. 하나님이 인간을 창조하신 창세기 기사를 보면 "우리의 형상을 따라, 우리의 모양대로" 사람을 만들자고 해서 인간을 창조하셨습니다. 하나님의 형상을 따라 하나님의 모양대로 지음 받은 우리는 피조물이지만 도덕성과 다스리는 권세 등 하나님의 성품을 갖고 있습니다.

'하나님의 모양을 따라, 형상을 따라'에는 더 중요한 요소가 있습니다. 그것은 우리가 하나님의 부속품이 아니라는 뜻입니다. 하나님의 형상을 따라서 만든 것입니다. 하나님을 모델로 삼고 표본으로 삼아서 우리를 만드셨습니다. 그러므로 우리는 하나님과 독립된 존재이지 하나님의 일부분이 아닌 것입니다. 하나님이 왼쪽으로 몸을 돌리신다고 우리도 따라서 돌지 않습니다. 하나님은 창조주이시고 우리는 피조물입니다. 그는 우리의 주인이시고 우리는 그의 자녀입니다. 그럼에도 불구하고 우리는 독립된 존재이기 때문에, 하나님이 우리를 왼쪽으로 돌게 하시려면, 우리에게 너 왼쪽으로 돌아라 하셔야 하고, 그럴 때 나는 왼쪽으로 돌아서야 합니다.

부모와 자녀의 관계 같습니다. 우리는 자녀가 하기 싫어하는 일을 시킬 때가 있습니다. 억지로 시킵니다. 그러나 억지로 하는 것도 본인이 해야 합니다. 독립된 존재이기 때문입니다. 하나님은 인간을 독립된 존재로 만드시고, 어떤 의미에서는 인간에게 대등한 가치를 부여하셨습니다.

사랑하는 두 사람의 가치가 어느 한쪽이 높고, 한쪽이 낮으면 그 사랑은 이루어지기가 어렵습니다. 높은 위치에 있는 사람도 못 참고 낮은 위치에 있는 사람도 못 참습니다. 사랑이라는 것은 둘이 동등해야 됩니다. 하나님은 피조물인 우리에게 사랑을 요구하십니다. 하나님은 우리를 사랑하셨습니다. 하나님께서 지으셨음에도 불구하고 인간의 가치와 존재를 높여 놓으셨습니다. 우리는 자발적으로 하나님을 사랑하게 됩니다. 하나님은 미끼를 던져서 하나님 편을 들게 하시거나 위협하셔서 하나님 편을 들게 하시는 그런 분이 아니십니다. 왜냐하면 하나님은 우리를 사랑하시기 때문입니다. 권총을 들이대고 사랑을 고백 받거나 돈으로 사랑을 사시는 분이 아닙니다. 우리를 향한 하나님의 사랑을 모독하지 마십시오. 그래서 하나님께서는 아담과 하와에게 이것은 따 먹지 마라, 그것은 너희에게 손해다, 라는 금령을 내리셨습니다. 먹으면 너희가 죽는다고 하셨습니다. 하지만 그들에게 접근할 수 있고, 따 먹을 수 있고, 선택할 수 있는 권리를 주셨습니다. 이런 분이 하나님이요, 그런 것을 부여받은 존재가 인간입니다. 그들은 따 먹었고, 따 먹은 값으로 죽었습니다. 그러므로 우리는 모두 죄인이 되었습니다.

성화

구원은 하나님께서 자신을 미워했던 사람, 그래서 하나님의 저주 아래 있던 사람을 사랑하시고 회복시켜 주신 일입니다. 하나님을 모르고 하나님과 관계가 단절되었던 우리들과 화목하게 되고, 자녀로 부르셔서 다시 의와 거룩을 목적으로 한, 새 사람을 빚으시는 것입니다. 하나님은 지금도 우리를 사랑하시고 우리가 자발적으로 하나님 앞에 순종하며, 사랑을 바칠 것을 요구하십니다. 하나님은 우리에게 의를 선택할 능력과 분별력, 생명을 느낄 수 있는 영혼의 중생과 하나님의 뜻을 알 수 있는 성경 등을 주셨습니다. 이제 우리가 할 일만 남아 있습니다. 이것이 구원입니다.

하나님께 대하여 살아 있는 자

그래서 로마서 6:11에는 이런 식으로 표현되어 있습니다.

> 이와 같이 너희도 너희 자신을 죄에 대하여는 죽은 자요 그리스도 예수 안에서 하나님께 대하여는 살아 있는 자로 여길지어다(롬 6:11).

그러므로 성경은 너희가 구원을 오해하고 있다고 말합니다. 구원을 얻었으므로 이제는 하나님에 대해, 하나님을 향해 할 수 있는 모든 것이 구비되어 있는 것입니다. 책, 선생님, 연필, 불, 따뜻한 난로가 다 있습니다. 이제 공부만 하면 됩니다.

우리가 잘 아는 조선시대의 유명한 두 어른, 오성과 한음이 서당에 다닐 때의 일입니다. 같은 서당에서 공부하는 칠성이라는 학우가 있었습니다. 나이는 두 사람보다 훨씬 많았는데, 노는 데에 정신이 팔려서 공부를 못 했습니다. 어떤 특별한 계기가 있어서 마음을 잡고 공부를 하려고 하는데 안 되는 것입니다. 어느 날 칠성이 오성에게 와서 물었습니다. 어떻게 하면 공부를 잘할 수 있느냐? 오성은 깨어진 독에 물을 채우라고 했습니다. 그러자 칠성이는 화를 버럭 냅니다. 깨어진 독에 어떻게 물을 채우는가? 다 새는데……. 이때 옆에 있던 한음이 거듭니다. 글쎄 한번 해보고 와서 화를 내라. 그래서 투덜투덜하며 갔습니다. 요 녀석 공부 잘한답시고 나를 놀려? 그러나 어쨌든 너무나 진지하게 한 답변이기 때문에 집에 가서 한번 해봤습니다. 다음 날 희색이 만면해서 옵니다. 내가 절반쯤 채웠어, 오늘은 다 채워 볼 거야. 새는 것보다 더 많이 넣으면 되더라는 것입니다. 얼마나 간단합니까? 안 깨진 독에 붓는 것보다는 어려웠겠지만 새는 것보다 더 넣으면 물이 가득 찹니다. 부모들은 그런 것도 모르고 우리 애들은 아무리 하려고 해도 안 된다고 합니다. 이렇게 하니까 더 안 하는 것입니다.

성도들의 투정이 바로 여기에 있습니다. 죄를 아무리 안 지으려고 해고 또 지었다는 것입니다. 이것은 우리 모두의 실패입니다. 마음은 원이로되 육신이 약합니다, 그런 이야기하지 마십시오. 될 때까지 하셔야 됩니다. 구원은 가만히 있어도 죄를 안 짓고, 가만히 있어도 황홀해지는 경지가 아닙니다. 하나님은 우리에게 말씀하십니다. "네가 이전에 죄인이었을 때는 나를 알 수도 없었고, 내 뜻을 알 수도 없었고, 어떤 선한 생각이 든다 할지라도 그것을 선택할 수 없는 상태에 있었다. 이제 내가 너를 구원했다. 내 자녀로 삼았다. 내 뜻을 너에게 밝혔다. 너는 그 모든 것을 할 수 있는 상황 속에 있다. 하려고만 하면 된다. 내 뜻을 따라 살아라. 이것은 나의 기쁨이며 너의 영광이다." 그렇습니다. 이것이 구원입니다.

우리는 하나님에 대하여 산 자입니다. 못할 것이 없습니다. 여러분은 하나님을 위하여 못할 것이 없습니다. 거룩을 위하여 제한된 것은 하나도 없습니다. 죄를 위해서 제한되었을 뿐입니다. 그러나 우리는 제한된 것은 하고, 하라는 것은 안 하려고 핑계를 댑니다. 아무리 하려고 해도 안 된다고 변명합니다. 우리가 여전히 죄에 빠져 있고 죄를 이기지 못하는 가장 큰 이유는 아직도 의와 거룩의 영광과 기쁨을 모르기 때문입니다. 우리는 어리석고 무지합니다. 세상의 재미와 죄의 쾌락만이 우리의 경험에 생생하고, 하나님과 함께 의와 진리를 따라 사는 재미를 아직 모르는 것입니다. 그것이 여러분의 솔직한 현실입니다. 그것을 인정하셔야 됩니다. 그래서 죄를 지으시거든 오셔서 이렇게 일차적으로 하나님께 기도하실 필요가 있습니다. "저로 하여금 의와 진리의 영광을 알게 하옵소서. 저로 하여금 하나님의 기쁨에 참여하는 영광을 맛보게 하옵소서." 이 기도를 하십시오. 그래서 그것이 재미있게끔 하십시오.

그러나 그렇게는 하지 않고 계속 보류합니다. 그 맛을 알까봐 겁을 냅니다. 그 맛을 알고 홀딱 빠져 버리면 어떻게 할까 하는 것은 애들이 공부가 재미있으면 어떻게 하냐며 걱정하는 것과 같습니다. 이것은 말이 안 됩니다. 여러분은 이와 똑같은 실패를 하면서도 말이 된다고 하고 있습니다. 모두가 예수 믿을 때에 등록하지 않고, 집사 되는 것을 두려워하는 것은 내가 골수분자 되면 어떻게 하나라는 생각 때문입니다. 슬슬 꽁무니만 빼며 "부탁이 하나 있는데, 교회 나가도 아는 척하지 말아 주십시오"라는 분이 얼마나 많은지 아십니까? "목사님 부탁드리는데, 제 친구가 하나 이번에 교회에 오기로 했는데 아는 척하지 말아 주십시오." 부탁 안 해도 됩니다. 원래 저는 아는 척 안 합니다. 제가 할 일이 얼마나 많은데 그분을 아는 척합니까? 걱정하지 마십시오.

그러나 여러분, 말할 수 있는 게 있습니다. 우리 교회 전체가 127구역인데 남자 구역은 30구역밖에 안 됩니다. 물론 남자들은 여자들보다 구역원 수가 많습니다. 남자들이 구역에 참여하는 참여율이 적다는 뜻이 아닙니다. 모임이 얼마나 재미있는지 몰라서 그럽니다. 남자들도 구역 모임에 빠져 보시면 애들이 소풍 가는 날 기다리듯이 금요일이 되기를 손꼽아 기다리게 됩니다. 금요일만 모이는 것으로 모자라서 그 전에 또 모입니다.

일요일 보고, 수요일 보고, 금요일 보는 것 모자라서 또 하루 만나는데, 그것을 위해 또 준비 모임을 합니다. 그래서 일주일에 팔 일을 교회에 나옵니다. 제가 너무 과장하는 것 같지만 실제로 그렇습니다. 성가대를 하고, 교사를 하고, 위원회에 모여 교회 봉사를 해 보십시오. 절대 짐이 아닙니다. 그것은 큰 기쁨입니다. 새 정부가 들어와 직분에 맞도록 사람을 바꾸고 있습니다. 혹 여러분 중에도 이제나 저제나 기다리고 있는 분이 계신지 모르겠습니다. 무슨 장관이 되고, 청와대에 들어가고, 국회의 뭐가 되는 것보다 백의 백승쯤 기쁜 일이 교회에서 구역장하고 안내 하는 것입니다. 그 기쁨을 여러분은 모릅니다. 도리어 그 기쁨을 알까봐 겁을 냅니다. 세상의 재미만은 놓치지 않으려고 합니다. 그것은 우리 애들이 공부는 못 해도 컴퓨터 게임만은 질 수 없다는 것과 하나도 다르지 않습니다. 우리는 그런 애들을 보고 혀를 찹니다. 돌아서서 눈물 흘리며 하나님께 기도합니다. "아버지, 제 자식을 제발 은혜로 다스려 주옵소서." 그때 하나님은 "너는?" 하고 묻습니다. 너의 자녀가 꼭 너 따라하는 것인 줄 너는 왜 모르느냐고 하시면 뭐라고 변명하실 것입니까? 구원은 이런 것입니다.

선택과 훈련은 신자의 영광

오직 사랑 안에서 참된 것을 하여 범사에 그에게까지 자랄지라. 그는 머리니 곧 그리스도라. 그에게서 온 몸이 각 마디를 통하여 도움을 받음으로 연결되고 결합되어 각 지체의 분량대로 역사하여 그 몸을 자라게 하며 사랑 안에서 스스로 세우느니라(엡 4:15-16).

예수 그리스도가 머리가 되십니다. 우리는 그의 몸이라고 합니다. 몸은 머리가 요구하는 대로 하게 되어 있고, 머리가 만족하는 자리에까지 가

성화

야 됩니다. 머리로 이해했다고 해서 몸이 곧 따라가는 것은 아닙니다. 우리는 성경을 통해서 하나님이 우리에게 요구하시는 것을 계속 공급받고 있습니다. 우리의 문제는 그것을 하나도 연습하지 않는다는 사실입니다.

탁구를 칠 때 제대로 배우지 않고 혼자서 독학을 한 탁구 동호인들은 저 앞으로 공을 넘겨야 하니까 몸으로부터 저 앞으로 공을 밀어야 되겠구나라고 생각하며 칩니다. 그래서 자기 몸으로 상대방을 밀어내려 하는 자세를 합니다. 그러나 정식으로 치는 탁구는 오른쪽에서부터 머리를 가로질러 왼쪽까지 쓸어 넘어가는 스윙을 해야 합니다. 경례를 하는 것처럼 말입니다. 저도 학교 다닐 때 친구들과 어울려 밀어내는 동네 탁구를 쳤습니다. 그러던 어느 날 고수를 만났습니다. 그 친구가 탁구 한번 칠까 해서 나 잘 쳐 하며 탁구장에 같이 갔습니다. 공을 척 넘겨주기에 탁 받아쳤습니다. 그랬더니 야, 그게 탁구냐 하며 치지도 않습니다. 그러고는 잠깐 앉아 있으라고 하고 옆에 있는 다른 사람을 부르더니 둘이 치는데 전혀 못 보던 공입니다. 전혀 달랐습니다. 저를 부르더니 경례하는 모습으로 거울을 보고 하루에 오백 번씩 연습을 하라고 했습니다. 그 후 저는 하루에 이천 번씩 한 달을 연습해서 고수가 되었습니다. 연습 중에 이만 하면 되겠거니 하고 가서 이젠 됐다고 하면, 친구가 공을 줍니다. 하지만 옛날같이 밀어내는 것입니다. 어떻게 쳤어? 그러면 정식으로 쳤다고 우깁니다. 저는 분명히 정식으로 쳤다고 생각하는데 아직도 밀어내고 있는 것입니다. 몇 십 년 동안의 습관이 생각이 바뀌었다고 해서 하루아침에 바뀌는 것은 아니었습니다.

선택과 연습과 훈련은 우리의 영광입니다. 우리의 자랑입니다. 하나님은 이렇듯 바뀌는 신앙을 기뻐하십니다. 일차적으로 우리가 죄를 안 짓는 것을 요구하시는 것이 아닙니다. 내가 하나님을 선택하는 결정을 요구하시는 것입니다. 거기에 참다운 예배와 참다운 신앙의 아름다움이 있는 것입니다. 실패도 안 하고, 실수도 안 하고, 더 이상 죄를 안 짓는 것이 일차 목표는 아닌 것입니다. 물론 궁극적으로는 우리의 영광이요, 하나님이 의도하신 것이요, 목표이기 때문에 결국 우리는 죄를 안 짓는 자리에 가야 할 것입니다. 그러나 죄를 안 짓는다는 소극적이고, 부정적인 목표가 아니라 죄를 외면하고, 의와 거룩을 선택한 자리에 서는 나, 그 분별과 그 기쁨과 그 영광의 자리에 서는 나를 요구하시는 것입니다. 우리가 그렇게 할 수 있도록 해주신 것이 구원입니다. 이 선택과 승리는 내 몫입니다. 이 자랑과 이 기쁨을 하나님이 우리에게서 빼앗지 않으신 것이 성화의 책임입니다. 여러분은 아직도 이런 선택을 해야 되고 이런 싸움을 해야 된다는 것을 짐으로 여길지 모르지만, 짐으로 여기는 것은 어리석은 겁니다. 이것은 우리의 권리요, 자랑이요, 하나님이 우리를 대접하는 것입니다. 우리 모두는 구원을 얻었다는 감격과 함께 하나님을 위하여 살 수 있습니다. 그 선택이 내게 주어졌다는 기쁨과 영광을 동시에 감사하며 나갈 수 있어야 합니다.

이제 그 감사가 실천으로 이어져서 여러분 스스로 신자 된 보람을 누리십시오. 하나님과 동행하는 기쁨을 가지십시오. 유지하고 책임지십시오. 하나님으로부터 내가 지은 인간 중에 너야말로 내 편을 들고, 내 마음에 들고, 가장 헌신적이고, 충성된 자녀였다는 칭찬을 얻어 내십시오. 그것이 구원입니다. 그것이 성화입니다. 나는 할 수 없습니다, 하나님이 내 대신해 주십시오라며 구석에서 쪼그리고 앉아서 울지 마십시오. 하나님 도와주세요, 난 무서워요 하면 하늘 문이 열리고 천사들이 내려와서 여러분을 호위하고 대신 싸워 주는 것이 아닙니다. 천사들이 내려오는 것은 맞지만, 한 대 얻어맞을 것입니다. 뭐하고 앉아 있는 거야, 왜 질질 짜고 있는 거야. 일어나, 정신 차려. 이것이 신앙입니다. 하나님은 이 승리와 영광을 위하여 예수 그리스도를 보내셨고, 그의 피로 여러분을 사셨습니다. 여러분의 영광과 존재의 가치를 깊이 이해하시고 자랑스러운 신자로 승리하십시오.

10

자신이 가야 하는 길

엡 4:1-3

그러므로 주 안에서 갇힌 내가 너희를 권하노니 너희가 부르심을 받은 일에 합당하게 행하여 모든 겸손과 온유로 하고 오래 참음으로 사랑 가운데서 서로 용납하고 평안의 매는 줄로 성령이 하나 되게 하신 것을 힘써 지키라.

초월적 체험에만 머무는 잘못

에베소서를 보면서 우리는 교리가 교리로서의 가치를 갖는 것은 그것이 한 사람을 움직일 때라는 것을 알고 놀라게 됩니다. 한 사람이 어떤 행동이나 실천을 하고, 판단을 내리거나 결정할 때는 즉흥적으로 하는 게 아니라 무엇이 옳은가 판단할 근거와 가야 할 목표에 대해 수긍할 때라는 것도 알게 됩니다. 이런 이야기들은 어찌 보면 너무나 당연한 이야기입니다.

그러나 오늘날 신자들은 뜻밖에도 맹목성에 빠지곤 합니다. 예수를 믿는 사람들이 즐겨 묻고 대답하는 말 가운데 가장 어처구니없는 것은 이런 것입니다. 저 사람은 행복하겠다. 왜? 저렇게 행복해하니까. 무엇 때문에 행복해하는가는 상관없이 그가 행복하다고 그러니까 부러워합니다. 그 사람이 왜, 무엇 때문에 행복한지를 추적해 보지 않습니다. 어떻게 해서 결과적으로 행복한지에는 별로 관심을 두지 않습니다.

제가 어렸을 때 다녔던 교회의 집사님 한 분이 생각납니다. 모태신앙이었지만 그냥 대강대강 신앙생활을 해 오신 분입니다. 신앙생활을 대강대강 하는 것이란 술 먹고 담배도 피우면서 교회 다니는 것을 말합니다. 물론 안 그런 사람도 많습니다. 술 먹고, 담배 피우지만 신앙생활을 잘 하는 사람이 있습니다. 어찌 되었든 그 집사님이 병에 걸렸습니다. 심각한 병에 걸렸는데 기도원에 가서 병이 나았습니다. 그러자 사람이 바뀌었습니다. 하나님의 살아 계심과 하나님이 우리를 향하여 가지신 약속의 사실성을 경험하자 뜨거워진 것입니다. 그 후부터 집사님은 자기 생업을 제쳐놓고 간증하면서 말씀을 강조했습니다. 하나님이 약속한 모든 것을 체험하는 일에 굉장히 열심을 내는 사람이 되었습니다.

제 어머님은 그분을 매우 부러워하셨습니다. 하지만 저는 부럽지 않았습니다. 왜냐하면 그분이 주장하는 것이 조금 문제가 있다고 생각했기 때문입니다. 저희 어머님은, 야, 그래도 참 부럽더라. 어쩜 그렇게 행복할 수가 있냐. 제게는 이 문제가 바로 지금까지도 해결되지 않는 어려운 문제 중의 하나입니다.

말하자면 우리가 믿는 도리는 무엇이고, 그 내용이 나를 어떻게 항복시켰는지 추적해 본 적 없이, 하늘에서 뚝 떨어져 있다는 말입니다. 행복은 이렇게 얻었다거나 그렇구나라고 납득되어야 하는 것 아닙니까? 그런데 이 행복이 하늘에서 뚝 떨어진 것처럼 느껴진다는 겁니다. 하지만 우리 신앙은 복잡합니다.

제일 재미있는 것 중에 하나가 믿음을 주십시오라는 기도입니다. 믿음을 주십시오라는 기도는 맞는 기도입니다. 그러나 믿음이 하늘에서 포장되어서 택배로 배달되지는 않습니다. 믿음을 달라고 기도하는 것은 하나님만이 영적인 문제의 근원이시요, 만복의 근원이시기 때문입니다. 그분이 모든 것을 주시며 허락하시지 않으면 안 된다는 신앙고백과, 우리가 가만히 앉아서 믿음을 달라고 하면 믿음이 뚝 떨어지는 것과는 이야기가 다릅니다. 우리는 이 문제에 대한 정확한 표현들과 우리 자신들의 신앙을 점검해 볼 수 있습니다. 어떤 분들은 막혀 있던 것들이 뚫리는 경험을 하리라 생각합니다.

에베소서 1장에서 3장까지에 있는 교리들은 어떤 의미에서 4장부터 6장까지에 있을 실천을 위한 목표이고, 길이며, 타고 가야 할 차입니다. 1장부터 3장까지를 알고, 확인하고, 인정하고 있다고 해서 거기에 가 있는 것이 아닙니다.

설악산이 얼마나 아름다운가를 누가 제일 잘 이야기할 수 있을 것 같습니까? 설악산이 얼마나 아름다운가에 대해 기도회 시간에 조별로 이야기한다고 해서, 설악산이 얼마나 멋있고 볼 만한가를 설명한다고 해서 그 사람이 설악산에 가 있는 겁니까? 그런 과정이 그로 하여금 설악산에 가게 하고, 가고 싶은 마음이 들게 할 수는 있으나 거기에 가 있는 게 되지는 않습니다. 이것이 바로 심각하게 생각해 볼 문제입니다.

깨끗한 자

디도서 2장으로 가보십시다.

> 그가 우리를 대신하여 자신을 주심은 모든 불법에서 우리를 속량하시고 우리를 깨끗하게 하사 선한 일을 열심히 하는 자기 백성이 되게 하려 하심이라(딛 2:14).

그렇습니다. 우리를 깨끗하게 하셨답니다. 우리를 죄인 된 자리로부터 하나님의 자녀로 꺼내셨답니다. 예수 그리스도께서 우리를 위하여 십자가에 달려 돌아가심으로 이 일을 이루셨습니다. 그래서 우리가 깨끗해진 것입니다. 예수 그리스도께서 나를 위하여 돌아가시자 내가 깨끗해졌습니다.

여기서 성경은 우리를 깨끗한 물건이 아닌 깨끗한 사람이 되길 요구합니다. 깨끗한 물건과 깨끗한 사람의 차이가 무엇입니까? 물론 하나는 물건이고 하나는 사람입니다. 그거야 누가 말 못하겠습니까? 깨끗한 물건은 그것 자체가 다음에 무엇을 만들어 낼 것이라고 기대할 수 없습니다. 하지만 깨끗한 사람은 이제부터 행동으로 깨끗한 것을 만들어 내는 생산자가 됩니다. 성경은 우리에게 만들어 내는 자, 깨끗함을 창조하는 자가 되라고 말합니다.

이제부터 우리는 깨끗한 것을 만들어 내는 자입니다. 무슨 일을 하든 정직하며, 의로우며, 거룩하며, 성결하며, 말하자면 신적인 수준과 아름다움이 있는 자입니다. 우리는 깨끗한 자입니다. 그러나 아직은 이런 일을 하는 데 서툽니다. 깨끗한 자가 되었고, 깨끗한 것을 만들 수 있으나 깨끗한 것을 만들어 내는 데에 아직은 서툽니다.

여러분, 집에 가서서 쓰레기를 보십시오. 쓰레기 중에는 더러운 쓰레기가 있고 깨끗한 쓰레기가 있습니다. 이해하시겠습니까? 더러운 쓰레기에는 어떤 것이 있습니까? 음식 찌꺼기, 코 풀어서 닦은 휴지 같은 것들을 더러운 쓰레기라 할 수 있습니다. 깨끗한 쓰레기는 도화지 오려서 남은 조각들 따위인데 이런 것들은 사실 그것 자체로 더럽지는 않습니다. 그러나 쓸모없이 되어서 어질러져 있으면 그게 다 쓰레기이고 집안이 지저분하게 보이는 법입니다. 신자들은 어떤 의미에서는 그런 쓰레기를 만들 수 있을지도 모릅니다. 그래서 지금 말씀드리는 것입니다. 하나님은 우리를 마네킹같이 만들어서 마냥 서 있게 하시려는 것이 아니라 선한 일을 열심히 하는 백성으로 만들려고 하십니다.

성화

성화라는 것이 무엇입니까? 하나님께서 예수 그리스도의 피로 값 주고 사셔서, 죄로부터 불러내신 하나님의 자녀들이, 그 신분에 걸맞은 자로서의 수준으로 완성되어 가는 것을 말합니다. 우리는 그렇게 부름 받은 것입니다. 하지만 우리는 가끔씩 죄의 유혹을 받아서 좋은 것을 가지고도 딴짓을 하는 수가 있습니다. 그뿐 아니라 우리는 아직 새로운 피조물로 훈련되어 있지 않기 때문에 이것을 어떻게 써야 하며 무엇을 만들어야 하는지조차도 모릅니다.

옛날 서울 구경을 왔던 시골 사람이 불 켜는 초를 처음 봤습니다. 그래서 초를 사다가 동네에 갖다 줬는데 받은 사람들은 초가 무엇인지 몰랐습니다. 답답하기는 하지만 물어봤다가는 서울도 못 가 본 촌놈들이란 소리를 들을까봐 물어보지도 못하고 자기들끼리 의논했습니다. 한 사람이, 우리 친척집 갔을 때 보니까 썰어서 국을 끓였더라고 하자 전부 썰어서 국을 끓였는데 이상하게 기름만 둥둥 떴습니다. 서울 사람들은 이걸 먹나보다 하면서 한 그릇씩 먹었는데 도저히 먹을 수가 없었습니다. 마침 초를 사서 나누어 준 사람이 지나가다가 보게 되었습니다. 뭣들 하는 겁니까라고 하자, 당신이 사다준 이 떡을…… 하며 우물쭈물했습니다. 이것은 떡이 아니오 하고서는 성냥을 켜서 불을 붙였습니다. 얼마나 놀랐겠습니까? 이를 지켜보던 사람들은 전부 물속으로 뛰어 들어갔습니다. 불이 붙을까봐서 말입니다. 우리는 거듭났고, 하나님의 자녀임에도 불구하고 우리가 가진 말씀을, 말하자면 초를 가래떡같이 썰어서 끓여 먹는 바람에 종종 망신당하는 일이 생긴다는 겁니다.

성화를 오해하는 두 가지 이유

성화란 하늘로부터 뚝 떨어지는 은사나 선물이 아닙니다. 에베소서 3장까지의 교리를 자세하게 말하는 이유는 다음에 해야 할 것들이 대강 알아서 갈 수 있는 길이 아니기 때문입니다. 약도를 그려 줄 때 처음 가는 길이라면 자세히 그려 주어야 합니다. 또 더 자세하게 설명해 주어야 합니다. 여기서 이 길로는 가지 마십시오. 그 길이 보기는 그럴싸해 보이지만 낭떠러지로 떨어지게 되어 있습니다. 그러면 우리는 꼭 가서 봅니다. 떨어져도 보고, 아! 떨어지는구나라고 말합니다. 그러고는 되돌아와서 다시 합니다. 그렇게 하지 말고 약도대로 가시라는 말입니다. 약도대로 안 가고 어쩌려는 겁니까? 약도를 보긴 봅니다. 이리 가면 약국 있고, 약국에서 왼쪽으로 돌면 중국집 있고, 저리 가면 목욕탕이 있고, 거기서 왼쪽에서 세 번째 집이 있구나! 그러고는 접어서 주머니에 넣고 감사합니다 하고는 다 집으로 돌아가고 맙니다. 찾아오라고 준 약도 아닙니까? 그러니까 이제부터 찾아가자는 것입니다.

한번 생각해 보시기 바랍니다. 약도를 그려 줄 때 언급되지 않는 게 있습니다. 그 길을 가는 동안 얼마나 목마를 것인가, 가는 동안에 얼마나 피곤할 것인가는 약도에는 없습니다. 실제 가려면 여행 준비를 해야 합니다. 신발 찾아야 되고, 해야 될 것이 많습니다. 이전과는 달라진 것입니다. 말하자면 성경은 성화를 약도를 따라 그 길을 추적해 봤기 때문에 거기에 가 있는 것과 동일하다고 말하지 않습니다.

교리는 그 지점을 찾아갈 수 있는 안내서이지, 그것 자체가 우리를 목적지까지 데려다 주는 수송수단은 아닙니다. 또한 우리가 약도를 가지고 있지 않으면, 어느 날 하나님께서 오셔서 나를 등에 업고 갈 것이라는 생각도 말아야 합니다. 전자가 너무 지성주의적인 경향을 띠게 한다면, 후자는 신비주의적 경향을 띠는 이유가 됩니다. 이런 부분에서 대표적으로 실수한 사람이 워치만 니입니다.

워치만 니의 책은 상당히 좋은 게 많습니다. 경건하고 상당한 수준을

성화

가진 책입니다. 하나님의 하나님되심을 인정하고 그 은혜와 약속을 폭넓게 설명합니다. 성경을 보는 영안이 아주 뛰어난 사람입니다. 하지만 그분이 오해하고 잘못 설명한 것이 성화 단계입니다. 말하자면 성화도 은사로 받는 것이라고 보는 겁니다. 그래서 가만히 있으라는 주장이 너무 많이 등장합니다. 가만히 있어라, 그러면 주께서 다 하신다. 아닙니다. 성화란 하나님이 나에게 약속하셨고, 가라고 하시는 길을 내가 가야 하는 그런 싸움입니다.

성화는 내가 가야 하는 길

이는 결단코 내가 가는 싸움이 아닙니다. '나' 아닌 '예수 그리스도' 안으로 들어가는 싸움입니다. 갈라디아서 2:20에 "이제 내가 사는 것은 내가 아니라 예수 그리스도"라는 말씀이 나옵니다. 이 말씀을 잘못 설명하면 그리스도가 아니라 나를 내세우게 됩니다. 내가 직면하는 모든 사건과 내가 싸우는 것이 아니라, 그리스도가 나 대신 싸우시게 하는 것, 이것이 말하자면 성화입니다.

그런데 이것을 이제 나는 물러나 앉아 있고 그리스도를 대신 내보내는 것이라고 생각하기 쉽습니다. 그러면 가만히 있어라, 가만히 있어라, 그렇게 되는 것입니다. 우리는 말하자면 죄에 대해서 속수무책인 사람들입니다. 모든 물건들이 만유인력의 법칙에 의해서 땅에 떨어질 수밖에 없듯이 우리는 아무리 손을 저어도 날아가지 못하고 떨어집니다. 팔에 큰 날개를 붙이고 날아도 떨어집니다. 높은 데서 뛰어내린다고 날아가는 것이 아닙니다. 허공에 오래 있다고 해서 날아가는 것이 아니라 떨어지는 시간이 길 뿐입니다. 우리는 떨어집니다. 그러나 비행기를 타면 떨어지지 않고 중력의 법칙을 극복하고 공중을 날아갑니다.

잘 생각해 보시기 바랍니다. 비행기가 목적지까지 날기 위해서 타고 있는 사람은 무엇을 해야 할까요? 열심히 기도한다, 갈 줄로 믿는다고 하는 것일까요? 이런 게 비행기를 가게 하는 건 아닙니다. 비행기에서 앞을 보고 앉은 사람은 앞으로 가고, 뒤를 보고 앉은 사람은 뒤로 갑니까? 그렇지 않습니다. 뒤로 앉아 있어도 앞으로 가고, 안에서 뒤로 걷거나 물구나무를 서도 앞으로 갑니다.

신비주의적으로 생각하는 분들은 봐라, 비행기는 비행기 힘으로 가는 거지 우리가 뭘 해도 소용없다. 거기서 펄펄 뛸 것 없이 가만히 있으면 된다고 주장합니다. 그러나 그렇지 않습니다. 여기에는 중요한 문제가 하나 빠져 있습니다. 성화 문제를 비행기로 비유한 이 대목에 있어서 믿음이 등장해야 되는 부분이 딱 하나 있습니다. 믿음은 분명히 비행기를 날게 하는 동력은 아닙니다. 그럼 믿음은 어디서 등장합니까? 탈 것인가, 말 것인가 하는 지점입니다. 모든 성화의 싸움은 바로 이것입니다. 하나님께서는 우리에게 펼쳐놓은 계획과 의도와 약속을 에베소서 1장에서 3장으로 펼쳐 놓으셨습니다.

너희는 하나님의 자녀라. 너희가 원래 죄인 되어서 비참한 인생을 살았는데 이제 구원을 얻었느니라. 너희가 원래 갈 곳은 불 못이었으나 이제 너희가 갈 곳은 황금 보석으로 꾸민 집이니라. 거기서 의와 평강과 희락 속에 살 것이니라. 하나님께서 예수 그리스도를 보내어서 이렇게 이 일을 이루었느니라. 너를 통해서 성령의 열매를 맺기를 원하며, 죽어 가는 영혼을 꺼내기를 원하며, 네 인생 속에서 하나님이 영생을 선포하시기를 원하노라. 그것을 듣고 네가 참여하기를 원하느냐? 이 길로 가기 위해 너 자신을 복종시킬 것이냐? 이 길을 내 인생 속에 펼치실 그리스도 앞에 순종하여 무릎 꿇어, 예수님이 내 인생을 주도하시게 할 것이냐? 이런 평화의 싸움이라는 말입니다. 하나님, 오셔서 제 인생을 대신 사십시오. 저는 지금 잠

간 카바레에 들를 일이 있습니다만, 주여, 영광을 나타내소서. 이렇게는 안 된다는 말입니다.

하나님은 절대로 나 따로, 주님 따로 있으면서 영광을 나타내시지 않습니다. 하나님이 자신의 영광을 나타내시며, 내가 하나님의 자녀라는 것을 나 자신에게 확인시키시는 방법은 나의 인생뿐입니다. 우리는 일상생활 속에서 내가 하나님 편이며, 하나님께 무릎 꿇은 자이며, 하나님께 항복하고 있는 자라는 것을 나 자신과 타인들에게 증명해야 합니다. 그렇지 않다면 그는 하나님을 사랑하지 않는 자입니다. 우리의 싸움은 바로 이것입니다.

하지만 이 싸움은 생각보다 어렵기 때문에 처음부터 약도를 잘 봐야 하는 것입니다. 63빌딩이 눈앞에 보입니다. 63빌딩 그 옆에는 원효대교가 있습니다. 이렇게 찾아가게 되어 있습니다. 그리고 그 지도 뒤에는 거짓말 하지 말라, 나쁜 말은 입에 올리지도 말라고 적혀 있는 것입니다. 저 끝까지가 다 보이는 것은 아닙니다. 약도로는 설명이 되어 있지만 그 끝이 눈에 안 보이는 법입니다. 하나씩 직접 찾아가 보는 것입니다. 그렇게 찾아갈 때마다 내가 올바로 가고 있다는 것을 알게 됩니다. 한 걸음씩 하나님 앞으로 다가갈수록 하나님으로부터 나오는 향기와 평안, 위로와 의미와 보람이 점점 강하게 느껴지는 것입니다. 그것을 위하여 하나님께서는 교리와 체험을 주시는 것입니다. 그런 의미에서 교리는 약도이며, 체험은 내가 지금 잘 가고 있다는 확인입니다.

그런 면에서 보자면 구원의 감격이나 성령의 은사는 그것 자체로 성화가 아닙니다. 성경 말씀에 대해 깨달음이 있는 것도 성화는 아닙니다. 이는 성화를 더 촉진하고 우리가 걷는 길의 영광을 보여주어 우리를 자극하는 것들입니다. 그것 자체가 내 걸음을 대신 걸어 주는 것은 아닙니다.

제가 이런 설명을 했던 것을 기억하실 것입니다. 하나님은 우리가 가야 할 길을 가지 않고 옆으로 가고 있으면 와서 가라고 하십니다. 우리가 가만히 있으면 어느 누구도 대신 가주지 않고 하나님도 절대로 대신 걸어 주시지 않습니다. 내가 가야 할 길은 이를 악물고 기어가든 굴러가든 내가 가야만 인정받습니다. 내가 가지 않는 것에 대해 꾸중 하시고 때리실지언 정 한 순간도 업어 주시지는 않습니다. 내가 가야 합니다. 내가 일어나, 무서워서 가든지 항복해서 가든지 기뻐서 가든지 상급 때문에 가든지 내가 가야 하는 길이 성화입니다. 체험으로가 아닙니다. 체험은 우리를 자극할 뿐입니다. 이론으로가 아닙니다. 이론은 우리를 방향 잡게 하며 우리가 가는 길을 상상하게 만들 뿐입니다.

성화의 훈련장인 세상

그래서 우리는 성경 말씀을 열심히 읽고, 열심히 기도하고 하나님의 손길을 구하는 것입니다. 왜 그렇습니까? "천성을 향해 가는 성도들아, 내 손에 든 검을 꽂지 말아라!" 왜 이 말이 나옵니까? "저 마귀 너를 다시 유혹하려고 수많은 궤계를 쓰고 있느니라." 천성까지 도달하는 동안 성화를 이루어야 하는 무대와 과정, 훈련장이 이 세상입니다. 세상은 죄와 죄의 권세가 우리를 위협하고, 유혹하며, 잠복하고 있는 곳입니다. 그래서 하나님은 시시때때로 우리를 보호하시며, 깨우쳐 주시고, 제대로 가고 있다는 것을 말씀으로 알려 주십니다.

그런 의미에서 교리적인 이해와 체험이라는 것은 소중합니다. 하지만 앞에서 말씀드린 바와 같이 그것이 성화는 아닙니다. 교리가 여러분에게 도움이 되고 자극을 주며 도전하고, 기대와 갈등을 일으키지만, 여러분의 생활을 대신해 주지는 못합니다. 오늘날 신자들을 꾸짖어야 할 부분이 바로 이 부분입니다.

그럼 도대체 무엇이 달라졌습니까? 예수를 믿어서 축복받고, 예수님을 꿈에도 보고, 목사님이 우리 집만 세 번 심방 와 주시고, 다 좋습니다. 그런데 여러분의 무엇이 달라졌습니까? 달라진 것 없이 아직도 제자리에 있습니까? 예수를 믿었다면 무엇인가 달라져야 합니다. 성품에서부터 달라져야 합니다. 의롭고 사랑하며, 오래 참고 절제하며, 양보하고 자비로우며, 충성하는 자가 되어야 합니다. 그런 갈등과 그런 요소, 시도가 있어야 합니다. 그런데 우리에게는 그것이 없습니다. 예수를 믿긴 믿었는데, 꺼내 놓을 것은 많은데, 언제나 제자리입니다.

자세히 보면 토정비결도 있고, 알고 있는 기독교 지식도 많습니다. 모르는 게 없습니다. 사진 찍어놓은 것도 많습니다. "어느 기도원에서 만난 목사와 함께", "어느 기도원에서 40일 금식기도를 한 동료들과 함께" 등등입니다. 앨범 쌓아 놓고, 참고도서 쌓아 놓고만 있지 한 걸음도 걸어 나가지 않습니다. 이런 점은 한국교회의 나쁜 부분입니다. 아무도 그 부분에 대해서 관심을 두지 않습니다. 앞으로 나아가서야 합니다.

더러운 말은 입 밖에도 내지 말라

에베소서 4:25을 보겠습니다. 이 말씀이 얼마나 현실적인가를 볼 수 있습니다.

그런즉 거짓을 버리고 각각 그 이웃과 더불어 참된 것을 말하라. 이는 우리가 서로 지체가 됨이라. 분을 내어도 죄를 짓지 말며 해가 지도록 분을 품지 말고 마귀에게 틈을 주지 말라. 도둑질하는 자는 다시 도둑질하지 말고 돌이켜 가난한 자에게 구제할 수 있도록 자기 손으로 수고하여 선한 일을 하라. 무릇 더러운 말은 너희 입 밖에도 내지 말고 오직 덕을 세우는 데 소용

되는 대로 선한 말을 하여 듣는 자들에게 은혜를 끼치게 하라(엡 4:25-29).

얼마나 다릅니까? 우리가 상상하는 것보다 유치하게 생각되십니까? 적어도 기독교는 이런 이야기 하리라고 생각하지 않았지요? 거룩하며 고상하리라고 기대하지 않았습니까? 더러운 말을 하지 마라. 이런 이야기를 하는 것이 치사한 것일까요?

저야말로 예전에 학생들을 가르칠 때 말을 거칠게 하곤 했습니다. "닥쳐, 임마! 아가리 닥쳐!" 하지만 학생들이 자기 목사님이랑 똑같이 할 수는 없지 않습니까? 학생들은 이렇게 말합니다. "허참, 내가 동갑만 됐어도 하고 싶은 말을 할 수 있는데, 나이가 어리니 뭐라고 하지도 못하고……." 언젠가 제가 막 뭐라고 했어요. 그랬더니 한 학생이 일어나더니, "목사님, 닥치시옵소서" 하더군요. 얼마나 좋아요? 무릇 더러운 말은 너희 입 밖에도 내지 말라고 했는데 "닥치시옵소서!" 좋지 않습니까? 우리는 다른 사람들입니다. 여러분도 그렇게 해 보십시오. 흥분하는 것, 성내는 것, 거친 말을 하는 것은 서로 상승효과가 있습니다. 아무리 화가 나도 말을 거칠게 하지 않으면 분이 가라앉는 법입니다. 이것이 하나님의 성품에 참여하기 위하여 내가 노력하고 내가 발걸음을 옮겨 도달해야 되는 성화의 실천적인 조건들인 것입니다. 해보십시오. 이왕이면 좋은 말을 쓰십시오.

사실 우리나라 사람들은 이 부분에서는 세계에서 최고입니다. 말은 예쁘게 합니다. 그런데 좀 약 오르게 합니다. 어느 집에 갔는데 너무 잘 삽니다. 아이, 이 집은 좋겠다고 합니다. 하지만 그 말은 표현과 내용이 다릅니다. 우리는 야유할 때는 신랄한데 막상 말을 걸면 "뭘요"라고 해버립니다. 말문을 막아버리는 말도 잘합니다. 세계 최고일 겁니다. 여러분, 잘 생각하셔야 합니다. 이것이 한국교회 최대의 문제입니다.

어느 교회를 가든 놀라게 되는 것은 말을 예쁘게 하는 사람이 없다는 것입니다. 이것은 애를 써야 되는 겁니다. 같은 상황에서 여러분은 화를 내지 않아도 됩니다. 화를 내느냐 안 내느냐는 결국 아까 언급한 대로 비행기를 타느냐, 타지 않느냐의 싸움입니다. 믿음의 싸움인 겁니다. 그리스도께 항복했다면 그리스도의 명령대로 하십시오. 더러운 말은 입 밖에도 내지 말라고 하셨기 때문에 화를 내지 않는 겁니다. 뒤에서 나는 예수님이 더러운 말은 입 밖에도 내지 말라고 하셔서 안 내는 거야라고 말하지 마십시오. 괜히 폼 잡고 잘난 척하는 사람들이 있는 법입니다. 교회 안에도 그렇습니다. 그러면 웃고 마십시오. 그런 다음 뒤에 가서, 아이고, 나 참느라 혼났네라고 넘겨 버리십시오. 한 50년만 참으면 됩니다. 이보다 더 사실 분은 없지요? 이것이 바로 성화입니다.

"주여, 더러운 말은 입 밖에도 내지 않게 해주십시오"라고 기도만 하지는 않습니다. 그러면 자기 입술의 말로만 끝나버리고 마는 것입니다. 자기가 고쳐야 됩니다. 그것이 성화입니다. 그래서 성화는 생각보다 어렵습니다. 참 어렵습니다. 자기 말을 제어할 수만 있다면 그 사람은 완성된 사람입니다. 이 일은 어렵습니다. 그러나 우리는 이 일을 하라고 부름 받았습니다.

하나님께서는 베드로전서 1:16에 "내가 거룩하니 너희도 거룩하라"고 하십니다. 우리는 이 길을 걷다가 나중에, 그리스도의 요구 속에 들어가면, 그리스도의 명령 아래 있을 뿐만 아니라 그것이 그리스도와 교제하는 시간이라는 것을 배우게 됩니다. 그리고 우리는 그리스도의 명령대로 산 결과만 기쁜 게 아니라 그분과 함께 있는 것 자체가 축복이며 행복이라는 것을 알아가게 됩니다. 그분의 만족이 나의 만족이 되고, 그분이 좋아하고 가기 원하시는 곳으로 가게 되는 겁니다.

사랑을 하게 되면 상대방이 좋아하는 것을 하게 됩니다. 최근에 저는 아내와 아주 중요한 이야기를 했습니다. 옛날 연애 시절의 이야기였습니다. 제 아내가 이런 고백을 했습니다. 그때는 자기 눈에 무엇이 씌웠는지 내 머리카락이 앞으로 쏟아지는 것도 멋있었다고요. 그래서 매우 기분이 좋았는데 다시 생각해 보니까, 그때 그랬으면 지금은 아니라는 것인가 하게 되더군요. 그렇습니다. 사랑한다는 것은 그런 것입니다. 상대가 좋아하는 것이라면 뭐든 합니다. 그렇지 않습니까?

결국은 우리가 그렇게 부름 받았고, 그 자리에 갈 것입니다. 그래서 기꺼이 "내가 거룩하니 너희도 거룩하라"는 명령 때문이 아니라, 하나님을 기쁘게 하려면 내가 거룩하면 되겠구나가 소원이 되고 유일한 생의 보람이 되는 날이 오는 것입니다. 여러분 모두에게 그런 날이 올 것이고, 그렇게 초대 받았습니다. 여러분은 스데반이 돌에 맞아 죽으면서도 얼굴이 천사같이 빛났던 이유를 알게 되며, 그렇게 사는 자기 자신을 보게 될 것입니다. 그분이 우리를 이 기쁜 자리에 부른 하나님이십니다. 이것이 기독교요, 우리가 믿는 신앙의 전부입니다.

사실 우리는 그런 본을 받지 못했습니다. 그렇게 살고 있는 신앙의 영웅도 적었습니다. 그렇다면 여러분이 그렇게 되십시오. 여러분의 후배와 후손들, 여러분을 보는 이웃들 앞에서 기독교가 얼마나 풍성한지, 얼마나 영광스러운지를 보여주시기 바랍니다.

11

하나님의 의

마 7:15-20

거짓 선지자들을 삼가라. 양의 옷을 입고 너희에게 나아오나 속에는 노략질하는 이리라. 그들의 열매로 그들을 알지니 가시나무에서 포도를, 또는 엉겅퀴에서 무화과를 따겠느냐. 이와 같이 좋은 나무마다 아름다운 열매를 맺고 못된 나무가 나쁜 열매를 맺나니 좋은 나무가 나쁜 열매를 맺을 수 없고 못된 나무가 아름다운 열매를 맺을 수 없느니라. 아름다운 열매를 맺지 아니하는 나무마다 찍혀 불에 던져지느니라. 이러므로 그들의 열매로 그들을 알리라.

열매로 나무를 안다

하나님의 의와 인간의 의를 어떻게 구별할 수 있을까요? 그것은 열매를 보는 것입니다. 열매를 보아서 그 나무가 어떤 나무인지 알 수 있다는 것입니다. 그런데 이 본문에 소개된 19절을 다음과 같이 오해하시면 안 됩니다. 즉 "아름다운 열매를 맺지 아니하는 나무마다 찍혀 불에 던져지느니라"고 하셨으니 그렇게 하시기 전에 아름다운 열매를 맺자라는 식으로 이해하면 안 된다는 것입니다. 왜 그럴까요? 그것은 나무와 열매가 정체성을 확인할 수 있는 증거가 된다는 핵심에서 벗어난 이야기가 되기 때문입니다. 이 정체성이 무엇인지 확인 가능하게 하는 대표적인 말씀이 있습니다. 갈라디아서 5:16-23입니다.

내가 이르노니 너희는 성령을 따라 행하라. 그리하면 육체의 욕심을 이루지 아니하리라. 육체의 소욕은 성령을 거스르고 성령은 육체를 거스르나니 이 둘이 서로 대적함으로 너희가 원하는 것을 하지 못하게 하려 함이니라. 너희가 만일 성령의 인도하시는 바가 되면 율법 아래에 있지 아니하리라. 육체의 일은 분명하니 곧 음행과 더러운 것과 호색과 우상 숭배와 주술과 원수 맺는 것과 분쟁과 시기와 분냄과 당 짓는 것과 분열함과 이단과 투기와 술 취함과 방탕함과 또 그와 같은 것들이라. 전에 너희에게 경계한 것같이 경계하노니 이런 일을 하는 자들은 하나님의 나라를 유업으로 받지 못할 것이요 오직 성령의 열매는 사랑과 희락과 화평과 오래 참음과 자비와 양선과 충성과 온유와 절제니 이 같은 것을 금지할 법이 없느니라(갈 5:16-23).

성령의 열매를 맺자는 말은 그 자체로 옳은 것이지만 이 본문이 그것을 의도한 것은 아닙니다. 성령을 좇고 있는지 육체를 좇고 있는지를 가늠할 수 있는 일종의 판별식에 대하여 말하고 있기 때문입니다. 그 판별의 기준이 열매라는 것입니다. 우리가 신앙생활에서 혼동하는 것 중 하나가 이런 문제일 것입니다. 누군가가 기독교 신앙의 명분과 형태를 취한다고 해서 그것이 성령을 좇는 것이라고 속단하면 안 된다는 것 말입니다. 늘 하는 이야기지만 옳은 말을 하더라도 성질부리면 안 되는 것 아닙니까? 우리는 옳은 일을 하면서도 얼마든지 성질을 부릴 수 있습니다. 성경은 그것이 육체를 좇는 것이라고 이야기하고 있습니다.

제가 이런 이야기를 많이 했습니다. "가게에서 사과와 감과 배를 사다가 전봇대에다 주렁주렁 걸어놓지 마라. 성령의 열매로 나열된 것을 긁어모아 사려고 하지 마라. 그것이 주렁주렁 달리는 나무가 되어야 한다." 중요한 것은 열매가 자기 의에 근거한 것이냐 아니면 예수 안에서 하나님의 의의 통치아래 있는 것이냐 하는 문제라는 것입니다. 산상설교는 이것을 대조하고 있습니다. 열매로 나무를 안다는 말은 다음과 같은 뜻입니다. 내가 하나님의 의에 참여하고 있다면, 예수 그리스도 안에 있는 하나님의 의의 정체성을 증명하는 열매로 자신이 어떤 존재인지가 확인된다는 것입니다. 우리는 이미 마태복음 5장 산상설교 첫 부분에서 이런 하나님의 의의 정체성이 어떤 것인지 확인한 바 있습니다.

> 또 네 이웃을 사랑하고 네 원수를 미워하라 하였다는 것을 너희가 들었으나 나는 너희에게 이르노니 너희 원수를 사랑하며 너희를 박해하는 자를 위하여 기도하라(마 5:43-44).

예수님을 믿지 않는 세상 사람들도 원수를 사랑하라는 것이 기독교 신앙이 갖는 가장 고급한 윤리라고 그 가치를 인정하고 있습니다. 그러나 기독교 신앙인에게 있어서는 이것이 윤리적으로 가치가 있기 때문에 따라야 하는 것은 아닙니다. 예수님 안에 있는 하나님의 의의 통치가 이것을 요구하기 때문에 원수를 사랑해야 합니다. 바로 이어서 나오는 45절 말씀을 보면 확실해집니다. "이같이 한즉 하늘에 계신 너희 아버지의 아들이 되리니"(마 5:45).

예수님 안에서 우리를 불러 자신의 자녀로 삼으시는 우리 아버지는 자비롭고 용서하는 분이며 우리에게 당신의 성품과 속성으로 채우라고 부르시고 계십니다. 그렇기 때문에 우리가 원수를 사랑하는 것입니다. 원수를 사랑해야 된다는 것이 예수님도 없고 아버지도 없이 그 자체로 가치를 지닌 채 기독교 신앙의 명분이 되고 만다면 그것은 비판하는 의가 되고 말 것입니다. 나는 하고 너는 못했다가 되고, 나는 더 많이 하고 너는 조금밖에 못했다가 되고 맙니다. 결국 자신이 가진 것으로 상대방을 비판하고 정죄하는 데밖에 써먹지 못하는 의일 수밖에 없습니다.

예수님 안에 있는 하나님의 의

우리가 살펴보겠지만 예수님 안에 있는 하나님의 의는 그것과 전혀 다른 것입니다.

> 이같이 한즉 하늘에 계신 너희 아버지의 아들이 되리니 이는 하나님이 그 해를 악인과 선인에게 비추시며 비를 의로운 자와 불의한 자에게 내려주심이라. 너희가 너희를 사랑하는 자를 사랑하면 무슨 상이 있으리요. 세리도 이같이 아니하느냐. 또 너희가 너희 형제에게만 문안하면 남보다 더하는 것이 무엇이냐. 이방인들도 이같이 하느냐(마 5:45-47).

우리가 이방인과 다른 것은 하늘에 계신 하나님을 아버지로 모신 자의 구별됨입니다. 그것이 그들과 다른 점입니다. 그것은 결론에 해당하는 마태복음 5:48에서 "그러므로 하늘에 계신 너희 아버지의 온전하심과 같이 너희도 온전하라"는 말씀에서 요구된 바입니다. 이미 45절에서 "이같이 한즉 하늘에 계신 너희 아버지의 아들이 되리니"라는 말씀에서도 요구된 바 있습니다.

예수님 안에서 허락되는 하나님의 의의 본질, 신자된 정체성이라는 것은 예수님이 누구시냐 하는 것에 다 달려 있습니다. 예수님이 누구시냐 하는 것은 예수님을 보내신 하나님이 누구시냐 하는 우리의 이해에 달려 있습니다. 예수님이 누구시며 예수님을 통해 하나님이 무엇을 하시려고 했느냐에 기독교 신앙의 가장 중요한 특징과 본질이 있습니다. 대표적으로 마태복음 11장에서 예수님은 자신의 메시아된 정체성과 자신을 보내신 하나님의 정체성을 드러내는 발언을 하십니다.

요한이 옥에서 그리스도께서 하신 일을 듣고 제자들을 보내어 예수께 여짜오되 오실 그이가 당신이오니이까. 우리가 다른 이를 기다리오리이까. 예수께서 대답하여 이르시되 너희가 가서 듣고 보는 것을 요한에게 알리되 맹인이 보며 못 걷는 사람이 걸으며 나병환자가 깨끗함을 받으며 못 듣는 자가 들으며 죽은 자가 살아나며 가난한 자에게 복음이 전파된다 하라(마 11:2-5).

우리가 잘 아는 구절입니다. 복음이 전파되는 곳에 치유의 역사와 기적이 있습니다. 당연하고 옳은 말씀입니다. 그러나 이 기적의 핵심 내용은 자격이 없는 자에게 복이 주어졌다는 것입니다. 못 듣고 못 일어나고 못 보고 죽을병에 걸려 있는데 그것을 고칠 능력이 없는 자에게 회복과 고침이라는 복이 주어집니다. 그것은 자격이나 조건과 상관없이, 유일한 조건이 있다면 그를 보내신 하나님의 자비하심과 사랑 때문에 주어진 것입니다. 이것이 그런 결과를 가져온 것입니다.

예수 그리스도 안에 있는 하나님의 의는 관용과 용서와 사랑입니다. 이것이 육체의 일과 대조되는 성령의 열매에서 나타나는 바와 같이 기독교 신앙의 본질적 특징이며 신자된 정체성입니다. 예수님을 믿는다는 말을 하려면 예수님이 가지시는 특성을 가져야 할 것입니다. 이사야 61:1-3을 보겠습니다.

주 여호와의 영이 내게 내리셨으니 이는 여호와께서 내게 기름을 부으사 가난한 자에게 아름다운 소식을 전하게 하려 하심이라. 나를 보내사 마음이 상한 자를 고치며 포로된 자에게 자유를, 갇힌 자에게 놓임을 선포하며 여호와의 은혜의 해와 우리 하나님의 보복의 날을 선포하여 모든 슬픈 자를 위로하되 무릇 시온에서 슬퍼하는 자에게 화관을 주어 그 재를 대신하며 기쁨의 기름으로 그 슬픔을 대신하며 찬송의 옷으로 그 근심을 대신하시고 그들이 의의 나무 곧 여호와께서 심으신 그 영광을 나타낼 자라 일컬음을 받게 하려 하심이라(사 61:1-3).

메시아 예언입니다. 하나님이 장차 구원자를 보내실 것인데 그 구원자가 와서 가난한 자에게, 갇힌 자에게, 희망이 없는 자에게, 자격이 없는 자에게, 능력이 없는 자에게 하나님의 은혜와 복과 영광으로 채우실 것이라고 말씀합니다. 예수님 안에서 나타나는 하나님의 의는 은혜롭고 자비롭고 용서하시고 불쌍히 여기시고 사랑하시고 복 주시려는 아버지라는 것이 가장 큰 특징입니다.

예수님을 믿는다고 고백함으로 갖게 되는 기독교 신앙의 가장 중요한 특징은 용서와 사랑입니다. 우리는 자꾸 기능의 측면에서 도전을 받고 있습니다. 예수님을 믿어 쓸모 있는 사람이 되라는 것입니다. 교회에 요청하는 것도 교회가 쓸모 있기를 바란다는 것입니다. 어떤 쓸모가 있으면 좋겠습니까? 남북통일에 한 건 했으면 좋겠습니까? 모든 세상 사람들이 놀라는 어떤 사회봉사를 했으면 좋겠습니까? 이런 것들이 우리를 속입니다.

교회가 부름을 받은 자리

우리는 세상이 가진 가난을 없애고 불의를 없애야 하는 일에 나서라는 도전을 받고 있습니다. 그러나 그에 앞서 우리는 자신의 본성과 죄의 권세 때문에 자신을 스스로 변화시킬 수 없는 무능한 존재라는 것입니다. 우리는 오직 예수님 안에서 용서 받은 자로서 현실과 사회와 세상과 시대를 책임져야 할 개인으로 서는 것입니다. 교회는 이런 일로 부름을 받은 자들입니다.

우리는 예수 그리스도의 은혜와 긍휼과 기적에 의해서 부름을 받은 자들로서 믿음의 공동체를 이루고 있습니다. 그 유일한 공통점이 있다면 예수님 한분뿐입니다. 예수님이 나를 불러 주셔서 그 공동체에 지금 속한 것입니다. 그런데 우리는 공동체가 조직되고 나면 그 조직이 힘을 갖기를 바라고 능률적이기를 바라고 명분을 내세우고자 합니다. 그래서 어떤 문제에서 틀리면 마음에 이런 생각이 먼저 들게 됩니다. "저 사람은 왜 교회에 왔을까? 저 사람은 왜 기독교인이 됐을까? 다른 교회에 갔으면 하나님께 더 영광이 됐을 텐데." 이런 생각은 기독교적인 이해에서 멀리 벗어난 것이 아닐 수 없습니다. 쓸모 있기를 바라는 것이나 사회적인 공감을 받아내려는 것이 그런 것들입니다. 요한일서 4:7-8을 보겠습니다.

> 사랑하는 자들아, 우리가 서로 사랑하자. 사랑은 하나님께 속한 것이니 사랑하는 자마다 하나님으로부터 나서 하나님을 알고 사랑하지 아니하는 자는 하나님을 알지 못하나니 이는 하나님은 사랑이심이라(요일 4:7-8).

하나님을 알게 될 때 대표적으로 우리에게서 드러나야 할 것은 사랑입니다. 고린도전서 13장에 있듯이 사랑이란 무엇입니까? 사랑은 천사의 말을 하는 것이나 산을 옮기는 믿음이나 자기 몸을 불사르게 내어주는 열정과는 다른 것입니다. 사랑이 없이 그런 것들을 시행하면 그것은 자기 의에 불과합니다.

사랑으로 가는 첫 번째가 무엇이었습니까? 오래 참는 것이었습니다. 성내지 않는 것이었습니다. 무례히 행치 않는 것입니다. 모든 것을 참고 바라고 견디고 믿는 것입니다. 교회는 우리가 기대하듯 같은 신앙고백을 했으니 일사분란하고 한마음이 되어 보란 듯이 움직여야 할 공동체라고 생각하기 쉽습니다. 그렇지 않습니다. 모일 수 없는 사람들이 함께 모여 서로를 용납해야 하는 사회라는 것입니다. 따라서 얼마나 많은 사람을 용납할 수 있느냐 하는 것이 그 교회의 교회된 기쁨인 것이지, 얼마나 보란 듯이 일을 할 수 있느냐 하는 데 있지 않습니다. 이것이 한국교회가 직면한 시험이 아닌가 합니다. 에베소서 4:29-32을 보겠습니다.

무릇 더러운 말은 너희 입 밖에도 내지 말고 오직 덕을 세우는 데 소용되는 대로 선한 말을 하여 듣는 자들에게 은혜를 끼치게 하라. 하나님의 성령을 근심하게 하지 말라. 그 안에서 너희가 구원의 날까지 인치심을 받았느니라. 너희는 모든 악독과 노함과 분냄과 떠드는 것과 비방하는 것을 모든 악의와 함께 버리고 서로 친절하게 하며 불쌍히 여기며 서로 용서하기를 하나님이 그리스도 안에서 너희를 용서하심과 같이 하라(엡 4:29-32).

"하나님이 그리스도 안에서 너희를 용서하심과 같이"라는 이 말씀에 밑줄을 그으셔야 합니다. 이것이 기독교 신앙의 정수입니다. 여기에서 벗어나면 싸움밖에 나지 않습니다. 교회 안에 어려움이 있다는 것은 당연합니다. 믿음의 차이가 나고 믿음의 관심이 다르기 때문에 여러 가지 견해차나 시끄러운 일이 일어날 수 있습니다. 그럼에도 불구하고 교회는 그 모든 것을 수용하고 포용하는 것으로 유지해 나가야 합니다. 한마음이 되어야 교회가 멋있게 되는 것은 결단코 아닙니다.

한국교회는 성공함으로써 본질에서 벗어난 위험스런 관심을 여러 개 갖기 시작했습니다. 민족과 국가 앞에 쓸모 있기를 바라는 것도 그중 하나일 것입니다. 그러나 교회는 민족과 국가를 초월해 있는 공동체입니다. 국가로서 하나님의 힘을 독점하고 싶어 했던 나라가 이스라엘이 아니었습니까? 교회는 배우고 못 배우고 하는 차별이 없이 하나로 묶인 사회입니다. 교회는 끊임없이 이 싸움을 해야 합니다. 성경식으로 말하자면, 성령의 하나 되게 하신 것을 힘써 지키는 것이 교회가 해야 할 일입니다.

　사람들이 세상에서는 인간의 의밖에 만나지 못합니다. 그러한 의에서 모두 답을 얻지 못하고 영혼의 갈증을 풀 곳이 없어서 교회에 찾아왔는데 종교성의 의만 있고 도덕성의 의만 있다면, 그 실망한 사람은 교회에 와서 완전히 더 절망할 것입니다. 그가 교회에서 예수님을 만나야 합니다. 용서하는 분, 회복시켜 주시는 분, 사랑하시는 분을 만나야 합니다. 그런 사회가 교회입니다. 우리 교회가 영원무궁하기를 바라십니까? 그것은 모릅니다. 하나님의 일하심은 어느 교회와 어느 나라로 국한되지 않습니다. 교회사는 그 공동체 안에서 훈련시킨 신앙인들과 그들의 신앙고백과 그들의 삶을 통하여 이어지고 있습니다. 교회사 속에 어느 집단, 어느 단체, 어느 조직이 기독교 교회의 신앙을 지금까지 이어온 곳은 아무 데도 없습니다. 이 사실을 잊지 않으셔야 합니다. 골로새서 3:12-14에서도 같은 이야기를 하고 있습니다.

　　그러므로 너희는 하나님이 택하사 거룩하고 사랑받는 자처럼 긍휼과 자비와 겸손과 온유와 오래 참음을 옷 입고 누가 누구에게 불만이 있거든 서로 용납하여 피차 용서하되 주께서 너희를 용서하신 것같이 너희도 그리하고 이 모든 것 위에 사랑을 더하라. 이는 온전하게 매는 띠니라(골 3:12-14).

　여기서 11절에 조심하셔야 합니다. "그러므로 너희는 하나님이 택하사 거룩하고 사랑받는 자처럼." 이것이 여러분의 모든 것이어야 합니다. 이것으로 부족하다고 하시면 안 됩니다. 이것으로 충분해야 합니다. 그래야 예수님 안에 있는 하나님의 의에 참여하게 됩니다. 그것으로 부족하다는 것은 아직도 자기 의에 대한 욕심을 끊지 못하고 있다는 뜻입니다. 이 조건 속에서 긍휼과 자비와 겸손과 온유와 오래 참음을 옷 입고 피차 용서

하고 불쌍히 여기고 사랑해야 합니다. 이것이 기독교 신앙입니다.

하나님의 통치의 영광을 누리는 자

우리가 사랑하고 용서하다가 교회라는 공동체를 망쳐도 상관이 없습니다. 망쳐도 상관없다니까 눈이 뚱그레지시는데 순교가 무엇입니까? 순교란 기독교 신앙을 지켜서 죽어 버리는 것입니다. 왜 어느 한 교회가 영원무궁해야 합니까? 순교란 하나님의 일하시는 놀라운 방법이 아닙니까? 한 알의 썩는 밀알이 되는 방법, 죽음에서 부활을 만들어 내시는 하나님의 방법이 우리에게 순교를 요구합니다. 교회는 마땅히 그래야 합니다. 보이는 것으로 힘을 가지려고 하지 마십시오. 예수님 안에 있는 것으로 힘을 가지십시오. 그것만이 우리의 무기가 되어야 합니다.

갈라디아서 5:16 이하의 말씀에서 결론으로 다음의 표현이 나옵니다. 갈라디아서 5:22-23에서 "오직 성령의 열매는 사랑과 희락과 화평과 오래참음과 자비와 양선과 충성과 온유와 절제니 이 같은 것을 금지할 법이 없느니라"고 하고서 24절에 "그리스도 예수의 사람들은 육체와 함께 그 정욕과 탐심을 십자가에 못 박았느니라"고 말씀합니다. 이 두 말씀을 비교해 볼 때 사람의 의와 하나님의 의를 이보다 더 분명하게 구분하고 있는 곳은 없는 것 같습니다.

우리는 기독교 신앙으로도 자기를 증명하고 싶어 합니다. 그러나 기독교 신앙은 예수님을 증명하는 것입니다. 예수님이 누구신가에 관한 싸움입니다. 그래서 그것은 예수님을 닮는 싸움이고 나를 버리는 싸움입니다. 내가 없어진다는 것은 나의 존재가 없어진다거나 나의 어떤 주권과 나의 고유한 요소들이 없어진다는 말이 아닙니다. 내가 하나님의 통치 안에 들어가 그 통치의 영광을 누리는 자가 된다는 뜻입니다. 이어지는 25-26

성화

절 말씀도 보십시다. "만일 우리가 성령으로 살면 또한 성령으로 행할지니 헛된 영광을 구하여 서로 노엽게 하거나 서로 투기하지 말지니라"(갈 5:25-26). 이제 분명해졌습니다. 우리의 싸움이 어디에 있는지 보십시오. 예수님 안에서 곧 십자가 안에서의 용서와 사랑이란 무엇을 말하는 것입니까? 우리가 서로 싸울 수 없다는 뜻입니다. 무엇인들 참을 수 없는 것은 없다는 뜻입니다.

그러나 자기 의를 주장하게 되면 어떻게 되겠습니까? 우리가 지금 다루고 있는 산상설교의 마태복음 7장에서 극명하게 드러나는 비판하는 의, 정죄하여 가지는 의, 긍정적이고 적극적인 자기 정체성의 내용은 없고 상대방을 비판하고 정죄해서만 증명되는 자기 의만 드러날 뿐입니다. 이러한 의는 예수 그리스도 안에서 그리스도를 닮아 용서하고 사랑하고 깊어지고, 하나님이 허락한 거룩한 것들로 채워지는 의와는 완전히 대비됩니다. 기독교 신앙이 자신을 채워 나가는 것이 되지 못하고 옆 사람을 손가락질하는 것이 된다면 그것은 기독교 신앙일 수 없습니다. 예수님이 그것을 위해 오시지 않았습니다. 세상을 구하려 오셨고 죄인들을 용서하려 오셨지 심판하러 오신 것이 아닙니다. 이것이 예수 그리스도의 성육신이며, 그의 수난이며, 우리를 구원한 은혜입니다. 우리는 그것으로 살아야 합니다.

신앙인으로 산다는 것은 여러분에게 주어지는 현실의 모든 위협과 시험 앞에서 하나님의 사람으로 사는 것을 뜻합니다. 문제를 해결하여 세상에 나를 증명하려고 할 것이 아니라, 예수님을 믿는 사람으로서 용서하고 성실히 살며 죽음도 각오해야 합니다. 그렇게 함으로써 예수님 안에 있는 하나님의 통치에 순종하는 자로서 싸움을 계속 해나가야 합니다. 그것이 여러분의 존재와 인생을 하나님께 맡기는 싸움이 되는 것입니다.

그렇게 산다고 여러분의 삶이 이 땅에서 형통해진다고는 약속되어 있지 않습니다. 순교로 갈 수 있습니다. 고난으로 갈 수 있습니다. 그러나 이

길을 가지 않는다면 기독교 신앙은 아닌 것입니다. 여러분이 이 문제를 제대로 이해하고 하나님의 통치에 대하여 제대로 항복하신다면 여러분의 마음에 평안과 기쁨이 있을 것입니다. 현실의 고통을 감내할 수 있습니다. 짐이 가벼워져서가 아니라 억울하지 않기 때문입니다. 이 신앙을 사십시오. 이것이 예수님이 오신 이유요, 예수님을 통해 하나님이 우리를 당신의 자녀로 삼으신 이유입니다.

12

낡아지는 겉사람

고후 4:16-18

그러므로 우리가 낙심하지 아니하노니 우리의 겉사람은 낡아지나 우리의 속사람은 날로 새로
워지도다. 우리가 잠시 받는 환난의 경한 것이 지극히 크고 영원한 영광의 중한 것을 우리에게
이루게 함이니 우리가 주목하는 것은 보이는 것이 아니요 보이지 않는 것이니 보이는 것은 잠
깐이요 보이지 않는 것은 영원함이라.

옛 사람의 잔재와 본성을 뜻하는 겉사람

고린도후서 4:16 말씀에서 겉사람은 낡아지나 속사람은 날로 새롭다는 표
현은 뜻밖에 많은 논란을 일으켰고, 논쟁이 되고 있는 내용 중 하나입니다.
가장 큰 오해는 겉사람과 속사람을 어떻게 이해하느냐에 있습니다.

예를 들면 『옥합을 깨뜨릴 때』라는 유명한 책이 있습니다. 겉사람이
깨지고 속사람이 드러난다는 생각은 그 자체가 다 틀린 것은 아닙니다. 그
럼에도 불구하고 신자들로 하여금 뭔가 인간이라는 존재가 겉사람이라는
본질과 속사람이라는 본질이 서로 분리되어 있는 존재로 오해받을 소지가
있습니다. 그래서 16-18절까지의 내용을 이해하려면 먼저 겉사람이나 속
사람이라는 표현을 본문을 통해 정확하게 이해할 필요가 있습니다.

우선 겉사람은 옛 사람과는 다릅니다.

우리가 알거니와 우리 옛 사람이 예수와 함께 십자가에 못박힌 것은 죄의 몸이 멸하여 다시는 우리가 죄에게 종노릇하지 아니하려 함이니(롬 6:6).

여기서 옛 사람은 구원받지 못한 사람으로서의 인간입니다. 즉, 자연인을 말합니다. 아담의 후손으로 태어나서 하나님의 영원한 형벌 아래 있는 자연인을 묘사하는 것이 바로 옛 사람입니다.

골로새서 3장에도 나옵니다.

너희가 서로 거짓말을 하지 말라. 옛 사람과 그 행위를 벗어 버리고 새 사람을 입었으니 이는 자기를 창조하신 이의 형상을 따라 지식에까지 새롭게 하심을 입은 자니라(골 3:9-10).

로마서 6:6에서 말하는 옛 사람은 본질적으로 구원 얻지 못한 인간, 아담의 후손으로 하나님의 영원한 형벌 아래 있는 인간을 말합니다. 그러나 골로새서 3:9에서 말하는 옛 사람과 그 행위를 벗어버리라고 할 때는 본질적인 존재로서가 아니라 구원을 얻었음에도 불구하고 아직 남아 있는 옛 사람의 행위, 옛 사람 식의 생각들을 말하는 것입니다. 우리 안에 옛 사람이라고 하는 요소를 갖고 있는 어떤 부분과 속사람이라고 하는 어떤 다른 부분, 다시 말해 서로 합할 수 없고 섞일 수 없는 어떤 두 부분이 결합되어 지금의 우리가 있다고 생각하지 말라는 것입니다. 옛 사람이라고 할 때는 분명히 구원 얻지 못한 존재, 혹은 하나님을 알지 못하는 사고방식, 성격, 삶의 방식, 원리를 말합니다. 그러나 겉사람이라고 말할 때는 옛 사람이라고 한 데서 보여준 요소들을 상징화한 것이 있습니다. 겉사람은 옛 사람이고 속사람은 새 사람인 것 같은 이분법은 아니기 때문에 하는 수 없이 겉사람이라는 말을 하나 만든 것입니다.

성화

우리는 옛 사람이라고 얘기할 수 없습니다. 우리는 새 사람입니다. 그러나 옛 사람이라는 본질적이고 운명적으로 존재론적인 옛 사람이 자기 안에 있을 수 있습니다. 하나님을 모르는 사고방식을 가진 옛 사람이 있습니다. 신자가 신자로서 가지고 있는 옛 사람 식의 사고방식 혹은 그 잔재와 본성을 가지고 있는데 그것을 표현하기 위해서 겉사람이라는 말을 도입했다고 얘기할 수 있습니다.

즉 옥합이 깨어지는 식, 그 향로를 넣어 둔 용기가 깨져야만 그 속에 있는 것이 드러나고 향기를 발하게 되리라는 것인데, 그것은 별로 좋은 방법이 아니라는 것입니다. 겉사람이 안에 있는 속사람의 내용과 삶의 소망 같은 것을 억압하고 있는, 우리 몸의 부정적인 부분인 것 같은 인상을 주기 때문입니다. 그러므로 옥합이 깨질 때라고 할 때는 겉사람과 속사람에서 연상되는 금욕적, 관념적이고 신비적인 발상을 하지 말아야 합니다. 왜냐하면 이 발상이 확장되면 영에 속한 사람이 나오기 때문입니다.

우선 고린도전서 2:14에 가면 "육에 속한 사람은 하나님의 성령의 일들을 받지 아니하나니 이는 그것들이 그에게는 어리석게 보임이요, 또 그는 그것들을 알 수도 없나니 그러한 일은 영적으로 분별되기 때문이라"고 말합니다. 육에 속한 사람은 하나님의 일을 받지 않고 하나님도 모르고 하나님도 섬기지 않는 불신자를 말합니다.

고린도전서 3:1에서는 "형제들아, 내가 신령한 자들을 대함과 같이 너희에게 말할 수 없어서 육신에 속한 자 곧 그리스도 안에서 어린아이들을 대함과 같이 하노라"고 합니다. 하나님 안에 들어와 있는 신자이면서도 아직 그리스도의 법을 따라 온전히 살지 못하고 옛 성품대로 살고 있는 어리석은 신자를 가리킬 때, 육신에 속한 자라고 합니다. 그러므로 겉사람은 육체에 속한 것이요 속사람은 정신에 속한 것이라는 식으로 나누지 말라는 말입니다. 육체는 악하고, 속에 있는 정신과 영은 거룩한 것이라는 식의 개념은 성경에 없습니다.

겉사람과 속사람에 대한 오해

예수님께서 바리새인들을 꾸중하신 것같이, 먹는 것이 문제가 아니라 속에서 나오는 것이 문제입니다. 사람에게서 나오는 것은 속생각입니다. 성경의 언어로 얘기하자면, 목구멍은 열린 무덤입니다. 이스라엘 무덤을 떠올려 보세요. 동굴에 시체를 넣고, 굴 입구를 돌로 막습니다. 열린 무덤에서 나오는 것은 썩은 물뿐이죠. 어디에서 나오는 겁니까? 속생각에서 나오는 것입니다. 어디가 썩은 거예요? 영혼이 썩어 있는 것이죠. 그런데도 우리는 육체가 썩어 있고 속은 멀쩡하다고 생각합니다. 그래서 겉사람, 속사람 이럴 때에도 자꾸만 육체적이고 물리적인 것은 악하고, 원래 생각은 괜찮다고 생각합니다.

실제 신앙생활에서 속으로는 착한 일을 하고 싶고 거룩한데도, 실제로는 못하는 것은 육신이 말을 안 들어서라고 생각하시죠? 그렇지 않습니다. '이렇게 할까, 저렇게 할까' 하다가 육신은 결국 속이 결정한 것을 좇아갑니다. 잘 아는 얘기 가운데 이런 것이 있지요. 처녀총각이 고수 동굴에 데이트를 갔는데 캄캄한 데서 총각이 꽉 끌어안으니까 처녀가 뭐라고 그랬대요? '이러면 안 돼요, 돼요, 돼요' 그랬다는 것 아닙니까?

'안 돼요'가 한 번 있었어요. 하고 싶은 게 더 많긴 했으나 하는 것이 죄인 줄은 알거든요. 그래서 '안 돼요'라고 한 번 한 것이죠. 그게 진짜 자기이고, 좇아간 것은 다 육신이라고 말하는데, 아닙니다. 속에서 말없는 다수가 찬성해서 간 것입니다. '안 됩니다'에 한 사람이 손들었고, 나머지는 시치미 떼고 '합시다'라고 해서 간 셈입니다. 우리는 육체가 악하다고 생각하는 버릇이 있습니다. 겉사람을 옛 사람으로 혼동하지 말라는 말입니다.

성화

옛 사람은 분명히 하나님을 모르는 사람입니다. 그러나 이 속사람과 겉사람은 신자를 비유하고 있습니다. 육신에 속한 사람이라고 하면 분명히 안 믿는 자라고 말해야 됨에도 불구하고 신자에게 그렇게 꾸중할 때가 있습니다. 예수를 믿는데도 신자에게는 아직 온전히 변화되지 못한 삶이 있습니다. 신분적 변화가 아닌 수준적 변화가 일어나지 못하고 옛 성품을 따라 사는 일들이 있습니다. 여기 고린도전서 3장 식으로 하면 그런 어리석은 신앙생활을 하고 어린아이 같은 수준에 있기 때문에 그런 자를 육신에 속했다고 하는 것입니다.

속사람이다, 겉사람이다라는 것은 어떤 신비한 차원의 이야기가 아니라 신자의 도리를 하느냐 못 하느냐는 차원의 문제입니다. 공부를 잘하는 학생과 못하는 학생의 차이가 무엇입니까? 공부를 열심히 하느냐 하지 않느냐의 차이입니다. 공부 잘하는 학생이 갑자기 눈이 뒤집힌다거나 공부 못하는 학생의 눈이 갑자기 가운데로 쏠리지 않습니다. 신기하게 생긴 것도 아니고 생각하는 데 있어서 본질적인 차이가 있는 것도 아닙니다. 그래서 괜찮게 생겼는데 공부를 못하는 학생에게 '멀쩡히 생겨 가지고 왜 공부는 안 하니?'라고 말하게 됩니다. 특히 범죄자, 사기꾼의 사진이 신문이나 TV에 나올 때면 깜짝 놀라곤 합니다. '저 얼굴 가지고 사기는 왜 쳤을까?' 싶습니다.

우리가 자칫 잘못하면 겉사람과 속사람도 분리시켜 겉사람은 육체에 속하고 속사람은 영혼에 속한다는 식으로, 다시 말해 육에 속하고 영에 속하는 전혀 다른 두 개의 차원이 있는 것처럼 생각하는 수가 있습니다. 아닙니다. 이것은 성경이 말하는 신앙 문제를 푸는 방법이 아닙니다. 둘이 똑같은데 한 쪽은 공부를 했고, 한 쪽은 공부를 안 한 것처럼 신령한 자와 육에 속한 사람이 나뉘는 것입니다.

내가 이르노니 너희는 성령을 따라 행하라. 그리하면 육체의 욕심을 이루지 아니하리라(갈 5:16).

성령을 좇아 행하는 사람은 영에 속한 사람입니다. 육체를 좇아가는 사람은 육에 속한 사람입니다. 그런데 성령을 좇는 것과 육을 좇는 것이 무엇으로 구별됩니까? 성령을 좇으면 얼굴에서 빛이 나고 목소리가 거룩해지고 눈꺼풀이 떨리는 반면 육에 속하면 얼굴에 기름기가 흐르고, 눈이 커지는 것으로 확인되는 것이 아닙니다. 그 열매를 보라는 것입니다. 생긴 것으로도 모르고, 하는 짓으로도 모르겠다는 것입니다.

그래서 하는 짓이 명분이 있고 이상적이라고 하더라도 '꼭 그렇다'고 말할 수 없는 이유가 마태복음 7장에 나옵니다.

그날에 많은 사람이 나더러 이르되 주여, 주여, 우리가 주의 이름으로 선지자 노릇 하며 주의 이름으로 귀신을 좇아 내며 주의 이름으로 많은 권능을 행하지 아니하였나이까 하리니 그때에 내가 그들에게 밝히 말하되 내가 너희를 도무지 알지 못하니 불법을 행하는 자들아 내게서 떠나가라 하리라(마 7:22-23).

선지자 노릇하는 것, 그것도 주를 위해서 선지자 노릇하고 주를 위해서 귀신을 좇아내고 주를 위해서 많은 권능을 행했음에도 불구하고 그들은 영에 속한 자가 아니라 육에 속한 자입니다. 영에 속한다는 것은, 그 명분과 방향과 목적이 옳다고 할지라도 명분에서, 표정에서, 행동에서 나오는 것이 아니라 열매에서 나온다는 것입니다.

성화

영에 속한다는 것은 새 사람을 입는 것

영에 속한 자들은 사랑과 희락과 화평과 오래 참음과 자비와 양선과 충성과 온유와 절제가 있는 자입니다. 이것이 영에 속한 사람이지, 영에 속해서 얼굴이 빛나고 이마에 거룩이라는 글자가 나타나며 죄를 지은 사람이 그 거룩한 사람을 쳐다보면 눈이 멀게 하는 것이 영에 속한 것이 아니라는 얘기입니다.

갈라디아서 5:22에 보면, 성령의 열매 속에 화평과 오래 참음과 자비와 절제가 나오지 않습니까? 이런 것은 모두 영에 속했으되 그 모든 조건과 당하고 있는 일이 기쁨과 평화로만 연결될 수 없는 상황임을 얘기해 줍니다. 오래 참아야 되는 것입니다. 오래 참아야 된다는 것은, 그가 해결되지 않는 문제를 안고 있다는 것 아닙니까? 영에 속하면 해결되지 않는 문제가 없다고요? 이렇게 말하는 사람이 건강하게 정상적인 신앙생활을 하는 사람을 넘어뜨립니다. 이것은 약 올리는 말입니다. 옳은 믿음을 가지면 안 되는 일이 없다고요? 그러면 왜 절제가 필요합니까? 절제라는 것이 무엇입니까?

나는 알고 있고, 내가 옳지만 상대방을 위해서 내가 참아야 합니다. 비록 정답이지만 이 정답을 아무 때나 꺼내 놓는다고 해서 상대방에게 유익이 되는 것은 아닙니다. 사랑은 오래 참고, 자기의 유익을 구치 않는 것이기 때문입니다. 상대방은 지금 하는 것이 뭔지 모르고 말려도 소용이 없을 때가 있습니다. 기다리는 수밖에 없습니다. "내가 너한테 말했다, 경고했다, 그러니까 이제부터는 네 책임이다." 이것은 정답이 아닙니다. 상대방이 틀렸다는 것을 뻔히 알지만 기다려야 합니다. 상대방이 그것을 극복하고 납득할 때까지 기다려야 합니다.

주님께서 십자가에 못 박혀 죽으셔야 된다는 것을 제자들에게 알리자 베드로가 그 앞을 가로막아 섰지요. "주여, 이 일이 결코 주께 미치지 못할 것입니다." 그러자 예수님께서 말씀하십니다. "사탄아, 내 뒤로 물러가라." 그리고 특별히 베드로에게 이런 예언을 하시지요. "시몬아, 시몬아, 사탄이 밀 까부르듯 하려고 너희를 청구하였으나 내가 허락지 아니하였노라. 너는 돌이킨 후에 내 형제들을 굳게 하라." 베드로가 주님 자신을 부인할 것을 아십니다. 기왕이면 그런 일이 없으면 얼마나 좋겠습니까? 그러나 부인할 것을 아시면서도 주님께서 용납하시는 이유는, 그런 후에야 베드로가 대사도다워지기 때문입니다.

'난 한 번도 의심한 적이 없어. 난 한 번도 실패한 적이 없어. 난 한 번도 죄를 생각해 본 적이 없어.' 이것은 식물인간이지요. 제대로 된 생각과 사고방식이 없으니까 멀쩡한 것을 보고도 유혹을 받지 않고, 멀쩡한 것을 보고도 시험이 안 되는 것입니다. "나는 탐욕을 품은 적이 없어"라고 말하는 것은 의욕이 없다는 것인지도 모릅니다. '나는 무엇을 봐도 시험당하지 않아. 나는 여자를 보고도 다른 생각이 안 들어.' 이것은 어차피 딱지 맞을 거니까 그렇죠. 이런 것은 극복했다는 표가 아닙니다.

내가 극복한 것이 다는 아닙니다. 하나님께서는 모두가 극복하고 모두가 하나님께서 원하시는 거룩함과 영광의 자리에 이르기를 바라십니다. 상대방이 넘어오기를 간절히 기다리면서, 내 책임을 회피하기 위한 충고가 아닌, 상대방에게 직접적으로 도움이 되는 말을 해줘야 합니다. 그것이 영에 속한 것입니다.

영에 속한 것은 너무 거룩해서 눈이 올라간 것이 아닙니다. 영에 속해서, 밤낮 올려다봐서 눈이 올라간 것은 영에 속한 게 아니라 스스로 도취되어 있는 것입니다. 그런 것을 영에 속했다고 하지 않습니다. 이런 얘기를 자꾸 하는 이유는 이것을 무슨 차원이나 존재 자체, 어떤 신비한 비약으로 이해하지 않게 하려는 데 있습니다.

진리가 예수 안에 있는 것같이 너희가 참으로 그에게서 듣고 또한 그 안에서 가르침을 받았을진대 너희는 유혹의 욕심을 따라 썩어져 가는 구습을 따르는 옛 사람을 벗어 버리고 오직 너희의 심령이 새롭게 되어 하나님을 따라 의와 진리의 거룩함으로 지으심을 받은 새 사람을 입으라(엡 4:21-24).

새 사람을 입는 것이 영에 속한 것입니다. 존재와 차원의 신비로운 문제만이 아닙니다. 구습을 좇는 옛 사람을 벗어 버리지 못하고 있으면 육에 속한 사람입니다. 그러면 영에 속한 사람은 어떤 사람인가 보십시오.

그런즉 거짓을 버리고 각각 그 이웃과 더불어 참된 것을 말하라. 이는 우리가 서로 지체가 됨이라. 분을 내어도 죄를 짓지 말며 해가 지도록 분을 품지 말고 마귀에게 틈을 주지 말라. 도둑질하는 자는 다시 도둑질하지 말고 돌이켜 가난한 자에게 구제할 수 있도록 자기 손으로 수고하여 선한 일을 하라. 무릇 더러운 말은 너희 입 밖에도 내지 말고 오직 덕을 세우는 데 소용되는 대로 선한 말을 하여 듣는 자들에게 은혜를 끼치게 하라(엡 4:25-29).

이것이 영에 속한 것입니다. 이것이 신비한 것이고 이것이 거룩한 것입니다. 신비롭고 거룩한 것은 초자연적이고 호기심을 자극하는 것들이 아닙니다. 하나님께서 물론 우리에게 도전을 주시고 분발하게 하시며, 강력하게 초월적으로 간섭하시거나 경험하게 하실 수 있습니다. 여러분이 방언이나 예언의 은사를 가졌을지 모릅니다. 하나님이 남들에게 주시지 않은 특별한 체험을 주셨을 수도 있습니다. 하지만 그 모든 것들이 다 거짓을 버리는 것, 참된 것을 말하는 것, 분을 품지 않고 성실하게 일하는 것으로 나타나지 않으면 영에 속한 사람이라고 말할 수 없습니다. 성경은 남모르는 체험이나 확신이 있는 것을 영에 속했다고 말하지 않습니다.

본문으로 돌아와서 겉사람이 후패하다는 것은 바로 이것입니다. 겉사람이란, 하나님을 모르는 자연인, 아담의 후손으로서의 옛 사람의 죄인 된 후패함의 성격과 운명을 나타낼 때 겉사람이라고 합니다. 속사람은 재창조된 성도로서 새 사람이라고 합니다. 완성을 향하여 나가는, 하나님 앞에 변화되어 설 사람이 속사람입니다.

겉사람이 낡아지는 이유

그러면 왜 속사람이라고 하고 겉사람이라고 합니까? 겉사람은 보이는 것을, 속사람은 보이지 않는 것을 얘기한 것은 겉사람이 피지컬(physical)하기 때문이 아닙니다. 우리가 이미 사람의 성격, 모습, 가려는 방향, 생각 등을 다 알고 있기 때문에 그것을 겉사람이라고 하는 것입니다. 반면 재창조되어 하나님 앞에 설 변화될 속사람이란 이 세상에서는 완성된 실체가 보이지 않기 때문에 속사람이라는 말을 쓰고 있습니다. 그것은 불가시적, 불가현적 상징으로서 나타나게 된 것입니다. 영 안에 있거나 정신이기 때문이 아니라, 우리의 변화된 모습이 어떤 모습일지는 모르기 때문입니다. 그 변화된 몸은 바울의 말처럼 꽃씨를 심어서 꽃이 된 것과 같고, 애벌레가 나비가 되는 것과 같은 변화이기 때문에 지금 이 세상에서는 보지 못합니다. 우리는 이 세상에서 점점 더 주를 닮아가고 거룩함을 향해 가고 있지만, 어차피 주 앞에 가야 완전한 실체를 보게 될 것입니다. 현재는 보이지 않고 종말론적인 완성이 일어나야 만날 수 있기 때문에, 속사람이라는 말을 쓰는 것입니다. 이것이 겉사람과 속사람이라고 쓴 이유입니다.

그러면 왜 겉사람이 낡아져야 하는 것일까요? 왜 우리의 겉사람은 늘 쇠퇴해야 하는 겁니까? 겉사람은 이 세상에 태어날 때의 자연인, 죄인 된 운명의 성격과 그 운명을 상징하는 것이라고 하지 않았습니까? 그것을 상징해서 겉사람이라고 했지요. 결국 겉사람은 하나님을 모르는 모습과 본질을 갖고 태어난 것이고, 속사람은 하나님께서 옛 사람을 새 사람으로 변환시켜서 완성한 사람을 상징하는 것입니다. 이 둘은 붙어 있는 것 중에서 하나를 떼어 내는 것이 아니라, 전에는 옛 사람이었다가 예수 그리스도를 믿어 새 사람으로 한꺼번에 바뀐 것입니다.

따라서 겉사람의 낡아짐은 하나님이 우리를 새롭게 재창조하심으로 완성되는 점진성과 완성을 향하여 나아가는 속사람의 발전에 반비례할 수밖에 없지 않습니까? 속사람의 완성은 결국 겉사람의 낡아짐으로 나타날 것입니다. 하나님이 지금도 우리에게 간섭하셔서 예수 그리스도로 말미암아 재창조하셨고, 새롭게 출생시키셨을 뿐 아니라 완성으로 이끌어 가고 있는 것을 나타내는 표가 이 겉사람의 낡아짐입니다.

사도 바울이 이런 얘기를 하는 이유는, 결국 세상 사람들이 갖고 있는 가치들, 하나님을 모르는 본질상 하나님의 진노의 대상인 자연인의 가치와 성품과 생각과 생활방식이 신자에게서는 거부되고 실패해야 하기 때문입니다.

세상 사람들은 속사람이 없습니다. 속사람이 없다는 것은 하나님께서 약속하신 영원한 나라에서의 소망과 유업과 약속이 없다는 것입니다. 지금 이 세상에서 가진 것이 전부입니다. 그들에게는 전진하고 점진적으로 발전하여 영원한 나라에서 완성될 것이 없습니다. 그러므로 상대적으로 완성이 진행되면 진행될수록 반비례해서 쇠퇴해 가는 겉사람의 후패가 없습니다. 하지만 신자는 마땅히 하나님이 예수 그리스도로 말미암아 구속하신 자녀들을 인도하시므로 겉사람의 후패가 나타날 수밖에 없지 않겠습니까? 그래서 신자에게는 세상적인 것에 자꾸 문이 닫힙니다. 실패합니다. 이것이 신자에겐 너무나 당연한 일입니다.

예수를 잘 믿었더니 몸이 건강하고 사업도 잘된다는 것은 그리 자랑할 것이 아닙니다. 물론 건강하고 사업이 잘 되는 것을 뭐라고 할 것은 없습니다. 그러나 그것만으로 가치를 가질 뿐 영적인 것과 비례하지는 않습니다. 오히려 신자의 생애 속에서는 하나님이 필요에 따라서 건강이나 지식이나 경제력을 주십니다. 하지만 신자의 생애 전체를 놓고 보자면 하나님이 신자를 세상에서 막다른 골목으로 몰아넣으시는 일이 누구에게나 있어야 하고 훨씬 많아야 합니다. 그것이 없다면 여러분은 참 신자가 아닌 것입니다. "교회에서 기도했더니 애도 공부 잘하고 남편도 돈 잘 벌어 오고, 나도 아픈 적이 없네요." 그렇다면 "당신은 신자가 아닌 모양입니다" 그러세요. 그것은 자랑이 아니고 간증은 더 더욱 아닙니다.

간증은 이것입니다. "고난받기 전에는 내가 하나님을 알지 못했는데 고난을 당해서 하나님을 더 알게 되었고 말씀이 꿀송이보다 더 달게 되었습니다." "고난을 당하기 전에는 내가 하나님에 대해서 귀로 듣는 정도였는데 이제 눈으로 보며 매일 아침저녁 하나님을 뵙기 전에는 잠이 안 옵니다." 이게 신자입니다. 세상적인 일로 편안하고 싶어서 기도한다면 그것은 기도일 수도 없습니다.

왜 사도 바울이 이런 얘기를 했습니까? 고린도 교회의 교인들이 신령한 것과 신앙의 척도를 무엇으로 잡고 있었습니까? 세상적인 가치로 잡고 있었습니다. 거짓 교사들이 들어와서 자기네들이 정당한 사도라고 하는데, 쉽게 말해서 저들은 바울보다 잘생겼고 말도 잘하고 세상적인 가치 면에서 바울보다 뛰어납니다. 그것이 그들의 자격증이었습니다.

그래서 바울이 이렇게 꼬집는 것입니다. "신자는 세상적인 것으로 자기를 증명할 방법이 없노라." 세상적인 조건에서는 오히려 문이 닫히고 막다른 골목으로 가게 되는 것이 당연한데, 그 이유는 우리가 하나님의 사람으로, 하나님이 요구하는 자리로 가야 하기 때문입니다. 하나님의 나라로 가면 갈수록 세상과 멀어질 수밖에 없습니다. 이것이 성경이 가르치는 것입니다.

하나님께서는 단순하게 고난만을 고집하시는 것이 아닙니다. 모든 일에서 하나님은 우리를 세상의 가치와 세상의 궁극적인 목표를 향해 가지 않도록 간섭하십니다. 영원한 것을 생각하고 하나님의 눈동자를 의식하며 하나님이 무엇을 기뻐하실까 생각하며 세상의 것을 내려놓을 수밖에 없는 것이 신자의 현실입니다. 마음 아파하지 마십시오. 주변에서 뭐라고 하거나 신랄하게 비판하는 자들이 있다면 잊어버리십시오. 진정한 신자라면 겉사람의 낡아짐이 당연히 나타나는 것입니다. 또한 그것은 속사람이 노력하지 않거나 잊고 있을 때까지도 하나님이 간섭하시고 책임지시기 때문에 이런 일이 일어나는 것임을 기억하십시오.

신앙생활하면서 좋고 형통한 일보다는 어려운 일이 많은 것이 당연한 일이요, 당연할 뿐 아니라 기뻐해야 할 일입니다. 여러분이 하나님의 손에 인도되어 복된 나라로 보호받고 인도되는 길인 것을 아시고 감사하십시오. 혹시 세상의 것으로 보상받은 이들이 옆에서 뭐라고 그러거든 내버려 두십시오.

2

성화의 삶

13

자유의 절제

고전 10:6-7

이러한 일은 우리의 본보기가 되어 우리로 하여금 그들이 악을 즐겨 한 것같이 즐겨 하는 자가
되지 않게 하려 함이니 그들 가운데 어떤 사람들과 같이 너희는 우상숭배하는 자가 되지 말라.
기록된 바 백성이 앉아서 먹고 마시며 일어나서 뛰논다 함과 같으니라.

부르심의 목적에서 이탈함

우리가 지금 생각하는 본문의 내용은 우상 제물 먹는 문제에 관한 것입니
다. "우상 제물을 먹는 것이 죄냐 아니냐" 하는 아주 간단한 신자의 자세를
묻는 질문으로부터 "신자들이 그 문제에 대해 어떻게 이해하고 답해야 하
는가" 하는 훨씬 깊은 삶의 원리와 행동 규범까지를 추적하고 있습니다.
사도 바울은 이 10장에서 이스라엘 백성을 예로 들어 권면하고 있습니다.
우리는 우리에게 허락된 모든 것을 우리의 욕심이나 즐거움이 아닌 주를
위해서 절제해야 합니다. 우리는 이러한 신자의 중요한 삶과 행동의 원리
를 배워 나가고 있습니다.

본문은 출애굽 사건 때 홍해를 건너고 신령한 음료와 식료를 먹었던
자들이, 그 후에 광야에서 어떻게 죽어갔는가를 말해줍니다. 구원 얻은 후
성화의 과정에서 하나님의 사람들이 영원한 상급을 받기에 합당한 자로

성화

사는 것과 그렇지 못한 것을 이스라엘의 실패를 예로 들어서 경고하는 장면입니다. 첫 번째로 예를 든 것은 7절입니다. "그들 가운데 어떤 사람들과 같이 너희는 우상숭배하는 자가 되지 말라. 기록된 바 백성이 앉아서 먹고 마시며 일어나서 뛰논다 함과 같으니라"(고전 10:7). 먼저 원래 사건인 출애굽기 32장을 통해 본문이 뜻하는 바를 분명히 살펴보겠습니다.

> 백성이 모세가 산에서 내려옴이 더딤을 보고 모여 백성이 아론에게 이르러 말하되 일어나라. 우리를 위하여 우리를 인도할 신을 만들라. 이 모세 곧 우리를 애굽 땅에서 인도하여 낸 사람은 어찌 되었는지 알지 못함이니라. 아론이 그들에게 이르되 너희의 아내와 자녀의 귀에서 금 고리를 빼어 내게로 가져오라. 모든 백성이 그 귀에서 금 고리를 빼어 아론에게로 가져가매 아론이 그들의 손에서 금 고리를 받아 부어서 조각칼로 새겨 송아지 형상을 만드니 그들이 말하되 이스라엘아 이는 너희를 애굽 땅에서 인도하여 낸 너희의 신이로다 하는지라. 아론이 보고 그 앞에 제단을 쌓고 이에 아론이 공포하여 이르되 내일은 여호와의 절일이니라 하니 이튿날에 그들이 일찍이 일어나 번제를 드리며 화목제를 드리고 백성이 앉아서 먹고 마시며 일어나서 뛰놀더라(출 32:1-6).

우리가 조금 전에 보았던 "앉아서 먹고 마시며 일어나서 뛰논다"(고전 10:7)는 표현은 사도 바울이 출애굽기 32:6을 인용한 말씀입니다. 이는 출애굽한 뒤 시내산에 이르러 이스라엘 백성이 하나님의 율법을 받으러 간 모세를 기다리다가 금송아지를 만들어 우상을 숭배했던 사건입니다. 사도 바울이 고린도전서 10장에서 이 사건을 어떤 맥락에서 인용했으며, 그 목적이 무엇인가를 살펴보겠습니다.

이 사건을 분명히 알기 위해서는 출애굽기 32장 이전의 내용을 알 필요가 있습니다. 하나님이 모세를 부르셨을 때의 장면입니다.

모세가 하나님께 아뢰되 내가 누구이기에 바로에게 가며 이스라엘 자손을 애굽에서 인도하여 내리이까. 하나님이 이르시되 내가 반드시 너와 함께 있으리라. 네가 그 백성을 애굽에서 인도하여 낸 후에 너희가 이 산에서 하나님을 섬기리니 이것이 내가 너를 보낸 증거니라(출 3:11-12).

하나님이 모세를 부르셔서 하실 일은 모세를 보내서 이스라엘 백성을 애굽에서 구해내는 것이었습니다. 그러나 그 구원이라는 것에서는 출애굽과 가나안 입성을 분리되는 것으로 이해해서는 안 됩니다. 불러내는 목적이 무엇입니까? 11-12절에 "애굽에서 인도하여 낸 후에 너희가 이 산에서 하나님을 섬기리니"라고 합니다. 그러면 시내산에 온 이유가 무엇입니까? 시내산에 와서 모세는 하나님께 올라가서 40주야를 있으면서, 하나님의 백성들에게 필요한 하나님의 법도를 받아옵니다. 그중에는 성막과 제사, 이스라엘 백성이 어떻게 살아야 하는가, 어떻게 하나님을 섬겨야 하는가 하는 하나님을 섬기는 법도 있습니다. 죄를 범치 말라는 하나님의 요구에 대한 여러 규칙들도 받아왔습니다.

제사장 나라로 삼으심

19장으로 가면 출애굽 사건이 끝나고 시내산에 왔을 때의 장면이 기록되어 있습니다.

이스라엘 자손이 애굽 땅을 떠난 지 삼 개월이 되던 날 그들이 시내 광야에 이르니라. 그들이 르비딤을 떠나 시내 광야에 이르러 그 광야에 장막을 치되 이스라엘이 거기 산 앞에 장막을 치니라. 모세가 하나님 앞에 올라가니 여호와께서 산에서 그를 불러 말씀하시되 너는 이같이 야곱의 집에 말하고 이스라엘 자손들에게 말하라. 내가 애굽 사람에게 어떻게 행하였음과 내가 어떻게 독수리 날개로 너희를 업어 내게로 인도하였음을 너희가 보았느니라. 세계가 다 내게 속하였나니 너희가 내 말을 잘 듣고 내 언약을 지키면 너희는 모든 민족 중에서 내 소유가 되겠고 너희가 내게 대하여 제사장 나라가 되며 거룩한 백성이 되리라. 너는 이 말을 이스라엘 자손에게 전할지니라. 모세가 내려와서 백성의 장로들을 불러 여호와께서 자기에게 명령하신 그 모든 말씀을 그들 앞에 진술하니(출 19:1-7).

우리는 구약을 읽을 때마다 이스라엘 백성만을 하나님이 사랑한 것으로, 구원의 대상이 이스라엘 백성만인 것으로 생각합니다. 하지만 그 직분 상 독특한 위치일 수는 있어도 이스라엘 백성만이 하나님의 유일한 구원의 대상은 아니라는 것을 발견합니다. 그들은 구원을 받았을 뿐만 아니라 하나님이 구원하시려는 모든 만민들 앞에 제사장 나라로 부름을 받은 것입니다.

신자는 그가 얻은 바, 구원의 궁극적인 목적지인 하나님의 영광에 이르러야 합니다. 동시에 그 과정 속에서 하나님이 우리를 부르신 것과 우리에게 허락하신 것이 무엇인지를 증명해야 합니다. 성화되면서 동시에 증인으로 서는 것입니다. 신자에게 이 두 가지는 권리이자 특권이면서 책임이기도 한 셈입니다.

하나님은 이스라엘 백성을 불러내어 시내산 앞에 이르게 하신 뒤, 거룩한 백성, 제사장 나라로 세우기 위해 모세를 불러 올리셨습니다. 이때 이스라엘 백성이 하나님을 배반하지 않게 하시려고 직접 나타나 말씀하셨습니다. 출애굽기 20:18을 봅시다.

뭇 백성이 우레와 번개와 나팔 소리와 산의 연기를 본지라. 그들이 볼 때에 떨며 멀리 서서 모세에게 이르되 당신이 우리에게 말씀하소서. 우리가 들으리이다. 하나님이 우리에게 말씀하시지 말게 하소서. 우리가 죽을까 하나이다. 모세가 백성에게 이르되 두려워하지 말라. 하나님이 임하심은 너희를 시험하고 너희로 경외하여 범죄하지 않게 하려 하심이니라(출 10:18-20).

모세를 부르실 때 하나님은 백성들에게 하나님이 얼마나 두려우신 분인가를 분명하게 알리셨습니다. 하나님을 경외하고 배반하지 않게 할 증거를 제시하셨습니다. 그리고 모세를 부르셔서 율법을 전해 주셨습니다. 24장에서 모세는 중간에 내려왔고 약속을 받았습니다.

또 모세에게 이르시되 너는 아론과 나답과 아비후와 이스라엘 장로 칠십 명과 함께 여호와께로 올라와 멀리서 경배하고 너 모세만 여호와께 가까이 나아오고 그들은 가까이 나아오지 말며 백성은 너와 함께 올라오지 말지니라. 모세가 와서 여호와의 모든 말씀과 그의 모든 율례를 백성에게 전하매 그들이 한 소리로 응답하여 이르되 여호와께서 말씀하신 모든 것을 우리가 준행하리이다(출 24:1-3).

그리고 다시 산으로 올라갑니다.

모세가 그의 부하 여호수아와 함께 일어나 모세가 하나님의 산으로 올라가며 장로들에게 이르되 너희는 여기서 우리가 너희에게로 돌아오기까지 기다리라. 아론과 훌이 너희와 함께 하리니 무릇 일이 있는 자는 그들에게로 나아갈지니라 하고(출 24:13-14).

모세는 자기가 없는 동안의 일을 아론과 훌에게 부탁하고 하나님께 올라갔습니다. 하지만 모세가 산에서 내려오지 않자 백성들은 아론에게 우리를 인도할 신을 우리를 위해 만들라고 요구합니다.

> 백성이 모세가 산에서 내려옴이 더딤을 보고 모여 백성이 아론에게 이르러 말하되 일어나라. 우리를 위하여 우리를 인도할 신을 만들라. 이 모세 곧 우리를 애굽 땅에서 인도하여 낸 사람은 어찌 되었는지 알지 못함이니라(출 32:1).

하나님이 이스라엘 백성을 종 되었던 애굽 땅에서 불러내어 하나님의 소유로 삼고 제사장 나라로 불러서 어떻게 살아야 하며, 무엇을 해야 하는가를 말씀하시기 위해 대기시켜 놓은 상태였습니다. 그런데 기다리던 백성들은 자기들이 구원을 얻고 애굽의 종이 아닌 하나님의 소유가 된 것을 잊었습니다. 이 모든 일의 주인이 누구인지를 잊고 자기들이 주인이 된 것입니다. 이전에 애굽에 있을 때는 애굽이 주인이었습니다. 애굽 왕 바로가 그들의 주인이었습니다. 애굽 왕 바로가 시키는 대로 할 수밖에 없었습니다.

자유를 육체의 기회로 삼음

구원을 얻는다고 해서 금방 자유자가 되는 것이 아닙니다. 우리가 로마서에서 배운 것처럼 죄에 대해서만 자유를 얻는 것입니다. 죄에 대해서 자유하다는 것은 더 이상 죄의 노예가 아니라는 말입니다. 그 자유는 이제 내 마음대로 해도 좋다는 것은 아닙니다. 출애굽기 32:1에서의 가장 중요한 초점은 하나님의 소유로 부름 받은, 즉 구원을 얻는 하나님의 백성이 하나님의 명령을 들어야 하는 시점에 있는데도 백성들은 "우리를 위해 우리를 인도할 신을 만들라"고 요구한다는 것에 있습니다. 결국 '우리를 위하여 우리를 인도할 신'은 하나님이 아니라 자기 자신이 되고 마는 것입니다. 신자의 가장 어려운 싸움 중 하나는 죄로부터 자유한 자가 하나님 앞에 순종해야 하는 위치를 잊고 그 자유를 가지고 자신의 육체의 기회로 삼는다는 것입니다.

이스라엘 백성들이 뭘 만들었습니까? 금송아지입니다. 송아지는 당시 애굽의 우상 중의 하나였습니다. 재미있지 않습니까? 백성들이 애굽으로부터 나왔습니다. 하나님을 섬기고 하나님의 소유가 된 백성이 애굽으로부터는 자유하였으나 하나님을 주인으로 섬길 것을 거부했습니다. 그러고는 자기네가 마음대로 할 수 있는 주인을 섬기는 것입니다. 그건 사실 '자신'입니다. 인간은 언제나 자신의 욕심을 채우기 위하여 종교적 의미와 명분을 부여한 신을 만드는데, 그 신은 실상 자기가 만든 신인 것입니다. 이것이야말로 인간이 언제나 반복하여 저지르는 눈 가리고 아웅하는 행위입니다.

스데반은 사도행전 7장에서 이 사건에서 무엇이 잘못되었는지를 정확하게 지적합니다. 사도행전 7:39, 스데반의 설교 중에 나오는 대목입니다.

우리 조상들이 모세에게 복종하지 아니하고자 하여 거절하며 그 마음이 도리어 애굽으로 향하여 아론더러 이르되 우리를 인도할 신들을 우리를 위하여 만들라. 애굽 땅에서 우리를 인도하던 이 모세는 어떻게 되었는지 알지 못하노라 하고 그때에 그들이 송아지를 만들어 그 우상 앞에 제사하며 자기 손으로 만든 것을 기뻐하더니(행 7:39-41).

여기서 우리는 백성들의 마음이 애굽으로 돌아서고 자기 손으로 만든 신을 기뻐했다면, 이 우상숭배에 실제로 어떤 내용이 감추어져 있는가를

성화

살펴볼 수 있습니다. 죄의 노예로부터 하나님의 소유로, 거룩한 백성으로 구원을 얻은 신자가 하나님을 주인으로 섬기며 복종하고 순종하는 자세로 들어가지 않은 것입니다. 죄로부터 자유롭게 된 것을 도리어 자기가 주인이 되는 방종의 기회로 삼게 되어 자기 욕심대로 했습니다. 종교적인 명분과 형식으로 감춘 채 실상은 자기가 주인 노릇을 한 것이었습니다. 이때 신은 애굽 사람들이 섬겼던 신과 방불한, 즉 하나님이 아닌 사람의 손으로 만든 신, 다시 말해서 자기가 하고 싶은 것을 명분만 그럴듯하게 내세운 우상이 될 수밖에 없다는 것을 보여주고 있습니다.

시편 106편에서는 이 사건을 이렇게 언급합니다.

그들이 호렙에서 송아지를 만들고 부어 만든 우상을 경배하여 자기 영광을 풀 먹는 소의 형상으로 바꾸었도다. 애굽에서 큰 일을 행하신 그의 구원자 하나님을 그들이 잊었나니 그는 함의 땅에서 기사와 홍해에서 놀랄 만한 일을 행하신 이시로다(시 106:19-22).

하나님을 잊었다고 분명히 얘기합니다. 그들의 마음이 애굽으로 돌아섰으며, 하나님을 잊은 것이라고 말합니다. 하나님을 잊은 것은 의도적이었다는 말입니다. 그들은 하나님을 섬길 마음이 없습니다. 그들은 자기들이 얻은 자유로 육체의 기회를 삼으려고 했지, 그것으로 하나님께 순종할 마음은 없는 것입니다.

다시 본문으로 돌아가면, 이스라엘 백성들이 행한 일을 네 가지의 예를 들어서 설명합니다. 6절입니다. "이러한 일은 우리의 본보기가 되어 우리로 하여금 그들이 악을 즐겨 한 것같이 즐겨 하는 자가 되지 않게 하려 함이니." 8절 '간음하지 말라', 9절에 '시험하지 말라', 10절에 '원망하지 말라'는 네 가지 구약의 사건입니다. "이스라엘 백성이 구원을 얻고 하나님의 백성이 되었음에도 불구하고 왜 영원한 상급을 받는 일에 실패하고 광야에서 멸망할 수밖에 없었는가?"에 대해서, 저들이 실수를 했기 때문이라고 말해 줍니다. 즉 죄를 지었기 때문입니다. 그 죄는 바로 우상숭배입니다. 이를 6절에서 "그들이 악을 즐겨 한 것같이 즐겨 하는 자가 되지 않게 하려 함이니"라고 적었습니다. 여기서 "즐겨 한다"는 표현은 약간 성적인 표현입니다. 음란한 쪽으로의 열심을 말합니다.

실제로 고린도전서 10:7에서 인용한, "이튿날에 그들이 일찍이 일어나 번제를 드리며 화목제를 드리고 백성이 앉아서 먹고 마시며 일어나서 뛰놀더라"(출 32:6)는 표현은, 성적 광란을 의미합니다. 무슨 축제를 하고 있는 정도가 아니고 그 축제가 상당히 난잡해져 있는 것을 말합니다. 이런 일은 오늘날에도 있습니다. 여기서 저는 인류가 언제나 똑같은, 아주 기가 막힌 존재라는 생각을 합니다. 요즘도 사육제라는 것을 하죠. 사육제 페스티벌을 하는 유명한 곳이 브라질입니다. 이 사람들이 종교적인 축제를 하는 건지 모두 다 미친 건지 모를 정도로 그 모습이 상당히 성적으로 타락해 있는 것을 볼 수 있습니다. 본문이 바로 그런 내용입니다. 우상을 앞세워서 이런 일을 했던 것입니다.

그 우상에 대해서는 "아론이 그들의 손에서 금 고리를 받아 부어서 조각칼로 새겨 송아지 형상을 만드니 그들이 말하되 이스라엘아, 이는 너희를 애굽 땅에서 인도하여 낸 너희의 신이로다 하는지라"(출 32:4)고 했습니다.

아론이 송아지를 만들고는 "너희를 인도하여 낸 신"이라고 했습니다. 이것을 '여호와 이단'이라고 합니다. 하나님은 그런 분이 아닙니다. 이스라엘 백성들은 출애굽의 자유를 누리는데, 그 자유를 육체의 기회로 삼았습니다. 그러면서 이런저런 명분을 다 갖다 붙였습니다. 하나님이 우리를 애굽에서 구원하셨고, 이 자유를 주셨기 때문에 하나님께 경배한다는 것입니다.

5-6절에서는 "내일은 여호와의 절일이니라 하니 이튿날에 그들이 일찍이 일어나"라고 말합니다. 왜 일찍 일어났는지는 나중에 알게 됩니다. 일찍 일어나서 빨리 번제와 화목제를 드리고 놀아야 했기 때문입니다. 1부 예배에 나오는 사람들 중에는 일찍 예배 드리고 갈 데가 있는 분들이 있습니다. 회사에 출근하거나 꼭 해야 하는 일이 있어서 일찍 예배를 드릴 수밖에 없는 분들이 있습니다. 그러나 가슴에 손을 얹고 생각해 보십시오. 다른 일이 있기 때문인 것도 사실입니다. 하지만 일찍 예배 드리고 갈 데가 있어서 그런 사람들도 있습니다. 그렇다고 해서 1부 예배를 없애는 것은 지혜롭지 않습니다. 죄를 짓기 전에, 예배 드리는 중에 회개할지 누가 압니까? 이런 분들 대부분은 주요 이벤트를 마련해 놓고 명분을 위해 예배를 뚝딱 해치우는 것입니다.

고린도전서 10장에서 사도 바울이 하고 싶은 얘기는 무엇입니까? "너희가 가진 자유를 육체의 기회로 삼지 말아라. 네가 너 하나만을 위하여 있지 않고 네 이웃과 예수 믿는 형제들에게 유익이 되도록 해라. 모든 것이 가하나 모든 것이 유익한 것이 아니다"라는 것입니다. "네가 우상 제물을 먹을 수 있다. 왜 그러냐? 우상은 실재하지 않으니까 그렇다. 없는 신한테 드린 것을 왜 못 먹겠느냐? 그것은 아무것도 아니다. 그러나 믿음이 연약한 형제, 아직 하나님만 계시고 다른 신들은 없다는 것을 잘 모르는 형제가 볼 때 예수 믿는 자가 다른 우상의 제물을 먹는 것을 보면, 하나님이 주피터나 아폴로 같은 위치에 있는 것으로 오해할 것 아니냐. 우상 제물을 먹는 것은 그 신을 인정한다는 식으로 인식되고 있으니 말이다. 네 지식으로 네 형제를 시험에 들게 하지 말아라. 그래서 네가 가진 권리와 자유를 다 쓰지 말라는 것이다. 절제해라. 네 형제를 위해서도 그렇고 네가 지금 부름 받아서 가야 할 길, 영원한 상급을 향하여 나가는 길을 위해서도 네가 네 자유를 즐기고 있을 틈이 없다." 이것이 사도 바울의 중요한 이론이었습니다. 고린도전서 9:23입니다.

내가 복음을 위하여 모든 것을 행함은 복음에 참여하고자 함이라. 운동장
에서 달음질하는 자들이 다 달릴지라도 오직 상을 받는 사람은 한 사람인
줄을 너희가 알지 못하느냐. 너희도 상을 받도록 이와 같이 달음질하라. 이
기기를 다투는 자마다 모든 일에 절제하나니 그들은 썩을 승리자의 관을
얻고자 하되 우리는 썩지 아니할 것을 얻고자 하노라. 그러므로 나는 달음
질하기를 향방 없는 것같이 아니하고 싸우기를 허공을 치는 것같이 아니하
며 내가 내 몸을 쳐 복종하게 함은 내가 남에게 전파한 후에 자신이 도리어
버림을 당할까 두려워함이로다(고전 9:23-27).

고린도전서 10:1은 헬라어 성경에 보면 '왜냐하면'이라는 말로 시작
합니다. "(왜냐하면) 형제들아, 나는 너희가 알지 못하기를 원하지 아니하
노니 우리 조상들이 다 구름 아래에 있고 바다 가운데로 지나며"라고 합니
다. 신약의 언어로 말하면 세례를 받았고 광야에서 신령한 식물을 먹고 신
령한 음료를 주님으로부터 직접 마셨지만, 즉 구원을 얻은 것이 확실함에
도 불구하고, 하나님의 백성이 되었음에도 불구하고, 그 이후에 자신을 절
제하고 훈련하고 하나님 앞에 받아야 할 영광된 상을 받는 일에 있어서는
그들이 거의 다 실패했습니다.

이어 5절을 보면, "그러나 그들의 다수를 하나님이 기뻐하지 아니하
셨으므로"라고 합니다. 하나님이 사람이 많은 것을 기뻐하지 않았다는 뜻
으로 보입니다. 백성들이 전부 광야에서 죽고 여호수아와 갈렙 외에는 가
나안에 들어간 자가 없었습니다. 그래서 어떻게 해야 된다고 합니까? "그
들 가운데 어떤 사람들과 같이 너희는 우상숭배하는 자가 되지 말라"(7절),
"그들과 같이 간음하지 말라"(8절), "그들과 같이 시험하지 말라"(9절), "그

들과 같이 원망하지 말라"(10절)고 하는 것입니다.

욕심을 따라 명분을 세움

그럼 왜 우상숭배를 합니까? "기록된 바 백성이 앉아서 먹고 마시며 일어나서 뛰논다 함과 같으니라"(7절). 자기 욕심을 채우기 위해, 자기가 하고 싶은 것을 하기 위해서입니다. 우리의 현실적인 신앙생활에 적용하자면, 우리가 하고 싶은 것을 하기 위해서, 우리가 하나님을 하나님 아닌 것으로 바꿔놓는 것입니다.

"하나님은 이것을 원하십니다. 하나님은 이것을 더 좋아하십니다." 이렇게 말하며 하나님을 금송아지로 만들어 놓고는, 이는 너희를 애굽에서 인도하여 낸 너희의 신이라고 한다는 것입니다. 하나님이 명령하고 요구하시며 우리가 복종하는 것이 아니라, 내가 만든 신, 내 욕심을 위해 세운 명분에 불과한 신 앞에 종교적인 명분과 형태를 갖추고는 내가 할 일을 다 했다고 말하는 것입니다. 그건 사실 속은 것입니다. 내가 하고 싶은 일, 앞에서 말씀드린 것같이 백성이 앉아서 먹고 마시며 일어나서 뛰논다 함과 같이 자기 욕심을 따라 살고 싶은 심정입니다. 이런 삶의 형태에 대한 묘사가 에베소서 4장에 정확하게 나옵니다.

> 그러므로 내가 이것을 말하며 주 안에서 증언하노니 이제부터 너희는 이방인이 그 마음의 허망한 것으로 행함 같이 행하지 말라. 그들의 총명이 어두워지고 그들 가운데 있는 무지함과 그들의 마음이 굳어짐으로 말미암아 하나님의 생명에서 떠나 있도다. 그들이 감각 없는 자가 되어 자신을 방탕에 방임하여 모든 더러운 것을 욕심으로 행하되 오직 너희는 그리스도를 그같이 배우지 아니하였느니라(엡 4:17-20).

이 부분은 신자들에게 성화의 길을 걸을 것과 우리가 얻은 구원의 목적지를 향하여 전진할 것을 권면하는 장면입니다. 신자에게 신자답게 살 것을 요구하면서 불신자들이 가진 마음을 비유로 들고 있습니다. 우리는 신자입니다. 그런데 왜 불신자의 마음을 비유로 들고 있습니까? 그것은 신자가 구원을 얻은 후에도, 하나님의 자녀로서 자기 주인에게 복종하지 않는 실수를 저지를 수 있는데, 그때의 상태와 원리가 불신자의 마음과 어떤 면에서는 똑같기 때문입니다. 그 상태와 원리는 언제나 똑같습니다. 신자가 된 후에 하나님의 자녀로서 사는 것을 거절할 때는 불신자일 때의 원리나 상태와 같은 실수라는 것입니다.

에베소서 4:17부터 다시 봅시다. 허망한 것으로 행함같이 허망하다는 것은 목적이 없는 것입니다. 그때그때 기분에 따라 사는 것입니다. 총명이 어두워지고 무지함과 저희 마음이 굳어짐으로 하나님의 생각에서 떠납니다. 마음이 굳어지고 강퍅해지고 분별이 없어지며 잘못된 것을 고집하게 됩니다. 참 이상하죠? 감각 없는 자가 되어 자기를 방탕에 방임합니다. 백성이 앉아서 먹고 일어나 뛰놀더라. 방탕에 방임한다는 것입니다. 성경에서 방탕하다는 것은 도덕적으로 타락한 행동을 지칭하는 경우도 있습니다만, 허비하고 있다는 뜻입니다. 무엇을 허비하고 있는가? 나아갈 길을 허비하고 있는 것입니다. 준비해야 할 것을 안 하고 딴짓하는 것입니다. 탕자의 비유에 나오는 방탕한 아들이 방탕하다는 것 역시 허비한다는 것입니다. 시간을 허비하고, 방탕함에 자기를 방임하는 것입니다.

절제와 훈련이 필요함

지금껏 살펴본 우상 제물 먹는 문제에서 사도 바울은 지식이 다가 아니라 사랑이 필요하다고 가르칩니다. 너희는 너희의 자유와 권리를 절제할 수

성화

있어야 한다는 것입니다. 우리는 육상선수나 권투선수 같습니다. 체중 조절을 해야 하고, 근육 강화도 해야 합니다. 한순간도 내버려 둘 수 없습니다. 권투선수가 자기 먹고 싶은 대로 음식을 먹을 수 없고 육상 선수는 살찌고 싶은 대로 찔 수 없습니다. 근육만 남겨야 합니다. 그런데 그런 일을 하지 않고 있는 겁니다. 무엇 때문입니까? 자기가 하고 싶은 것을 하기 위해서입니다. 하나님을 잘 안다고 핑계 대면서 우상숭배를 하는 것입니다. 우상 제물을 먹는 문제에서 우리는 우상이 신이 아닌 줄을 알기에 우상 제물 먹는 것이 죄가 되지 않습니다만, 우상 제물을 먹는 것이 도대체 신령한 일에 무슨 도움이 되느냐는 것입니다.

고린도 교회 교인들이 우리는 죄로부터 자유했고, 하나님의 백성이 되었으니 이 세상에 하나님 외에 다른 신이 없고, 우상도 없는 것을 알기에 우리는 가서 먹어도 된다고 하는 것입니다. 그러나 죄가 아니라고 해서 그렇게 하는 것이 꼭 신자가 걸어야 하는 길이냐는 말입니다. 절제하고 훈련해야 하는 것을 자유다, 지식이다, 나는 이것을 안다, 나는 고급 신앙이다라는 명분으로 자신을 방탕에 방임한 것은 아니냐는 말입니다. 그렇다면 그것이 우상숭배라는 것입니다.

출애굽기 19:6에서 하나님이 뭐라고 말씀하십니까? "너희가 내 명령을 따르면 너희는 나에게 제사장 나라가 되고 너희는 나의 거룩한 백성이 되리라"고 말씀하십니다. 하나님은 죄에서 우리를 구원하여 영원한 상급의 자리, 영광된 자리로 인도하십니다. 그러나 이 과정 속에서 거룩한 직분에 합당한 절제와 순종을 꺼려하는 백성이 명분을 세우기 위해 도입한 것이 우상숭배입니다. 하나님은 이런 일에 빠지지 말라고 하십니다. 고린도 전서 10장에도 "그런 일은 우리의 거울이 되어 우리로 하여금 저희가 악을 즐겨한 것같이 즐겨하는 자가 되지 않게 하려 함이라"고 경고합니다.

방탕에 자신을 방임하는 마음, 악을 즐겨한 것같이 즐겨하는 자에서 즐거한다는 것이 성적인 표현이라고 말했습니다. 성적인 것을 갈망하는 마음을 말합니다. 자신을 방탕에 방임하고 싶은 유혹과 같은 마음을 절제하셔야 됩니다. 절제하지 못하는 것의 하나로 출애굽기 32장 사건 속에 묘한 표현이 있습니다. "모세가 본즉 백성이 방자하니 이는 아론이 그들을 방자하게 하여 원수에게 조롱거리가 되게 하였음이라"(출 32:25). 이 방자하다는 것은 자포자기하고도 도리어 큰소리치는 것을 말합니다.

권투선수가 체중조절을 할 때 조금만 더하면 되었는데, 너무 배가 고파서 뛰쳐나와 배부르게 먹고는 체중이 10킬로그램 정도 확 불어서 "안 하면 될 거 아니야!" 이러는 꼴이 됐다는 말입니다.

신자들의 신앙을 점검할 때 가장 중요한 것 중의 하나가 방자함이 있느냐 하는 것입니다. 여러분의 죄를 지적하면, 꼭 반문하는 게 뭔지 아십니까? "목사들도 그러던데요?" 이런 말입니다. 참으로 방자한 것입니다. 너도 그렇고 나도 그런 존재인데, 왜 내 죄를 지적하냐 이겁니다. 죄를 지적당하면 회개해야 합니다. 그 죄를 사람에게 지적당한 것이 문제가 아니라 하나님 앞에서 내가 죄를 지었다는 것을 알고 하나님을 두려워하는 마음으로 빨리 '내가 큰일나게 됐구나'라고 회개해야 합니다. 그런데 "당신은 안 그래요?"라고 묻는 것은 방자한 것입니다. 그 방자함은 어디서 생깁니까? 하나님을 두려워하지 않을 때 생깁니다. 그래서 우상을 섬기는 자는 다 방자합니다. 왜 그렇습니까? 자기 손으로 만들었거든요. 이것이 여러분의 신앙을 점검하는 중요한 근거요, 기준입니다.

여러분의 신앙에 방자함이 있는가를 보십시오. 만일 방자함이 있다면 여러분은 아직 하나님을 두려워하는 것이 아닙니다. 여러분이 만든 우상 앞에 절하고 신앙을 타협하고 있는 겁니다. 실상은 번제와 화목제를 드린 뒤에 먹고 마시고 뛰놀기 위하여 신앙행위를 한다고 얘기할 수밖에 없는 것입니다.

이 설교를 들으며 찔리지 않는 사람이 없을 것으로 압니다. 그 수가 많든 적든 그럴 겁니다. 왜 그렇습니까? 우리는 아직 완성되지 않은 자들입니다. 문제는 '누가 이런 경고의 말씀에 자신을 비추어서 고치는가' 하는 것입니다. 나는 지금 몇 점인가가 중요하지 않습니다. 말씀을 따라서 나를 돌아보고, '나는 과연 하나님의 자녀답게 살고 있는가, 하나님을 두려워하는가'를 점검하시기 바랍니다. 이 말씀이 여러분의 신앙을 정직하게 점검하게 만드는 복된 말씀으로 여러분 마음에 남아 있길 바랍니다.

14

하나님이 기뻐하시는 일들

요 8:29

나를 보내신 이가 나와 함께하시도다. 나는 항상 그가 기뻐하시는 일을 행하므로 나를 혼자 두지 아니하셨느니라.

죄의 노예

요한복음 8장은 간음하다 현장에서 잡힌 여인의 사건으로 시작합니다. 여인을 데리고 온 쪽은 그녀가 현장범이니까 죽여야 된다는 율법을 들고서 덤벼들었습니다. 예수님이 죽이라고 하시면 사랑을 선포한 자로서 자기 올무에 빠지게 되고, 놓아주라고 하면 모세의 법을 어기게 되어, 두 쪽 모두 올무에 걸리게 되는 상황이었습니다. 어느 쪽으로든 걸리게 해서 고소할 조건을 찾으려는 것이었습니다.

예수님이 이 사건에서 핵심으로 잡아 풀어나가셨던 것은 그들 자신이 죄의 노예라는 사실을 확인시키는 것이었습니다. 이 사건에서 중요한 것은 이스라엘 백성은 손에 쥔 것이 옳은 것이면 옳은 일을 할 수 있다고 생각했다는 겁니다. 반면 예수님은 너희 손에 비록 필요하고 옳은 것이 쥐어진다 해도 그것으로 죄를 범한다는 것을 알라고 하셨던 것입니다. 이것은

성화

큰 차이입니다. 손에 쥔 것이 옳은 것이라고 해서 옳은 일을 행하는 것이 아니고 그것을 어디에, 어떻게 쓰느냐에 따라 다르기 때문입니다.

이스라엘 백성은 하나님이 자기들에게 율법을 주셨을 때는 남과 다르기 때문에 주신 게 아니냐고 생각했습니다. 아주 큰 오해였습니다. 예수님은 율법은 지키라고 주신 것이지 받은 것을 액자에 넣어 놓고 길이 보존하라는 것은 아니라고 지적하셨습니다. 오늘날에도 이 싸움은 그대로 적용됩니다. 신앙생활에서의 가장 큰 오해와 착각, 말을 해도 도무지 이해하지 못하는 것이 바로 이것입니다. 내가 옳았다는 것을 증명하는 것이 일을 할 때 가장 결정적인 척도라고 생각한다는 것입니다.

내가 옳고 저 사람은 잘못했는데 왜 저 사람이 칭찬을 받는가, 왜 나는 욕을 먹어야 하느냐며 억울해합니다. 내가 욕을 먹는 이유를 밝히기 원하지만 그것을 밝히는 순간 누군가 하나는 죽어야 합니다. 누군가를 죽여서까지 내가 옳다는 것을 증명한다면 그것은 기독교의 방법은 아닙니다. 이렇게 우리는 누군가를 밟고서 내가 옳은 것을 증명하고, 내가 착한 것을 증명하고, 내가 잘난 것을 증명하려 합니다. 이것이 바로 우리가 지금까지 세상을 살아오면서 터득한 방법입니다. 생존 경쟁에서 내가 옳고, 내가 괜찮다는 것을 증명하는 방법은 누군가를 낙오시키는 방법 외에는 없었던 것입니다. 이 싸움은 이런 방향으로 가는 것입니다.

예수님께서 이 싸움을 왜 그토록 오래도록 집요하게 추적하셨는가에 대해서는 이미 살펴 본 바 있습니다. 그것은 이전의 설교들을 다시 한번 상고해 주시기 바랍니다. 우리는 '예수를 믿는 것 때문에 속박 당한다거나 죄를 짓는 것은 자유다'라고 생각합니다. 하지만 성경은 이에 대해 반대로 말씀합니다. 죄를 짓는 것은 죄의 노예이기 때문이고, 성경에서 자유라는 단어를 쓰는 것은 우리가 죄로부터 탈출하는 것을 말합니다. 죄가 더 이상 우리를 주관하지 못하는 자리로 가는 것입니다. 우리는 자유롭게 되어 진심으로 하나님을 위해 봉사하게 됩니다.

이것을 세상에서는 이렇게 말합니다. 하나님께 봉사하고 하나님께 순종하는 것이 노예이므로, 거기에서부터 탈출해서 마음껏 죄를 지으라는 것입니다. 그러나 우리는 이미 본능적으로 죄에 익숙한 사람들이고 원래 죄인으로 태어났기 때문에 죄 쪽에 있는 것이 자연스럽고, 죄를 안 짓는 것이 훨씬 어렵습니다. 그러므로 하고 싶은 대로 하라고 하면 죄를 짓게 됩니다.

금기로 여겨지는 문제

죄 문제를 생각하면서 저는 몇 가지 금기로 여겨지는 문제를 다루고자 합니다. 신앙 문제에서 우리에게 제일 어렵게 제기되는 것은 바로 '술 문제'입니다. 술을 마시는 것이 죄입니까? 아닙니까? 이것은 참으로 복잡한 문제입니다. 어떤 사람에게는 죄이고, 또 어떤 사람에게는 죄가 아닙니다. 하나님께서는 술이라는 것을 구별해 놓으신 적이 없습니다. 성경이 술을 금하는 가장 큰 이유는 그것 자체가 죄가 아니라, 술을 먹으면 스스로가 자신을 조절할 수 있는 힘을 잃기 때문에 금하고 있는 것입니다. 먹으면 죄가 된다는 뜻은 결코 아닙니다.

성경에서도 술은 언제나 가장 큰 기쁨의 표시로 되어 있습니다. 그래서 잔치에서 술이 떨어졌다는 것은 인생이 재미없다는 것과 방불한 표현으로 나타나고 있습니다. 잔치를 하는데 술이 없으면 심각해집니다. 금기시된 술 문제를 거론하는 것은 술을 마시지 않는 사람들이 술 먹은 사람들을 정죄하는 자세가, 마치 이스라엘 사람들이 우리는 율법을 가졌고, 당신네들은 없다는 얘기와 똑같다는 말입니다. 이것은 먹은 사람이 잘못된 것이 아니라 안 먹은 사람이 잘못되었다는 지적입니다. 우리는 주변에서 이런 식의 신앙생활을 하는 이들을 너무나 많이 봅니다.

예를 들면 "나는 새벽 기도에 나가는데 저 사람은 안 나왔습니다", "나는 금식을 했는데 저 사람은 안 했습니다", "전 매일 아침 성경을 읽는데 저 사람은 안 읽습니다"라는 식의 말들입니다. 이런 것은 율법을 들고 결국 그 율법으로 상대방을 죽이는 것밖에 안 되는 것입니다.

그러면 요한복음 8장의 핵심에서 그 율법의 칼이 누구에게 향하고 있는가를 보십시오. 결국은 하나님께 칼을 겨누고 있는 것입니다. 우리는 신앙생활에서 자기를 증명하기 위해서라면 하나님께도 칼을 들고 들어가는 정도의 사람들이라고 생각해 보신 적이 있습니까? 정당한 것으로 정당한 방법을 때울 수 있다고 생각지 마십시오. 물론 정당한 것을 들었으면, 정당하게 행해야 합니다. 그렇다고 해서 술을 먹는 편이 낫다는 것은 물론 아닙니다.

이렇게도 생각하지 마십시오. 상대방을 기독교로 입문시켜야겠는데 이쪽이 세상에 대해서 전혀 모르는 사람이라고 생각할까봐 "나도 산전수전 다 겪었고 세상을 알 만큼 아는데, 기독교에 항복했습니다"라고 설명하고, 또 분위기를 부드럽게 하기 위해서 한두 잔 술을 나눌 수도 있습니다. 받아 마시면서 "나도 옛날에는 이것을 많이 했지요. 그런데 결국 이게 아닙니다" 하면서 끌어당기기 위해서 마시는 사람도 있습니다. 그러나 문제는 누구나 다 이렇게 할 수는 없다는 말입니다. 그런 방법은 쓰지 않는 편이 좋습니다. 왜냐하면 내가 끌어당기려고 들어갔는데 거꾸로 그쪽으로 끌려가게 될 수 있기 때문에 아무나 쓸 수 있는 방법은 못 됩니다.

또한 어떤 때에는 아예 발을 내딛지 않는 편이 더 나을 때가 있습니다. 마치 수영 실력이 어지간해서는 물에 익사할 지경에 이른 자를 끌어내지 못하여 물 밖에서 장대로 끌어낼 수밖에 없는 때와 같습니다. 자칫하면 둘 다 죽게 되기 때문입니다. 아무튼 자기 실력을 알아야 합니다. 아무나 할 수 있는 것이 아닙니다. 그러나 이런 얘기들이 반복되다 보면, 실제로 신앙생활을 하는 데 있어서 가야 할 정확한 길이 모호해지게 됩니다.

우리 교회에는 어디선가 상처를 받고 온 사람들이 있습니다. 또 그 상처받은 부분에 대해서 제가 날카롭게 이야기하는 것을 좋아하는 사람들도 많다는 것을 압니다. 그러나 이것은 둘 다 문제가 있습니다. 저도 목사로서는 아직 덜 된 사람입니다. 그래서 반발이 있을 수 있습니다. 시대적으로 보아도 도전적인 요소가 필요한 때입니다. 그래서 우리는 말씀을 듣는 중에 시원해지는 것을 느끼게 됩니다. 그러나 그런 말을 듣는 순간에는 잠시 시원하지만 오래도록 먹을 양식은 아닙니다. 이 점을 명심해야 합니다. 그런 반발들은 하나님 앞에서 해야 하는 항복과 진지한 모습들을 우리에게서 빼앗아가고 있다는 사실을 분명하게 알아야 합니다.

어떤 의미에서 우리는 그런 진지한 모습들을 많이 놓치고 있습니다. 왜 그렇습니까? 그런 자세와 행동들은 상처를 입힌 쪽에서 다 하고 있기 때문입니다. 정말 잘못된 것인 줄 알면서도 저쪽에서 위선(僞善)을 하니까 우리는 위악(僞惡)을 합니다. 술을 안 먹고 자제하는 것에 대하여 꼴 보기 싫어하니까 실은 좋아하지도 않는 술을 마시고는 널브러집니다. 죄란 무섭습니다. 왜 무섭습니까? 정공법만 쓰는 것이 아니라 제갈공명같이 매복도 하고 온갖 계략을 동원하여, 우리를 하나님으로부터 끌어내어 멀어지게 하는 방법이라면 무엇이든지 동원하기 때문입니다.

하나님께서 기뻐하시는 일들을 하라

우리가 다루고 있는 자유라는 문제에서 분명하게 확인해야 할 것은, 이스라엘 백성들이 예수님 앞에서 실수하고 있는 것같이, 형식주의, 외식주의, 거짓된 마음들에서는 탈피하겠다고 결심하는 것만이 전부가 아닙니다. 위선을 저지르지 않겠다는 것이 전부가 아니라 위선에서 탈출해서 진지한

성화

것, 아름다움과 경건함과 거룩함에 봉사하도록 부름 받았다는 것을 잊지 말아야 합니다. 바로 이런 것들이 하나님께서 기뻐하시는 일들입니다. 여기엔 죄에 자신을 팔아먹지 않는 것뿐 아니라, 오늘 나에게 맡겨진 인생 속에서 하나님 앞에 어떻게 항복해야 되는가 하는 어려운 요구도 포함되어 있습니다.

그러나 우리가 오늘 놀라야 할 일은 내가 한 것이 도리어 죄가 될 때도 있다는 것입니다. 즉 '너희들은 다 가면을 쓰고 외식하는 죄인들이다. 하지만 난 아니다'라고 하는 것은 정죄하는 일에 빠지는 것입니다. 이것은 정죄에서 한 걸음도 앞으로 더 나아가지 못한 것입니다.

우리가 부름 받은 것은 생명을 만들어 내고 물에 빠진 자를 건져 내고, 흑암에 있는 자를 풀어내는 일이지, '너희는 흑암에 있구나'라고 외치는 게 아닙니다. 이것은 정죄요 심판하는 것에 불과합니다. 우리는 그렇게 하기 위해 있지 않습니다. 그렇게 지적할 때는 언제나 '여기에 빛이 있다. 여기에 정말 영원한 양식이 있다. 여기에 쉼이 있다. 이리 와라' 하는 해답을 제시하면서 지적해야 하는 것이지, 지적과 질책만 해서는 안 됩니다. 우리는 이렇게 정당한 것 자체로도 죄를 짓고 있다는 것을 느끼지 못하고 있다는 사실을 아십니까? 이것은 진정 어렵습니다.

우리는 이미 많은 교회들이 "형제들아, 너희를 부르심을 보라. 육체를 따라 지혜로운 자가 많지 아니하며 능한 자가 많지 아니하며 문벌 좋은 자가 많지 아니하도다. 그러나 하나님께서 세상의 미련한 것들을 택하사 지혜 있는 자들을 부끄럽게 하려 하시고 세상의 약한 것들을 택하사 강한 것들을 부끄럽게 하려 하시며 하나님께서 세상의 천한 것들과 멸시 받는 것들과 없는 것들을 택하사 있는 것들을 폐하려 하시나니 이는 아무 육체도 하나님 앞에서 자랑하지 못하게 하려 하심이라"(고전 1:26-29)는 말씀을 잊고 있음을 봤습니다.

이 말씀 자체가 메시지인 것을 기억하십시오. 여러분은 어느 곳에 가더라도 똑똑한 것을 내세우지 마십시오. 위의 말씀이 확실한 증거입니다. 우리 자신이 부족을 깨닫고 하나님께 열심과 진심을 바치는 차원에서 공부하는 것은 늘 필요한 것입니다. 그러나 '난 당신들과 차원이 다른 사람이오. 당신네들보다는 괜찮은 사람이오'라는 것을 증명하기 위해서 공부에 전력하는 사람은 전혀 희망이 없는 사람입니다.

기독교의 진리는 인간 스스로가 깨우쳐서 알 수 있는 것이 아닙니다. 은혜라는 말이 없으면 기독교는 성립되지 않습니다. 그럼에도 불구하고 우린 늘 그 사실에 충돌하곤 합니다. 그것이 사실이라 해도 싫고, 사실일까 봐 싫기 때문입니다. 사실이라면 사실이라서 우리의 자존심이 상하고, 사실이 된다면 그때 가서 자존심이 상하게 되니까 어쨌든지 항거를 하는 것입니다.

이 본문에서 유대인들이 예수님을 가로막아선 것을 결단코 남의 일로 생각지 마십시오. 우리도 이런 상황을 자주 직면하게 됩니다. 집중해 주십시오. 논쟁해서 상대방을 항복시킨 경험이 있습니까? 사실 논쟁은 상대방에게 분노만을 일으킬 뿐 결코 이익이 없습니다. 사람은 이성적 동물이 아니라 감정적 동물이기 때문에 객관성이 있는 옳다, 틀리다로 판단하지 않고, 감정적인 좋다, 싫다로 판단을 내리기 쉽습니다. 민족성을 논하는 것도 마찬가지입니다. 어느 민족이 다른 민족보다 낫다고 할 때 보면, 객관적이기보다는 주관적인 감정으로 판단하지 않습니까?

그러나 성경 말씀이 제시하는 판단의 근거는 하나님께서 기뻐하시는 일을 했느냐 안 했느냐 입니다. 신앙생활을 할 때 힘을 기울여 경계해야 할 것도 바로 이것입니다. 이미 자아를 정해 놓고서 기독교의 진리만을 뽑아서 내 안에 집어넣으면 내가 하는 모든 행위가 옳다는 착각입니다. 진짜 옳은 길을 가려면, 여러분의 자아를 허물고 그리스도 앞에 엎드리십시오. 오늘 본문의 내용이 얼마나 무서운 것인가를 실감하시겠습니까? 우리는 사람들 앞에 거짓말쟁이로 낙인찍혀 바보가 되는 것을 못 참습니다. 기독교가 망하는 한이 있더라도 말입니다. 여기가 바로 신자들이 넘어서지 못하는 높은 문턱입니다.

요한복음 8장의 결론은 이렇습니다. "너희가 누구냐, 너희의 행하는 것이 무엇이냐, 너희는 아브라함이 너희의 조상이라 하고, 하나님이 너희의 아버지라고 하면서 어찌 그가 보내신 이의 얘기하는 것을 거부하느냐? 너희가 내 말을 듣지 않고 내 편이 아니라는 것을 가장 확실하게 증명할 수 있는 일이 있는데, 그것은 너희가 스스로를 변호하고 보호하기 위하여 나를 죽이려고 하는 사실이다"라고 하시니까 예수님을 책잡으려고 왔던 이들이 꼼짝없이 궁지에 몰렸습니다. 이렇게 되었다고 유대인들이 항복한 줄 아십니까? 기가 막히게 빠져 나갔습니다. "유대인들이 대답하여 이르되 우리가 너를 사마리아 사람이라 또는 귀신이 들렸다 하는 말이 옳지 아니하냐"(요 8:48). 신앙생활에서 가장 중요한 기준은 "하나님께서 기뻐하시는 것이 무엇인가"입니다. 그리고 우리가 얼마나 자기변명을 하기에 바쁜 존재들인가를 확인해야 합니다.

죄의 멍에를 메지 말라

언젠가 설교를 하던 중 이런 말씀을 드린 적이 있습니다. 인간은 나이와 비례해서 이해력이 생긴다고 생각하던 차에 "장로는 적어도 쉰 살이 넘어야겠습니다"라고 말했는데, 맨 앞자리에 오십이 안 된 젊은 장로님 한 분이 앉아 계셨습니다. 그 말을 들은 장로님은 일주일 내내 '아이구, 내가 목사님께 무슨 섭섭한 일을 했었나'라고 생각하면서 아주 고통스러워했습니다. 그러던 중 '아차, 이것은 일반론이었지. 나를 개인적으로 공격하려고 했던 것이 아니었지'라는 생각을 하고서 즉시 자유함을 얻었다고 하셨습니다.

여러분도 설교를 듣다가 혹시 이런 생각을 하지 않았었나를 점검해 보십시오. '저 목사님이 왜 나를 지적하면서 그러시는가!' 하면서 개인적으로 나쁜 감정이 생기시거든, 그것이 교역자의 매너 때문인지 여러분의 죄성이 찔리는 것은 아닌지를 꼭 생각해 보셔야 합니다.

오늘날 교회가 책임져야 할 일을 회피하고 있는 것이 있는데, 인간의 죄를 지적하지 않아서, 세상적인 용어로 '간덩이가 부은' 신자들을 많이 만들어 놓았습니다. 죄에 대한 지적이 개인적인 싸움이 되는 분위기가 되었고, 모두 축복받고 잘 된다는 낙관적인 분위기만 조성해 놓았습니다. 그러나 성경은 훨씬 아픈 얘기를 합니다. 여러분 속에 썩어가고 있는 부위를 잘라내야 한다는 말을 합니다. 잘라 내십시오. 아프지 않게 주사를 맞을 방법이 없고, 아프지 않게 수술할 수도 없습니다. 우리는 여기에서 우리의 죄성이 진리와 생명에 대해 거부하고 있다는 것을 알아야 합니다. 하나님마저도, 할 수만 있다면 죽여서 내가 죄인이라는 것과 내가 썩어져 가고 있고 내가 틀렸다는 것을 묻어 버리고 싶은 것이 인간이라는 것을 잊지 마십시오. 돌아오십시오. 거기서 벗어나셔야 됩니다. 여러분은 예수 그리스도의 값진 피로 죄로부터 끌려 나온 사람들입니다. 이제 더 이상 더럽고 추한 죄 속에서 방황하실 필요가 없습니다.

성경은 강건하라고 합니다. 다시는 죄의 멍에를 메지 말 것을 요구합니다. 그러나 현대 교회의 신자들은 연약하고 다시 죄의 멍에를 지고 있는 것 같습니다. 하나님의 자녀임에도 불구하고 죄 아래서 노예 생활을 하고 있는 것이 신앙인의 현실입니다.

돌이키십시오. 우리에게는 약속된 특권이고, 우리가 예수 그리스도를 믿어 그의 자녀가 된 이상, 우리는 아니라고 손만 한 번 흔들면 그것에서 벗어날 수 있는 사람들입니다. 죄가 더 이상 우리들을 주관하지 못합니다.

왜 그 속에서 신음하며, 교묘한 사술에 속아서 스스로가 주인이 되어 하나님께 칼을 들고 서 있습니까? 꺾으십시오. 칼을 꺾고, 무릎을 꺾고, 여러분의 곧은 목을 꺾고, 회개와 긍휼을 구하는 기도를 하십시오. 자비를 구하는 기도를 하시기 원합니다. 그리하여 하나님 안에서의 평안과 만족과 평강을 누리시기 바랍니다.

15

꼭 해야 할 싸움

고후 7:10-12

하나님의 뜻대로 하는 근심은 후회할 것이 없는 구원에 이르게 하는 회개를 이루는 것이요 세상 근심은 사망을 이루는 것이니라. 보라 하나님의 뜻대로 하게 된 이 근심이 너희로 얼마나 간절하게 하며 얼마나 변증하게 하며 얼마나 분하게 하며 얼마나 두렵게 하며 얼마나 사모하게 하며 얼마나 열심 있게 하며 얼마나 벌하게 하였는가. 너희가 그 일에 대하여 일체 너희 자신의 깨끗함을 나타내었느니라. 그런즉 내가 너희에게 쓴 것은 그 불의를 행한 자를 위한 것도 아니요 그 불의를 당한 자를 위한 것도 아니요 오직 우리를 위한 너희의 간절함이 하나님 앞에서 너희에게 나타나게 하려 함이로라.

죄에서 벗어나기를 간절히 사모해야 함

고린도후서 7장에서는 하나님의 사람으로 사는 데 있어서 중요한 신앙의 실천적인 국면을 보게 됩니다. 한 사람을 꾸중할 때 마음 졸여야 한다는 것, 나를 증명하기 위하여 상대방의 잘못을 날카롭게 파헤치는 것만이 능사가 아니라는 것, 나의 거룩함을 증명하기 위하여 상대방을 희생양으로 써서는 안 된다는 것을 거듭 강조하고 있습니다.

상대방이 실수를 하더라도 받는 쪽은 받는 쪽대로 좋게 받아들일 줄 알아야 합니다. 잘못한 것이 개인적인 감정싸움이 되거나 집단 간의 싸움이 되지 않도록 해야 한다는 것을 누차 말씀드렸습니다. 신자들에게는 상대방의 기를 살려주는 유머나 센스가 있어야 합니다. 특별히 한국 성도들은 언제나 상대방을 묵사발 만들어야 내가 살 수 있다고 생각합니다.

믿음이 어린 분이 신앙심이 깊다 싶은 분께 말도 안 되는 것을 묻는 경우가 있습니다. "주일날 자장면 사 먹어도 되나요?" "안 됩니다." "그럼, 짬뽕은요?" 꼭 묻습니다. 자장면, 짬뽕 얘기면 그래도 쉬운데 더 말이 안 되는 걸 물어보기도 합니다. 도박을 즐기는 성도가 한 사람 있었는데 성가대원이었나 봅니다. 부활주일 성가 연습으로 일주일 내내 교회에 나왔대요. 부활절을 지낸 뒤, 은혜가 충만하리라고 생각했는데, 도박해서 돈을 다 털렸다는 것입니다. "아니, 이럴 수가 있느냐?"고 말하자 옆에 있는 성가대원이 충고를 했답니다. "그러니까 하루쯤은 불공도 드려야지." 이건 유머입니다. 우리의 유머나 위트, 비판은 모두 재주가 아닌 기본적인 자세가 어떠냐를 생각해 보아야 합니다.

자녀가 불속에 있으면 여러분은 불속에 뛰어들 것이고, 물속에 있으면 물속으로 뛰어들 것입니다. 안 그렇습니까? 옛날에 해외 토픽을 본 적이 있는데, 악어 양식장에 구경을 갔는데 애가 떨어졌답니다. 그러자 그 애아버지가 뛰어 내려가서 아들을 꺼내 왔다고 해요. 그건 말도 안 되는 일입니다. 악어는 입이 크죠? 악어들이 우글거리는 양식장에 뛰어 들어갈 수 있었던 것은 순전히 자기 아들 때문입니다. 그건 실력이나 용기의 문제가 아닙니다. 담력의 문제가 아닙니다. 그것은 거의 생각할 필요가 없는 행동입니다. 아들을 살려야 된다고 생각하듯이 하나님과 화목해야 된다는 생각을 가져야 합니다. 10절은 사도 바울의 조마조마했던 마음이 풀리는 내용입니다. 고린도 교회 교인들은 그것을 어떻게 해결했고, 사도 바울의 조마조마하던 마음은 어떻게 해서 풀렸는지 봅시다.

하나님의 뜻대로 하는 근심은 후회할 것이 없는 구원에 이르게 하는 회개를 이루는 것이요 세상 근심은 사망을 이루는 것이니라. 보라 하나님의 뜻대로 하게 된 이 근심이 너희로 얼마나 간절하게 하며 얼마나 변증하게 하며 얼마나 분하게 하며 얼마나 두렵게 하며 얼마나 사모하게 하며 얼마나 열심 있게 하며 얼마나 벌하게 하였는가. 너희가 그 일에 대하여 일체 너희 자신의 깨끗함을 나타내었느니라(고후 7:10-11).

11절에 있는 열심, 간절함, 분냄의 공통점이 무엇입니까? 무슨 열심, 어떤 간절함입니까? 사도 바울은 고린도 교회를 어떤 태도로 대했습니까? 저들의 간절함, 두려움, 변명, 분냄, 열심, 벌함 등 이 모든 것은 죄에 대한 것이었습니다. 죄에 대해서 사도 바울은 심판자의 자리에 서서 고린도 교회 교인들을 꾸짖지 않았습니다. 그들이 죄에서 벗어나기를 간절히 사모하는 마음으로 조마조마해하면서 꾸중했습니다. 그랬더니 그들은 죄에서 벗어나기 위하여 변명하고 분내고 두려워하고 열심을 냈다는 것입니다.

저는 정치를 잘 모릅니다만, 제 눈에도 정치판이 이상하게 보이는 걸 보면 정치를 잘못하는 것 같긴 합니다. 우리나라 정치 지도자들은 문제를 해결하려 하지 않고 꼭 새로운 프로젝트를 꺼내 놓습니다. 전 그게 불만입니다. 성수대교가 무너졌다면 '이제는 잘해야겠다'고 생각하는 게 아니라 다리를 8차선으로 놓겠다고 호언장담을 합니다. 그것이 무너지면 그다음에는 12차선으로 놓겠다고 할 겁니까? 그렇게 해결할 문제가 아니지 않습니까? 6차선이라서 무너진 게 아니잖습니까?

한국교회의 가장 큰 문제는 교회마다 일하기에 바쁘다는 것입니다. 복 받기에 바쁩니다. 어느 교회의 주보든지 교회의 표어나 목표가 적혀 있습니다. 대부분의 목표는 성공하자는 것입니다. 많이 모으자는 거예요. 전도하자, 부흥하자, 복 받자 이겁니다. 그건 다 좋습니다. 그런데 많은 사람들을 불러 모으는 이유는 뭡니까? 그들을 사랑해서입니다. 그러면 어떻게 해야 됩니까? 그들을 죄로부터 나오게 해야 합니다. 복 받게 하려면 먼저 죄에서 벗어나 하나님의 은혜 가운데로 들어오게 해야 합니다. 죄에서 벗어나야 합니다. 죄를 무서워해야 합니다.

죄란 하나님을 외면하고 사는 것

죄란 윤리나 도덕 이전에 하나님을 모르는 것입니다. 하나님의 뜻을 외면하고 사는 것입니다. 여러분이 더럽게 사는 것이 아니요, 세상에서 말하는 윤리나 도덕적인 죄를 범하는 것도 아닙니다. 하나님의 생각과 상관없이 여러분이 마음대로 쥐고 흔드는 것을 말합니다. 복종하지 않는 것이요, 하나님의 뜻을 살피지 않는 것입니다. 하나님의 뜻에 대해 두려움을 가지지 않는 것입니다. 여러분의 인생이 여러분의 것이라고 생각하는 것보다 더 큰 죄는 없습니다.

사도 바울이 고린도 교회를 공격하는 것도 이것입니다. 그들 중에 죄 지은 자를 골라내거나 그렇지 않은 자를 따로 구별해 내려는 것이 아니라, '예수를 믿는다는 것이 뭐냐? 하나님의 사람이 된다는 것이 뭐냐?'에 대한 절대적인 기준을 확보하고 그 기준 안으로 돌아오게 하는 데 그 목적이 있습니다. "그런즉 내가 너희에게 쓴 것은 그 불의를 행한 자를 위한 것도 아니요 그 불의를 당한 자를 위한 것도 아니요 오직 우리를 위한 너희의 간절함이 하나님 앞에서 너희에게 나타나게 하려 함이로라"(고후 7:12).

누구는 잘못했고 누구는 옳았다고 채점하려는 게 아닙니다. 누구를 벌하고, 누구를 상 주려는 것도 아닙니다. 그 일을 통하여 무엇이 정도(正道)인가? 무엇이 하나님이 좋아하시는 길인가? 무엇을 해서는 안 되는가에 관한, 흔들리거나 타협할 수 없는 분명한 신앙의 선을 다시 한번 확인하려는 것입니다. 그리고 그곳으로 사람들을 몰아오려는 것입니다. 죄를 벗으며, 죄를 무서워하며, 죄 중에 있는 것을 부끄러워하는 일에 있어서 얼마나 간절했었는지를 알게 하려는 것입니다.

"제가 잠깐 실수했습니다. 용서해 주십시오. 제가 그만 깜박했습니다. 그러면 안 되는 줄 알면서도 그랬습니다."이런 태도가 필요합니다. 변명한다는 것은 잘못을 아는 것입니다. 변명하지 않는 것은 잘못한 것에 대하여 본인이 모르는 것이요, 잘못한 것에 대하여 본인이 항복하지 않는 것입니다. 변명해야 합니다. 그리고 화를 내야 합니다. '나는 왜 이 모양, 이 꼴일까?' 하고 스스로에 대하여 화를 내야 합니다. '그렇게 배우고 그렇게 연습하고, 남이 실수했을 때 손가락질했던 내가 이게 뭐란 말인가?' 하고 화를 내야 합니다. '인간이 이것밖에 안 된단 말인가?' 하고 화를 내야 합니다. '여태껏 쌓아 왔던 거룩함을 그 실수 하나에 무너뜨려야 한다는 말인가?' 하고 침통해야 합니다. 절규해야 합니다. 죄를 짓고 돌이키는 문제에 있어서 우리는 죄를 지은 것의 몇 배, 몇 백 배의 돌이킴과 씻음과 통회함이 있어야 합니다. 쉽게 돌아오는 것은 쉽게 다시 돌아가겠다는 뜻입니다.

유명한 말이 있죠. 세상에서 제일 어려운 게 뭐냐 하면 담배를 끊는 일이라고 합니다. 한 사람이 이렇게 대답했죠. 자기는 그게 제일 쉽다고요. 어떻게 쉽냐고 물으니까 매일 스무 번씩이나 담배를 끊는대요. 회개가 없다는 것은 그가 진심으로 돌이키지 않는다는 것입니다. 회개가 스스로에 대해 분노를 느끼며 침통하며 처절하며 좌절하는 데까지 가지 않는 자는 하루에 스무 번 담배를 끊는 자입니다.

하나님 편에 서려는 싸움

여기 나오는 모든 일들, 죄를 없애려는 노력은 거꾸로 말하면 거룩해지려는 싸움이요, 하나님 편에 서려는 싸움입니다. 여러분은 죄를 벗고 하나님 편에 서는 싸움에 있어서 더 간절해져야 합니다. 여러분은 자신의 모든 존재를 걸고 열심을 내야 합니다. 하지만 실제로 우리는 그렇지 않습니다. 죄를 멀리하는 것으로만 얘기하면, 대부분의 사람들이 나는 별로 죄를 지은 것이 없다고 생각할 수도 있겠습니다. 이를 좀 더 바꾸어서 얘기하자면, 죄를 무서워하고 죄를 미워한다는 것은 그만큼 하나님을 따라 거룩해지려는 욕심이 있는 것입니다. 거룩해지려는 욕심에 대하여 여러분 자신이 합격선 안에 들었다고 자신 있게 말하기는 힘들죠? 우리는 매일 하나님 앞에서 이렇게 물어야 합니다. "하나님, 무엇을 원하십니까? 어떻게 하기를 원하십니까?"

지금 소말리아에서 사역하시는 여자 선교사 한 분이 계십니다. 이분이 소말리아에서 일을 하다가 내전이 일어나 잠시 피신했다가 돌아와 보니 그동안 준비했던 모든 자료와 물건, 심지어 가져간 사람에겐 필요도 없을 가족사진까지 없어졌답니다. 그 동안 자기가 도와주고 사랑했던 사람들이 훔쳐갔기 때문에 너무 속이 상하고 정나미가 떨어져서 하나님께 열심히 기도했답니다. "하나님, 제가 여기 와서 이만큼 고생하면 되지 않았습니까? 이 사람들에게서는 싹이 나지 않습니다. 저를 다른 좋은 토양에 옮겨 일하게 해주십시오."

그때 하나님의 음성이 들렸답니다. "원수를 사랑하며 너희를 핍박하는 자를 위하여 기도하라. 너희가 너희 형제에게만 문안하면 남보다 더하는 것이 무엇이냐." 선교사님은 거기서 항복하고 돌아와서 이제는 다시 열매를 맺어가는 상태라고 합니다.

이런 싸움입니다. 얼마나 무서운 싸움인지 아십니까? 하나님을 따라 사는 싸움에서 '나는 왜 그러지 못하는가' 하고 화를 내보신 적이 있습니까? '나는 저 사람처럼 도둑질은 하지 않았다. 나는 저 사람처럼 살인하지는 않았다'고 여길 때 여러분은 어느 정도 위안을 받는지 모릅니다. 하지만 원수를 사랑하며 우리를 핍박하는 자를 위하여 기도하는 일에는 참여하지 못합니다.

원수를 사랑하며 너희를 핍박하는 자를 위하여 기도하라는 말씀에 못 미치더라도, 또 그것을 하루아침에 이룰 수 없더라도 우리의 모습은 이래야 합니다. 그렇게 살지 못하는 것을 마치 오늘 내가 살인한 것같이, 마치 오늘 내가 폭탄을 터뜨린 것같이 '나는 왜 이 모양, 이 꼴일까?' 하며 아파해야 한다는 말입니다. 하지만 우리는 그 누구도 거룩한 싸움에 대해 간절하지 않습니다. 열심히 사모하지 않습니다. 저는 여러분을 잘난 척하게 만들려고 이 말을 하는 것이 아닙니다.

비통해하라

여러분은 자신을 그 누구와도 비교해서는 안 됩니다. 다만 성경 말씀 앞에 자신을 비추어야 합니다. 여러분을 여태껏 찾아보지 못한 영웅으로 만들자는 것이 아닙니다. 하나님은 이 모든 것을 성도에게 기본적으로 요구하고 있습니다. 여러분이 저에게 "그럼 목사님은 하십니까?" 그렇게 물으신다면, 하는 때도 있고 못하는 때도 있다고 말할 수밖에 없습니다. 하지 못하는 데 대해서 저는 비통해야 합니다. 저는 참으로 비통합니다. 여러분도 비통해하셔야 합니다. 하나님께서는 아직 우리가 죄인 되었을 때 자기 아들을 아끼지 않고 주셨습니다. 억울하다면 이것보다 억울한 게 없습니다. 우리는 정말 억울하게 구원받았습니다. 받을 이유가 없는데 받았으니까요. 우리는 정말 억울한 사람입니다. 이 억울함은 우리가 잘했다거나 채권자로서의 억울함이 아니라 채무자로서의 억울함입니다.

그런데 왜 우리는 100억 빚지고 있던 사람이 100억 탕감 받고 나와서

성화

20만원 빚진 사람한테 '너 안 갚으면 잡아넣겠다'고 하고 잡아넣는 그 짓을 다시 하면서도 '나는 왜 이 모양, 이 꼴일까?' 하고 비통해하지 않느냐 이겁니다. 이유는 단 하나입니다. 그는 죄와 거룩함의 싸움이 아닌, 각자를 증명하는 싸움에 붙잡혀 있기 때문입니다. 어느 교회가 더 많이 모이느냐? 어느 교회가 더 많은 일을 하느냐? 어느 교회가 더 잘났느냐의 싸움밖에 안 합니다.

무엇이 크고 무엇이 잘하는 것입니까? 죄를 미워하고 거룩함을 사모하며 하나님을 닮는 것이 잘하는 것입니다. 어떤 교회가 좋은 교회입니까? 주를 닮은 싸움을 하라고 서로 권면하는 교회가 좋은 교회입니다. 그걸 하지 않고 몇 가지 종교적인 형태를 갖추는 일, 즉 기도하는 것, 헌금 내는 것으로 위대한 하나님의 일꾼, 하나님을 사랑하는 종이라고 쉽게 잘한다, 잘한다 인정해 버렸습니다. 그러다 보니 하나님을 닮는 일과 죄를 외면하는 일에 담력이 생겨 버렸습니다. 뻔뻔스러워졌습니다.

성경이 우리에게 가르치는 일들을 해야 합니다. 우리 모두의 싸움입니다. 여러분들이 평생 해야 하는 싸움은 바로 이 싸움입니다. 주를 닮으십시오. 속옷을 달라거든 겉옷까지 주십시오. 오른쪽 뺨을 때리거든 왼쪽 뺨을 대십시오. 그렇게 안 되거든 집에 가서 우십시오.

한번은 이런 질문을 받았습니다. "목사님께 늘 참아야 한다는 얘기는 들었는데 이런 때는 어떻게 해야 합니까?" 하는 질문이었습니다. 저녁식사를 하는데 춘천에 민물고기 회를 파는 데가 있었답니다. 2킬로그램을 시켜 놓고 먹으면 충분하대요. 2킬로그램이 어느 정도인가 하고 시켰더니 절반도 안 나왔다는 거예요. 그래서 일행이 "이건 안 된다. 가서 따져야 된다"고 하고 우리 교인은 "가봐야 별 수 없으니까 가지 마라. 다음에 안 오면 된다"고 그랬답니다.

"말을 해야 된다." "아니다. 그러지 말자." 그러면서도 이건 너무 하더랍니다. 그런 때는 어떻게 해야 합니까? 여러분, 어떻게 하는 것이 옳습니까? 뭐가 정답입니까? 저도 그런 경우를 당하면 어떻게 될지 모르겠고 보통은 참는 쪽인데 어떤 때는 화를 내기도 합니다. "당신, 이렇게 해서 되겠어?" 그런데 듣는 척도 안 하는 겁니다. 그럴 때는 어떻게 해야 되는지 아십니까? 불을 확 질러야죠. 꼭 불을 지르는 것이 아니더라도 싸워야 될 때가 있습니다. 정답이 없습니다. 우리가 분명히 참고 견뎌야 한다는 답을 알고 있더라도, 어떤 일은 감당하지 못할 때가 있습니다. 참고 견딘다는 정답을 알고 있다고 해서, 꼭 그렇게 할 수 있는 것은 아니니까요.

참고 견딘다, 원수를 사랑하고 나를 핍박하는 자를 위하여 기도해야 한다는 정답을 알고 있습니다. 그것을 적용해야 할 때가 있습니다. 그러나 진짜 그걸 써먹어야 하는 경우에는 욕할 때가 있습니다. 그건 아직 우리에게 실력이 없다는 말입니다. 돌아와서 비통해하니까 말입니다.

내가 언제가 되어야 사람 구실을 할까라고 물어야 할 것 아닙니까? 그래야 그다음 단계로 한 칸 넘어갈 것 아닙니까? 그게 없으니까 문제입니다. 정답을 안다고 할 수 있는 것은 아닙니다. 정답을 알아도 거기까지 가는 데는 산 넘고 물 건너야 하는 겁니다. 그러나 내가 직접 산을 넘고 물을 건너서 가보십시오. 쉽지 않습니다. 거꾸러지고 옆으로 비껴가는 등 별짓을 다 해야 한 걸음 갈 수 있습니다. 그래서 실패도 해봐야 합니다. 실패를 모르니까 안 울죠. 정답이나 외우고 다니죠. 시험 볼 때는 정답을 쓰죠. 한 번도 비통해하지 않습니다. 왜요? 실천을 한 번도 안 하니까요. 그래선 안 됩니다. 거룩함을 내 것으로 만들어야 합니다. 내가 직접 해야 합니다. 그것은 선전용이 아니고 시험 답안지 작성용이 아닙니다. 여러분이 변해 있어야 하는 겁니다. 그 싸움을 위하여 간절하셔야 합니다. 악어 양식장에 빠진 이들을 구하러 가는 부모의 심정이 되셔야 합니다. 여러분은 목숨을 걸고 간절하게 하셔야 합니다. 그 간절함이 안 나오거든 하나님 앞에 와서

성화

울부짖어야 합니다. 나는 왜 이렇게 멍청이일까요? 내 마음은 왜 이렇게 완악하며 게으릅니까? 난 왜 보는 것도 못합니까? 나는 왜 시작도 못합니까? 이렇게 안타까워하셔야 합니다.

영어 학원을 20년 다녔는데 아직도 할 줄 아는 말이 "I can't speak English well" 이것밖에 없다면, 원통해하셔야 합니다. 그렇지 않다면, 무언가 잘못하고 있는 겁니다. 잘못 가르쳤거나 잘못 배운 겁니다. 그런 싸움을 하십시오. 그런 싸움을 가르치는 교회가 좋은 교회이고 그렇게 싸우는 성도가 잘난 성도입니다.

우리 교회 목사님 훌륭하죠? 이것처럼 어리석은 말은 없습니다. 이것은 마치 우리 집에서 기르는 소는 이빨도 튼튼해하면서 정작 자신의 이는 틀니인 것과 같은 경우입니다. 여러분의 신앙을 고치십시오.

16

승리의 보장

고전 15:50-58

형제들아, 내가 이것을 말하노니 혈과 육은 하나님 나라를 이어 받을 수 없고 또한 썩는 것은 썩지 아니하는 것을 유업으로 받지 못하느니라. 보라 내가 너희에게 비밀을 말하노니 우리가 다 잠 잘 것이 아니요 마지막 나팔에 순식간에 홀연히 다 변화되리니 나팔 소리가 나매 죽은 자들이 썩지 아니할 것으로 다시 살아나고 우리도 변화되리라. 이 썩을 것이 반드시 썩지 아니할 것을 입겠고 이 죽을 것이 죽지 아니함을 입으리로다. 이 썩을 것이 썩지 아니함을 입고 이 죽을 것이 죽지 아니함을 입을 때에는 사망을 삼키고 이기리라고 기록된 말씀이 이루어지리라. 사망아 너의 승리가 어디 있느냐. 사망아 네가 쏘는 것이 어디 있느냐. 사망이 쏘는 것은 죄요 죄의 권능은 율법이라. 우리 주 예수 그리스도로 말미암아 우리에게 승리를 주시는 하나님께 감사하노니 그러므로 내 사랑하는 형제들아, 견실하며 흔들리지 말고 항상 주의 일에 더욱 힘쓰는 자들이 되라. 이는 너희 수고가 주 안에서 헛되지 않은 줄 앎이라.

예수를 믿는다는 것은 죄사함을 받는 것으로 끝이 아닙니다. 죄사함을 받는다는 것은 구원의 완성에서 시작에 불과합니다. 하나님의 자녀의 자리에까지, 하나님이 기뻐하시는 수준에까지 성장해야 합니다. 신자가 그렇게 하지 않았을 때 일어나는 비극과 어려움에 대해서는 이미 설명드렸습니다.

여러분은 다 그렇게 살겠다고 결심했던 줄로 압니다. 그러면 우리가 하나님의 자녀로 성숙해지기 위해서는 어떻게 그렇게 될 수 있는가에 대

성화

한 행동 지침이 있어야 합니다. 결론은 우리가 다 아는 이야기들입니다. 그렇게 살기 위해서는 하나님의 말씀을 어떻게 적용해야 하는가, 신앙의 성숙을 어떻게 도모해야 하는가를 점검해 보려고 합니다.

첫 번째 행동지침으로 기억할 것이 '승리'입니다. 굳이 고린도전서 15:50 이하를 본문으로 택해서 말씀드리려는 것은 신자들이 신앙생활에서 '승리한다'는 것을 오해하는 경우가 많기 때문입니다. 상대방보다 더 큰 힘을 갖고, 더 지혜로운 전략을 짜며, 새로운 병기를 가지고 있다고 해서 이길 수 있다고 생각하면 안 됩니다. 신앙생활에서의 '승리'는 내가 싸워야 할 적군보다 더 큰 힘을 가진다고 해서 승리할 수 있는 게 아니기 때문입니다. 그런데도 우리는 이런 힘을 달라고 하나님께 기도합니다. 자주 그렇게 합니다.

승리를 주심으로 승리한다

오늘 본문 말씀이 바로 이에 대한 우리의 생각을 바꾸어 놓는 대표적인 말씀입니다. 고린도전서 15:50입니다.

> 형제들아, 내가 이것을 말하노니 혈과 육은 하나님 나라를 이어 받을 수 없고 또한 썩는 것은 썩지 아니하는 것을 유업으로 받지 못하느니라(고전 15:50).

이 말씀부터 출발해 봅시다. 유한이 무한을 담을 수가 없습니다. 썩을 것이 썩지 않을 것을 담을 수도 없습니다. 하나님 나라는 영원한 것이고 썩지 않을 것입니다. 그렇다면 하나님 나라를 유업으로 받을 우리는 신앙생활을 하는 동안에 어떻게 변해야 할까요? 뭔가 썩을 것에서부터 썩지 않을 것을 받을 중간 단계쯤의 모습은 우리에게서 나타나야 하지 않겠습니까? 우리의 썩을 몸이 예수님을 열심히 믿으면 점점 구릿빛으로 물들어서 쇠가 되고 은이 되고 금이 되고 하는 식으로 썩지 않을 것으로 변한다든가, 그렇게 안되면 머리 주위에 둥그런 광채가 빛난다든가 하는 식으로 무엇인가 달라져야 하지 않을까요?

사도 바울은 "보라 내가 너희에게 비밀을 말하노니 우리가 다 잠잘 것이 아니요 마지막 나팔에 순식간에 홀연히 다 변화되리니"(51절)라고 말합니다. 언제 변한다고요? 마지막 나팔소리가 날 때 변한다고 합니다. 그러면 그때까지 뭐하는 건가요? 잠자고 있는 겁니다. 성경에서 '잠잔다'라는 말은 신자들의 죽음을 이야기합니다. 생물학적으로 이야기하자면 '죽어서 백골이 진토 되어 어느 것이 살이고 뼈인지 구별할 수 없게 된 것'을 신령한 쪽에서 이야기할 때는 '잠잔다'라고 하고 생물학적으로 이야기할 때는 '돌아가셨다'라고 합니다.

우리는 다 죽어서 썩을 것입니다. 무엇을 유업으로 받아야 합니까? '썩지 않을 것'을 받아야 합니다. 그런데 우리는 썩을 것입니다. 이 놀라운 이율배반성을 의심해 보신 적이 있으십니까? '이것 참 이상하다'라고 생각해 보신 적이 없으십니까? 우리가 썩지 않을 것을 받기 위해서는 우리의 썩을 몸이 썩지 않을 것으로 점진적으로나마 변한다든가, 어떤 징조라도 나타나야 맞지 않습니까? 그런데 오히려 믿지 않는 사람과 똑같이 썩어가고 있습니다.

예수를 믿는데도 썩지 않을 것을 유업으로 받아야 하고, 죽음이 없는 것을 이어받아야 할 사람들이 죽어 가고 있다는 현실, 이 말도 안 되는 현실을 여러분은 고민 없이 감수하고 계십니까? 이 대목만큼 재미있는 곳도 없습니다. '우리가 썩지 않을 것을 받고 혈과 육이 아닌 신령한 것'을 받기 위하여 우리는 죽어 가고 있습니다. 변화하기 위하여 우리가 갖고 있어야 할 것은 아무것도 없습니다. 그리고 변화하는 데 도움이 될 것도 없습니다. 왜 그렇습니까? 우리가 그때는 썩어서 아무것도 없기 때문입니다. 무엇이 흙이고 무엇이 뼈인지 모를 단계에 들어가서 변화를 기다리고 있게 됩니다. 또 내가 만들어 내는 것이 아니라 변화되어야만, 변화되었다는 것을 알 단계에 들어갈 것입니다.

이 부분을 이렇게 말씀하고 있습니다. 본문 54절입니다. "이 썩을 것이 썩지 아니함을 입고 이 죽을 것이 죽지 아니함을 입을 때에는 사망을 삼키고 이기리라고 기록된 말씀이 이루어지리라." 우리가 사망을 이기는 것이 아니라 누군가가 사망을 이겨서 우리를 진흙 속에서 붙잡고 있던 사망이 그 권세를 놓치고 우리가 부활될 것이라고 이야기하는 것입니다. 그 부활되는 순간까지 우리는 무엇을 하고 있습니까? 썩어 있고 누워 있을 뿐입니다.

'변화될 것'에 관하여 어떤 징조든지 나타나지 않고 다만 썩어 문드러져 누워 있는 것에 불과합니다. 본문 57절입니다. "우리 주 예수 그리스도로 말미암아 우리에게 승리를 주시는 하나님께 감사하노니"라고 말씀합니다. 우리가 이기는 게 아닙니다. 주심으로 이길 뿐입니다. 이것만큼 성경에서 신자가 기억해야 될 귀중한 말씀은 없을 것입니다.

자신이 정한 싸움에서는 실패한다

신앙생활의 '전투'란 이길 수 있는 힘을 얻어 내는 싸움이 아니라 '이길 싸움'을 해야 할 뿐입니다. 신자들의 가장 큰 미련함은 하나님이 요구하신 전투가 아닌 전투를 하면서 승리를 달라고 하는 데 있습니다. 그 전투가 승리할 전투여야 합니다.

자, 이렇게 이야기를 해봅시다. 어떤 마음씨 착한 할아버지 한 분이 계셨습니다. 예수를 잘 믿고 성경 말씀대로 살려고 애를 쓰는 착한 할아버지셨습니다. 그런데 동네에는 마음씨가 나쁜 할아버지도 한 분 계셨습니다. 그런데 두 분이 어쩐 일인지 의기투합해서 한국은행을 털었습니다. 많은 돈을 훔쳐서 나누려고 합니다. 마음씨 나쁜 할아버지가 제안했습니다. "무게대로 나누어 가집시다. 언제 세고 있겠습니까? 당신은 동전을 자루에 넣으십시오. 나는 지폐를 넣겠습니다." 그렇게 해서 똑같이 나누어가졌습니다. 2.5톤씩 나누었는데 마음씨 나쁜 할아버지는 250억 원을 챙기고 마음씨 착한 할아버지는 2만 5천 원을 챙겼습니다.

그 과정에서 마음씨 착한 할아버지가 많이 양보를 했습니다. "하나님이 말씀하기를 '속옷을 달라하면 겉옷을 주라'고 하셨다. 지폐를 주자, 까짓거! 불나면 홀딱 타버릴 지폐, 가져서 무엇 하라! 불타도 다시 꺼낼 수 있는 동전을 갖자." 그래서 마음씨 착한 할아버지는 동전을 가졌습니다. 좋은 마음으로 헤어지려는데 마음씨 나쁜 할아버지가 욕심이 발동해서 "잠깐!" 하고 스톱을 거시더니 동전의 절반을 더 달라고 하는 것이었습니다. 왜 그런가 하니 가다가 전자오락을 해야 되는데 동전이 없다고, 반만 내 놓으라고, 왜 혼자만 가지려고 하느냐는 것입니다. 그래서 마음씨 착한 할아버지가 대꾸합니다. "그러시면 안 됩니다. '욕심이 잉태한즉 죄를 낳고 죄가 장성한 즉 사망을 낳는다'고 성경이 말씀했습니다. 그러니 그러시면 안 됩니다." 그러자 마음씨 나쁜 할아버지가 말을 듣지 않는다고 마음씨 착한 할아버지의 팔을 비틀었습니다. 마음씨 착한 할아버지가 비명을 지릅니다. "어, 어, 그러지마. 그러면 부러진단 말이야!" 그러나 마음씨 나쁜 할아버지는 더 세게 비틀어 부러뜨리고야 말았습니다. 마음씨 좋은 할아버지가 이렇게 외쳤습니다. "거봐! 부러졌잖아!"

우리가 가장 애 먹는 부분이 바로 이 대목입니다. 성경 말씀을 전하다가 강도질하고 돈 나누는 이야기를 하니 무슨 까닭인지 모르시겠나요? 우리 인생에서 가장 큰 병은 이런 가지들에 대한 싸움이 아닙니다. 원 줄기가, 원 뿌리가 하나님 앞에 서 있는가 하는 '싸움'을 해야 한다는 말입니다. 성경은 이렇게 이야기하고 있습니다. "너희는 먼저 그의 나라와 그의 의를 구하라." 이는 "공중 나는 새를 보라, 들에 핀 백합화를 보라, 오늘 있다 아궁이에 던지울 들풀을 보라"는 이야기 때문에 그러는 것입니다. 그것들을 위하여 "네 인생을 목표 삼지 말고, 하나님이 요구하시는 것을 위하여 네 인생을 목표 삼아라"입니다. 그 일을 하기 위해서 지혜로워야 할 때에는 뱀처럼 지혜로워도 좋다는 말입니다.

그런데도 우리는 이런 목표와는 달리 자기가 정한 목표를 설정해 놓고 거기에다 성경책을 치장합니다. 성경 말씀은 읽어서 말씀의 뜻대로 살라고 주신 것이지 추울 때 불이나 때라고 주신 것이 아닙니다. 이것 갖고 불을 때면 연탄만도 못합니다. 성경책 요즘 괜찮게 만들어진 걸로 살려면 만 원이 넘습니다. 이걸 살 돈으로 연탄을 사면 몇 십 장도 넘게 살 수 있는데 왜 굳이 '불 때는 일'에 이걸 쓰십니까? 이것이 신자들이 신앙생활에서 실패하는 가장 큰 이유입니다. 자기 인생, 본심이 하나님을 향해서 서 있지 않습니다. 패하는 싸움은 자신이 결정한 싸움일 뿐입니다.

자존심의 싸움, 세상의 권세와 우월감을 누리고 싶은 싸움을 걸어놓고 하나님께 도와 달라고, 자기는 이웃을 사랑했고, 양보했다고, 팔이 부러지도록 참았다고 말하고 있는 겁니다. 마음씨 고운 할아버지처럼 이렇게 우기는 신앙생활을 하고 있습니다. 그런 싸움이기에 절대로 승리할 수 없습니다.

전투의 갈림길

이 사건을 구약에서는 다음과 같은 사건을 통해 전하고 있습니다. 민수기

13:25입니다. 이스라엘 백성이 출애굽해서 가나안 땅에 들어가기 위해 열두 명의 정탐꾼을 보냈습니다. 정탐꾼들이 정탐을 마치고 돌아와서 보고하는 장면입니다.

사십 일 동안 땅을 정탐하기를 마치고 돌아와 바란 광야 가데스에 이르러 모세와 아론과 이스라엘 자손의 온 회중에게 나아와 그들에게 보고하고 그 땅의 과일을 보이고 모세에게 말하여 이르되 당신이 우리를 보낸 땅에 간즉 과연 그 땅에 젖과 꿀이 흐르는데 이것은 그 땅의 과일이니이다. 그러나 그 땅 거주민은 강하고 성읍은 견고하고 심히 클 뿐 아니라 거기서 아낙 자손을 보았으며 아말렉인은 남방 땅에 거주하고 헷인과 여부스인과 아모리인은 산지에 거주하고 가나안인은 해변과 요단 가에 거주하더이다. 갈렙이 모세 앞에서 백성을 조용하게 하고 이르되 우리가 곧 올라가서 그 땅을 취하자. 능히 이기리라 하나 그와 함께 올라갔던 사람들은 이르되 우리는 능히 올라가서 그 백성을 치지 못하리라. 그들은 우리보다 강하니라 하고 이스라엘 자손 앞에서 그 정탐한 땅을 악평하여 이르되 우리가 두루 다니며 정탐한 땅은 그 거주민을 삼키는 땅이요 거기서 본 모든 백성은 신장이 장대한 자들이며 거기서 네피림 후손인 아낙 자손의 거인들을 보았나니 우리는 스스로 보기에도 메뚜기 같으니 그들이 보기에도 그와 같았을 것이니라 (민 13:25-33).

사람들이 전쟁을 회피한 이유는 전쟁에 이길 만한 힘이 없었기 때문입니다. 잘 아시는 대로 이 전투는 어떻게 끝났습니까? 여리고 성을 활 하나 쏘지 않고 열세 바퀴 돌아서 무너뜨리지 않았습니까? '무너뜨렸다'는 표현도 틀립니다. 열세 바퀴 돌아서 '무너진 성'을 받았습니다.

하나님께서 우리에게 믿음으로 이기라고 하시는 것은 싸움의 과정을 말하는 게 아닙니다. 싸움의 방법도 아닙니다. '어떤 싸움을 할 것인가'에서 믿음은 언제나 동원되는 것입니다. 하나님이 싸우라고 하신 싸움을 할 것인가를 결정해야 합니다. 다시 말하면 먹고 마시는 것을 목표로 하느냐, 하나님의 뜻을 위하여 사느냐에서 우리는 어떤 싸움을 할 것인가를 결정해야 할 것입니다. "먹을 것 없이 어떻게 삽니까? 그렇게 살다가는 하루도 못 버팁니다." 그래서 성경은 "공중 나는 새를 보라!"고 말합니다. 공중 나는 새를 보고 정말로 그분의 뜻과 의를 위해서 사는 것과 "안 믿어집니다. 공중 나는 새를 보았더니 열심히 사네요. 그러니 우리도 열심히 살 수밖에 없습니다"하면서 열심히 사는 것은 다릅니다.

성경은 말씀하시기를 먹고 사는 것이 목표이어서 자기 인생을 자기 손에 의해서만 확인하고 안심하며 걸어가는 신자에게는 승리가 없다고 하십니다. 그러나 하나님이 명령한 싸움을 싸우는 자에게는 기가 막힌 승리가 있다고 하였습니다. 3년 6개월 동안 이스라엘 땅에 비가 오지 않았습니다. 곡식을 추수하지 못했습니다. 그때 엘리야는 까마귀가 물어다 주는 음식을 먹고 살았습니다. 하나님 편에 선 자들이 굶어 죽고, 믿음의 위인들이 톱으로 켬을 당하여 죽기도 했습니다. 우리가 하나님 앞에 우리 인생을 드리고 '순교'라고 이름 붙일 만한 부분이 있는지를 생각해 보십시오. '순교'라고 말할 만한 인생의 길을 걷고 있지 않다면, 그분은 분명히 하나님이 요구하시는 길을 걷고 있지 않은 것입니다.

그런데도 워낙 오늘날에는 대강 사는 사람들이 많아서 제대로 살자고 고함치는 사람들이 지고 있는 것 같습니다. 대강 사는 사람들이 손에 손을 잡고 바르게 살자고 외치는 사람들의 입을 헌 양말짝으로 틀어막기로 결정한 것 같습니다. 하나님 말씀대로 살려는 것은 점점 외로운 일이 되고 있습니다.

예수 믿고 사는 삶은 재미있다

하지만 성경은 이렇게 사는 일이 더 기쁘고 재미있다고도 말합니다. 신명기 12:7입니다. "거기 곧 너희의 하나님 여호와 앞에서 먹고 너희의 하나님 여호와께서 너희의 손으로 수고한 일에 복 주심으로 말미암아 너희와 너희의 가족이 즐거워할지니라"고 기록하고 있습니다.

예수 믿는 것이 금욕주의자처럼 살고, 농담도 못하고 산다고 생각하는 것만큼 딱한 것은 없습니다. 참 기독교의 풍성함을 모르는 소리입니다. 그렇지 않습니다. 예수 믿고 사는 것은 참 재미있습니다. 예수 믿으며 사는 것보다 더 재미있는 인생이 있다면 말해 보십시오. 예수 믿고 사는 것만큼 재미있는 것은 없습니다. 기적의 연속이요 너무 재미있어서 잠이 안 올 정도입니다. 표현력이 없어서 죄송합니다. 제 표현대로 말하려니 거칠지만, 어떻든 그렇습니다. 굉장히 재미있습니다. 너무 재미있어서 살이 찔 틈이 없습니다. 예수는 정말 믿을 만합니다. 믿는다는 것은 사죄함을 받고 구원을 얻고 천국 가는 표를 받았다는 뜻이 아닙니다. 그렇게 사는 생활을 말합니다.

하나 생각이 나는데, 신학을 하는 사람들에게는 몇 가지 특징이 있습니다. 그중 하나가 희한하게 '가난'해서 굶는 사람이 상당수가 있다는 것입니다. 또 '센스 없는' 사람들이 많습니다. 눈치라고는 개뿔도 없는 사람들이 대부분입니다. 그런 사람들을 저희 집에 여러 명 데리고 살았던 적이 있습니다. 그런데 이 웬수들이, 이렇게 표현하는 것을 용서하십시오, 이 웬수들은 밥을 먹고 나서 밥상을 내온 적이 없습니다. 뿐만 아니라 밥을 먹는다고 해서 밥상을 펴는 녀석도 없습니다. 아침에 일어나서 이불을 개는 놈도 없고 그렇습니다.

한번은 너무 많이 몰려와서 일을 분담을 시켰는데 밥을 하다 보니까

성화

석유곤로에 석유가 떨어져서 석유를 좀 넣으라고 했습니다. 불을 붙이려니까 아무래도 냄새가 이상했습니다. 그래 살펴보았더니 간장을 넣어 놓았어요. 간장이 비닐통 속에 넣어져 있어서 석유통과 혼동을 했답니다. "야, 넌 코도 없니?" 왜 코까지 막힌 친구들만 신학을 하러 오는지 모르겠어요. 그런데 한다는 소리가 "고치면 되잖아요!" 말이야 좋지요. 그래서 고치라고 했더니 고치기는 무엇을 고칩니까? 망가졌지. 아주 완벽하게 망가졌습니다. 또 한번은 김장을 하는데 도와주겠다고 왔습니다. 저희는 보통 김장을 거의 150포기쯤을 해야 했습니다. 아침에 일어나서 어제 저녁에 절여놓은 배추에 속을 넣으려고 보니까 배추가 죄다 살아 있었습니다. 이 웬수들이 절여 놓는 배추를 뒤집어 놓아 밤새 소금물이 다 빠져버린 것입니다. 이 정도는 머릿수 두 자리 이상의 IQ라면 하지 않을 실수입니다.

어찌어찌 해서 김치는 담궜고, 이번엔 김칫독을 묻으려고 구덩이를 파라고 했습니다. 그랬더니 하수도를 다 깨뜨렸습니다. 너무 어이가 없어서 "이 녀석들아! 하수도도 구별 못하니?" 그랬더니 한다는 소리가 땅을 파는데 도자기 파편들이 나오더래요. 그래서 "여기가 틀림없이 옛날에 고려자기를 굽던 곳이다" 하고는 열심히 팠답니다. 아주 완전히 깨뜨려 놓았어요. 그래서 우리가 야단을 쳤더니 저랑 아내를 방에다 가두어 놓고는 자기들끼리 문제를 해결한다고 법석이었습니다. 그러나 결국 하수도만 막혔습니다.

그 당시 사람들이 많이 드나들어서 늘 쌀이 떨어지곤 하니까 아내가 뭐라고 하곤 했습니다. 그럴 때마다 제가 "걱정 말라"며 자신하니까, 아내는 저를 골탕을 먹이려고 다음 날 아침밥까지 다 지어놓고는 쌀독을 비워버렸습니다. 점심때가 되어 "점심 줘" 하면 "쌀이 떨어졌어" 할 참이었습니다. 그런데 아침 열 시에 제 친구가 쌀 한 말을 갖다 놓고 갔습니다. 도무지 이런 내막을 알지 못한 친구였습니다. 그건 당연한 일이었습니다. 제게는 할 일이 많이 있는데, 하나님이 왜 굶기시겠습니까? 혹 굶기시면 그건 금식하라는 뜻이지요. 신기한 일이라고 생각하십니까? 그건 신기한 일이 아니고 당연한 일입니다. 이 원리는 하나도 어려울 것이 없습니다. 쌀이 있고 고기가 있는데 금식하는 것은 하나님을 몹시 불쾌하게 하는 것입니다. 금식할 필요가 없어요. 떨어진 다음에 금식해야 합니다.

예수를 믿고 사는 일에서 승리한다는 것은 내가 정한 싸움에 '유엔군'을 초빙하는 것이 아닙니다. 하나님이 싸우라고 명하신 싸움이 있을 뿐입니다. 그 싸움은 오직 하나입니다. "네 마음을 다하고 뜻을 다하고 목숨을 다하여 주 너의 하나님을 사랑하라." 그렇게 살고 계십니까? 그렇게 살고 있다면 어떤 문제 앞에서도 실패하지 않습니다. 지지 않습니다. 승리만 있습니다.

여리고성을 무너뜨리고 요단강을 건너며 홍해를 가르는 등 성경에 기록된 모든 기적들이 오늘날 나의 경험이 될 것입니다. 그것은 불을 보듯이 뻔합니다. 그것만큼 확실한 것은 없습니다. 이 세상에서 제일 확실한 것을 수학이라고 합니다. 수학보다 더 확실한 것이 바로 이것입니다. 하나님을 믿고 사는 인생의 복됨, 그 승리, 실패할 수 없는 보람찬 생애, 이것입니다.

제가 작년에 미국의 유학길에서 돌아오면서 IBM 회사에 들러 보았더니 굉장히 좋은 것을 발명해 놓았습니다. 아시는 분은 아시겠지만 그것은 연필이었습니다. 그런데 이 연필은 전자 장치가 되어 있어서 시험을 치를 때 정답을 쓰면 글씨가 쓰여지지만 틀린 답을 쓰면 글씨가 안 써지는 연필이었습니다. 제 아이가 그걸 가지고 공부를 해 보더니, 참 신기해했습니다. 정답일 때는 글씨가 써지고 틀린 답일 때는 써지지 않으니 말입니다. 그래서 그것이 여의봉인 줄 알고 갖고 있다가 동네에서 깡패들이 몽둥이를 들고 싸우는데 제 아들이 그 연필을 들고 나가서 "얏! 얏!" 하고 맞서다가 죽을 만큼 얻어맞고 들어왔습니다.

바로 이런 것이 신자들의 병입니다. 우리의 승리는 마치 신기한 연필을 받은 것 같아서, 이것을 가지고 칼싸움을 한다면 당연히 찔리고 말 것입니다. 아무 힘이 없습니다. 우리들의 병입니다. 신앙생활에 내가 하나님 앞에 부여받은 하나님 뜻과 하나님 나라를 위해서 싸워야 할 싸움을 하지 않고 자기가 만든 싸움에 성경책을 들고 가서 싸우니까 죽어라고 맞고 들어오게 됩니다. 그러고 나서 기도는 꼭 이렇게 합니다. "주여, 제가 무엇을 잘못했습니까? 깨우쳐 주시옵소서!" 이를 몽땅 뽑히고 틀니를 하지 않은 것을 다행인 줄 아시기 바랍니다. 하나님께서 정말 얼마나 오래 참는가를 생각하면 참 놀랍기 짝이 없다는 생각이 듭니다.

여러분은 이 자리까지 인도함을 받아서 하나님을 믿고 살겠다는 마음으로 여기 앉아 계십니다. 이 시간 여러분의 인생에서 방향을 잡지 못한 것은 무엇인지를 생각해 보십시오. 전도하고, 봉사하고, 헌금하는 것으로 인생을 때워서는 안 됩니다. 그것은 내가 하나님께로 향하기 때문에 맺는 당연한 열매가 되어야 합니다. 내 인생을 내 마음대로 살기 때문에 하나님이 화를 내실까봐 입막음용으로 꺼내놓는 '친선 사절단'이어서는 안 됩니다. 늘 기억하십시오. 이렇게 주일에 한 번 예배드리러 오는 것이 예배 봐주는 것이 되어서는 안 된다는 것입니다. 기도해 주고 헌금 내 주는 것으로 여러분이 바치지 않은 인생을 대신하지 않기를 원합니다.

물론 이럴 수는 있습니다. 하나님 앞에 인생을 맡기고 살지 않는데도 하나님이 축복하는 인생이 있습니다. 두 가지의 경우에서 그렇습니다. 하나는 어릴 때 그렇습니다. 신앙적으로 어릴 때는 천하만물을 주관하시는 이가 하나님이신 것을 알게 하시기 위해 축복을 허락하십니다. 자신의 인생을 하나님께 맡긴 것도 아닌데, 하나님께 구하면 병이 낫고 잘 살게 되며, 일차적인 기적이 일어나는 축복을 허락하실 때가 있습니다. 하나님이 모든 만물의 주권자이심을 알게 하는 것은 '신앙 연령 6세 미만의 유치원

생들'에게 가르치는 방법입니다. 그 외의 자녀들에게는 그런 식의 축복은 거의 없습니다.

하나님은 사람들이 자신의 인생을 맡기지 않고, 부수적인 '때움'으로 요구한 문제에 대해서는 축복하시지 않습니다. 결코 하지 않으십니다. 그럼에도 불구하고 축복받는 자가 있습니다. 그렇다면 그 사람은 버린 자식입니다. 근본적으로 하나님의 자녀가 아니기 때문에 "이 세상에서나 잘 먹고 잘 살아라. 조금 있으면 너는 식용유 속의 튀김이다" 하십니다. 그것이 하나님께서 성경을 통하여 자녀들에게 보내는 축복이자 경고이며, 타협할 길이 없는 분명한 기준입니다.

하나님의 자녀들은 하나님의 나라와 그의 의를 위해 부름 받았고, 하나님께 자기의 생명을 맡긴 삶을 사는 사람들입니다. 우리 중에 그 누구도 자기를 위해서 사는 자가 없고, 자기를 위해 죽는 자도 없습니다. "사나 죽으나 우리가 주의 것이로다"라는 성경의 고백들을 여러분의 것으로 삼아야 합니다. 그 말씀이 가지는 무서운 경고와 축복을 동시에 기억하십시오. 그리고 그 길로 가기로 결심하십시오. 그래서 다음에 제가 "예수 믿는 사람의 기쁨과 즐거움을 아십니까?" 하고 물을 때, "당연하죠. 왜 몰라요?" 이렇게 대꾸할 수 있어야 합니다. 너무 기뻐서 저보다 더 마른 체격이 되어 저를 만나서야 합니다.

예수를 믿는 인생의 복됨, 만족, 감격이 있길 원합니다. 살아도 기쁘고 죽어도 기쁘며, 병이 나도 기쁘고 언제나 마음속 깊은 곳에서부터 사이다가 튀는 것 같은 유쾌한 감격을 소유하시기 바랍니다. 살아 있는 생명의 만족, 생명의 용솟음, 오늘도 살아 있는 하나님 앞에서 인생을 부여받은 만족감, "바람아 불어라! 파도야 쳐라!" 하며 의연하게 사는 만족감 속에서 사시기 바랍니다.

성화

17

세상에서의 싸움

엡 6:10-13
끝으로 너희가 주 안에서와 그 힘의 능력으로 강건하여지고 마귀의 간계를 능히 대적하기 위하여 하나님의 전신 갑주를 입으라. 우리의 씨름은 혈과 육을 상대하는 것이 아니요 통치자들과 권세들과 이 어둠의 세상 주관자들과 하늘에 있는 악의 영들을 상대함이라. 그러므로 하나님의 전신 갑주를 취하라. 이는 악한 날에 너희가 능히 대적하고 모든 일을 행한 후에 서기 위함이라.

마귀의 작전

신앙생활을 하면서 가장 많이 속는 부분은 어떤 것입니까? 하나님께서 신자들에게 궁극적으로 무엇을 요구하시는가, 무엇을 의도하고 계시는가를 잘 깨닫지 못하고 오해하도록 만드는 것입니다. 이것이 신앙생활에서 가장 큰 시험이고 마귀가 가장 많이 공격하는 목표입니다.

신자들은 봉사를 많이 하는데, 그 일이 신앙을 자라게 하지는 않는다는 사실을 발견하곤 합니다. 어느 교회나 여전도회장 중에 신앙이 좋은 사람이 드뭅니다. 뜻밖의 일이 아닐 수 없습니다. 일은 익숙해지는 반면, 심성이 주를 닮아 가는 일에는 별로 진전이 없는 경우가 흔합니다. 본인들은 "일을 하려면 할 수 없어"라고 말합니다. 하지만 저는 일을 할 수 없고, 일

자체가 제대로 되지 않는 한이 있어도 그 사람의 인격이 주를 닮아가야 한다고 생각합니다.

교회란 궁극적으로 그런 모임입니다. 여러분들은 우리 교회를 통해서 한국교회의 일을 하자는 생각을 갖지 말고, 여러분들이 각자 먼저 교회 안에서 주를 닮아가는 사람으로 변화되고, 발전하는 자세를 가져야 합니다. 이렇게 하지 않으면 사실 빗나가고 있는 것입니다.

이 일에 있어서 마귀는 우리를 잘못된 길로 유도할 때가 많습니다. 하나님이 요구하시는 일을 잘못 알도록 하기 위해서 때로는 행복을 걸기도 하고, 고통으로 우리를 막기도 합니다. 그렇게 해서 우리가 알고 있는 성경 지식을 어느 한군데에 편중되게 하기도 합니다. 때로는 어떤 체험에만 매달리게 해서 다른 것을 못 보게 하거나 하나님이 우리에게 요구하시는 풍성하고 은혜로운 것을 보지 못하게 하기도 합니다. 그런 것들은 모두 결과적으로 하나님의 사람으로 성장하고 발전하지 못하게 하는 마귀의 작전, 곧 간계인 것입니다.

결국 마귀가 신앙인을 공격해서 이루려는 것은 신자다운 생활을 영위하지 못하게 하는 것입니다. 게으르게 만들거나 자폭하게 하는 것 중의 하나입니다. 게으른 것은 분명히 큰 잘못입니다. 나는 게으른 사람인가보다 하고 자폭하게 만드는 것도 큰 잘못입니다. 자폭하게 하는 것을 분명하게 설명하기 위해서 전에도 남자 성도와 여자 성도를 비교해서 설명한 적이 있습니다. 여자분들이 신앙을 유지하는 에너지는 '시샘', 남자분들이 신앙을 영위하는 에너지는 '우유부단'이라고 했습니다. 이 두 가지를 잘 음미해 보십시오. 이는 남자, 여자 모두를 평가절하하는 것이 아닙니다.

유태계 오스트리아인으로 저명한 정신의학자인 빅터 프랭클이 쓴 『죽음의 수용소에서』라는 책이 있습니다. 그는 2차 세계대전 때 아우슈비츠 수용소에 갇혀 있다가 죽음을 면하고 살아남은 몇 안 되는 사람 중의 한 명입니다. 정신과 의사로서 그는 극한 상황에서 인간은 어떤 생각을 하는가를 실제로 보았습니다. 살아남은 그를 향해 사람들이 질문했습니다. "그 어렵고 고통스럽고 절망스런 나날을 인내할 수 있었던 것은 무엇이었는가? 신앙심인가 애국심인가? 아니면 가족들을 만나야겠다는 사랑이나 집 념인가, 혹은 증오인가?" 이에 대해 그는 단호하게 "사랑도 신앙도 아니었다"고 말했습니다.

물론 프랭클 박사의 대답을 정답이라고 할 수는 없습니다만, 그는 자기가 목숨을 유지하고 버틸 수 있었던 무기는 눈물과 한숨이었다고 했습니다. 눈물과 한숨은 우리가 보기에 패배하고 포기한 상태를 표현한 것이라고 보기 쉽습니다. 하지만 눈물 흘리고 한숨을 쉰다는 것이 꼭 그런 것은 아닙니다. 울고 한숨 쉬는 것은 견디는 방법입니다.

사람이 자기가 당한 일을 견디는 것을 포기하면, 아픔과 고통을 포기하면 울지 않습니다. 죽기를 결심하고 다 때려치우기로 결심하면 히죽히죽 웃기 시작합니다. 겁낼 것이 없어집니다. '죽을 건데 마음대로 해라', 눈을 빼든 혀를 뽑든 상관하지 않습니다. 그래서 울지도 않습니다. 한숨도 안 쉽니다. 그래서 눈물과 한숨은 절대 패배의 표현이 아니라 견디는 방법인 것입니다.

제가 왜 이런 말씀을 드리냐면, 여러분이 신앙생활을 하는 에너지가 '감격과 승리와 희열'일 것이라고 생각하기 때문입니다. 신앙생활을 하면서 '나는 아닌가 봐, 난 잘못하고 있어!'라고 생각해서, 스스로를 평가절하하고 사실과 다르게 낙심할 위험이 있기 때문입니다. 여러분의 우유부단함은 이렇게 해서 나오고 있는 것입니다. 그 정도가 인간이 할 수 있는 최선입니다. 그 이상일 것이라고 생각하지 마십시오.

세상 사람들은 왜 교회에 안 올까요? 그 사람들은 결단력이 있어서 그러는 것입니다. 나는 죽어서 지옥에 가도 좋다. 이렇게 결단한 것입니다.

그러나 우리는 그렇게 모질지 못합니다. 하나님이 없다고 말하기에는 신앙인인 것입니다. 그렇게 말할 만큼 불신앙의 자리에 가지는 못하는 겁니다. 이것은 꽤 괜찮은 겁니다. 다른 것이 아닌 주를 믿는 데에 샘을 내니까 참 괜찮은 것입니다. 그것을 평가절하하지 마십시오. 여러분을 위로하려고 이렇게 설명했는데도, 몇 분이 낙담해서 전화를 하셨습니다.

"목사님, 우리가 설사 그런 수준밖에 안 되었다 하더라도 설교 때 그렇게 묵사발을 만들고 마음에 못질을 할 수가 있습니까?" 아닙니다. 못질을 한 것이 아니라 우리의 실상이 어떠한가를 지적하고 그게 괜찮은 것임을 일깨워 주려고 한 것입니다.

세상에 사로잡히는 것의 무서움

신앙생활을 할 때 사탄이 옭아매고 넘어뜨리는 방법 중에 사탄이 직접적으로 오해하게 만들고 그런 방향으로 몰고 가는 방법과는 다른 방법이 있습니다. 이 방법은 크게 성공한 방법인데, 바로 우리의 환경입니다. 곧 세속, 세상입니다. 세상이 바로 우리를 넘어뜨리는 굉장히 중요한 싸움입니다. 마태복음 13장에 진술된 유명한 천국 비유 중에서 이 세상에 관한 일이 부정적으로 언급되어 있는 것을 만나게 됩니다. 마태복음 13:18입니다.

> 그런즉 씨 뿌리는 비유를 들으라. 아무나 천국 말씀을 듣고 깨닫지 못할 때는 악한 자가 와서 그 마음에 뿌려진 것을 빼앗나니 이는 곧 길 가에 뿌려진 자요. 돌밭에 뿌려졌다는 것은 말씀을 듣고 즉시 기쁨으로 받되 그 속에 뿌리가 없어 잠시 견디다가 말씀으로 말미암아 환난이나 박해가 일어날 때에는 곧 넘어지는 자요. 가시떨기에 뿌려졌다는 것은 말씀을 들으나 세상의 염려와 재물의 유혹에 말씀이 막혀 결실하지 못하는 자요(마 13:18-22).

22절에 우리가 살피려는 '세상'과 '세속'이 등장합니다. 말씀을 들었는데 세상 염려 때문에 그 말씀이 막힌다고 했습니다. 이 문제로 인하여 우리가 잘 아는, 기독교 역사상의 유명한 착오(錯誤)인 금욕주의와 수도원 제도가 등장했습니다. '이 세상을 등지고 살아라. 우리의 신앙을 방해하는 모든 것으로부터 눈을 감자.' 그래서 금욕주의와 수도원 제도가 생긴 것입니다.

우리가 기독교 역사를 통해서 배운 것은 금욕이나 수도원 같은 제도가 신앙을 깊이 있게 만드는 데 도움이 된 것은 아니었다는 것입니다. 세상이라는 것이 얼마나 무서운 것인가 하면 세상의 유혹을 이기는 사람이 없다는 점을 보아도 알 수 있습니다. 유혹을 이기기 쉽지 않은 이유는 세상과 세상에서 사는 것 자체가 죄가 아니기 때문입니다. 세상은 신자이든 불신자이든 동일하게 살아가도록 요구받는 시간과 공간입니다.

세상 사람들이 밥 먹고 살듯 우리도 밥 먹고 삽니다. 불신자들도 직장에 나가고 우리도 똑같이 직장에 나갑니다. 장사도 해야 되고 기술자 노릇도 해야 됩니다. 세상을 사는 방법과 의식주를 해결하는 방법, 곧 불신자와 신자의 삶을 영위하는 방법이 다를 수는 없습니다. 성경도 세상을 살아나가는 것, 우리의 삶을 성실히 살아가는 것을 죄라고 하지 않습니다. 갈라디아서 6:7에 진술된 것과 같이 '하나님은 만홀히 여기심을 받지 않으신다'고 하시면서 '심는 대로 거둔다'고 했습니다. 노력하지 않고, 일하지 않고 먹으려고 해서는 안 됩니다. 우리는 이마에 땀이 흐르도록 노동해서 먹고 살아야 합니다. 그 일은 정당할 뿐 아니라 하나님이 모든 인간에게 요구하신 것입니다.

바로 이 점이 문제가 됩니다. 여기에 바로 이 문제의 가장 어려운 부분이 등장합니다. 먹고 사는 문제가 전부가 되는 인생과는 우리가 달라야 한다는 것입니다. 바로 이 구별이 어렵습니다. 신자도 먹고 사는 것을 성실한 방법으로 해결해야 합니다. 직장에 나가고 열심히 일해서 먹고 살아야 합니다. 그러나 먹고 사는 것이 최고의 목표는 아닙니다. 세상 사람들은 배부르고, 자기의 욕심을 채우기 위하여 세상의 물질들을 추구합니다. 그러나 디모데서에 진술된 대로 돈을 사랑하는 것이 일만 악의 뿌리입니다.

돈을 사랑한다는 것은 돈으로 해결할 수 있는 모든 것을 최고의 목표로 삼는 것을 말합니다. 그러나 예수를 믿고 영적으로 사는 것은 돈으로 해결하지 못합니다. 세상의 쾌락은 돈으로 구할 수 있습니다. 먹고 사는 것은 돈이 있어야 합니다. 먹고 살기 위하여 돈을 버는 것과, 돈을 벌어서 세상에서 최고의 가치라고 인정하는 것을 목표로 삼는 것과는 근본적으로 다릅니다. 그 구별이 쉽지 않습니다. 겉으로 보기에는 둘 다 열심히 살고 돈 버는 일이기 때문입니다.

한번 생각해 보겠습니다. 증권투자는 죄입니까? 아닙니까? 여러분 스스로는 어떻게 생각하십니까? 부동산 투기는 죄라고 생각하십니까? 아닙니까? 굉장히 애매합니다. 아주 쉽게 이런 예를 들어 봅니다. 그러나 매우 어려운 비유이니까 두고두고 생각해 보십시오. 운전을 하고 가다가 교통 위반으로 딱지를 떼야 할 때 딱지를 뗍니까, 돈을 내고 해결합니까? 어느 쪽이 성경적입니까? 성경에는 일을 없게 만들거나, 부당한 이익을 보는 차원에서 수단을 행사한다면 그것을 죄라고 생각합니다. 분명히 죄라는 것을 압니다. 그렇지 않은 차원에서는 저도 돈 주고 해결합니다.

누가복음 21:34을 봅시다. "너희는 스스로 조심하라. 그렇지 않으면 방탕함과 술 취함과 생활의 염려로 마음이 둔하여지고 뜻밖에 그날이 덫과 같이 너희에게 임하리라." 재림을 예언하시면서 주님은 방탕하거나 술 취하지 말고 생활의 염려로 마음이 둔하여지지 말라고 하십니다. 방탕함과 술 취함은 분명히 예수 믿는 사람은 피해야 되는 사항입니다. 그런데 이것이 생활의 염려와 같이 있습니다. 여기서 방탕함이나 술 취함은 부도덕하다는 차원에서 경계하라는 것은 아닙니다. 바로 이 부분이 죄라고 얘기하지 않습니다. 부도덕이 먼저가 아니고 방탕하다는 것이 우선입니다. 이는 낭비하고 허비한다는 뜻입니다. 자기 인생을 영원을 준비하는 기간으로 갖고 있지 않고 허송세월하고 있는 것을 말합니다. 중요한 목표를 준비하지 못하는 것입니다.

술 취함도 그렇습니다. 술 취함은 에베소서 5:18을 보면, '술 취하지 말고 성령 충만을 받으라'고 합니다. 성령 충만과 술 취함을 왜 비교했을까요? 술 취함이라는 것은 술이 인간을 흔드는 것이기 때문에 등장시킨 것입니다. 하나님 나라가 도래하는 것을 준비해야 하는데 세상이 나를 붙잡아 영원한 것, 거룩한 것, 가치 있고 진리가 되는 것을 준비하지 못하게 합니다. 그것 중의 하나가 세상의 염려입니다.

세상에서 어떻게 하면 남보다 더 잘살까 하는 것이 우리의 관심사입니다. 여러분들이 옷을 살 때 입을 만큼만 살까요? 아닙니다. 누구는 뭘 샀는데 나라고 왜 못 사, 누구는 무슨 차를 샀는데 우리라고 못 살 게 뭐냐 그래서 삽니다. 그러나 그런 것들이 나를 붙잡지는 못하게 해야 합니다.

그래서 우리가 사는 세상이 무섭습니다. 하나님은 우리들이 먹고 살 만큼 알맞게 이끄셨는데, 우리는 그 먹고 사는 문제 속에서 배워야 할 것들을 배우는 것 정도로 인생을 살지 않습니다. 더 벌면 더 으스댈 수 있다는 데에 사로잡혀 있기 때문에 세상이 무서운 올무가 될 수 있습니다. 바로 이 사실을 외면해서는 안 됩니다. 왜냐하면 그곳에서 하나님이 하시고자 하는 교훈과 깨우치시려는 내용이 있기 때문입니다. 수도원에 들어가고 금욕주의로 도망가면 배우지 못합니다.

세상에서 우리는 아이를 낳고, 부부싸움도 하고, 회사에서 싫은 소리 듣고, 강도도 만나고, 교통사고도 당하면서 얼마나 많은 것을 배우는지 모릅니다. 즉 인생을 살면서 인생이란 무엇인가, 세상이란 무엇인가, 사람이 얼마나 악한가, 하나님의 돌보심이 얼마나 기가 막힌가, 요셉이 종으로 팔려가고 감옥에 갇히지만 하나님이 요셉과 함께하심으로 형통한 자가 되었더라는 말이 무엇인가를 배워가는 것입니다.

우리들의 자녀가 학교 입학시험에 떨어지고, 이가 빠지고, 아프지만 그 속에서, 내가 비록 이런 것들을 잃었지만 더 큰 것을 배웠고, 얻었으며, 확보했습니다라고 고백하는 것, 우리 인생 속에 감추어진 것을 보게 되는 것이 바로 하나님이 우리를 세상에서 살게 하신 이유입니다. 당하고 울고 아픈 것 같지만 그 속에는 겉사람은 후패하나 우리의 속에는 날로 새로운 인도하심과 간섭하심이 있습니다.

그런데 우리는 그것을 배우는 것이 아니라, 권세를 가지더니 잘난 척 하더라, 돈을 한 푼이라도 더 가지면 더 유쾌하게 살 수 있더라에 사로잡혀 있습니다. 바로 여기에서 성경이 말하는 깨어 있으라는 말을 상기해야 합니다. 깨어 있으라, 경성하라, 깨어 기도하라, 이 세상을 사랑하지 말라는 말들을 거기에 도입할 줄 알아야 되는 것입니다.

하나님이 우리에게 복을 주시며, 깨우시는 방법이 어디에 가장 많이 나타납니까? 그것은 평범한 삶 속입니다. 회사에 가고, 집에서 빨래하고, 차 타고 내리는 데에 있습니다. 남을 미워하지 않는 법, 원수를 내 손으로 갚지 않는 법, 오른쪽 뺨을 맞고 왼쪽 뺨을 대는 법을 거기서 배워야 합니다. '원수 갚는 것이 내게 있으니 너희는 내게 맡겨라. 너희는 다만 원수가 주리거든 먹여라' 하는 말씀을 적용하도록 애를 써야 합니다.

그런데 우리는 다르게 배웁니다. 아니야, 오른편 뺨을 치면 눈을 뽑아야 해, 이렇게 배웁니다. 이기게 해주었더니 웬수 같은 것들이 사람 알기를 지렁이 알 듯 하는 거야, 이렇게 나온다면 벌써 세상에게 지고 들어가는 것입니다. 이런 싸움을 할 줄 알아야 합니다.

지고 사십시오. 원수를 갚지 마십시오. 하나님께 맡기십시오. '목사님, 목사님은 세상을 모르셔서 그래요.' 이런 말은 버리십시오. 그렇게 이야기하는 것은 '신자로 살지 말자, 세상에 나가면 악하게 살고, 교회 와서는 그럴 듯한 표정을 짓자'고 하는 것입니다. 그것은 우리를 이 땅에서 살게 하신, 이 세상에 거처를 두고 살게 하신 하나님의 뜻과 하나님의 지혜를 너무 모르는 태도입니다. 그것이 우리가 몸담고 사는 세상이 무서운 이유입니다.

우리는 이 세상 속에서 살아야 합니다. 이곳에서 하나님의 손길과 인도하심, 깨우치심을 통해 삶이 깊어지고 넓어지며 커집니다. 그러나 아차 하는 순간에 잡혀간다는 것을 명심하십시오. 금방 잡혀갑니다. 그래서 무섭습니다.

우리를 세상에 두신 목적

자신의 기도 제목을 살펴보십시오. 어떤 기도를 하십니까? 만일 하나님이 세 가지 소원을 들어주겠다고 하신다면, 맨 처음 어떤 소원을 말하시겠습니까? 속으로 말해 보십시오. 첫 번째 소원은 돈 벼락이나 맞게 해주십시오, 다음은 건강하게 해주십시오, 병 낫게 해주십시오. 그리고 세 번째 소원은 대통령까지는 말고 장관쯤 하나 하게 해주실래요, 이런 게 아닙니까? 압축하면 돈, 건강, 권세일 것입니다. 그러나 만일 정말로 그렇다면 여러분은 세상에게 지고 있음을 알아차리셔야 합니다.

하나님이 세 가지 소원을 들어준다고 하시면, 저는 제일 먼저 '하나님, 할 만하시거든 지금 데려가 주십시오'입니다. '더 허락하신다면 제 아내와 저를 한꺼번에 데려가 주십시오'이고, 마지막은 '조금만 더 허락하신다면 저희 애들까지 한꺼번에 데려가 주십시오'입니다. 왜 그렇습니까? 사실 천국 가는 것이 제일 목표이기 때문입니다.

물론 죽기 위하여 사는 것은 아닙니다. 하나님이 지금 우리를 위해 하실 일이 있으시고, 우리를 통해 영광 받으시며, 우리를 더 영광스럽게 만드는 데 시간이 필요하기 때문에 우리가 지금 이 땅에 남아 있는 것입니다. 사는 것도 주를 위해서 살고, 죽는 것도 주를 위해서 죽습니다. 우리는 죽으려고 발버둥치는 사람들은 아닙니다. 여기서 죽겠다는 의미는 세상이 우리의 목적이 아니라는 뜻입니다. 우리의 소원은 이 세상에 없습니다. 건강이나 돈, 명예가 제 소원은 아닙니다. 마태복음 6장에서 가르치는 대로 "그러므로 너희가 무엇을 먹을까 무엇을 마실까 무엇을 입을까 염려하지 말라"를 기억하고 사는 사람들일 뿐입니다.

"하늘에 계신 너희 천부께서는 이런 것들이 있어야 되는 줄을 먼저 아시느니라." 그렇습니다. 우리는 그런 것들이 생존에 있어서 필수적이라고 느끼지 않습니다. 하나님은 그것을 우리에게 주시되, 성실하게 살아야 주시는 방법으로 알려주십니다. 발버둥치지 않으면 오늘 금방 죽고 말 것이라는 위기감을 주며 세상에 있게 하시는 게 아닙니다. 오늘 있다가 아궁이에 던져지는 들풀도 하나님이 입히시고, 솔로몬의 모든 영광으로도 들에 핀 백합화의 아름다움을 이기지 못했습니다. 이것이 우리가 아는 신앙입니다.

우리가 세상에서 열심히 사는 것, 그러면서 치러내야 하는 일, 그 과정에서 만나는 사람, 경험하는 사건을 통해서 하나님은 우리들을 다듬으십니다. 내가 만나는 사건과 사람 앞에 하나님의 영광과 은혜, 진리를 흘려보내십니다. 세상은 하나님이 자신의 영광을 펼치시고 은혜를 베푸시는 공간과 시간으로 필요하지, 우리가 우리의 목숨을 연장하기 위해 발버둥쳐야 할 싸움터는 아닙니다. 그런 문제로 우리가 세상에 있는 게 아닙니다.

놀고 있어도 먹게 해주시지는 않습니다. 우리가 가서 땀 흘려 일하는 모든 것, 만나는 사건들, 만나는 모든 사람 앞에서 하나님은 생명과 진리를 펼치고 계신 것입니다. 우리가 일하는 것이 단순히 돈 벌어 먹고, 살고, 입고, 마시는 일을 해결하는 것이 아닙니다.

그러면 우리는 지금 어디에 있습니까? 하나님의 사람으로 세상을 향하여 나가는 것이 아니라, 세상을 꽉 붙잡고 앉아서 세상을 놓아 버리면 금방 멸망할 사람들처럼 자리에 넘어져 있지는 않습니까? 이것이 바로 사탄이 우리를 가장 많이 무너뜨리고 넘어뜨리는 전략입니다. 하나님의 방법으로 살면 하루도 목숨을 연장할 수 없을 것 같은 위기감을 통하여, 우리로 하여금 세상에 빌고, 세상에 머리를 조아리고, 세상의 것을 확보하여 안심하는 자리에 있으려고 안간힘을 쓰게 합니다. 그래서 하나님을 잊어버리고 온통 세상의 일에 몰두하고, 신경 쓰고, 모든 지혜와 열심과 시간을 다 써버리도록 우리를 몰아가고 있습니다.

건강한 투자와 건강한 삶의 방법으로 땅을 사고 증권을 사는 것이 왜 잘못이겠습니까? 그러나 그렇게 해서 돈을 벌어야 지혜 있는 사람이 되고, 오늘을 살 수 있으며 마음이 놓인다면, 여러분은 신자로서 빵점입니다. 여기에 땅 사 놓고, 저기에는 주식을 사 두어서 이것 하나 무너져도 저것 때문에 괜찮다는 식으로 안심하면서 살고 있다면 신자로서 실패한 것입니다.

여러분은 신자입니다. 신자답게 사십시오. 목사가 축복하는 말은 하지 않고 공갈만 치는 것 같아서 죄송합니다. 그러나 공갈을 바로 칠 때 들으십시오. 하나님이 직접 치시면 그때는 너무 늦습니다. 누가복음 21장 말씀입니다.

너희는 스스로 조심하라. 그렇지 않으면 방탕함과 술취함과 생활의 염려로 마음이 둔하여지고 뜻밖에 그날이 덫과 같이 너희에게 임하리라(눅 21:34).

이 말씀을 귀 기울여 들어야 합니다. 이 말씀을 미리 하신 주님께 감사할 줄 알아야 합니다. 주께 속한 사람으로서 준비하십시오. 열심을 내어 주를 사랑하십시오. 주께서 기뻐하시는 사람으로서 자신을 다듬고 훈련하며 하루하루를 성실히 살기 바랍니다.

18

부름 받은 현역 선수

고전 9:24-27

운동장에서 달음질하는 자들이 다 달릴지라도 오직 상을 받는 사람은 한 사람인 줄을 너희가
알지 못하느냐. 너희도 상을 받도록 이와 같이 달음질하라. 이기기를 다투는 자마다 모든 일에
절제하나니 그들은 썩을 승리자의 관을 얻고자 하되 우리는 썩지 아니할 것을 얻고자 하노라.
그러므로 나는 달음질하기를 향방 없는 것같이 아니하고 싸우기를 허공을 치는 것같이 아니하
며 내가 내 몸을 쳐 복종하게 함은 내가 남에게 전파한 후에 자신이 도리어 버림을 당할까 두
려워함이로다.

자유로 무슨 싸움을 할 것인가

고린도전서 9장에서 바울은 자기 삶을 소개합니다. "왜 사람들마다 다르
게 대했는가, 왜 자기가 가진 권리와 자유와 지식을 다 사용하지 않았는
가"하는 속 깊은 이유를 밝히고 있습니다.

바울은 삶을 육상선수와 권투선수에 비유하고 있습니다. 24절에 있는
것과 같이 "운동장에서 달음질하는 자들이 다 달릴지라도"에서 '달릴지라
도'는 '도망간다'는 뜻이 아니라 '달려갈지라도'라는 의미입니다. 26절, "그
러므로 나는 달음질하기를 향방 없는 것같이 아니하고 싸우기를 허공을
치는 것같이 아니하며", 이는 바로 권투선수의 모습입니다. 권투선수가 운

성화

동할 때는 상대방을 공격해야지 허공을 치고 있으면 안 됩니다. 육상선수가 골인 지점을 향하여 달려야 하는데, 아무 데로나 뛰면 안 되는 것과 같고, 권투선수가 허공을 치면 안 되는 것과 같이, 자기를 절제시켜야 한다고 강조합니다. 25절, "이기기를 다투는 자마다 모든 일에 절제하나니", 이것입니다.

그럼 절제란 무엇에 관한 것입니까? 이 부분은 우상 제물에 관하여 이야기를 하는 도중에 바울이 고린도 교회 교인들을 추궁하는 내용입니다. "너희는 지식이 있는 자들이며 자유로운 자들이다. 그러나 그 지식과 자유가 달려야 할 방향으로 뛰어가는 데에 무슨 도움을 주느냐? 너희는 마치 향방 없이 달리는 것 같고 허공을 치는 것같이 싸우고 있지 않느냐"는 것입니다.

달려야 할 경주와 싸워야 할 싸움은 놔두고, 어떻게 해서 그 가진 자유를 가지고 우상 신전에 들어가서 우상 제물을 먹을 수 있느냐고 책망하는 것입니다. 이것은 아주 미묘한 문제입니다. 육상선수나 권투선수를 생각해 보십시오. 권투선수는 체중 조절을 하기 위해 침도 제대로 못 삼키는 때가 있습니다. 침도 다 뱉어야 합니다. 물 한 잔을 제대로 못 마십니다. 물 한 잔 마시면 몸이 몇 백 그램씩 불어납니다. 그래서 언제나 코치와 매니저가 쫓아다니면서 혹시 무엇을 먹지는 않는지 살펴봅니다. 권투선수가 빵이나 콜라를 먹는 것은 죄가 아닙니다. 다만 해야 할 일에 도움이 되지 않고 방해가 되기 때문에 금하는 것입니다.

사도 바울은 9장에서 자기의 삶을 우상 제물 먹는 문제와 결부시켰습니다. 23절에서는 복음을 위하여 모든 것을 행했다고 결론짓습니다. 복음에 참예하고자 열심히 노력한 것이 복음에 어떤 도움이 되었는지를 밝힙니다. 경주와 권투의 비유를 통해서 교훈을 주고자 하는 것입니다.

우리는 자유와 신앙적인 지식을 가지고 영원한 목적지를 향하여 달릴 것입니다. 이때 우리의 삶이 신령한 일과 하나님께서 하시려는 일에 유익하고, 덕이 되며, 도움이 되는 것입니까? 만일 아무 상관이 없다면, 우리는 시간과 노력을 헛되게 쓰고 있는 셈이 됩니다. "그런즉 너희의 자유가 믿음이 약한 자들에게 걸려 넘어지게 하는 것이 되지 않도록 조심하라"(고전 8:9). 우리의 자유는 자신만을 위해서가 아니라, 하나님을 나타내는 데 써야 합니다. 하나님의 일에, 복음을 증거하는 일에 써야 합니다. 그래서 마치 경주하는 자 같고 마치 권투선수 같다고 하는 것입니다.

우리나라 권투 선수들이 미국에만 가면 지고 왔기 때문에, 미국 교민들이 권투선수를 보내지 말라고 항의했다는 소문을 들었습니다. 거기에는 이유가 있습니다. 어떤 선수를 세계 챔피언으로 키우고자 할 때, 선수에게 자신감을 불어 넣기 위해서는 만만한 선수들을 외국에서 불러옵니다. 즉 자기 선수보다 실력이 덜한 선수를 불러다가 때려주고 자기 나라 선수의 주가를 올리는 것입니다. 왜냐하면 자기 선수가 괜찮은 사람인 것을 증명하고, 유명세를 만들어 내려고 하기 때문입니다.

갈라디아서 5:13입니다. "형제들아, 너희가 자유를 위하여 부르심을 입었으나 그러나 그 자유로 육체의 기회를 삼지 말고 오직 사랑으로 서로 종노릇하라. 온 율법은 네 이웃 사랑하기를 네 자신 같이 하라 하신 한 말씀에서 이루어졌나니 만일 서로 물고 먹으면 피차 멸망할까 조심하라." '서로 물고 먹는 것' 즉 누가 옳고 그르냐, 누가 더 고급스러운 신앙을 가졌느냐는 것은 지식과 자랑, 자신으로 따질 수 없습니다. 다만 누가 더 복음에 적합하며, 하나님의 부름에 합당한가를 살펴야 했습니다.

그러나 그들은 자신들이 가지고 있는 자유로 무엇을 깨닫고 있는 것이 아니었습니다. 신앙의 내용으로서 '이것은 죄가 아니구나'라는 판단에 머무는 것은 적당한 지식이 아닙니다. 어떤 무지나 죄나 오해로부터 벗어난 자유를 가지고 내가 어디로 가고 있는가를 인식해야 합니다. 이제는 자신 있어, 이제는 뭐든지 안다고 하는 자신감이나 큰소리 치는 것은 지식을 깨달은 것이 아닙니다.

십자가를 지는 것으로 실증해야

바른 지식을 깨닫기 위해서 우리는 훈련받아야 합니다. 훈련이란 말 속에는 두 가지 의미가 있습니다. 하나는 자신의 의지를 단련하는 의미입니다. 자신이 결심한 것과 의도한 일을 깊이 이해해야 합니다. 다른 하나는 이미 알고 해야겠다는 것을 몸에 익히는 것이 필요합니다. 마음과 몸, 둘 중 어느 하나만 가지고는 안 됩니다. 둘 다 훈련해야 합니다.

고린도전서 9장에서 사도 바울은 이렇게 시작합니다.

내가 자유인이 아니냐, 사도가 아니냐. 예수 우리 주를 보지 못하였느냐. 주 안에서 행한 나의 일이 너희가 아니냐. 다른 사람들에게는 내가 사도가 아닐지라도 너희에게는 사도이니 나의 사도 됨을 주 안에서 인친 것이 너희라. 나를 비판하는 자들에게 변명할 것이 이것이니(고전 9:1-3).

사도 바울이 자신의 삶을 통해 설명하는 바는 나도 너희만큼은 알고 있다는 말입니다. 바울은 하나님께서 알게 하신 것을 성도들에게 어떻게 전달해야 하는지를 알고 있었습니다.

본문은 복음을 전할 때 하나님이 전할 내용을 주셨다고 생각하는 것은 하나님의 뜻을 일부만 이해한 것이라고 말합니다. 하나님께서 우리를 전도인이나 증인으로 삼을 때는 전할 내용만을 주시는 게 아닙니다. 직접 우리 몸으로 실증해서 보이기를 요구하십니다. 하나님이 원하시는 실증이 무엇입니까? 자유나 권리가 아니라 언제나 십자가를 지는 것으로 묘사되곤 합니다. 이것이 하나님이 일하시는 방법에서 아주 중요한 깨달음입니다.

우리가 먹고 마실 권리가 없겠느냐. 우리가 다른 사도들과 주의 형제들과
게바와 같이 믿음의 자매 된 아내를 데리고 다닐 권리가 없겠느냐. 어찌 나
와 바나바만 일하지 아니할 권리가 없겠느냐(고전 9:4-6).

이것은 사도 바울이 고린도전서 9장에서 나열한 자기의 삶의 핵심 내
용입니다. 사도 바울은 권리를 가졌으나 하나도 사용하지 않았습니다.

하나님은 그들을 포로로 끌려간 수치스러운 세상에 두셨습니다. 하나
님께서는 큰 은혜와 구원, 영생과 진리를 전할 때, 위세 등등하게 강압적으
로 증거하지 않으십니다. 오히려 마치 빚진 자같이 겸손과 온유, 사랑과 권
유로 제시하셨습니다. 바울은 이런 사실을 이미 알고 있었습니다.

복음을 맡은 자, 복음을 소유한 자들은 하나님의 자녀이기 때문에 먼
저 자신의 영혼과 생명, 진리들을 주님처럼 바꾸어 놓아야 합니다. 전하고
표현해야 하는 내용을 인간적인 힘과 능력의 결과로는 나타낼 수 없기 때
문입니다. 바울은 복음을 맡은 자들은 끊임없이 훈련해야 하는 사람들이
라고 말합니다.

실제로 전도를 하거나 가까운 친구들에게 예수 믿으라고 권해 보십시
오. 이때 그들은 여러분의 말에 귀 기울이면서도, 동시에 평상시 여러분이
했던 말을 떠올리며 여러분을 본다는 것을 아십니까? 보통 전도하시는 분
들은 전도하는 자체로만 만족하기 쉽습니다. 전도할 때, 성경 내용을 이야
기하면 그것이 올무가 되기도 합니다. 식당에 들어가서 음식을 받고 기도
하면 그 순간부터 종업원하고 싸워서는 안 됩니다.

일상생활 속에서 타인에게 신자인 것을 증명하고 하나님의 사랑에 대
해 이야기한 뒤, 그로 인해 여러분의 몸가짐이 구속받았던 경험이 있으실

것입니다. 이것은 구속을 하려는 것이기보다는 최소한 그 말에 필요한 자세를 가지게 되기 때문입니다. 말로만 할 수 없는 것이 우리가 믿고 있는 신앙입니다. 자신이 믿는 바를 증언하려면 삶과 일치하지 않고 행동과 부합되지 않는 한, 입 밖으로 말해서는 안 됩니다. 이것이 바로 바울이 우리에게 가르치려는 자세였습니다.

묘하게도 우상 제물 문제는 이렇게 결론짓습니다. "내가 그리스도를 본받는 자가 된 것같이 너희는 나를 본받는 자가 되라"(고전 11:1). 본문은 우상 제물을 주제로 삼는 문맥과는 상충되는 것처럼 보입니다.

우리는 복음을 전하는 데 열심을 내는 사람들과 은사나 체험을 권면하는 사람들이 종종 결례를 하는 것을 봅니다. 자신이 믿고 있는 신앙에 대한 자신감 때문에 그렇습니다. 어떤 사람이 신우회에 오려고 택시를 탔는데, 운전사가 불교방송을 틀더라는 것입니다. 속상해서 "아저씨, 불교 믿으세요?" 하고 물었답니다. "믿지는 않지만 즐겨 듣습니다." "아저씨, 그런 걸 왜 들으십니까? 예수 믿으십시오"라고 말하고는 내렸다고 합니다. 그렇게 말하면 지는 겁니다. 신앙 문제는 자신의 신앙이 옳다고 말하거나 싸울 문제가 아니라, 겸손과 자비, 사랑과 온유로 대하고 내가 지는 것같이 대해야 하는 문제입니다. 마치 내가 빚진 사람인 것같이 행동해야 합니다.

내 몸을 친다는 것

우리를 지으신 주님이 마치 우리에게 빚진 자같이 우리 손에 죽어 가신 것이 십자가입니다. 그것을 잊지 마십시오. 모든 것은 이런 결론을 향해 갑니다. "내가 내 몸을 쳐 복종하게 함은 내가 남에게 전파한 후에 자신이 도리어 버림을 당할까 두려워함이로다"(고전 9:27). 이 부분은 잘못 번역된 것은 아닌데 오해하기 쉽게 되어 있습니다. 내가 내 몸을 쳐 복종하게 함은 내가 남에게 전파한 후에 도리어 내가 자격에 미달한 사람이 될까 두려워한다는 것입니다. 우선 여기서 '내 몸을 친다'는 것은 육신의 몸이 잘못이라는 의미는 아닙니다.

'내 몸을 친다'에 대해 고린도전서 2장에 이미 그 예가 나왔었습니다.

> 형제들아, 내가 너희에게 나아가 하나님의 증거를 전할 때에 말과 지혜의 아름다운 것으로 아니하였나니 내가 너희 중에서 예수 그리스도와 그가 십자가에 못 박히신 것 외에는 아무것도 알지 아니하기로 작정하였음이라. 내가 너희 가운데 거할 때에 약하고 두려워하고 심히 떨었노라. 내 말과 내 전도함이 설득력 있는 지혜의 말로 하지 아니하고 다만 성령의 나타나심과 능력으로 하여 너희 믿음이 사람의 지혜에 있지 아니하고 다만 하나님의 능력에 있게 하려 하였노라(고전 2:1-5).

여기서 '나를 치는 것'은 우리의 자신감, 방법, 생각 같은 것을 다 제치고, 하나님의 방법, 하나님의 생각이 나에게 익숙하도록 하는 것을 말합니다.

유명한 마라톤 선수 중에 에티오피아의 아베베(1932-1973)라는 선수가 있었습니다. 그는 처음에 신발을 살 여유가 없었기 때문에 맨발로 뛰다가, 신발을 신는 것이 불편해서 맨발로 뛰었습니다. 나중에 그는 신발을 신었던 것으로 기억합니다. 뛰는 사람에게는 신발이 제일 무겁습니다. 그러나 신발을 신으면 발을 보호해 줍니다. 수영을 할 줄 모르는 사람이 물에 가라앉는 이유는 팔다리를 허우적거리며 힘을 다하여 머리를 꺼내는, 그 힘 때문입니다. 그러나 수영을 잘하면 손도 안 쓰고, 물속에서 발가락만 움직여도 서 있을 수 있습니다. 조금만 힘을 써도 그 힘을 모을 줄 아는 것이 훈련입니다. 힘을 모으는 방법을 알기 위해서는 상당한 훈련과 기술이 필요합니다. 복음을 전하기 위하여 예수 그리스도와 하나님에 관한 이야기를 하면, 이야기와 함께 복음의 내용을 전달하는 우리 자신이 전달됩니다. 따라서 우리가 항상 어떤 인격과 내용과 수준을 갖추어야 한다는 것을 알게 됩니다.

복음을 전할 때는 내 성격대로 전하는 것이 아니라 하나님이 내게 요구하시는 방법으로 해야 합니다. 세상의 방법으로는 복음을 전할 수 없습니다. 세상에서의 나를 버려야 합니다. 나를 버리는 것은 나를 없애는 것이 아니라 하나님이 요구하는 새로운 방법으로 나를 바꾸어 놓는 것입니다. 이것이 고린도전서 2장에 멋지게 표현되어 있습니다. 내가 아니라 하나님의 능력으로 그들의 영혼이 중생하기를 바라는 것입니다. 내 지혜, 내 방법, 내 학력, 내 열심이 아닙니다. 물론 이것들은 하나의 수단일 수 있습니다. 하나님의 뜻을 전하고 한 영혼을 구원하는 방법에 나를 바친 것입니다. 바울은 이미 한 영혼을 구원하는 것은 내가 아니라 하나님이심을 알았습니다. 하나님이 한 영혼을 직접 중생시키신다는 것을 안 것입니다. 따라서 바울은 항상 자기를 쳐 복종하는 법을 배우고 있는 것입니다. 바울은 늘 "하나님이 이 일을 어떻게 하실 것인가"에 주의를 기울였습니다.

복음의 내용을 전할 때 우리는 말로 설명한 것만으로 자기 책임을 다했다고 생각하는 미련함을 버려야 합니다. 우리는 나 자신을 변화시킨 것으로 상대방을 변화시켜야 합니다. 곧 자신을 절제하지 못하면서 절제를 요구하면 실컷 전달해 놓고 하나님이 요구하시는 기준에는 불합격할 수 있습니다. 이것은 사실 대단히 무서운 이야기입니다.

우리가 하나님 앞에서 얻은 구원이 취소당한다는 것이 아닙니다. 그러나 하나님은 예수 그리스도로 말미암아 자녀 삼으신 모든 영혼들을, 흠도 없고 점도 없고 주름 잡힌 것이나 티 없는 영광스러운 사람으로 세우시길 원하십니다. 이 과정에서 하나님은 우리 자신만을 훈련시키는 것이 아니라, 우리가 남을 구원하고 덕을 끼치며 하나님의 일을 나타내는 일도 더불어 하게 하십니다.

우리는 나에게 일어나는 일이 모두 오직 나 하나만을 목표로 생겼다고 볼 때가 종종 있습니다. 그래서 나 하나를 고달프게 하려고 이런 일이 생겼다고 보고 고독감과 외로움에 빠지기도 합니다. 그러나 그렇지 않습니다. 내가 당하는 실패, 내가 당하는 절망, 내가 당하는 고통은 나 혼자만의 문제가 아닙니다. 오히려 그것을 견디고 또 빚어지므로 사람들에게 드러나게 되는 것이 '하나님의 큰 일'이라는 사실을 잊지 마십시오. 그 대표적인 사람이 요셉과 욥입니다.

환난이나 어려움을 당할 때마다 욥기를 읽어 보십시오. 창세기에서 요셉의 생애를 다시 생각할 수밖에 없고 그것만큼 우리를 위로하는 것은 없습니다. "내가 가는 길을 오직 그가 아시나니"(욥 23:10). 그렇습니다. 이 고난을 이겨낼 때 내가 정금같이 되리라고 믿고 아는 것입니다. 신자에게 무의미한 일은 없습니다. 그리고 신자에게 일어난 고통과 한숨, 그가 경험한 모든 절망들은 절대로 가치 없는 것이 아닙니다. 저는 이것을 확신합니다. 그러므로 우리가 당하는 고통도 '하나님의 일'이라는 것을 믿습니다. 바꾸어 말해 내가 일을 한다면, 나 혼자 해야 하는 것이 아니라 하나님이 함께하실 것이므로 엄청난 것입니다.

부름 받은 현역 선수

우리는 항상 타인에게 전한 것이 내 자신의 삶에 있어서도 기준이 되고 있는지, 내 삶에서도 실천되고 있는지 스스로를 살펴봐야 합니다. 나는 남을 키우는 코치나 매니저가 아니라, 현역 선수인 것입니다. 우리는 나 자신이 부름 받은 현역 선수라는 것을 잊어버릴 때가 많습니다. 우리는 하나님 앞에 도달하기까지는 아무도 은퇴할 수 없습니다. 우리는 항상 현역입니다. 목사로 있다고 해서, 구역장으로 있다고 해서 그 과정이 끝났다고 생각하지 마십시오. 목사는 늘 가르치기만 하니까 제일 실패하기 쉽습니다. 목사도 자기 스스로를 훈련시키면서 자신을 지금 현역으로, 지금 경주할 사람으로 생각해야 합니다. 그래서 바울이 했던, "내 삶을 보라, 너희는 나를 본받는 자 되라"는 말에 힘이 있고 또 그것은 모두가 잊을 수 없는 목표가 되는 것입니다.

아무리 나이가 들고, 더 이상 할 일이 없는 것처럼 생각된다 해도 절대로 과거만 회상하면서 살 수는 없습니다. 살아 있는 한, 신자는 현역 선수입니다. 남에게 지혜를 이야기하고, 분별하는 법을 알려주고, 남을 격려하고 위로하기 위해 자신을 훈련해야 합니다. 지금 몸을 쳐 복종하면서 끊임없이 훈련하고, 끊임없이 싸워야 합니다.

내가 이미 얻었다 함도 아니요 온전히 이루었다 함도 아니라. 오직 내가 그리스도 예수께 잡힌 바 된 그것을 잡으려고 달려가노라. 형제들아, 나는 아직 내가 잡은 줄로 여기지 아니하고 오직 한 일 즉 뒤에 있는 것은 잊어버리고 앞에 있는 것을 잡으려고 푯대를 향하여 그리스도 예수 안에서 하나님이 위에서 부르신 부름의 상을 위하여 달려가노라(빌 3:12-14).

신자는 뒤를 반추하거나 추억을 회상하는 곳에 머물지 않아야 합니다. 추억을 회상하지 않는다는 것은 뒤를 돌아보지 않는다는 뜻이 아니라, 옛날 일이나 생각하면서 세월을 보내지 않는다는 말입니다. 이제 더 이상 힘 쓸 데가 없습니까? 기도하십시오. 큰 사명입니다. 병들어 있습니까? 기도하십시오. 찬송하십시오. 얼마든지 할 일이 있습니다. 예수님께서 잡히시던 밤에 기도하러 가셔서 제자들에게 깨어 기도하고, 나를 위하여 기도

하라고 부탁하신 말씀을 기억하십시오. 언제든지 할 수 있는 것이 기도와 찬송입니다.

도움이 필요한 사람을 위로하십시오. 찾아가십시오. 찾아가지 못하면 전화하십시오. 편지하십시오. 우리를 구원하기 위하여 이 땅에 친히 오셨고, 친히 육신을 입으시고, 친히 십자가를 지시고, 친히 못 박히신 주님 속에서, 우리는 하나님의 일을 발견합니다. 우리는 말로만 우리의 십자가를 져서는 안 됩니다. 우리가 직접, 실제로 지고 가야 합니다. 우리는 자기가 한 말대로, 자기가 알고 깨달은 성경 말씀대로 살아야 합니다.

우리가 믿고 알고 권면하고, 핵심적인 신앙으로 생각하는 내용들은 모두 내 삶과 인격, 매일의 발걸음 속에서 구속력을 발휘합니다. 실제로 신앙생활 면에서 분별력과 판단력을 가지고 있는데도, 그 자신이 훈련되어 있지 않은 신자들을 많이 봅니다. 너무 쉽게 격노하며 너무 쉽게 상처를 주며 너무 쉽게 거스르며 무정하여 찬바람을 일으키며 싸움을 일으킴으로써 모두에게 따뜻한 마음을 빼앗아가는 이들을 교회에서 많이 봐왔습니다.

그러나 사도 바울은 성도들에게만 '이렇게 하라, 저렇게 하라'고 명령하지 않고, 자신이 직접 그렇게 살았습니다. 즉 자신에게 필요한 것은 직접 조달했고, 아무에게도 짐을 지우지 않음으로써 자신의 권리를 하나도 쓰지 않았습니다. 복음과 어긋나는 일은 하지 않았고, 복음과 관련 없는 일은 절제하고 살았습니다. 이와 더불어 자신이 전파한 모든 것들을 계속 적용하고 끊임없이 훈련했습니다. 그는 "나를 본받는 자가 되라"고 말했는데, 이는 바울만이 할 수 있는 이야기일 것입니다.

여러분도 예수를 믿으려면 적어도 저만큼은 되어야 한다는 말을 듣고 천국에 들어가셔야 하지 않겠습니까? 우리는 살아온 생애보다 남은 생애가 적으니 예수 믿는 것이 무엇인지를 분명한 행동으로 실천합시다. 세상 사람들이 자존심을 자극하고 조롱하는 말은 잊어버리고, 자기를 부인하며 십자가를 집시다. 애타고 어렵고 불안할 때, 우리는 평소에 말했던 대로 살아갑시다. 말한 대로 살 수 없게 될 때, 하나님 앞에 엎드려, 더 많은 은혜와 더 많은 용서를 구합시다. 그리고 그때가 바로 하나님께서 더 많이 간섭해 주시기를 바라면서 말씀을 붙잡는 철저한 신앙의 훈련이 시작되어야 할 때입니다. 하나님이 마음껏 기적을 일으키실 수 있는 여러분의 삶이 되시길 원합니다.

19

자기 의를 꺾는 훈련

눅 22:28-34

너희는 나의 모든 시험 중에 항상 나와 함께 한 자들인즉 내 아버지께서 나라를 내게 맡기신 것같이 나도 너희에게 맡겨 너희로 내 나라에 있어 내 상에서 먹고 마시며 또는 보좌에 앉아 이스라엘 열두 지파를 다스리게 하려 하노라. 시몬아, 시몬아, 보라 사탄이 너희를 밀 까부르듯 하려고 요구하였으나 그러나 내가 너를 위하여 네 믿음이 떨어지지 않기를 기도하였노니 너는 돌이킨 후에 네 형제를 굳게 하라. 그가 말하되 주여, 내가 주와 함께 옥에도, 죽는 데에도 가기를 각오하였나이다. 이르시되 베드로야 내가 네게 말하노니 오늘 닭 울기 전에 네가 세 번 나를 모른다고 부인하리라 하시니라.

좌절을 맛보게 하심

예수님이 제자들과 마지막 만찬을 나누시는 장면이 누가복음 22:14부터 나옵니다. 예수님은 고난을 당하시고 죽으실 것을 말씀하셨습니다. 하지만 제자들은 24절에서 보듯 누가 크냐고 싸움을 했습니다. 예수님은 섬기는 자가 되어야 한다고 하시며, 나와 함께 내 아버지 나라에서 내 상에서 먹고 마실 것이요 보좌에 앉아 이스라엘 열두 지파를 다스릴 것이라는 복된 약속을 하셨습니다.

그리고 "시몬아, 시몬아, 보라 사탄이 너희를 밀 까부르듯 하려고 요구하였으나 그러나 내가 너를 위하여 네 믿음이 떨어지지 않기를 기도하였

성화

노니 너는 돌이킨 후에 네 형제를 굳게 하라"고 하셨습니다. 그러자 베드로는 "주여, 죽는 데까지라도 갈 각오가 되어 있습니다"라고 했습니다. 우리들은 그렇게 말했던 베드로가 닭 울기 전에 세 번 부인할 것이라는 예언대로 된 것을 압니다. 이때는 예수님이 우리를 위해 죽으실 것이며 예수님을 따르는 제자들은 하늘 보좌에서 이스라엘 열두 지파를 다스릴 약속을 받고 있는 시점입니다.

구원 얻기 전, 신앙이 무엇인지 모를 때에는 죄 짓고 사는 것에 대해서 크게 탓할 것이 없습니다. 그러나 예수님을 믿고 신앙의 길에 들어서고 무엇이 옳고 그른지를 알면 다릅니다. 하나님을 아버지라고 부르며 하나님의 거룩하신 부름을 받은 성도의 삶을 살기를 원할 때, 하나님이 우리에게 주셔야 하는 것은 신령한 능력이라 생각합니다. 그러나 실제로 살아갈 갈 때 보면 그런 능력을 가지고 사는 신자가 없습니다. 뜻밖에도 하나님은 우리를 거룩한 싸움에서 승리하게 하시는 게 아니라 좌절을 맛보게 하십니다.

예수님은 우리를 위해 십자가를 지실 것이고, 예수님을 따르는 자들에게 놀라운 보상을 해주시겠다는 약속을 하셨습니다. 그렇다면 베드로의 충성과 진심, 헌신에 대해서 어떤 보상을 해주셔야 옳을까요? 예수님께서 우리를 위하여 십자가를 지시는 중요한 시점에서, 예수님은 베드로가 세 번 부인하게 놔두십니다. 방치하신다는 말씀입니다. 사탄이 밀 까부르듯 하려고 제자들을 청구했으나 주님께서 허락지 않으셨습니다. 그런데 예수님을 세 번 부인할 때, 내버려 두셨습니다. 이것이 도대체 어떻게 된 일인가를 생각하셔야 합니다. 사도 요한은 예수님의 행적을 다 기록하면 이 세상이라도 기록한 책을 두기에 부족하다고 할 만큼 예수님께서 하신 일이 많다고 했습니다. 그런데 마태복음 26장에서는 베드로가 세 번 부인한 것을 시시콜콜히 다 집어넣었습니다.

그때에 예수께서 제자들에게 이르시되 오늘 밤에 너희가 다 나를 버리리라. 기록된 바 내가 목자를 치리니 양의 떼가 흩어지리라 하였느니라. 그러나 내가 살아난 후에 너희보다 먼저 갈릴리로 가리라. 베드로가 대답하여 이르되 모두 주를 버릴지라도 나는 결코 버리지 않겠나이다. 예수께서 이르시되 내가 진실로 네게 이르노니 오늘 밤 닭 울기 전에 네가 세 번 나를 부인하리라. 베드로가 이르되 내가 주와 함께 죽을지언정 주를 부인하지 않겠나이다 하고 모든 제자도 그와 같이 말하니라(마 26:31-35).

베드로가 바깥 뜰에 앉았더니 한 여종이 나아와 이르되 너도 갈릴리 사람 예수와 함께 있었도다 하거늘 베드로가 모든 사람 앞에서 부인하여 이르되 나는 네가 무슨 말을 하는지 알지 못하겠노라 하며 앞문까지 나아가니 다른 여종이 그를 보고 거기 있는 사람들에게 말하되 이 사람은 나사렛 예수와 함께 있었도다 하매 베드로가 맹세하고 또 부인하여 이르되 나는 그 사람을 알지 못하노라 하더라. 조금 후에 곁에 섰던 사람들이 나아와 베드로에게 이르되 너도 진실로 그 도당이라. 네 말소리가 너를 표명한다 하거늘 그가 저주하며 맹세하여 이르되 나는 그 사람을 알지 못하노라 하니 곧 닭이 울더라. 이에 베드로가 예수의 말씀에 닭 울기 전에 네가 세 번 나를 부인하리라 하심이 생각나서 밖에 나가서 심히 통곡하니라(마 26:69-75).

왜 이렇게 다 썼을까요? 이 문제만큼 중요한 것이 없기 때문입니다. 이것이 성도들의 현 주소입니다. 여러분 모두 베드로처럼 수차례 신앙고백을 하셨을 겁니다. 주를 위해 제 인생을 바치겠습니다. 주를 위해 제가 기뻐하는 것을 외면하겠습니다. 주를 위해 어떤 희생과 어떤 부름에도 응하겠습니다. 그리고 가장 사소한 데에서 넘어집니다.

성화

진심을 지킬 실력이 없음을 확인시키심

베드로는 왜 울었을까요? 장담했던 대로 지키지 못해 숨어서 울었습니다. 이렇게 추측할 수 있는 장면이 있습니다. 요한복음 21장입니다. 부활하신 예수님은 갈릴리 바닷가에서 고기 잡고 있는 제자들을 찾아오셨습니다. 예수님을 버리고 흩어져 도망간 제자들이었습니다.

> 그들이 조반 먹은 후에 예수께서 시몬 베드로에게 이르시되 요한의 아들 시몬아 네가 이 사람들보다 나를 더 사랑하느냐 하시니 이르되 주님 그러하나이다. 내가 주님을 사랑하는 줄 주님께서 아시나이다. 이르시되 내 어린 양을 먹이라 하시고(요 21:15).

무슨 뜻입니까? 베드로는 세 번 부인했는데 세 번째는 맹세하고 저주하며 부인했습니다. 예수님께서 하셨던 "네가 이 사람들보다 나를 더 사랑하느냐"라는 질문은 베드로가 장담했던 것에 관한 것입니다. 다 주를 버릴지라도 내가 주와 함께 죽는 자리까지 가겠다고 장담했습니다. 그것은 진심이었습니다. 그래서 통곡했습니다. 그 통곡은 왜 나왔을까요? 장담했던 것을 지킬 실력이 없다는 것을 확인한 것입니다. 장담한다고 해서 지킬 실력이 있는 건 아닙니다. 우리는 각오하고 결심하는 것을 너무 부각시킵니다. 머리 깎고 머리띠 매고 금식하고 주먹 쥐고 합니다. 진심을 가져도 그 진심을 행할 능력이 없습니다.

로마서 7장에 나오는 "오호라 나는 곤고한 사람이라"는 비명이 왜 나옵니까? 선을 원하나 죄 아래 늘 사로잡혀 있습니다. 다윗의 가치가 어디 있습니까? 다윗이 기가 막힐 수렁에서 빠져나오지 못하는 겁니다. "하나님은 제사를 원치 않으십니다"라는 고백이 거기에서 나옵니다. 우리는 내놓을 것이 없습니다. 하나님께서 원하시는 제사는 상한 심령, 하나뿐입니다. 거기에 하나님의 은혜와 구원의 손길이 있는 것입니다. 베드로가 그것을 얘기하고 있는 것입니다.

예수님께서 묻습니다. "요한의 아들 시몬아, 네가 이 사람들보다 나를 더 사랑하느냐 하시니 가로되 주여, 그러하외다. 내가 주를 사랑하는 줄 주께서 아시나이다." 뭘 압니까? 왜 예수님께서 십자가를 지셔야 되는지, 죄인이라는 것이 무엇인지 내가 어떤 존재인지 아시지 않습니까? 예수님이 뭐라고 하십니까? "내 어린 양을 먹이라." 이것은 세 번이나 주님을 부인했기 때문에 세 번에 걸쳐서 그의 사도직을 회복시켜 주시는 것입니다.

또 두 번째 이르시되 요한의 아들 시몬아 네가 나를 사랑하느냐 하시니 이르되 주님 그러하나이다. 내가 주님을 사랑하는 줄 주님께서 아시나이다. 이르시되 내 양을 치라 하시고 세 번째 이르시되 요한의 아들 시몬아 네가 나를 사랑하느냐 하시니 주께서 세 번째 네가 나를 사랑하느냐 하시므로 베드로가 근심하여 이르되 주님 모든 것을 아시오매 내가 주님을 사랑하는 줄을 주님께서 아시나이다. 예수께서 이르시되 내 양을 먹이라(요 21:16-17).

베드로는 영웅이 아닙니다. 베드로가 세 번 부인했던 의미를 아시겠습니까? 우리가 고백할 수 있는 건 우리들의 진심입니다. 그러나 진심이 있다고 해서 우리가 그것을 이루어 내는 자는 아닙니다. 알게 하시는 분도 하나님이시요, 우리가 아는 것을 믿게 하시는 분도 하나님이시고, 믿는 것을 이루시는 분도 하나님이십니다.

굉장히 중요한 것입니다. 이걸 놓치고 단순히 우리가 결심하고 고백하고 노력하면 된다고 하면 무속적 신앙에 빠지게 됩니다. 우리 안에는 지식이나 능력이 없고 무지하며 부패했습니다. 철저히 무능합니다. 우리 신

성화

앙의 현실에서는 하나님이 우리의 소원과 고백을 기쁘게 받으셔서 우리를 힘 있는 자로, 신앙 면에서 승리하는 자로 만드시기보다는 하나님께 바치는 헌신의 진심뿐 아니라 능력까지도 주님께 의지해야 한다는 것을 배우게 하십니다. 우리의 소원과 고백을 기쁘게 받으시고 하나님께 의존해야 한다는 것을 배우게 하시는 하나님의 손길을 경험하게 하십니다.

이때 하나님은 우리의 진심을 그냥 받으시는 것이 아니라 진심을 이룰 힘이 없는 것까지 꼬집고 들어오십니다. 그렇기 때문에 우리의 고백과 헌신, 열심과 충성들은 늘 물거품이 됩니다. 아니 그런 고백을 하고도 도리어 죄인들이 저지르는 실패까지도 하는 우리들의 현실에 대해 놀라게 됩니다. 왜 그렇습니까? 베드로의 회복, 즉 "너는 돌이킨 후에 네 형제를 굳게 하라." 무엇을 깨우쳐야 하는 겁니까? 우리에게는 처음부터 끝까지 하나님의 은혜가 필요하다는 것입니다.

우리의 의를 꺾으심

하나님은 베드로를 훈련시키신 것과 동일하게 모든 성도를 훈련시키십니다. 뭘 훈련시키십니까? 우리에게 필요한 것은 진심이나 열심이 아니며, 오직 주님께 매달리는 것입니다. 지식과 방향과 방법, 내용과 실천과 성취, 모든 것을 주님께 의존하여 은혜를 구해야 합니다. 다르게 표현하자면, 자기 의를 깨야 합니다. 자기 의라는 것은 자기 안에 신앙적인 근거와 능력을 가지고 있다고 생각하는 것입니다. 자기 의는, 타인에게서 결점과 무능을 보고 경멸하는 것으로 나타납니다. 한심한 사람이 보이면 자기 의를 갖고 있는 것입니다. 누군가가 한심해 보입니다. 왜 한심해 보입니까? "왜, 안 해!"입니다.

혹시라도 '나는 했는데 너는 왜 못해'라고 생각하게 되면 신앙생활을 제대로 못하는 사람들을 한심하게 보고 경멸하게 됩니다. 답답해하며 정답을 가르쳐 주면 할 수 있을 것이라 생각합니다. 하지만 스스로를 돌이켜 보십시오. 여러분이 신앙생활에서 성취하고 이룬 것이 무엇입니까? 없습니다. 성도들이 자기 신앙에서 성경적인 가르침을 따른 확인과 성취가 없습니다. 그래서 누군가를 비난하는 것 말고는 자기 신앙을 확인할 방법이 없습니다. 틀린 것을 지적함으로써 나는 안 틀렸다는 것을 확인하는 것입니다. 가장 부정적이고 소극적인 확인밖에는 할 줄 모르는 것입니다.

건드리지 말아야 할 곳을 건드립니다. 하나님이 우리의 의를 꺾고 있다는 사실을 모르기 때문입니다. 베드로의 사도직은 처음부터 '다 주를 버릴지라도'라는 진심과 충성과 열정 위에서는 허락되지 않은 것입니다. 그럼 어떤 기준 위에서 허락됩니까? 자신을 부인하고 주님만을 근거로 삼는 신앙 위에 허락되는 것입니다.

여러분의 신앙에서 제일 먼저 해야 하는 것이 뭡니까? 그것은 여러분이 어떤 진심을 받아서 일을 해내는 게 아닙니다. 여러분의 근거, 이유가되는 것들을 제거하고 그리스도만이 이유와 근거가 되도록 해야 합니다. 신앙 현실 속에서 열심을 내고 고백을 하면 할수록 도리어 실패하는 절망스런 경험만을 가지게 됩니다. 절망하는 이유는 여러분이 자신을 근거로 나갔다가 무너졌기 때문입니다. 마태복음 5장에 가봅시다.

심령이 가난한 자는 복이 있나니 천국이 그들의 것임이요. 애통하는 자는 복이 있나니 그들이 위로를 받을 것임이요. 온유한 자는 복이 있나니 그들이 땅을 기업으로 받을 것임이요. 의에 주리고 목마른 자는 복이 있나니 그들이 배부를 것임이요. 긍휼히 여기는 자는 복이 있나니 그들이 긍휼히 여김을 받을 것임이요. 마음이 청결한 자는 복이 있나니 그들이 하나님을 볼 것임이요. 화평하게 하는 자는 복이 있나니 그들이 하나님의 아들이라 일컬음을 받을 것임이요. 의를 위하여 박해를 받은 자는 복이 있나니 천국이 그들의 것임이라(마 5:3-10).

여러분이 잘 아시는 팔복입니다. 팔복은 복을 받는 조건이나 방법을 얘기하는 것이 아니라 복 받은 자의 증상을 논하는 것입니다. 복 받은 자의 증상! 이 증상이 나타나면 너는 복을 받은 사람이라는 것입니다. 심령이 가난하면 그것이 복 받은 자의 증상, 즉 복을 받은 사람이라는 것입니다. 심령이 가난하다는 것이 무엇입니까? "아이고, 하나님. 나는 왜 요 모양, 요 꼴입니까?" 이것이 심령이 가난한 것입니다. 나의 영적인 필요에 대해서 내 안에 아무것도 가진 것이 없고 만들어 낼 수 없다는 것을 인정하고 아는 것이 심령이 가난한 것입니다.

겸손하고 겸양하고 온유하고 이런 걸 얘기하는 것이 아닙니다. 자신이 파산했다는 것을 아는 것과 내 영적 필요와 영적 소원에 대하여 내가 가진 것으로 채울 수 없다는 것을 아는 자의 그 비통함을 말합니다. 신앙의 과정을 거치면서 성도들은 신앙 현실을, 심령이 가난한 것을 절망으로 느끼게 됩니다. 기고만장하지 않습니다. 물론 처음에는 부모를 잃어버리고 헤매다가 만난 기쁨이 있습니다. 그러나 곧 자신이 아버지께 의존되어 있고 아버지를 떠나서는 나는 아무것도 아니라는 것을 알게 됩니다.

그것이 요한복음 15장의 포도나무 비유입니다.

나는 참포도나무요 내 아버지는 농부라. 무릇 내게 붙어 있어 열매를 맺지 아니하는 가지는 아버지께서 그것을 제거해 버리시고 무릇 열매를 맺는 가지는 더 열매를 맺게 하려 하여 그것을 깨끗하게 하시느니라. 너희는 내가 일러준 말로 이미 깨끗하여졌으니 내 안에 거하라. 나도 너희 안에 거하리라. 가지가 포도나무에 붙어 있지 아니하면 스스로 열매를 맺을 수 없음 같이 너희도 내 안에 있지 아니하면 그러하리라. 나는 포도나무요 너희는 가지라. 그가 내 안에, 내가 그 안에 거하면 사람이 열매를 많이 맺나니 나를 떠나서는 너희가 아무것도 할 수 없음이라. 사람이 내 안에 거하지 아니하면 가지처럼 밖에 버려져 마르나니 사람들이 그것을 모아다가 불에 던져 사르느니라(요 15:1-6).

심령이 가난하다는 것은 아버지와 분리되었을 때 줄기로부터 분리된 가지가 마르고 썩는다는 것을 아는 것입니다. 나 혼자는 마르고 썩을 수밖에 없다는 것을 아는 것입니다. 마름과 썩음을 느끼는 것, 이것이 심령이 가난하다는 것입니다. 줄기에 붙었을 때에야 비로소 그걸 느끼게 됩니다. 한 번도 줄기에 붙어본 적이 없으면 마르고 썩는 것이 무엇과 비교하여 애통하고 비통한지 모릅니다. 애통할 이유가 뭐가 있겠습니까?

팔복 속에 이런 것도 있습니다. "의에 주리고 목마른 자는 복이 있다." 의에 주리고 목마르다는 것은 지금 배부르지 않다는 것입니다. 갈급하다는 것입니다. 신앙생활이라는 것은 승리와 결실보다는 의외로 갈증과 절망, 고민과 몸부림이 더 많습니다. 왜 그렇습니까? 신앙을 완성시켜 나가는 데 있어서 최고의 걸림돌이 '자기 의'를 빼는 것이라서 그렇습니다. 언제나 내가 있기 때문에 믿음이라는 이름으로 내가 나설 수 있고, 은혜를 구한다는 말에도 내가 나설 수 있습니다. 겸손이라는 이름으로 자랑할 수 있는 게 사람 아닙니까? 사랑이라는 이름으로도 얼마든지 사람을 잡을 수 있는 게 사람입니다. 죄인이 뭔지, 예수 그리스도께서 왜 십자가를 지셔야 했는지, 구원 얻은 백성은 어떻게 달라져야 하는지를 현실적으로 놓칠 수 있습니다. 이걸 놓치지 마십시오.

예수 그리스도 앞에서 우리가 어디로 가야 하며, 무엇을 어떻게 해야 할지를 하루 종일 기도해야 합니다. 알게 하시고, 믿게 하시며, 소원을 이루게 하실 은혜를 베풀어 달라고 울부짖어야 합니다. 그리스도께서 늘 나를 장악하고 붙들어 달라고도 해야 합니다.

잠깐 넋을 놓으면 우리는 자기 의와 자기 기준, 자랑 속에서 살게 됩니다. 그렇게 되면 예외 없이 우리는 실패하게 됩니다. 신앙에서는 결국 이것이 가장 큰 싸움입니다. 이 울부짖음, 안타까움, 죄인 된 속성에 대하여 다윗이 뭐라고 했습니까? 눈물로 침상을 적셨습니다. 그렇습니다. 너무 울어서 침실이 풀장이 되었다는 것 아닙니까?

이런 고백이나 아픔은 다윗이나 베드로에게만 일어난 것이 아닙니다. 우리 성도들에게도 당연히 일어나는 일입니다. 겪어야 하는 일입니다. 믿음으로 극복하고 예수 그리스도 안에서 정답을 찾아야만 하는 문제입니다. 여러분은 이 문제에 대해 더 깊은 성경의 가르침, 올바른 믿음과 해결책을 가지시기 바랍니다. 또 알게 된 것들, 믿게 된 것들을 결실하기 위해 노력해야 합니다. 더 많이 무릎 꿇으셔야 합니다. 더 많이 은혜를 구하셔야 합니다. 예수님께서 이 일을 위해서 죽으셨습니다.

하나님의 백성으로 사는 동안, 여러분은 그에 마땅한 반응과 충성, 승리를 위해서 자기를 쳐 복종시키셔야 합니다. 평생 그 싸움을 하셔야 합니다. 그것은 신앙의 완성을 향하여 나가는 사람이라면 예외 없이 거쳐야 하는 보편적이고도 유일한 과정입니다. 여러분은 남을 정죄하고 남을 가르치는 것보다는 자기를 돌아보며 자기를 올바른 믿음과 은혜 위에 세우는 일을 하셔야 합니다. 잠자는 순간에도 잊지 말고 이 싸움을 하십시오. 그래서 하나님의 사람으로서 경건하고, 하나님과 동행하며, 신령한 삶이 주는 복을 즐기시기 바랍니다.

20

율법주의의 무서움

빌 3:1-3

끝으로 나의 형제들아, 주 안에서 기뻐하라. 너희에게 같은 말을 쓰는 것이 내게는 없고 너희에게는 안전하니라. 개들을 삼가고 행악하는 자들을 삼가고 몸을 상해하는 일을 삼가라. 하나님의 성령으로 봉사하며 그리스도 예수로 자랑하고 육체를 신뢰하지 아니하는 우리가 곧 할례파라.

율법주의자

사도 바울이 감옥에 갇히면서 빌립보 교회에는 지도자의 부재 문제만 있었던 것이 아닙니다. 당시 초대 교회에 크게 문제가 되었던 율법주의자들이 빌립보 교회에서도 역시 큰 문젯거리였습니다. 본문 2절 말씀을 보면 "몸을 상해하는 일을 삼가라"는 표현이 있습니다. 이는 개역개정판의 번역인데, 이전에 사용하던 개역한글판에서는 그 표현이 "손할례당을 삼가라"고 되어 있습니다. 여기서 '손(損)'은 '해치다, 상하게 하다'라는 뜻입니다.

개역한글판은 2절에 '손할례당'이 나오고 3절에 '할례당'이라는 번역이 나와서 표현의 재미가 있었습니다. "손할례당을 삼가고······우리가 곧 할례당이라"고 읽으면 초점도 분명해지고 또 읽는 재미도 있지 않습니까. 우리가 개역개정판을 사용하게 되면서 말의 의미는 살려내긴 했는데, 말의 재미가 반감되고 초점도 흐려졌습니다.

성화

자칭 할례당은 몸을 상하게 하는 자들, 즉 손할례당에 불과하지만 우리가 진짜 할례당이라고 말하고 있습니다. 할례를 주장한 율법주의자들은 신앙을 가질 때에 할례를 받고 율법을 지키도록 요구했습니다. 그래서 구원의 조건에 예수님을 믿는 것과 함께 할례와 율법으로 대표되는 율법주의적 기초도 요구한 것입니다. 이들이 초대 교회마다 가장 큰 문제 중의 하나였습니다.

우리는 지난번에 2장 마지막 부분에 나오는 에바브로디도에 대해 살펴봤습니다. 바울은 그를 돌려보낼 수밖에 없는 어떤 사정으로 인해 빌립보 교회에 "이러므로 너희가 주 안에서 모든 기쁨으로 그를 영접하고 또 이와 같은 자들을 존귀히 여기고 기쁘게 영접하라"(빌 2:29)고 권합니다. 에바브로디도가 자신의 마음에 들지 않았든지 아니면 무언가 심각한 결격 사유가 있었든지 간에, 그를 빌립보 교회에 돌려보낼 때는 그렇게 변명하고 감싸고 마무리를 멋지게 합니다. 그러나 여기서는 "개들을 삼가고 행악하는 자들을 삼가고 몸을 상해하는 일을 삼가라"는 험하고 격한 말을 씁니다. 그들을 상당히 경멸하고 있습니다. 바울은 지금 이 행악하는 자들이 도덕적 차원에서 매우 문란하다거나 악의적인 목적을 가진 집단이므로 이 말을 하는 것이 아닙니다. 기독교 신앙은 예수 그리스도만이 근거가 되고 조건이 됩니다. 그래서 구원의 조건에 예수 그리스도 외에 다른 무언가를 더할 때는 언제나 성경은 이렇게 심각하게 경고합니다.

신자라도 본성적으로 할례나 율법 같은 것으로 신앙을 확인하고 싶어합니다. 종교란 어떤 의미에서 도덕의 극단까지 간 것입니다. 기독교 신앙이 은혜 위에 서 있는 것과는 달리, 도덕은 인간이 만들어 낼 수 있는 의를 말합니다. 도덕의 극단은 바로 이 의의 극단까지 간 것입니다. 기독교 신앙과는 그 뿌리와 근거가 다르다는 것입니다. 하나님이 근거가 되시느냐, 인간이 근거가 되느냐 하는 이 문제는 기독교 신앙을 이해하는 데 있어서 언제나 가장 조심해야 할 문제입니다.

율법 준수의 바른 의미

믿지 않는 세상에서 종교에 대한 모든 비판의 기준은 도덕성입니다. "예수 믿는 사람들이 왜 그래" 하는 이야기 속에는 왜 일반인 정도의 도덕성도 없느냐라는 비난이 들어 있습니다. 그런 비난을 받는 것은 부끄러운 일이지만, 원래 기독교는 죄인들을 위한 종교라서 당연한 것일 수도 있습니다. 그 죄 중에는 꼭 영적인 것만 있는 것이 아니라, 도덕과 상식에서 걸리는 것도 있습니다. 세상도 받아 주지 않는 사람들을 예수님만은 받아 주신 것입니다. 그것이 교회입니다. 또한 온갖 부끄러운 일을 하면서도 나는 예수 믿노라 하고 기쁘게 자랑할 수도 있습니다. 부끄러운 줄 모르고 너무나 은혜가 넘쳐서 그랬을 수도 있습니다.

우리가 예수 믿는 사람들에게 일정한 조건을 요구하는 것은 당연한 일이겠지만, 이것을 구원의 근거로서 요구하는 것인지 아니면 은혜가 만들어내는 책임을 지적하는 것인지는 늘 분별해야 합니다. 원래 성경이 말하는 율법은 자기 의나 자기 가능성을 확인하기 위해서 주어진 것이 아닙니다. 출애굽기 19:1-6을 보겠습니다.

이스라엘 자손이 애굽 땅을 떠난 지 삼 개월이 되던 날 그들이 시내 광야에 이르니라. 그들이 르비딤을 떠나 시내 광야에 이르러 그 광야에 장막을 치되 이스라엘이 거기 산 앞에 장막을 치니라. 모세가 하나님 앞에 올라가니 여호와께서 산에서 그를 불러 말씀하시되 너는 이같이 야곱의 집에 말하고 이스라엘 자손들에게 말하라. 내가 애굽 사람에게 어떻게 행하였음과 내가 어떻게 독수리 날개로 너희를 업어 내게로 인도하였음을 너희가 보았느

성화

니라. 세계가 다 내게 속하였나니 너희가 내 말을 잘 듣고 내 언약을 지키면 너희는 모든 민족 중에서 내 소유가 되겠고 너희가 내게 대하여 제사장 나라가 되며 거룩한 백성이 되리라. 너는 이 말을 이스라엘 자손에게 전할지니라(출 19:1-6).

하나님이 이스라엘 백성을 애굽에서 꺼내십니다. 출애굽은 단순히 해방되고 구원을 받았다는 측면에서만 이해될 수 없습니다. 이스라엘은 바로의 압제로 힘에 굴복하는 삶을 살 수밖에 없던 처지였습니다. 그런데 이제 하나님이 그들을 꺼내어 자유로운 백성으로 불러서 언약을 맺는 자리로 나아오게 하신 것입니다. 그들은 애굽에서는 종으로 태어날 수밖에 없고 강제력 앞에 굴종할 수밖에 없던 처지였습니다. 그러나 하나님이 자기 백성으로 삼기 위하여 압제와 강요가 아닌 자유로운 자리로 불러내어 그들에게 이제 나와 언약을 맺자, 대등한 합의를 보자 하는 것이 바로 이 말씀입니다. 내가 너희를 구해 주었으니 나에게 어떤 보답을 해라 하신 것이 아닙니다. 이제 언약을 맺자. 너희가 내 백성이 되기를 원한다면 나는 너희의 하나님이 되고 너희는 모든 민족 중에서 내 소유가 될 것이다. 너희가 내게 대하여 제사장 나라가 되며 거룩한 백성이 되리라고 하신 명예로운 약속과 내용과 조건을 제시하고 있는 장면입니다. 이것을 요약하면 율법이 됩니다.

나는 너희의 하나님이 될 것이고 너희는 내 백성이 될 것이다. 너희는 나를 신실하게 섬겨라. 이것이 우리가 합의하는 중요한 조건이다. 그 대신 나는 너희에게 모든 복을 내리는 신실한 주인이 될 것이다. 너희가 율법을 지켜야 하는 것은 내가 거룩한 하나님이기 때문이다. 그 거룩함은 너희 자신에게 명예로운 것이다. 이것이 율법입니다. 율법을 지키는 것은 자기 의의 확인이 아닙니다. 율법을 지킴으로써 내가 누구와 관계를 맺고 있는지를 확인하게 되는 것입니다. 우리에게서 난 의가 아니라 하나님의 의를 요구받고 있다는 것을 기억하는 것이 율법을 지켜야 하는 이유이며 할례에 담긴 뜻입니다.

할례는 그들이 하나님과 언약을 맺은 사이라는 사실의 외적 증표로서 요구된 것입니다. 그들은 이 증표를 통해 자신들이 누구에게 속했는지, 어떤 자리로 부름을 받았는지, 그 부르신 분이 그들에게 무엇을 약속했는지, 거기에 어떻게 답하기로 했는지를 확인하게 됩니다. 그것이 내용일 수는 없습니다. 그러나 그것을 내용으로 삼곤 합니다.

계명 준수를 자기 증명 수단으로 쓰는 잘못

본문으로 돌아와서 3절을 보겠습니다. "하나님의 성령으로 봉사하며 그리스도 예수로 자랑하고 육체를 신뢰하지 않는 우리가 곧 할례라." 여기 "육체를 신뢰하지 않는"이라는 표현에서 육체는 무엇입니까? 이 말은 자신이 할 수 있는 모든 것과 그것을 수행할 수 있는 자기 자신 이 모두를 가리킵니다. 우리의 몸에 대해 나쁘게 지칭하는 말이 아니라, 육체라는 말이 성경에서 그렇게 사용된다는 뜻입니다. 자신이 전부라고 여기는 생각의 근거이자 그것에 대한 확인을 우리는 육체라고 합니다. 그러나 원래 할례와 율법의 목적은 나는 '나'라는 존재에 대한 충분한 조건과 목적이 되지 못한다, 하나님이 '나'라는 존재에 대한 유일한 조건이고 목적이다 하는 것을 확인하려는 데 있다는 것입니다. 그것이 율법입니다.

요한복음 15장에서 예수님은 이 문제를 이렇게 표현하셨습니다. "아버지께서 나를 사랑하신 것같이 나도 너희를 사랑하였으니 나의 사랑 안에 거하라. 내가 아버지의 계명을 지켜 그의 사랑 안에 거하는 것같이 너희도 내 계명을 지키면 내 사랑 안에 거하리라"(요 15:9-10). 여기서 왜 계명이 나옵니까? 강요가 아니라는 것입니다. 계명이란 상대방의 기쁜 뜻에 기꺼이 참여하는 것입니다. 그것이 계명입니다. 하나님과 우리가 맺는 약속에는 대등한 쌍방 간의 서로에 대한 존중과 서로를 향한 책임이 들어 있습니다. 우리는 이것을 할례에서도 볼 수 있고 율법에서도 볼 수 있습니다. 이때 서로를 향한 책임은 서로 사랑하기 때문에 기꺼이 동의하는 책임입니다. 사랑하는 사이가 되면 기꺼이 종이 되기로 합니다. 상대방이 좋아하는 것을 나도 좋아하기로 하는 것입니다.

어느 나라나 비슷한 관습이 하나 있습니다. 사랑한다고 쫓아다니는 남자의 진심을 정말 확인하고 싶으면 불러서 먹지 못할 음식을 해서 먹이는 것입니다. 너무 짜게 하거나 달게 하거나 쓰게 해서 내놓습니다. 사랑하는 사람은 예외 없이 다 진심을 말하지 않습니다. 맛있게 먹습니다. 시치미를 뚝 떼고 맛있느냐고 물어보면 "응, 맛있어" 하고 대답합니다. 짜지 않느냐고 물어봐도 "응, 안 짜. 소금 더 줘" 하고 마음에도 없는 소리를 합니다. 그쯤 되면 기꺼이 청혼에 응하는 것입니다.

이것이 바로 그 말씀입니다. 예수님께서 어떻게 하셨습니까? 내가 아버지의 계명을 지켜 그의 사랑 안에 거하셨다고 말씀했습니다. 이것이 율법의 정신입니다. 그것을 지켜야 할 책임이나 그로 인한 자랑 안에 자기를 위한 것은 없습니다. 전부 상대방을 위한 것입니다. 계명을 지키고 정성을 쏟고 책임을 지는 까닭은 상대를 향해 자원해서 기쁨으로 하려는 마음에 있는 것이지, 계명을 행하는 자신을 증명하려는 데 있지 않습니다. 그러나 할례당, 말하자면 율법주의자들은 이 지점에서 넘어진 것입니다.

교회는 불의한 자도 품을 수 있어야

여기서 넘어지면 어떤 일이 생기는지 생각해 봅시다. 우리가 기독교 신앙을 가지고도 늘 틀리고 그냥 넘어가는 지점이어서 정말 민감하게 이해해야 할 부분입니다. 우리가 무엇이 옳다 할 때, 그것이 예수로 말미암은 옳음이 아니고 율법주의적 옳음인 경우에는 뚫고 들어갈 자리가 없게 됩니다. 이것은 일반 세상에서도 그렇고 예수 믿는 신앙 공동체에서도 대체로 일어나는 일입니다. 빈틈이 없습니다. 여기서 빈틈이 없다는 말을 제가 조금 설명하려고 합니다.

아무런 사심도 품지 않고 대의를 위해 일하는 사람들은 예수님이 있는 자리를 외면합니다. 그래서 이런 사람들과는 밀고 당기는 것이 되지 않습니다. 기독교 신앙의 핵심이 율법주의와 다른 것은 기독교 신앙에는 밀고 당길 것이 있다는 사실입니다. "주님, 제가 이러면 안 되는 줄 알지만, 지금은 이럴 수밖에 없으니 불쌍히 여겨주시옵소서" 하고 우리는 기도할 때가 있습니다. 불쌍히 여겨주시옵소서라는 말이 옳은 자의 입에서 왜 나오겠습니까? 기독교 신앙이 우리의 기존 사고방식과 전혀 다른 것이기 때문에 나올 수 있습니다.

기독교 신앙은 당연히 도덕성을 능가해야 합니다. 이때 도덕성을 능가한다는 것은 도덕의 극한, 곧 한 점의 흠도 없는 완벽한 상태에 이르러야 한다는 말이 아닙니다. 옳을 뿐만 아니라 불의한 자를 끌어안는 품이 있을 때, 이것을 옳다고 하는 것입니다. 도덕성을 능가한다는 것은 이처럼 불의한 자마저도 품을 수 있어야 한다는 말입니다. 그런데 우리는 이 지점에서 집니다. 한국교회만의 문제는 아닙니다만 역사상 교회가 겪은 가장 힘들고 교묘하고 떨쳐내지 못한 문제입니다. 교회에 와서는 진심을 이야기할 수 없다는 것입니다. 교회 안에는 잘난 사람과 죄인밖에 없어서 잘난 사람하고는 할 이야기가 없는 것이고 또 죄인은 죄인이라서 할 말이 없습니다. 이런 상태가 되면 진심은 교회 안에서 사라지고 맙니다.

교회 안에는 사랑이 없습니다. 우리는 사랑을 논하려면 흠이 없어야 한다고 생각합니다. 그러나 사랑은 흠 없는 사람들만의 소유물이 아닙니다. 사랑은 희한한 것입니다. 못난 자들에게도 허락되는 하나님의 부요하신 선물입니다. 그러나 왜 기독교가 사랑을 논하면서 사랑을 이야기할 수 없게 됐는지 모르겠습니다. 사랑은 용서와 겸손과 희생과 이해를 적극적으로 실천하는 것입니다. 참으로 놀라운 일입니다. 세상에서 성공한 것이 예수 믿는 일에 도대체 무슨 영향을 미친다고 그것이 늘 꼬리표처럼 쫓아다니는지 이해할 수 없습니다. 그러나 쫓아다니는 것이 현실입니다. 한국 교회는 이것을 아직도 극복하지 못하고 있습니다.

우리가 정말 할 수 있을지 없을지는 잘 모르겠습니다. 그러나 내일 교회 문을 닫는 한이 있어도 이 설교를 하지 않을 수가 없습니다. 복음이 가르치는 바이기 때문입니다. 에바브로디도를 용서한 바울이 얼굴을 돌려 마치 딴사람이 된 듯한 모습으로 한 경고입니다. "개들을 삼가라!" 무시무시한 말입니다. 여기까지 따라 들어오지 않는다면 여러분은 예수 믿는다는 말이 무슨 의미인지 전혀 모르는 것입니다. 예수님이 여러분을 위하여 십자가에서 모욕적인 죽임을 당하셨다는 사실을 부인하는 것입니다.

우리의 종교적 본성이 요구하는 율법주의는 언제나 우리 자신을 흠 없는 사람으로 만들어 가는 데 훨씬 더 많이 집중하게 만듭니다. 교회에서 도무지 비어 있는 사람을 만날 수가 없습니다. 좀 비어 있어야 우리가 저 조각난 몸뚱이가 어떻게 저렇게 다니는가 하고 쳐다볼 것이고, 또 그 조각난 몸뚱이를 묶고 있는 예수님이 그 안에 계시더라 하는 말도 하면서 놀라지 않겠습니까? 그런데 교회 안에 너무 빈틈이 없는 그런 신자들만 보인다는 것입니다.

이 설교를 감동스럽게 했어야 할까요. 성질을 부릴 일은 아니었을 것입니다. 여기에서 제가 목소리가 높아지고 격렬해지는 이유는 제 본성도 이것을 붙잡고 이 말을 못하게 하기 때문입니다. "그 말 하면 뒷감당을 어떻게 하려고 그래" 하는 것이 제 안에도 있는 본성입니다. 예수님을 믿는 자의 자랑이 무엇입니까? 우리는 사실 예수님의 이름을 빙자한 채 자기 의를 자랑하고 있지는 않습니까?

우리나라가 오래도록 영향을 받은 유교 정신에 따르면 이런 자기 의를 '군자의 도'라고 합니다. 군자의 도에서 제일 잘난 척하는 표현이 무엇인 줄 아십니까. 오해받고 잘못되고 억울한 일을 당했을 때 이렇게 말하는 것입니다. 본인이 부덕한 소치입니다. 오해받는 것조차도 아직 자신에게 무언가 흠이 남아 있기 때문이라는 것입니다. 부끄러워서 문을 걸어 잠그고 석 달 동안 나오지 못했다 하는 신화가 우리에게는 오래된 천성으로 내려온 일종의 삶의 정서입니다. 이것이 아마도 우리 안에서 더 크게 작용하는 것 같습니다. 예수님을 믿는다는 말이 가지는 어떤 힘과 능력과 약속보다 이런 정서가 더 우세합니다.

우리가 시시콜콜하게 자기 사정을 다 이야기하자는 것이 아닙니다. 자신의 못난 것을 사람 앞에 다 꺼내놓고 회개하자는 이야기도 아닙니다. 그럴 필요도 없습니다. 우리 모두 아무에게도 잘난 척할 근거가 없다는 것을 서로 공식적으로 확인하는 것이 신앙고백이지 않습니까? 그러니 말로 표하지는 않더라도 부끄러워하는 얼굴은 있어야 하지 않겠습니까? 그것이 예수님을 믿는 사람의 얼굴이지 않겠습니까?

골로새서 2:18-19을 보겠습니다.

아무도 꾸며낸 겸손과 천사 숭배를 이유로 너희를 정죄하지 못하게 하라. 그가 그 본 것에 의지하여 그 육신의 생각을 따라 헛되이 과장하고 머리를 붙들지 아니하는지라. 온 몸이 머리로 말미암아 마디와 힘줄로 공급함을 받고 연합하여 하나님이 자라게 하시므로 자라느니라(골 2:18-19).

왜 우리가 교회에 나왔습니까? 어떻게 신앙고백을 하는 우리가 이렇게 엉터리로 살면서도 우리의 신앙을 유지할 수 있겠습니까? 우리 자신은 산산조각이 났지만, 예수께서 우리를 붙들고 계시니 그렇습니다. 내 발로 굳게 서서 예수님을 떠받치고 있는 것이 아닙니다. 나는 나를 포기했지만 하나님이 나를 포기하지 않아서 이렇게 아직 살아 있습니다. 아직 교회 나오는 것입니다. 바로 그런 얼굴을 하자는 것입니다. 그것이 이런 이야기입니다. "아무도 꾸며낸 겸손과 천사 숭배를 이유로 너희를 정죄하지 못하게 하라." 괜찮다. 그게 교회다. 이게 기독교 신앙이고 복음이다. 내가 너를 정죄하지 않는다. 내가 너를 위하여 십자가를 졌다. 누가 너를 정죄하려고 하겠지만 거기에 지지 마라. 이런 이야기를 하고 있는 대목입니다.

골로새서 1:19-23을 보겠습니다.

> 아버지께서는 모든 충만으로 예수 안에 거하게 하시고 그의 십자가의 피로 화평을 이루사 만물 곧 땅에 있는 것들이나 하늘에 있는 것들이 그로 말미암아 자기와 화목하게 되기를 기뻐하심이라. 전에 악한 행실로 멀리 떠나 마음으로 원수가 되었던 너희를 이제는 그의 육체의 죽음으로 말미암아 화목하게 하사 너희를 거룩하고 흠 없고 책망할 것이 없는 자로 그 앞에 세우고자 하셨으니 만일 너희가 믿음에 거하고 터 위에 굳게 서서 너희 들은 바 복음의 소망에서 흔들리지 아니하면 그리하리라. 이 복음은 천하 만민에게 전파된 바요 나 바울은 이 복음의 일꾼이 되었노라(골 1:19-23).

사도 바울이 말하는 바는 이런 것입니다. "예수 안에서 하나님이 우리를 받아 주셨다. 이것이 복음이다. 걱정하지 마라. 내가 이 일을 위하여 사도가 되었고 이 일을 위하여 목숨을 걸고 있노라. 이것이 기독교 신앙이다. 아무도 겁낼 것 없다. 자랑해서도 안 된다." 하나님께서 용서하셨는데 사람들이 용서하지 않는 곳이 교회가 되었습니다. 이것은 교회가 교회사 내내 저질러 온 실수입니다. 반복되는 실수입니다. 여러분이 받은 상처 혹은 준 상처들을 곱씹어 보십시오. 어떻게 해야겠습니까? 교회에 나가면 어떻게 하고 있어야 하겠습니까? 우리가 가진 모든 어려움에도 불구하고 교회에 나오는 것이 어떤 자랑인가를 기억하십시오. 오늘 이 경고의 말씀을 통해 여러분의 신앙고백을 새삼스럽게 확인해 보시기를 바랍니다.

21

지식에 우선하는 사랑

고전 8:1-3

우상의 제물에 대하여는 우리가 다 지식이 있는 줄을 아나 지식은 교만하게 하며 사랑은 덕을 세우나니 만일 누구든지 무엇을 아는 줄로 생각하면 아직도 마땅히 알 것을 알지 못하는 것이 요. 또 누구든지 하나님을 사랑하면 그 사람은 하나님도 알아 주시느니라.

최소한의 기준

신자의 행동 규범은 지식에 근거하지 않고 사랑에 근거합니다. 사랑에 근거하여 고린도전서 8:1-3의 내용을 살펴봅시다. 먼저 "우상의 제물에 대하여는"이라고 시작되는데 고린도전서에서는 '무엇에 대하여'로 시작되는 곳을 많이 볼 수 있습니다.

7장에 이렇게 되어 있습니다. "너희가 쓴 문제에 대하여 말하면 남자가 여자를 가까이 아니함이 좋으나"(고전 7:1). 즉, 음행문제를 다룰 때, 11장에서 여자들의 교회 안에서의 위치를 다룰 때, 12장에서 '신령한 것에 대하여는'이라고 할 때, '~에 대하여는'이라는 표현을 씁니다.

"우상의 제물에 대하여는"으로 시작된 부분은 우상 제물을 먹을 수 있느냐, 먹을 수 없느냐로 끌고 가지 않습니다. 다시 한번 본문을 확인해 봅시다.

우상의 제물에 대하여는 우리가 다 지식이 있는 줄을 아나 지식은 교만하게 하며 사랑은 덕을 세우나니 만일 누구든지 무엇을 아는 줄로 생각하면 아직도 마땅히 알 것을 알지 못하는 것이요. 또 누구든지 하나님을 사랑하면 그 사람은 하나님도 알아 주시느니라(고전 8:1-3).

즉 우상 제물을 주제로 삼고 있는데도, 여기서 강조하는 내용은 아니라는 말입니다. 곧 우상 제물을 먹느냐 못 먹느냐의 우상 제물에 대한 문제를 다루기 전에, 먼저 지식이냐 사랑이냐의 문제를 해결해야 한다는 것입니다.

우리는 고린도전서 8장에서 신앙의 규범과 기준으로 삼을 수 있는 중요한 원리를 발견하게 됩니다. 우리는 이것이 신앙적으로 죄냐 아니냐, 무엇이 옳고 그르냐, 그 내용이나 지식, 율법 면에서 죄냐 아니냐를 자문해 봅니다. 하지만 '사랑이 있고 유익한가?'의 차원에서, 신앙 기준에 의해 이해하고 있지 않다면, 무슨 문제이든 간에 틀린 것입니다. 그래서 2절에 있는 것처럼 "누구든지 아는 줄로 생각하면 아직도 마땅히 알 것을 알지 못하는" 것입니다. 이 얼마나 놀라운 말입니까? 1절은 무엇이었습니까? "우상의 제물에 대하여는 너희가 다 지식이 있는 줄 알지만, 너희가 뭘 알고 있다고 생각한다면 아직도 알고 있는 것이 아니다"라고 2절과 같이 공격을 하고 있는 것입니다.

나이 든 사람의 입장에서 볼 때, 젊은이들이 이런 이야기를 하는 게 제일 답답합니다. 과거에 운동권 학생들은 자신들이 문제로 삼고 있는 것에 관심을 가지게 하려고 분신자살을 시도하거나 뛰어내리는 일이 많았습니다. 한 대학생이 자살을 했는데, 유서에 "나는 이제 인생에 대해서 다 알았다"라고 했던 기억이 납니다. 참 답답한 일입니다. 그 나이에 알면 얼마나 알겠습니까? 그 대학생이 칠십 혹은 팔십 살이었겠습니까? 겨우 스무 살

성화

안팎의 나이에 인생을 뭘 압니까? 자기 학교 총장 이름이나 알겠죠.

사람들은 다 안다고 말하지만 실상은 모릅니다. 인생뿐 아니라 신령한 것에 관해서 우리가 무엇을 안다고 할 수 있습니까? 하지만 알아야 합니다. 최소한의 기준, 최소한의 방향 감각은 있어야 할 것 아닙니까? 우리의 신앙생활은 맹종하는 게 아닙니다. 암중모색을 하는 것도 아니며, 소경이 소경을 인도하는 것은 더더욱 아닙니다. 우리들은 그 내용을 대강 압니다. 그렇지 않습니까? 그 '대강'이 아주 중요한 대강이란 말입니다. 이런 원칙 속에서 우리가 아는 바를 풀어 나가야 합니다.

먼저 우리가 신앙에 대해서 알아야 할 것은 "하나님이 계신다", "우리가 죄인이다" 하는 것입니다. 또한 "예수 믿지 않으면 나중에 죽어서 하나님의 영원한 형벌 속에 있게 된다"는 진리도 알아야 합니다. 그렇다면 우리가 예수 믿고, 구원 얻고, 전도하면 다 안 것입니까? 전도하는 것 외의 인생은 쓸모없습니까? 그렇지 않습니다. 하나님께서 한 사람을 신자로 부른 다음에 뭐든지 맡기시는 일이 있습니다. 신자 되기 전과 신자 된 후에 달라진 것이 있어야 합니다.

사랑이 없는 지식

고린도전서 7장 내용은 무엇입니까? 결혼을 하지 않으려는 사람들이나 결혼했어도 헤어지려는 사람이 왜 생깁니까? 예수 믿기 전에는 이 세상 일이 전부인 줄 알고 결혼도 하고 멋지고 재미있게 살 작정이었습니다. 그러나 신앙을 갖고 보니까 하나님의 일을 하는 것이 가장 중요한 것 같습니다. 그러려면 아내, 남편, 자식 등 먼저 방해가 되는 것을 잊어버리거나 뒤로 미룬 채, 오직 하나님을 위해서 24시간, 나의 모든 정열을 쏟아야 옳은 것 같습니다. 아닙니다! 내게 중요한 것은 어떤 신령한 명분이나 어떤 신령한 형태를 취하는 것만을 의미하지 않습니다. 주어진 조건과 환경이 하나님이 맡기신 책임인 줄 알고 그것을 신자답게 끌고 가야 합니다.

어느 정도까지 책임져야 합니까? 비록 믿지 않는 배우자와 산다 해도 내가 신자다운 삶을 살면서 배우자를 변화시켜야 합니다. 내가 가진 생명과 구원이 그에게까지 넘쳐나게 되는 일이 더 중요합니다. 믿지 않는 아내나 남편과 신앙의 갈등을 겪게 될 때 '내가 원하는 대로 신앙생활을 하지 못할 바에는 차라리 헤어지는 게 낫다' 이런 생각은 신자와 전혀 어울리지 않는 생각이요, 하나님이 기뻐하시지 않는 방법입니다. 우리가 생각하려는 이 문제에 있어서도 가장 중요한 것은 "그가 사랑을 하느냐, 아니면 지식만 갖고 있느냐"입니다. 그럼, 지식이라는 것이 필요가 없느냐? 그렇지 않습니다. 여기서 지식이라는 것은 이런 차원의 지식을 이야기하는 것입니다.

다시 1절로 가서 봅시다. 우상의 제물에 대하여는 우리가 다 지식이 있는 줄을 아나, 이 지식이 사랑과 대조되어 나타납니다. 꾸중을 듣는 이유는 본문이 지칭하는 지식이 교만하게 하는 것이기 때문입니다. 만일 그 지식이 사랑과 함께 있지 않고 교만한 것이라면 그 지식은 쓸모없다는 것입니다.

'교만하다'는 말은 우리말로 적당하게 번역이 된 것입니다만, 그 내용을 직역을 하자면 '부풀린 것'을 의미합니다. '과장되어 있는 것'이며 지식이면 최고라고 생각한 것입니다. 지식 외에는 다른 것이 들어갈 틈이 없다는 말입니다. 이해나 용서, 기다림이 없다는 말입니다. 부풀려져 있습니다. 지식이 있어야 할 위치에 있는 것이 아니라, 이 지식이 다른 것들을 다 몰아내고 그것이 전부인 양 자리를 차지하고 있다는 말입니다. 용서와 기다림이 공존할 여지가 없이 지식으로만 꽉 차 있는 것입니다. 또는 '흩어 버린다'라는 말입니다. '지식'이라는 이름으로 남이 서 있는 자리를 밀어

내고 흩어 버립니다.

지식과 대조되는 것은 덕을 세우는 사랑입니다. 사랑이 가장 중요한 까닭은 세우는 것이기 때문입니다. 지금 지식이 꾸중을 받고 있는 이유는 사랑은 '세우지만' 지식은 '흩는 것'이기 때문입니다. 이 '흩어 버리는 것'은 뒤에 공격으로 나타납니다. 10절을 보십시오. "지식 있는 네가 우상의 집에 앉아 먹는 것을 누구든지 보면 그 믿음이 약한 자들의 양심이 담력을 얻어 우상의 제물을 먹게 되지 않겠느냐. 그러면 네 지식으로 그 믿음이 약한 자가 멸망하나니 그는 그리스도께서 위하여 죽으신 형제라"(고전 8:10-11). 그가 가진 지식이 한 생명을 자라나게 하지 않고 한 생명을 밟아 버리는 것이 된다는 말입니다.

그에 비해 사랑은 어떻습니까? '세우는 것'입니다. '세운다는 것'은 부추겨 주는 것이 아닙니까? 상대방을 자라게 하는 것 아닙니까? 이러한 사고방식은 성경에 얼마든지 있습니다. 예를 들면 에베소서 2장입니다.

너희는 사도들과 선지자들의 터 위에 세우심을 입은 자라. 그리스도 예수께서 친히 모퉁잇돌이 되셨느니라. 그의 안에서 건물마다 서로 연결하여 주 안에서 성전이 되어 가고 너희도 성령 안에서 하나님이 거하실 처소가 되기 위하여 그리스도 예수 안에서 함께 지어져 가느니라(엡 2:20-22).

신자들은 어디에, 무엇 위에 세워져 있습니까? 바로 사도들과 선지자들의 터 위에 세우심을 입은 것입니다. 사도들과 선지자들이 있었기 때문에 그들을 통하여 복음이 우리에게 들어왔습니다.

우리만 해도 그렇습니다. 처음 우리나라에 복음을 전한 사람들이 흘린 피로 심겨진 씨로 말미암아 한국교회라는 열매가 생긴 것입니다. 선교사들이 자기를 증명하지 않고 자기네들을 죽여서 우리를 세웠고 키웠습니다. 사도들과 선지자들의 터 위에, 예수 그리스도의 십자가 수난 위에 있는 것입니다. 예수님이 친히 모퉁잇돌이 되신 것입니다. 모퉁잇돌은 유대인들의 집 짓는 과정에서 중요한 것입니다. 우리나라 같으면 주춧돌을 놓고 기둥을 세우지만 유대인들의 집은 모퉁잇돌을 놓고 그 돌에서 벽을 이어나갑니다. 모퉁잇돌은 기초입니다. 모퉁잇돌이신 예수 그리스도께서 우리를 세우신 것입니다. 이것이 사랑이란 말입니다.

끝에 있는 22절도 "너희도 성령 안에서 하나님이 거하실 처소가 되기 위하여 그리스도 예수 안에서 함께 지어져 가느니라"(엡 2:22). 지어져 가는 것입니다. 틀렸다고 해서 그 순간에 잘라 버리지 않습니다. 이 사랑의 요소가 없을 때, 지식은 언제나 잘라 버리는 일을 합니다. 하나님이 거하실 처소라면 얼마나 완전하고 거룩해야 됩니까?

거하실 처소가 되는 과정은 어떤 것입니까? 이해하기 좋게 성화를 생각해 봅시다. 성화의 과정 속에 있는 사람은 거룩합니까, 거룩하지 않은 것입니까? 부산을 향하여 가는 도중은 부산입니까, 아닙니까? 부산에 가 있으면 도달한 것입니다. 가는 도중이라고 이야기할 수 없습니다. 성화란 거룩하게 되는 중인 것입니다. 되는 중이니 아직은 완성되지 않은 것입니다.

지식은 우리에게 '거룩해야 된다'라고 완성과 끝을 제시한 후, 우리가 아직 완성에 이르지 못한 것에 대해 '완전하지 않다', '도달하지 못했다'라고 심판할 수 있습니다. 그런 식의 지식은 안 됩니다. 지식이 그렇게 쓰여서는 안 되는 것입니다. 게다가 신자들이 처음 신앙을 키워나갈 때는 '저렇게 되어야겠다'고 생각하고서 추진해 나가는 사람은 드뭅니다.

신앙의 지식

언젠가 저는 곤경에 처한 적이 있었습니다. 많은 신학생들에게 둘러 싸여

성화

서 성공한 목회자 대접을 받은 경우였습니다. 참 어려운 건, 신학생들이 어떻게 해서 성공했느냐고 묻는 것이었습니다. 제 자신에게 성공했다는 개념이 없는데, 그렇게 물으면 어떻게 대답하겠습니까? 그래서 눈이 작으면 성공한다고 답변했습니다. 모르는 것을 제게 물은 사람이 잘못이지, 제 답이 뭐가 잘못이겠습니까?

그중에 이런 질문이 있었습니다. "처음에 어떤 비전을 갖고 출발했느냐"는 것입니다. 처음부터 지금과 같은 남포교회의 비전을 갖고 있었는가, 아니면 비전은 더 컸는데 아직 거기까지 도달하지 못한 것인가 하는 것이었습니다. 말하자면 "지금 제가 목회하는 현재 교회의 모습이 아직 과정인가? 아니면 좀 더 작은 비전이었는데 커진 것인가?" 하는 것입니다. 그래서 제가 이렇게 대답을 했습니다. 제가 알기로는 인류 역사상 "나는 저기까지 가겠다"는 비전을 가진 사람은 정신이상자나 몽상가들밖에 없었습니다. '난 이렇게 되어야지'라고 하는 생각은 대개 어렸을 때, 누가 부추길 때, 성공한 사람을 볼 때, 그리고 그 뜻이 무슨 의미인지 잘 모를 때 하는 것입니다. "너 커서 뭐 할래?" "대통령이요." "너 나중에 커서 뭐가 될래?" "대장이요." 이런 것은 모두 아이 때나 하는 말입니다. 정신 연령이 5살 안팎일 때나 그러지 크면 안 그럽니다.

어떻게 목회를 해왔느냐에 대해 제가 유일하게 고백을 할 수 있는 것은 이것입니다. 한마디로 천 길 낭떠러지를 걸어오는 기분이었습니다. 왼쪽도 낭떠러지고 오른쪽도 낭떠러지라서, 한 걸음 한 걸음마다 하나님이 싫어하시는 쪽으로 발걸음을 내딛지 않으려는 자세로 살아왔습니다. 그 결과 어디를 가는지 모르고 온 것입니다.

지금 여기서 지식에 관하여 이야기하는 것도 이렇습니다. 사도 바울은 일차적으로 고린도 교회 교인들에게 이야기합니다. "우상의 제물에 대하여 우리가 다 지식이 있는 줄 안다. 그러나 이 지식은 사람마다 가지지 못한 것이다." 이것입니다. 여러분이 처음 신앙생활을 할 때 '기독교란 이런 것이다'라고 생각했던 점과 성경 내용이 일치합니까? 그렇지 않습니다. 처음에는 이렇게 해서 믿기 시작합니다. "아이가 아픈데 병원에서도 못 고치고 어디를 가도 안 된다고 합니다. 그런데 교회에 가면 병을 고친다는 소문에 교회에 왔습니다." 하나님은 의사가 못 고치는 병을 고친다고 알고 온 것이 죄입니까? 이것이 천벌을 받을 짓입니까? 아닙니다. 신앙이 어릴 뿐, 틀린 것이 아닙니다.

저희 교우 중에 이런 분이 있습니다. 지금은 안수집사가 되셨는데, 전에 그분은 부도로 사업이 망했습니다. 그래서 '이제 망했구나' 생각했는데 친구가 교회 가서 예수 잘 믿으면 예수님이 다 복구해 준다고 했답니다. 그래서 부도 난 것을 복구 받으려고 예수를 믿은 이후, 지금까지도 사업이 번창한 것은 아니지만 그 말이 진짜라는 것을 경험했답니다. 실제로 옛날처럼 사업체가 복구가 된 것은 아니지만, 과거 큰 사업을 할 때보다 생활에 여유가 없고 바쁜 지금이 더 행복하고 더 부요하다고 말합니다. 과연 예수님은 복구해 주시는 분이라고 자신 있게 간증하고 있습니다. 이제 그의 신앙은 처음 예수 믿을 때보다 몇 단계 올라선 것입니다.

그러나 앞서 말씀 드린 것과 같이 처음부터 기독교 신앙은 이런 것이라고 앞을 내다보고 시작하는 사람은 없습니다. 우리는 이 문제에 관한 한 선천적으로 아무런 유산을 갖고 태어나지 않습니다. 우리의 본능 속에 없는 것입니다. 신앙생활을 해 나가면서 하나님 앞에 인도함을 받고 보호를 받으면서 많은 시행착오 속에서 이런 지식들을 하나씩 배우는 것입니다. 때로는 '이것이 신앙이다'라고 생각했던 것이 어느 날 그것을 꼭 신앙이라고 이야기할 수 없는 때가 생기기도 합니다. 그렇다고 해서 예전에 생각했던 것이 틀렸다는 것은 아닙니다. 좀 더 수준이 높아지는 것입니다. 높아지면 더 분명해지고 더 넓어집니다. 그렇다고 해서 아무래도 좋다는 것은 아닙니다.

처음에 가지는 신앙들은 대부분 원색적입니다. "이것이 아니면 아니다"입니다. 그래서 괜히 등산 가다가도 절 옆을 지나가면 괜히 기왓장에다가 돌을 던지고 가기도 합니다. 그게 무슨 신앙적인 열심입니까? 스님들을 보고 "머리만 벅벅 깎으면 제일이냐"라고 쓸데없는 말을 했다가, 싸워 다치게 된다면 그것이야말로 주를 위하여 받은 핍박이라고 생각을 할 것입니다. 그러나 신앙생활을 오래한 경우라면 절대 그렇게 하지 않습니다. 저는 절에 가면 그 사람들을 존경하는 눈빛으로 보고, 성의 있게 살려는 사람들에 대해서 깊은 예의를 표합니다. 그들은 모르는 중에도 선하게 살려고 애를 쓰는 사람들입니다. 그 삶들을 우리가 뭐라고 공격할 수 있겠습니까? 물론 우리는 그들이 헛된 일을 하고 있는 줄 압니다.

십자가에 달리실 때 그를 죽이라고 아우성치고, 창으로 찌르고 조롱했던 자들을 향하여, 예수님은 이렇게 기도하셨습니다. "아버지여 저들을 사하소서. 저들은 자기가 하는 일을 알지 못하나이다." 그들을 꾸짖거나 저주하지 않으셨습니다. 그들이 잘했다고 옹호하신 것은 아닙니다. 신자들이 가진 신앙적 지식이라는 것은 '아, 이젠 무슨 의미인지 알았다!'라고 깨달은 '어떤 것들'입니다. 그러나 "무엇이 죄냐, 아니냐?" "무엇이 구원이냐, 아니냐?" 하는 정도로 그것들에 대해서 아무리 많이 안다 할지라도 그것들이 여러분의 절대적인 행동 규범이 되어서는 안 됩니다. 그보다는 하나님께서 우리를 구원하기 위하여 예수님을 보내셨다는 십자가의 정신을 먼저 알아야 합니다. 우리를 선지자들과 사도들의 터 위에 세우시기 위해, 예수 그리스도께서 친히 모퉁잇돌이 되신 사실을 깨달아야 합니다.

또한 우리는 우리를 구원하신 예수 그리스도의 마음에 동참하는 자세를 가져야 합니다. 하나님은 모든 이들을 불쌍히 여기고, 안타깝게 보셨기 때문에 예수 그리스도를 보내셨습니다. 지금까지 심판의 시간을 보류하고 계신 하나님의 안타까움에 동참해야 합니다. 그렇게 할 때에야 여러분이 신앙을 가지고 있고, 신앙생활을 실제로 경험하고 있다고 말할 수 있는 것입니다. 신자는 신앙을 행동으로 보여야 합니다. 이를 위해 우리는 오른편 뺨을 맞으면 왼편 뺨을 대고, 억지로 오 리를 가자 요구하면 십 리를 가야 합니다. 또 우리를 저주하고 우리를 핍박하는 자를 위하여 기도해야 하는 것입니다. 왜 그렇습니까? 그들의 무지와 우리의 앎, 이 둘이 충돌해서는 안 됩니다. 그들은 어리석고 흑암 속에 있으며, 자기가 하는 일을 알지 못합니다. 우리는 그렇게 살면 안 된다는 사실을 알고 있지만 그들은 모릅니다. 그러니 어떻게 싸웁니까? 그렇지 않습니까?

지식에 우선하는 사랑

솔로몬에게 이런 일이 있었습니다. 두 여인이 한 아이를 데리고 와서는 서로 자기 아이라고 했습니다. 솔로몬은 이에 대해 "반으로 잘라 줘라"라고 했습니다. 그러자 나쁜 여인은 "같이 나누자, 잘라 주십시오"라고 했고, 친어머니는 "아닙니다. 저 여인에게 주십시오"라고 했습니다. 이런 마음을 가지셔야 합니다. 친어머니는 자기 자식을 자를 수 없습니다. 어떻게 자릅니까? 자르라고 하는 건 친어머니가 아니기 때문입니다.

하나님은 이 세상을 보시면서, 안타까워하십니다. 친아버지이시기 때문입니다. 그런데 우리는 옆집 아줌마처럼 "잘라 주십시오"라고 요구합니다. 세상 사람들이 못되게 굴고, 나에게 피해를 입히고, 무식하게 조롱할 때, 우리는 "저들을 잘라주십시오"라고 말하게 됩니다. 하지만 이런 경우에도 성경이 가르치는 신자의 행동 규범을 잊지 마십시오. 사랑이 지식에 우선한다는 것을 꼭 기억해야 합니다. 이것이 바로 고린도 교회 교인들에게 있었던 커다란 문제였습니다.

성화

고린도전서에 가장 두드러지게 나타나는 것이 이 싸움이었습니다. 고린도전서 1:5을 보십시다. "이는 너희가 그 안에서 모든 일 곧 모든 언변과 모든 지식에 풍족하므로", 이 부분이 고린도 교회 교인들의 자랑거리였습니다. 언변과 모든 지식이라고 표현되었지만, 의미를 확장하면 지혜와 지식이라고 이야기할 수 있습니다. 고린도전서 12:8에 언급된 고린도 교회가 받은 은사 중에는 이런 은사가 있었습니다. "어떤 사람에게는 성령으로 말미암아 지혜의 말씀을"(고전 12:8). 고린도전서 1:5에는 지혜의 말씀이 '언변'이라고 나와 있습니다. 언변이란 말을 잘하는 것이 아닙니다. 실제로 지혜가 있는 것입니다. "어떤 사람에게는 같은 성령을 따라 지식의 말씀을"(고전 12:8). 언변은 지식, 지혜라고 표현되었습니다. 이런 두 가지는 고린도 교인들에게 있어서 두드러진 은사였습니다. 또한 고린도 교회 교인들은 이미 헬레니즘의 영향을 받아서 신앙에서 가장 중요한 것이 지식이라고 생각하고 있었습니다.

그래서 고린도전서 13장이 등장하는 것입니다. 고린도전서 13:1을 봅시다. "내가 사람의 방언과 천사의 말을 할지라도 사랑이 없으면 소리 나는 구리와 울리는 꽹과리가 되고"(고전 13:1). 고린도 교회 교인들의 은사가 무엇이었습니까? 언변이었습니다. 지혜의 말, 지식의 말로는 더할 나위 없었습니다. 사람의 방언과 천사의 말은 대단한 지혜와 지식을 의미하는 상징어입니다.

그런데 사랑이 없으면 어떻게 됩니까? "내가 예언하는 능력이 있어 모든 비밀과 모든 지식을 알고 또 산을 옮길 만한 모든 믿음이 있을지라도 사랑이 없으면 내가 아무것도 아니요. 내가 내게 있는 모든 것으로 구제하고 또 내 몸을 불사르게 내줄지라도 사랑이 없으면 내게 아무 유익이 없느니라"(고전 13:2-3). 고린도전서 13장, 사랑장에서 왜 이런 말로 시작했는지, 그 까닭이 분명해지지 않습니까? 고린도 교회 교인들은 신앙의 초점을 지식과 지혜에 맞추고 있었던 것입니다.

사도 바울은 그렇게 가르치지 않았습니다. 지혜와 지식이 신앙인의 행동 규범이거나 가장 중요한 원리가 되어서는 안 된다고 했습니다. 중요한 원리는 사랑이어야 합니다. 그럼 왜 사랑이어야 합니까? "사랑은 오래 참고 사랑은 온유하며 시기하지 아니하며 사랑은 자랑하지 아니하며 교만하지 아니하며"(고전 13:4). 사랑은 자랑이나 교만하지 않습니다. 사랑은 교만하지도 않습니다. "무례히 행치 아니하며"의 '무례히'가 교만과 연결됩니다. "자기의 유익을 구치 아니하며." 사랑은 잘난 척하지 않습니다. "성내지 아니하며 악한 것을 생각지 아니하며 불의를 기뻐하지 아니하며 진리와 함께 기뻐하고 모든 것을 참으며 모든 것을 믿으며 모든 것을 바라며 모든 것을 견디느니라"(고전 13:5-7). 여기에 두드러지게 구별되는 것이 있습니다. 바울은 지금 지식을 사랑으로 공격하는 것입니다. 지식은 상대방을 심판하는 것으로 자신을 증명하기 때문입니다. 지식은 성내고 무례히 행합니다. 용서하거나 기다리지 않습니다.

반면 사랑은 어떻습니까? 사랑은 자신을 증명하지 않고, 자기의 유익을 구치 않으며, 상대방이 잘못되기를 바라지 않습니다. 상대방이 잘되고, 돌이켜서 완성되기를 바랍니다. 그래서 사랑은 참고 견디는 것입니다. 또한 사랑은 바라는 것입니다. 나를 바라는 것이 아니라 상대방이 바뀌고 상대방이 자라나고 상대방이 완성되기를 바랍니다. 그것이 사랑입니다. 사랑은 이런 형태로 나타나야 합니다. 우리가 생각하는 일반적인 사랑이라면 좀 더 헌신적이고 내 몸을 불사르게 내어주는 모습으로 나타나야 할 것입니다. 사랑이 자기 증명을 하지 않는 이유는 뭘까요? 신자가 가져야 하는 신앙의 규범, 그 기준과 원리가 무엇이냐에 대한 싸움 때문에 그렇습니다. 사랑은 자기 증명을 하려들지 않고, 상대방이 증명되기를 바라는 것입니다. 그것을 위해서라면 내가 밀져도 좋은 것입니다.

하나님과 이웃을 사랑하는 앎

그러나 지식은 자기를 증명하기 위해서 상대방이 틀리기를 바랍니다. 불의를 기뻐하지 않아야 함에도 불구하고 자기 증명을 위해 상대방의 실패를 바랍니다. 그래서 본문에서도 "또 누구든지 하나님을 사랑하면 그 사람은 하나님도 알아 주시느니라"(고전 8:3)고 말합니다. 하나님도 알아 주신다는 말은 하나님이 우리를 아느냐, 모르느냐의 차원이 아닙니다. 이것을 직역해 보면, "만일 누구든지 지식에 이르렀다고 생각하면 아직도 마땅히 알 바를 알지 못하는 것이요 누구든지…… 사랑하면 이 사람은 진정 아는 자니라"고 번역할 수 있습니다. 3절 윗부분에 "누구든지 하나님을 사랑하면" 이렇게 되어 있는데, 어떤 사본에는 빠져 있습니다. 오히려 1, 2절을 비교하면서 하나님을 넣지 않고 "누구든지 사랑하면"은 지식과 대비해서 "이 사람은 진정 아는 자니라"로 번역할 수 있습니다.

개역성경의 "하나님의 아시는 바 되었다"는 것은 바로 하나님이 우리를 안다, 모른다는 앎의 문제가 아니라, 하나님께 인정된 제대로 된 신앙의 궤도에 있다는 뜻입니다. '진정 아는 자니라'도 바로 이런 뜻입니다. 우리가 지식과 사랑을 대비한 사실로 인해 마치 지식이 없어야 되는 것같이 오해를 하면 안 된다는 말입니다. 진정한 지식이 되려면 지식이 사랑 속에 있어야 합니다. 믿음의 지적인 양에 관한 것이 아닙니다. 무엇을 아느냐 모르느냐가 아닙니다. 하나님을 사랑하고 이웃을 사랑하는 앎이어야 합니다. 그렇지 않습니까? 남을 유익하게 하기 위한 헌신, 한 알의 썩는 밀알, 이것이 참다운 지식입니다. 그것이 제대로 아는 것입니다.

우상 제물로 시작을 했습니다. 우상 제물을 먹어도 되느냐 안 되느냐의 싸움에서 일단 이 결론을 지식으로 추적하지 말자고 했습니다. 일차적으로는 너희가 무엇을 알았든지 상관없다는 것입니다. 다만 그것으로 인하여 하나님과 네 이웃을 사랑할 마음의 준비가 되어 있느냐부터 분명히 하자는 말입니다. 그리고 이제 분명한 지식을 알자는 것입니다. 그러니까 우리의 신앙 핵심과 관점이 더 시급한 것입니다. 어떤 시각을 가지느냐? 어떤 관점을 갖느냐? 우리가 가진 것이 아무리 옳고 아무리 신령하고 완벽한 것이라 해도, 그것이 교만하고 이웃에게 해를 끼치는 것이어서는 안 됩니다. 신자를 멸망하게 하고 시험하는 것이라면 그것이 가장 비신앙적인 것이 되는 것입니다.

오늘 내용을 현실에 적용하면서 정리해 봅시다. 여러분은 주변에서 신령하다는 사이비 단체를 많이 만날 것입니다. 그런데 그 신령하다는 단체들, 그 남다르다는 사이비들에게 가장 크게 결여되어 있는 것이 무엇이라고 생각하십니까? 그들은 우리와 달리 깊고 놀라우며 신비한 것을 가졌다고 주장합니다. 하지만 그들에겐 기다려 주고 용서하는 정신이 없습니다. 자기들의 옳음을 주장하고 우리들이 틀렸다는 것을 증명하며, 결국엔 심판하려고 합니다. 그래서 그들은 상대방을 용서하거나 고쳐지기를 바라는 분위기가 없습니다. 오로지 자기네 발 앞에 무릎 꿇게 하고 자신들을 추종하는 자로 만들려고 합니다. 자기들이 옳다는 것만을 증명하려는 교만의 냄새만 납니다. 그러나 이들 사이비들은 언제나 틀립니다. 잘못된 것입니다. 하지만 기독교적 진리와 기독교적인 내용은 용서하기 위해서 진리가 나타난 것이라고 말합니다. 죄에서 벗어나 그리스도 안으로 들어오게 하기 위해서라고 말합니다. 은혜를 베풀기 위해서 빛이 비취는 것이지 심판하기 위해서가 아닙니다.

주변에서 깊고 완벽한 신앙에 관해 권유받게 된다면, 그들이 신앙을 어떻게 사용하는지 살펴보십시오. 거기에 사랑이 있는지 보십시오. 주께서 세상 죄를 대속하기 위해 십자가를 지신 그 사랑의 냄새가 나는지를 살펴보십시오. 그렇지 않고 심판과 두려움, 계급만이 있거든 그들이 틀린 것인 줄로 아십시오. 또한 여러분들이 알고 있는 신앙적인 지식과 체험과 경력을 믿음 생활하는 이들에게 간증하십시오. 신앙이 어린 이들에게 여러분이 아는 것, 여러분이 소유하고 있는 것들을 쓸 줄 아는 겸손과 사랑을 가지고 있어야 합니다. 그것이 없기 때문에 뜻밖에도 교회가 상처가 더 많은 집단이 되기 쉽습니다.

개인 사정을 들을 때면 '오죽하면 그 사람이 그렇게 되었겠느냐'라고 생각하셔야 합니다. 물론 그의 신앙이 어려서 그럴 수 있습니다. 신앙이 어린 사람을 꾸짖는 것은 아무 도움도 되지 않습니다. 신앙이 성숙하도록 기다려야 합니다. 잘 크도록 여러분이 먹이셔야 되지 않습니까? 그리고 신앙이 좋은데도 어려운 짐을 지고 있는 사람도 있을 것입니다. 어려운 짐을 지고 있는 것을 볼 때, 여러분이 가진 얄팍한 지식으로 공격해서는 안 됩니다. 남이 당한 어려움에 대해 도움을 주고 위로하려고 노력하십시오. 여러분보다 어리니 더 배려해 주고, 무거운 짐을 지고 있거든 위로해 주는 사랑의 원리가 여러분 신앙생활에서 가장 중요한 규범과 근거가 되시길 바랍니다.

22

구제 행위

마 6:2-4

그러므로 구제할 때에 외식하는 자가 사람에게서 영광을 받으려고 회당과 거리에서 하는 것같이 너희 앞에 나팔을 불지 말라. 진실로 너희에게 이르노니 그들은 자기 상을 이미 받았느니라. 너는 구제할 때에 오른손이 하는 것을 왼손이 모르게 하여 네 구제함을 은밀하게 하라. 은밀한 중에 보시는 너의 아버지께서 갚으시리라.

문제 해결인가, 인간의 존엄함인가

이 본문은 예수님으로 말미암는 하나님의 의가 구체적으로 서기관 및 바리새인의 의와 어떻게 다른지 가르치고 있습니다. 구제와 기도와 금식, 이세 가지 경우를 들어서 하나님의 의와 세상의 의가 어떻게 다르며, 예수님을 믿는 사람들이 예수님 안에서 허락받은 하나님의 통치의 올바름이 무엇인지 말하고 있습니다.

서기관과 바리새인의 의로 표현된 세상의 의는 사람들에게 평가받는 것입니다. 그러나 예수님 안에 있는 하나님의 의는 하나님이 평가하는 것입니다. 이렇게 서로 대조되고 있습니다. 마태복음 6장에서 설명하는 이세 가지의 경우를 보면, 하나님의 의는 공통되게 세상적인 보상의 원리를 말하지 않습니다. 그러나 반면에 세상의 의는 '보이려고 한다', '보이는 보상을 받는다', '저희는 자기 상을 이미 받았느니라'고 표현한 데서 그 성격이 드러납니다.

예수님 안에서 허락된 하나님의 의가 보이는 보상과 상관없는 것이라면, 즉 하나님께 받는 보상이되 은밀한 것이라면, 예수님을 믿는다고 고백하는 모든 신자에게 있어서 그것은 세상의 의와 어떻게 구별될까요? 그것은 세상에서 힘 곧 권력이 되지 않는다는 것입니다. 사람에게 보이려고 하는 것은 사람에게 보여서 그 결과를 인정하게 하려는 데 있습니다. 다시 말해 그것이 힘으로 작용한다는 것입니다.

이렇게 이야기할 수 있겠습니다. 가난한 사람이나 어려움에 처한 사람들을 돕는 것을 구제라고 합니다. 세상적인 의가 어려움을 돕는다는 것에 강조점이 있다면, 하나님의 의는 어려움 속에 있는 사람을 돕는다는 데 강조점이 있습니다. 세상적으로 이야기하면 어려움을 돕는 것이겠지만, 성경적으로 이야기하면 섬긴다고 말한다는 것입니다. 세상적인 구제가 문제를 해결하는 것에 있다면, 신앙적인 하나님의 의는 어려움 속에 처한 한 인간의 존귀함을 인정한다는 데 초점이 맞춰집니다.

실제로 테레사 수녀의 봉사 활동을 보면, 그분은 인도에서 평생 어려움에 처한 가난한 이들을 돕습니다. 그런데 그 구제 봉사의 특징은 어려움을 해결하는 것이 최우선이 아니었다고 분명하게 밝힙니다. 불가촉천민이라고 일컬어지는 최하층 계급의 가난한 사람들을 찾아가서 먹을 것과 입을 것을 주며, 집안을 청소해 주고, 그들을 씻기고 하는 일들을 하지만 초점은 한 영혼과 인격의 존중성을 확인시켜 주는 것이었다고 테레사 수녀는 강조합니다. 그들이 병 가운데 있고 가난함 가운데 있고 남들의 멸시를 받는 가운데 있어도 한 영혼과 한 인격은 대접을 받아야 할 존귀한 존재라고 강조한 것이 그들의 봉사 활동이었고 기록합니다. 이것은 제3자에게 보이는 행위와 전혀 다른 것입니다. 전체 목적과 관심이 대접해야 되는 한 영혼에게 집중된 것임을 알 수 있습니다.

그러나 본문에서 보다시피 세상적인 의는 다른 사람에게 보이려는 의
도를 갖고 있기 때문에 구제를 받는 사람을 수단과 희생물로 쓰는 것입니
다. 잘 생각해 보면 그것은 비겁한 일이 아닐 수 없습니다. 자신의 우월함
과 자신의 종교성을 증명하기 위하여 어려움에 처한 자를 수단으로 쓰는
것은 도움을 받는 사람에게는 잊기 어려운 상처가 될 것입니다. 우리가 실
제로 현실 속에서 구제를 해보면 어려움을 돕는 데 치중하다가 한 인격과
영혼에 상처 주는 일이 많이 나타나곤 합니다.

구제에 나서는 근본적인 토대

그러면 우리는 이 지점에서 다음과 같이 묻지 않을 수 없습니다. 사람이 보
상을 거절하고 선행을 할 수 있는가? 자신의 우월감을 확인하지 않고 선행
을 할 수 있는가? 할 수 있다면 어떻게 할 수 있는가? 어떤 이유, 어떤 원리,
어떤 동기, 어떤 이해가 그런 일들을 가능하게 하는가? 그것은 간단히 말
해 '예수님 때문'이라고 말할 수 있습니다. 이 말의 의미는 구체적으로 무
엇일까요? 갈라디아서 6장에 나오는 말씀을 통해 문제의 실마리를 풀어
보겠습니다.

무릇 육체의 모양을 내려 하는 자들이 억지로 너희에게 할례를 받게 함은
그들이 그리스도의 십자가로 말미암아 박해를 면하려 함뿐이라. 할례를 받
은 그들이라도 스스로 율법은 지키지 아니하고 너희에게 할례를 받게 하려
하는 것은 그들이 너희의 육체로 자랑하려 함이라. 그러나 내게는 우리 주
예수 그리스도의 십자가 외에 결코 자랑할 것이 없으니 그리스도로 말미암
아 세상이 나를 대하여 십자가에 못 박히고 내가 또한 세상을 대하여 그러

하니라(갈 6:12-14).

　믿음의 공동체인 갈라디아 교회에 복음을 시험하는 잘못된 교훈이 들어왔습니다. 그것은 예수님을 믿어 하나님의 자녀가 되려면 구원의 조건 중에 하나로 할례를 요구하는 주장이었습니다. 그것에 대한 바울의 반박과 가르침은 분명합니다. 예수님과 십자가 외에 그 어느 것도 하나님의 자녀가 되는 조건이나 근거가 될 수 없다는 것입니다. 또 십자가 외에 무엇을 십자가에다 덧붙일 수 없다는 것입니다.

　그러면서 할례라는 것을 조건으로 삼는 이유는 너희가 신앙을 권력화하려는 데 있는 것이 아니냐고 따집니다. 사도는 12절에 이렇게 말합니다. "무릇 육체의 모양을 내려 하는 자들이 억지로 너희에게 할례를 받게 함은 그들이 그리스도의 십자가로 말미암아 박해를 면하려 함뿐이라." 여기서 박해를 면한다는 것이 무슨 말일까요? 예수님을 믿는 것이 세상 사람들에게 이해되는 원리나 보상의 법칙이 아니므로 그것이 세상 사람들에게 이해되지 않아 박해를 받을 수 있다는 뜻입니다. 그래서 13절에 이렇게 나옵니다. "할례를 받은 그들이라도 스스로 율법은 지키지 아니하고 너희에게 할례를 받게 하려 하는 것은 그들이 너희의 육체로 자랑하려 함이라." 여기서 자랑하려 한다는 것은 그것이 힘이 되기를 바란다는 말입니다. 예수님을 믿는 것이 힘으로, 권력으로 자리매김할 수 있기를 바라서 세상 사람들이 납득할 만한 어떤 규칙과 원리, 즉 십자가 이외의 내용을 구원의 조건으로 덧붙인 것입니다. 이는 아주 중요한 내용입니다.

　우리 모두가 예수님을 구주로 믿고 하나님을 모시고 살면서 가장 당황하는 것은 우리의 믿음을 세상적인 이해 관계나 논리로 설명할 수 없다는 사실입니다. 우리가 가진 신앙을 그들이 납득하지 못한다고 해서 불이익을 받고 손해를 받고 벌을 받게 할 수 있는 어떤 장치가 기독교 신앙에는 없습니다. 그것은 마지막 날에만 일어날 것입니다. 예수님이 다시 오시는 때에만 예수님을 믿는 자와 믿지 않는 자의 구별이 얼마나 큰가 하는 것이 드러날 것입니다. 그러나 그 전에는 복음은 구원으로만 제시되며 사랑과 은혜로만 제시되지 물리적인 심판으로는 나타나지 않습니다. 그래서 사도 바울이 하는 이야기는 이렇습니다. "그러나 내게는 우리 주 예수 그리스도의 십자가 외에 결코 자랑할 것이 없으니 그리스도로 말미암아 세상이 나를 대하여 십자가에 못 박히고 내가 또한 세상을 대하여 그러하니라(갈 6:14).

그가 세상에 속했을 때는 세상의 원리, 세상의 힘으로 살았지만, 지금 예수님 안에서는 세상적인 법칙이나 세상적인 힘이 작용하지 않는 영역에 있다는 것입니다. 그것은 예수 그리스도의 죽음으로 허락된 세상입니다. 여기서는 힘으로 주장하는 곳이 아닙니다. 예수님이 말씀하신 대로 하나님의 나라는 섬김을 받는 것이 아니라 섬기는 데 있기 때문입니다.

이같이 세상의 의와 예수님 안에서 허락된 하나님의 의의 대조는 분명해졌습니다. 그것은 힘으로 작용하는 것이냐, 섬기는 것으로 작용하는 것이냐 하는 대조입니다. 권력이냐 희생이냐 하는 부분이 드러납니다. 구제가 어려움과 난관을 해결하는 것으로 작용한다면 힘이 될 것입니다. 그러나 구제가 가난과 어려움을 해결하는 것에 있지 않고 가난 속에 있고 무력함 속에 있고 난처함 가운데 있는 자를 위로하는 것이라면 그것은 권력이 될 수 없습니다. 문제를 해결해 주는 것이 아니라 편을 들어 주는 것이고, 문제 속에 있는 자를 진심으로 그 존재의 가치를 인정해 주는 것이라면, 그것은 세상적인 눈으로 볼 때 쓸데없는 것으로 비춰질 수 있습니다. 여기에 기독교 신앙의 어려움이 있습니다.

우리는 이 문제에 관해서 하나는 현실적인 힘이 되고, 다른 하나는 이상적인 요구라는 식으로 나눌 일은 아닙니다. 그 이상적인 요구라는 것도

성화

실질적으로 어떤 힘을 갖는다는 것입니다. 예수님으로 말미암아 허락된 나라, 예수님 안에서 허락된 하나님의 의라는 것에는 한 영혼에 대한 진정한 대접과 존중이라는 무시무시한 실제적인 힘이 있다는 것입니다. 이를 추적하기 위해 로마서 5:5-8을 보겠습니다.

> 소망이 우리를 부끄럽게 하지 아니함은 우리에게 주신 성령으로 말미암아 하나님의 사랑이 우리 마음에 부은 바 됨이니 우리가 아직 연약할 때에 기약대로 그리스도께서 경건하지 않은 자를 위하여 죽으셨도다. 의인을 위하여 죽는 자가 쉽지 않고 선인을 위하여 용감히 죽는 자 혹 있거니와 우리가 아직 죄인 되었을 때에 그리스도께서 우리를 위하여 죽으심으로 하나님께서 우리에 대한 자기의 사랑을 확증하셨느니라(롬 5:5-8).

이 말씀의 설명대로, 의인을 위하여 죽는 자가 쉽지 않고 선인을 위하여 용감히 죽는 자가 어쩌다 있겠지만 죄인을 위하여 죽는 자는 없습니다. 그런데 예수님은 우리가 아직 죄인 되었을 때에 죽으십니다. 하나님이 그렇게 내어주신 것입니다.

우리가 구제라는 신앙 실천에서 구제란 어려움의 문제를 해결해 주는 것이 아니라, 난관과 곤경 속에 있는 한 영혼을 찾아가는 것이라고 했습니다. 그런 차원에서 볼 때, 하나님이 예수님을 보내어 찾아오셨듯이 우리도 그렇게 찾아가는 것이 구제가 될 수 있다고 말할 수 있는 충분한 내용은 바로 이런 것입니다. 우리가 죄인이었을 때 하나님이 우리를 사랑하사 더 이상 귀할 수 없는 그 아들을 보내신 그의 사랑이 우리의 신앙고백이 되었고 또 하나님의 통치를 허락받게 했습니다. 그래서 지금 우리가 볼 때 사랑하고 돕고 찾아갈 필요나 이유가 전혀 없다고 생각하는 사람들에게도 찾아갈 수 있습니다. 그것이 기독교만이 가지는 구제라는 것입니다. 그의 존귀함은 이런 데서 발견되는 것입니다. 그리스도 예수로 말미암아 오늘의 내가 존재하게 되었다는 동일한 근거에 따라 아직 저가 어려움 속에 있을 뿐 아니라 하나님을 모르고 그 은혜와 사랑을 모르는 자리에 있지만, 그도 하나님이 찾으시는 구원의 대상으로 여기고 찾아가는 것입니다. 그것이 구제입니다. 이 문제는 고린도후서 5:14-17에서 조금 더 정확히 설명됩니다.

그리스도의 사랑이 우리를 강권하시는도다. 우리가 생각하건대 한 사람이 모든 사람을 대신하여 죽었은즉 모든 사람이 죽은 것이라. 그가 모든 사람을 대신하여 죽으심은 살아 있는 자들로 하여금 다시는 그들 자신을 위하여 살지 않고 오직 그들을 대신하여 죽었다가 다시 살아나신 이를 위하여 살게 하려 함이라. 그러므로 우리가 이제부터는 어떤 사람도 육신을 따라 알지 아니하노라. 비록 우리가 그리스도도 육신을 따라 알았으나 이제부터는 그같이 알지 아니하노라. 그런즉 누구든지 그리스도 안에 있으면 새로운 피조물이라. 이전 것은 지나갔으니 보라 새 것이 되었도다(고후 5:14-17).

사도 바울이 전하는 것은 이 세상 나라와 다른 '하나님 나라'입니다. 그 나라는 영원한 나라이고 의와 진리와 선하심과 긍휼과 자비의 나라입니다. 이 세상의 경제, 이 세상의 가치, 이 세상의 힘과는 다른 진리와 생명과 의와 거룩함의 나라입니다. 그것을 위하여 하나님이 그 아들을 보내셨습니다. 우리 모두는 이 세상이 만드는 존재가 아닙니다. 하나님이 만드시는 존재입니다. 하나님이 원래 만들었던 존재로 회복되고 부활하고 새로워지고 충만해질 것입니다. 모든 사람이 예수님 안에 있으면 다른 존재가 됩니다. 그 일을 위하여 하나님이 그 아들을 보내셨고 우리로 하여금 전도하게 하고 선교하게 하며 우리의 인생을 살게 하십니다. 하나님은 이렇게 그의 나라를 전파하게 하십니다. 그것이 우리가 구제에 나서는 기본 동기요 근거여야 합니다.

　그저 구제만 하라는 것이 아닙니다. 구제만 특별한 신앙 실천도 아니라는 것입니다. 우리는 한 영혼을 만날 때, 우리 이웃을 대할 때 그가 그리스도 안에 들어오면 새로운 피조물이 되고 하나님의 사랑과 구원의 대상이 된다는 사실을 마음에 가지셔야 합니다. 내가 이미 그런 경험과 은혜 가운데 이 자리에 있게 되었다는 믿음을 가지고 이웃 앞에 서라는 것입니다. 우리는 결단코 이웃 앞에서 내가 먼저 믿었고 네가 믿지 않았다거나 혹은 나의 여유와 그의 부족을 들어 구제라는 이름으로 나를 증명하려 하지 않아야 합니다. 자신을 증명하는 것이 아니라 예수님을 증명해야 합니다. 예수님 안에서 하나님의 통치를 받아 사는 자로서의 다름을 보이셔야 합니다. 예수님을 보내신 하나님의 어떠하심을 본받아 사셔야 합니다.

　이 문제가 구제라는 것으로 여기 설명되었기 때문에 우리는 잘못하면 하나의 행위나 명분으로 축소시킬 위험이 있습니다. 예수님이 기도나 금식 같은 예를 드신 이유도 그것이 우리가 몸담고 사는 사회나 우리 이웃들 앞에 종교적 권위나 내용으로 도망가는 것을 경고하시는 데 있다는 것을 알아야 합니다. 우리는 세상 속에 존재하며 하나님이 함께 살게 하신 이웃들 앞에서 예수 그리스도를 믿는 자로서 다르게 서 있는 것입니다. 다른 이해와 우리가 가진 신앙고백의 진정한 내용으로 무장하고 있는 것입니다.

　우리가 신앙을 권력으로 갖는다는 것이 어떤 식으로 드러날까요? 가장 크게는 명분으로 갖게 되는데 그 권력을 보통은 대화 속에서 휘두릅니다. 누구와 이야기할 때 그 대화가 상대방의 입장을 들어 주거나 상대방의 고통을 들어 주는 데까지는 들어가지 못합니다. 우리는 빨리 정답을 이야기하려고 합니다. 그 가장 큰 이유는 상대방의 이야기를 들어 줄 여유가 없기 때문입니다. 상대방의 이야기가 수준이 낮다거나 자신한테 관심 없는 문제라서 그럴 것입니다.

그러나 지금 구제에서 보는 성경의 가르침은 가난 속에 있는 혹은 곤경 속에 처한 사람에게 그 곤경을 해결해 주라는 데 있지 않고 그 존재를 귀히 여겨 주는 것이라고 말합니다. 예수님 안에 있는 하나님의 의가 영원한 멸망을 자초한 인류의 곤경 속에 임하고, 예수님이 우리의 모양으로 우리의 형편에 동참하셨듯이 말입니다. 예수님은 힘으로 우리를 위협하거나 소위 공갈을 친 것이 아닙니다. 예수께서 참으로 우리를 위하여 죽으셨듯이, 우리도 자신의 삶과 일상을 신앙적으로 그렇게 고쳐내야 합니다.

자신을 예수님 안에서 늘 확인해야

우리의 대화 속에서 제일 많이 나오는 것이 무엇입니까? 그것은 명분입니다. 가장 크게 권력으로 작용한다고 했습니다. 제일 많이 하는 말 가운데 "기도 안 해서 그래"라는 표현이 있습니다. 이것은 더 이상 이야기하지 말자는 것이요, 너는 나에게 너무 하찮은 존재다 하는 말인 것입니다. 그러시면 안 됩니다. 물론 끝없이 하소연을 들어줄 수는 없습니다. 그렇게 할 체력도 시간도 없습니다. 그러나 그 점을 알고는 있어야 합니다.

명분으로 입을 틀어막는 것보다 좀 더 나쁜 형태는 고함을 지르는 것입니다. 그것은 고함을 질러서 대화를 중단하겠다는 것보다는 상대방을 자격도 없는 존재로 만들어 버리고 그에게 기회도 주지 않겠다는 것입니다. 이런 것들이 기독교 신앙 행위에서 자주 등장합니다. 가장 고급한 내용을 이야기할 때도 자주 사용되는 세상적 권력입니다.

우리는 자신들이 몸담고 있는 세상이 보다 정의롭고 민주적이고 자유롭게 되기를 바랍니다. 우리는 그것을 이루려는 해결의 한 방법으로 그저 다음의 단어들만 동원합니다. 자유, 정의, 민주라는 말들을 해결 방법인 양 등장시켜 일이 해결되기를 바랄 뿐이지, 삶의 난관을 맞이하여 감수하

성화

고 극복하고 이겨내는 일에는 관심이 없습니다. 물론 우리나라가 더 정의로운 사회가 되고 복지국가가 되기를 저도 소원합니다. 그런데 문제는 그 사회와 국가에 속한 한 시민이자 또 믿음의 공동체 안에서 같은 신앙을 고백하는 한 성도로서, 자신에게 허락된 환경과 조건 속에서 어떻게 하나님 나라의 다름을 드러낼까 하는 것에 마음을 쏟고 있느냐 하는 것입니다. 마태복음 5장에서 예수님이 지적하셨듯이 빛이 되고 소금이 되는 것과 전혀 상관없는 문제에 우리의 신앙을 동원하고 우리의 주장을 동원한다는 것입니다.

우리가 자신의 신앙 문제와 관련하여 가장 크게 억울해하고 분노하는 것이 무엇입니까? 일이 순순히 해결되기를 바라는 것 아닙니까? 우리의 모순, 비리, 억압, 곤경 같은 것들을 예수님 안에서 하나님의 통치로 받아낼 마음에서 그것들을 다 지고 일어서는 신자의 모습에는 사실 관심이 없습니다. 이 문제에 대하여 로마서 14:7-9에서 현실적으로 이렇게 이야기하고 있습니다.

> 우리 중에 누구든지 자기를 위하여 사는 자가 없고 자기를 위하여 죽는 자도 없도다. 우리가 살아도 주를 위하여 살고 죽어도 주를 위하여 죽나니 그러므로 사나 죽으나 우리가 주의 것이로다. 이를 위하여 그리스도께서 죽었다가 다시 살아나셨으니 곧 죽은 자와 산 자의 주가 되려 하심이라(롬 14:7-9).

로마서 14장은 초대 교회 때, 로마의 속국으로 있던 기독교인들이 당하는 현실적인 어려움을 그 배경으로 하고 있습니다. 그 당시 로마는 여러 신을 섬기고 있었고, 시장에 나오는 육류는 전부 국가 신들인 우상에게 바쳐진 제물이었습니다. 이 제물들이 제사 후에 시장에 나왔습니다. 기본적인 신자들의 입장은 우상의 제물이니 먹어서는 안 된다고 하는 것이었지만, 사도 바울은 뜻밖에 고린도전서 8장에 소개된 대로 괜찮다고 말합니다. 사도 바울이 괜찮다고 한 것은 우상은 신이 아니라는 것이고, 인간들이 거기에 스스로 속아 넘어간 것뿐이지 하나님 외에 다른 신은 없다는 것이었습니다. 그가 그렇게 안 이상, 신이 아닌 것 즉 없는 신에게 바쳐진 것이 무슨 문제냐고 이야기한 것입니다. 그러면서도 이해력이 거기에 미치지 못한 신자들로 하여금 시험이 들게 하지 않게 하려고, 먹어도 괜찮다고 하는 자들에게 고기를 먹지 말라고 권합니다. 그러나 먹는 것이 죄는 아니라는 것입니다. 이 문제는 고린도전서 8장을 설교할 때도 언급했던 내용입니다.

로마서 14장도 동일한 이야기입니다. 먹는 자도 주를 위하여 먹는 것이고, 먹지 않는 자도 주를 위하여 안 먹는 것이지만 하나님만 유일한 하나님이시고 예수님만 유일한 구주라는 것입니다. 따라서 다른 우상 신은 없는 것이므로 아무 상관 없는 것으로 알고 먹는 자도 있고, 반면에 안 먹는 자는 하나님밖에 없다고 믿는 까닭에 다른 신의 제물을 먹지 않는다는 것이었습니다. 그렇다면 너희 둘 중에 누가 옳으냐 하는 것으로 상대방을 꺾어 자기 정체성을 증명하는 식으로 싸우지 말라고 한 것입니다. 이 지점이 중요합니다. 상대방의 틀린 것을 지적하여 나의 옳음을 증명하는 것이 기독교 신앙을 드러내는 적극적인 방향과 방법이 아니라는 것입니다. 그래서 7절 이하에서 그렇게 이야기한 것입니다. 다시 한번 읽겠습니다.

우리 중에 누구든지 자기를 위하여 사는 자가 없고 자기를 위하여 죽는 자도 없도다. 우리가 살아도 주를 위하여 살고 죽어도 주를 위하여 죽나니 그러므로 사나 죽으나 우리가 주의 것이로다. 이를 위하여 그리스도께서 죽었다가 다시 살아나셨으니 곧 죽은 자와 산 자의 주가 되려 하심이라(롬 14:7-9).

성화

여기 9절 말씀을 유진 피터슨이라는 유명한 신학자가 신약성경의 내용을 잘 이해할 수 있도록 본문의 내용을 최대한 살리면서 이해하기 좋게 풀어쓴 『메시지』라는 책에서 이렇게 소개하고 있습니다. "삶과 죽음의 전 영역에 걸쳐 우리의 주인이 되셔서, 서로가 서로에게 행하는 소소한 폭정으로부터 우리를 자유롭게 만드시기 위함이었습니다." 예수님이 우리의 주님이 되신다는 것은 서로가 서로에게 행하는 소소한 폭정으로부터 우리를 자유롭게 하시기 위함이었다는 것입니다. 소소한 폭정이 무엇인지 아십니까? 가장 간단하고 쉬운 데서부터도 권력을 써서 자신을 옹호하고 자신을 확인하고자 하는 것입니다.

　　그러나 기독교 신앙은 자신을 어디에서 확인합니까? 예수님 안에서만 확인하는 것입니다. 그것은 하나님이 예수님을 보내어 허락하신 그 나라의 의, 자비하심과 긍휼에 힘입어 우리가 어디로 부름을 받았는가 하는 것과 관계가 있습니다. 우리는 문제를 해결하는 방법론에 부름을 받은 것이 아닙니다. 하나님은 모든 존재와 역사와 운명에 개입하십니다. 그분은 의와 선과 영광과 능력과 거룩함과 사랑으로 개입하시고 약속하시고 이루실 것입니다. 우리는 이를 아는 까닭에 자신과 타인, 나와 환경, 내가 속한 나라와 역사와 운명을 이해하고서 그분께 순종하는 것입니다.

　　여러분의 삶에서 여러분의 자리를 예수님 안에서 확보하지 않는 이상 우리를 통하여 일하시는 하나님의 구제, 예수님이 누구시냐 하는 중요한 증언을 다른 방법으로는 할 수가 없습니다. 여러분이 맞이한 삶의 현실과 조건 속에서 믿음으로써 억울함과 분노에서 벗어나십시오. 성경이 그토록 여러 번 강조하는 감사하는 마음으로 여러분의 존재와 인생이 하나님께 기꺼이 순복하므로 하나님의 영광을 드러내며 그의 큰 기적을 경험하시길 바랍니다.

빛의 열매

엡 5:8-12

너희가 전에는 어둠이더니 이제는 주 안에서 빛이라. 빛의 자녀들처럼 행하라. 빛의 열매는 모든 착함과 의로움과 진실함에 있느니라. 주를 기쁘시게 할 것이 무엇인가 시험하여 보라. 너희는 열매 없는 어둠의 일에 참여하지 말고 도리어 책망하라. 그들이 은밀히 행하는 것들은 말하기도 부끄러운 것들이라.

빛의 열매와 어둠의 일

신자들의 신앙생활은 거룩함을 향하여 가는 길이요, 그것이야말로 하나님이 그의 모든 자녀들에게 요구하는 자녀로서의 궁극적인 목표입니다. 본문은 '빛'과 '어둠'을 대조하면서 신자들의 신앙생활을 스스로 분별하게 하고, 자신을 살펴서 신앙의 문제들에 틀림이 없도록 하기 위하여 이 말씀을 기록하고 있습니다.

빛의 열매는 9절에서 "모든 착함과 의로움과 진실함에 있느니라"고 정의를 내리고 있습니다. 착하다, 의롭다는 것은 잘 알고 있는데, 가장 중요한 단어는 끝에 나오는 '진실함'입니다. 성경에 보면 진실함이라는 단어 옆에 1번이라고 쓰여 있고 성경책 밑의 난외주 1번을 보면 '헬 참'이라고 쓰여 있는 것을 보실 것입니다. 헬라어 원어로는 '참'이라는 뜻이라는 것입니다. 결국 신앙생활과 신앙생활이 아닌 것을 구별하는 것은 착하다와 악하다의 구별이 아닙니다. 선하고 불의하다는 구별도 아닙니다. 그것이 틀린 것은 아니지만 신앙적인 행위, 신앙적인 삶, 이런 것들은 불신앙과 비교할 때 '하나는 모르고 가는 것이고 하나는 알고 가는 것'이라고 할 수 있습니다. 이렇게 구별하기 위해서 '빛'이라는 말과 '어둠', '참'이라는 말을 등장시키고 있습니다. 그러므로 "하나는 옳은 것이고 하나는 틀린 것이다"라고 할 때 "하나는 맞고 나머지는 틀리다" 하는 정도로 생각하지 마시고 "하나는 진짜고 하나는 가짜다. 허황된 것이고 없는 것을 사는 것이다" 이렇게 둘을 나누시기 바랍니다.

8-9절에 "너희가 전에는 어둠이더니 이제는 주 안에서 빛이라. 빛의 자녀들처럼 행하라. 빛의 열매는 모든 착함과 의로움과 진실함에 있느니라"고 합니다. 11절에는 어둠에 관한 진술이 나옵니다. "너희는 열매 없는 어둠의 일에 참여하지 말고 도리어 책망하라." 이렇듯 빛과 어둠이 비교되고 있습니다. 여기서 주의해서 보면, 빛에 대해서는 열매라고 말하지만 어둠에 대해서는 열매라고 하지 않고 '어둠의 일'이라고만 합니다. 왜 성경은 빛에 관해서는 '열매'라는 말로 표현하고 어둠에 관해서는 '일'이라고만 했을까요? 이것은 사소해 보이지만 그만한 이유가 있음을 알게 됩니다. 로마서 6:12 말씀부터 봅니다.

그러므로 너희는 죄가 너희 죽을 몸을 지배하지 못하게 하여 몸의 사욕에 순종하지 말고 또한 너희 지체를 불의의 무기로 죄에게 내주지 말고 오직 너희 자신을 죽은 자 가운데서 다시 살아난 자 같이 하나님께 드리며 너희 지체를 의의 무기로 하나님께 드리라. 죄가 너희를 주장하지 못하리니 이는 너희가 법 아래에 있지 아니하고 은혜 아래에 있음이라(롬 6:12-14).

우리가 우리 자신을 누구에게 맡길 것인가에 대해 이야기하며 시작합니다. 같은 장 19절에는 "너희 육신이 연약하므로 내가 사람의 예대로 말하노니 전에 너희가 너희 지체를 부정과 불법에 내주어 불법에 이른 것같이 이제는 너희 지체를 의에게 종으로 내주어 거룩함에 이르라. 너희가 죄의 종이 되었을 때에는 의에 대하여 자유로웠느니라. 너희가 그때에 무슨 열매를 얻었느냐"라고 합니다.

성경적으로 말씀드리자면 어느 곳에서만 열매가 있다는 것입니까? 진실하게 하나님 앞에 붙잡혀 있을 때에만 열매가 있지 그렇지 않을 때에는 열매가 없다고 그럽니다. 이 열매가 없다는 말을 꼭 명심을 해야 합니다. 정말 열매가 없을까요? 갈라디아서 6:7입니다.

스스로 속이지 말라. 하나님은 업신여김을 받지 아니하시나니 사람이 무엇으로 심든지 그대로 거두리라. 자기의 육체를 위하여 심는 자는 육체로부터 썩어질 것을 거두고 성령을 위하여 심는 자는 성령으로부터 영생을 거두리라(갈 6:7-8).

불의를 행하거나 하나님 마음에 맞지 않는 것을 했을 때, 열매를 못 얻는다고 하지 않습니다. 열매를 얻기는 얻는데 우리가 맺은 그 열매를 성경에서는 열매라고 하지 않습니다. 성경은 지위나 부를 열매라고 그런 적이 없습니다. 여러분의 자녀가 좋은 학교에 들어가는 것을 열매라고 하지 않습니다. 제발 그런 것을 가지고 기도하러 나오지 마십시오. 여러분의 가정이 화목하고 이웃들에게 칭찬받는 것을 열매라 그런 적이 없습니다. 언제 성경이 그런 것을 열매라고 했습니까? 우리의 신앙이 언제부터 성경을 떠나서 우리 마음대로 열매와 상급을 결정했었는지 살펴보아야 합니다.

꾸중 듣기 싫어하는 시대가 됨

우리는 믿는 사람으로서 이 자리에 나와 앉아 있습니다. 열심히 신앙생활을 하면서 제대로 살려고 애쓰고, 하나님이 약속하신 것을 양식으로 삼아 실천하려고 합니다. 그럼에도 불구하고 말씀을 제대로 깨우치고 그 안에 서 있기는 매우 힘듭니다. 하물며 아무래도 좋다고 할 때야 오죽하겠습니까! 열심히만 하면 하루에 3시간만 자고 공부해서 공부를 잘할 수 있다면, 누구라도 눈꺼풀에 스카치테이프를 붙이고 버텨낼 것입니다. 하지만 공부한 것을 이해하고 깨우치는 것은 또 다른 싸움입니다. 공부를 잘하려면 똑똑하고 성실해야 합니다. 아무리 똑똑해도 열심히 하지 않는다면 공부를 잘할 수 없습니다.

최근 우리나라는 먹고살 만해져서 게을러지기 시작했습니다. 싫은 소리도 듣기 싫어합니다. 이런 일에 대해서 여러분은 어떻게 생각하십니까? 디모데후서 4장입니다. 이 말씀을 읽을 때 여러분은 어떻게 반응하는지 한번 스스로 살펴보시기 바랍니다.

하나님 앞과 살아 있는 자와 죽은 자를 심판하실 그리스도 예수 앞에서 그가 나타나실 것과 그의 나라를 두고 엄히 명하노니 너는 말씀을 전파하라. 때를 얻든지 못 얻든지 항상 힘쓰라. 범사에 오래 참음과 가르침으로 경책하며 경계하며 권하라. 때가 이르리니 사람이 바른 교훈을 받지 아니하며 귀가 가려워서 자기의 사욕을 따를 스승을 많이 두고 또 그 귀를 진리에서 돌이켜 허탄한 이야기를 따르리라. 그러나 너는 모든 일에 신중하여 고난을 받으며 전도자의 일을 하며 네 직무를 다하라(딤후 4:1-5).

이런 말씀을 듣거나 읽으면 어떻습니까? '성경에는 이런 말씀도 있구나!' 이런 생각이 드십니까? 그렇다면 일단 희망이 없는 것입니다. '아, 주님이 언젠가 오시겠지!' 이렇게 생각하십니까? 더 희망이 없습니다. 예수를 믿는다는 것은 이 세상과 이 세상에 있는 것으로 사람이 행복하거나 끝이 나지 않는다는 것을 믿는 것입니다. 세상 사람들의 박수가 아니라 영원한 나라에서, 영원하신 우리 하나님 앞에서 점수를 받아야 하는 문제라는 것을 믿고 인정하는 것입니다. 삶의 여정에서 나의 입술과 행동이 신자로서 살고 있는가를 늘 자문하지 않는다면, 사실 우리는 신앙인으로서 불충실하게 살고 있는 것입니다.

공부 잘하는 학생과 못하는 학생 중에서, 누가 더 '공부를 해야지' 하는 생각을 많이 할 것 같습니까? 공부 못하는 학생이 더 많이 합니다. 늘 '공부해야지' 하는 마음이 많기 때문에 공부를 실제로 하고 있다고 오해하고 있을 수도 있습니다. 요즘 신자들은 어쩌면 그렇게 기독교의 내용과 삶, 도리에 대해서 잘 알고 있는지 모릅니다. 적어도 말로는 그렇습니다. 신앙적인 삶에는 실제로 손 담그지 않고, 발걸음도 떼지 않고 말로만 신자가 되어 있습니다.

한국교회에서 제일 많이 볼 수 있는 병은, 목사는 축복을 선언하고, 신자는 따라 웃어 주며 타협하는 것입니다. 여러분의 신앙 양심을 하나님의 종이라는 이름으로 무마시켜 주는 더러운 장소가 되고 만 것입니다. 성경 말씀은 어느 곳을 보든 칭찬보다는 지적하는 것이 많습니다. 왜냐하면 우리 아이들 식으로 따져 보자면, 우리는 '공부하는 때'에 있기 때문입니다. 공부하는 자녀의 경우, 칭찬받는 날과 꾸중 듣는 날 중에서 어느 날이 더 많습니까? 아흔아홉 번 꾸중 듣고 한 번 칭찬받지 않습니까? 그 칭찬도 무엇 때문에 합니까? 이제 "그 정도 공부해도 된다"고 칭찬하는 것은 아닙니다. "잘했다. 이번에는 참 잘했다. 조금만 더 잘하자"그러기 위해서 잘했다고 그러지, "다 했으니 책도 불사르고 이제는 끝이다"그러지 않습니다.

꾸중 듣는 것은 싫지 않습니까? 저한테 와서 "목사님, 저는 꾸중 듣는 게 좋아요"라고 말하는 사람이 있습니다. 그러나 그럴 때 상처받는 사람이 있습니다. 바로 말하는 사람, 자신입니다. 그런 사람은 자기 이야기는 죽어도 안 합니다. "내가 아는 친구가 있는데, 그 애가 속상해 해요." 이렇게 말하지 직접 고치러 오지는 않습니다.

어떤 운동이든 처음 배울 때는 코치 받는 것을 부끄러워합니다. 수영이나 탁구를 배울 때 처음엔 어렵고 어색합니다. 하지만 어느 정도 수준에 이르면, 사람들이 좀 봐주면 좋겠다는 생각이 드는 법입니다. 좀 더 깊은 측면에는 이런 차이가 있습니다. 못할 때는 가르치는 사람이 어디가 틀렸다고 지적하는 것이 싫습니다. 그러나 어느 수준을 넘어서고 잘한다는 말을 듣게 되면 "선생님, 그러지 마시고 좀 제대로 보시고 제대로 지적해 주세요. 저, 틀렸어요, 맞았어요?" 이렇게 됩니다. 아무리 지적해도 고맙게 생각합니다. 그때 신경질 내는 사람은 없습니다.

영원을 향한 목표와 방향

이렇게 이야기하다 보니 우리들의 수준이 그만 백일하에 드러나고 말았습니다. 코치 받기 싫어하는 수준, 그러나 어느 누구도 그 상태를 거치지 않고 목표에 도달하는 자는 없습니다. 그것이 곧 어둠의 일과 빛의 일에서 열매를 맺는 이들을 결정짓는 유일한 어떤 분기점이요, 기준입니다. 무엇 때문에 누구는 아직도 어두운 일에 붙잡혀 있고, 누구는 빛의 열매를 맺는 자가 되어 있는 것일까요? 이유는 단 하나입니다. "하나님을 아느냐 모르느냐"는 것입니다. 신자가 열매를 맺을 수 있는 것은 영원을 향한 시각이 있고 영원을 향한 목표와 방향이 있기 때문입니다. 그것이 없다면 아무것도 안 됩니다. 성경은 '어리석다', '어두운 곳에서 일한다'는 말을 합니다. 이는 다 같은 표현입니다. 시편 14편을 보시면 "어리석은 자는 그의 마음에 이르기를 하나님이 없다 하는도다"라고 했습니다.

곧 영원과 영생을 향한 시각과 깨우침이 없다고 합니다. 이 세상이 전부니까 세상의 것을 준비하고, 세상의 것으로 말미암고, 그것이 목표가 되는 것입니다. 그리고 썩어질 것을 추구하게 되어 있습니다. 신자를 향해서는 로마서 6장 식으로 "그때 너희가 무슨 열매를 얻었더냐"라고 합니다. 여기에서만 벗어나면 됩니다. 신자는 하나님이 계심을 아는 자입니다. 그런데 왜 썩어질 것을 구하고 있는 겁니까? 참으로 알 수 없는 일입니다. 이런 불가사의는 없습니다.

여러분은 지금 신앙생활을 어떤 식으로 하고 계십니까? 영원을 준비하며, 영생을 위해 우리가 준비해야 할 것에 대해 얼마나 귀 기울이며 실천하고 계십니까? 성경은 이것을 묻고 있습니다. 에베소서 5:15입니다.

그런즉 너희가 어떻게 행할지를 자세히 주의하여 지혜 없는 자 같이 하지 말고 오직 지혜 있는 자 같이 하여 세월을 아끼라. 때가 악하니라(엡 5:15-16).

당연히 나오게 되어 있는 말씀입니다. 이 말은 불신자를 향한 이야기가 아닙니다. 신자를 향한 이야기입니다. 마땅히 빛의 열매를 맺어야 하는 너희들이 아직도 어둠 속에서 허덕이며, 썩어질 것을 구하며, 아무 열매 없는 어두운 일에 매어서 허랑방탕하고 있느냐 이겁니다.

그러므로 어리석은 자가 되지 말고 오직 주의 뜻이 무엇인가 이해하라. 술 취하지 말라. 이는 방탕한 것이니 오직 성령으로 충만함을 받으라(엡 5:17-18).

이렇게 진술하고 있습니다. '방탕하다'라는 것은 다른 것이 아닙니다. 허비하고 있다는 것입니다. 탕자의 비유를 기억하시기 바랍니다. 부모님께 자기의 재산을 먼저 달라고 한 후, 가지고 나가서 아무런 열매도 맺지 않고 다 쓰고 난 후 빈털터리가 되어 버린 아들을 탕자라고 합니다. 가서 술만 마시고 도덕적, 윤리적으로 엉망으로 생활했다고 해서 방탕하다는 것이 아닙니다. 그에게 주어진 시간과, 주어진 것들로 영원을 향한 어떤 준비도, 어떤 열매도 맺지 못했기에 탕자라고 합니다. 그는 주어진 시간을 다 잡아먹고 허비하고 온 것입니다.

어쩌면 우리들의 대부분이 이럴지도 모릅니다. 세상과 비교하면서 나의 존재를 알리려고 하고, 누구 못지않다는 것을 알리기 위해서 남이 가진 것만큼 가지려고 하며, 남이 재는 만큼 잘난 척합니다. 그러는 모습이 우리 삶에서 얼마나 많은 부분을 장악하고 있는지 모릅니다. 또한 우리는 그런 일로 인해 약올라합니다. "난 네가 공부 못하는 건 참을 수 있어. 하지만 왜 하필 김 집사네 애보다 못하냔 말이야! 그 애 아빠보다 네 아빠가 공부를 더 잘했고, 그 애 엄마보다 내가 더 똑똑한데, 왜 넌 지는 거냐? 도대체 내가 뭘 못해 줘서 그래? 내가 김밥을 안 싸줬니, 우유를 안 먹였니, 학원을 안 보냈니, 왜 못해?" 이런 식으로 약을 올리면, 아이가 더 분발하고, 모든 것에 정열과 열심을 품고 매달리게 됩니까? 이건 결코 주를 사랑하는 게 아닙니다. 사랑을 이렇게 하는 법은 없습니다. 데이트 약속을 해놓고는 약속 장소에 가는 동안에 맨 처음 부딪힌 여자하고 그냥 함께 걸어가고 맙니까? 그런 데이트는 없습니다. 버스 타는 데까지 가다가 발걸음이 홀수에 걸리면 홀수 차 타고 가고, 짝수에 걸리면 짝수 차 타고 짝수 정거장에 내려서 만나는 여자하고 무조건 데이트를 할 작정입니까? 그런 사랑법은 없습니다. 그것은 사랑을 모독하는 것입니다. 성경은 언제나 요구합니다. "네 목숨을 다하여 주 너의 하나님을 사랑하라." 그렇지 않으면 우리는 언제나 부족하고 신앙인이 아닌 것입니다. 그런 부분을 제가 찌른 것입니다. 여러분, 어떻게 들으셨습니까? 지금 고치시기로 작정하고 들으신 것입니까? 아닙니까? 그렇지 않다면 우리야말로 이 세상에서 가장 가증한 자들입니다. 우리의 기도는 응답받을 수 없고 우리의 삶은 참으로 바람에 나는 겨와 같을 것입니다.

우리가 뽐내는 것, 우리가 손에 잡고 있는 것, 그런 것들이 하나님 앞에 인정받지 못한다면 그것만큼 허망한 것은 없습니다. 여러분, 왜 이것을 모르십니까? 왜 빛의 자녀들이 어두움에 묻힌 사람들보다 더 어리석으며 더 미련합니까? 어쩌면 이럴 수가 있습니까? 이래서는 안 됩니다. 신자는 이렇게 살아서는 안 됩니다. 분명히 한 걸음, 아니 열 걸음쯤 앞서야 합니다. 사랑은 진실하며, 진실을 알게 하며, 깨우친 대로 실천하게 하며, 자신의 부족함 때문에 울며 기도해야 합니다. 함께 신앙생활을 하는 형제자매들을 위하여 애쓰며 양보하며 사랑하며 하나님 앞에 매달려야 합니다. 깨우쳐 주시는 은혜에 늘 감사하며, 그렇게 살지 못하는 연약함을 회개해야 합니다. 하나님이 함께하신다는 것, 진리 안에서 행하시는 하나님의 시선 안에 있다는 것을 증거해야 합니다.

여러분의 삶이 길다고 생각하지 마십시오. 이 세상이 영원하다고 생각하지 마십시오. 여러분이 아는 사람 중에 이미 죽은 사람이 열 손가락으로 셀 수 없을 만큼 많아졌습니다. 이제 곧 여러분도 그중의 한 사람이 될 것입니다. 누구를 막론하고 하나님 앞에 설 것입니다. 하나님과 산 자와 죽은 자를 심판하실 그리스도 앞에서, 여러분의 신앙을 점검하십시오. 어리석은 삶을 청산하고 빛의 자녀로서 빛의 열매를 맺기 위한 참된 신앙의 길을 실천하시길 원합니다.

24

성육신적인 삶

빌 3:10-16

내가 그리스도와 그 부활의 권능과 그 고난에 참여함을 알고자 하여 그의 죽으심을 본받아 어떻게 해서든지 죽은 자 가운데서 부활에 이르려 하노니 내가 이미 얻었다 함도 아니요 온전히 이루었다 함도 아니라. 오직 내가 그리스도 예수께 잡힌 바 된 그것을 잡으려고 달려가노라. 형제들아, 나는 아직 내가 잡은 줄로 여기지 아니하고 오직 한 일 즉 뒤에 있는 것은 잊어버리고 앞에 있는 것을 잡으려고 푯대를 향하여 그리스도 예수 안에서 하나님이 위에서 부르신 부름의 상을 위하여 달려가노라. 그러므로 누구든지 우리 온전히 이룬 자들은 이렇게 생각할지니 만일 어떤 일에 너희가 달리 생각하면 하나님이 이것도 너희에게 나타내시리라. 오직 우리가 어디까지 이르렀든지 그대로 행할 것이라.

이 본문은 만만치 않은 내용을 담고 있습니다. "죽은 자 가운데서 부활에 이르려 하노니"라는 말이 무슨 뜻인지, "내가 이미 얻었다 함도 아니요 온전히 이루었다 함도 아니라"는 말이 무슨 뜻인지, "오직 내가 그리스도 예수께 잡힌 바 된 그것을 잡으려고 달려간다"는 것이 무슨 뜻인지, "뒤에 있는 것은 잊어버리고 앞에 있는 것을 잡으려고 푯대를 향하여 그리스도 예수 안에서 하나님이 위에서 부르신 부름의 상을 위하여 달려가노라" 하는 말이 무슨 의미인지 알기가 만만치 않습니다.

또한 "우리 온전히 이룬 자들"은 어떤 자들이며 "달리 생각하는 것"은 어떤 것이며 "어디까지 이르렀든지 그대로 행할 것이라"는 또 무슨 말인지 알기 어렵습니다. 이렇게 어려운 표현들이 여러 개 겹쳐 나와 이해하기가 쉽지 않습니다. 이 내용을 이해할 열쇠는 10절에 있는 "내가 그리스도와 그 부활의 권능과 그 고난에 참여함을 알고자 하여 그의 죽으심을 본받아 어떻게 해서든지 죽은 자 가운데서 부활에 이르려 하노니"라는 말씀 속에 들어 있습니다.

고난에 참여하여 부활로 감

11절에 있는 "죽은 자 가운데서 부활에 이르게 한다"는 말은 잘 이해해야 할 표현입니다. 우리는 부활은 미래에 속한 것이고 죽음은 현재에 속한 것이라는 신앙을 갖고 있는 것이 아닙니다. 우리는 예수님의 부활로 말미암아 예수님 안에서 하나님의 승리라는 결과를 이미 갖고 있는 자리에서 죽음을 맞이할 사람들입니다. 기독교 신앙 전체를 놓고 이야기할 때 기독교는 종말론적으로 이해해야 한다고 많이 말합니다. 종말론적으로 이해한다는 말은 현재의 형편에서 미래를 내다보는 것이 아니라, 하나님이 결국 자기의 뜻을 이루시고 승리할 것이라는 종말에서 거꾸로 현재를 되돌아보는 것을 말합니다. 기독교 신앙은 하나님의 승리와 뜻과 목적이 약속으로 우리에게 주어진 것이므로 이러한 종말론적인 이해가 가능합니다. 이러한 이해를 통해 우리가 아직 종말에 가 있지 않지만 종말까지 미치는 그의 뜻 안에 들어와 있어서 현재 우리 자신의 무능함이나 실패나 불완전함에 기죽지 않고 결국 이길 것이라는 신앙을 가질 수 있다는 것이 종말론적 신앙이 가지는 중요한 내용입니다.

그런데 바울은 지금 부활에서 죽음을 내다볼 때 죽음이 겁날 것 없다고 말하는 것이 아닙니다. 10절에 보듯이 "내가 그리스도와 그 부활의 권능과 그 고난에 참여함"에 대하여 말하고 있습니다. 여기에 바울의 그리스도 이해가 드러납니다. 즉 그리스도와 그 부활의 권능과 그 고난에 참여함이 따로따로 나뉘어 있지 않습니다. 우리가 그리스도를 알기 원하는데 그 그리스도는 부활의 권능과 고난에 참여한 그리스도라는 것입니다. 즉 "그 부활의 권능과 그 고난에 참여함을 알고자 하여 그의 죽으심을 본받아 어떻게 해서든지 죽은 자 가운데서 부활에 이르려"(3:10-11) 한다고 말합니다. 바울은 지금 부활에서 죽음을 내다보는 것이 아니라 예수님을 부활의 권능뿐 아니라 죽음에 참여한 그의 고난으로도 이해하고 싶어 합니다.

종말론적으로 되돌아보는 시각에서 보자면, 부활 앞에 있었던 모든 실패나 부족함이나 막막함이나 그 어떤 것들이든지 다 이 부활로 삼켜지는 그런 이야기를 해야 마땅합니다. 그러나 사도 바울은 그렇게 하지 않고 부활이 죽음을 통해서만 있다, 죽음이라는 단계를 통해서만 있다, 그래서 나는 죽음에 참여하여 부활이라는 단계에 이르고 싶다고 이야기합니다. 종말론적 시각에서 볼 때는 부활 앞에 죽음이라는 단계가 꼭 필요한 것이 아닐 수 있습니다. 로마서 8장식으로 말하자면 세상의 어떤 권력이나 그 무엇이라 할지라도 "우리를 우리 주 그리스도 예수 안에 있는 하나님의 사랑에서 끊을 수 없으리라"는 식으로 부활을 보아야 하는데, 지금 바울은 부활에 이르기 위해서 죽음을 꼭 통과해야 한다고 이야기합니다. 예수님의 부활의 승리를 역사적으로 알고 있고 믿음으로도 알고 있는 신자의 입장에서 왜 꼭 죽음을 거쳐서 부활로 가는 그 길을 바울이 고집하고 있는가 하는 의문이 들지 않으십니까?

죽은 자들을 불들러 가는 삶으로의 부르심

바울은 이 세상에 있는 어떤 것도 예수님 안에 있는 하나님의 사랑에서 우리를 끊을 수 없듯이, 또 우리에게 이김을 주시는 하나님의 승리가 예수님의 부활에서 역사적으로 나타났듯이, 하나님의 승리를 막을 수 있는 것은 신자의 인생 속에 아무것도 없다고 말하지 않습니다. 지금 바울이 고난에 참여하여 부활로 가겠다고 고백하는 것은 이 부활이 죽음을 부활로 끌고 가는 그런 부활이었다고 말하는 것입니다. 예수님이 혼자 오셔서 죽었다가 다시 부활한 것이 아니라는 말입니다. 그의 부활은 죽을 수밖에 없는 우리를 껴안고 부활로 끌고 가기 위해 죽음을 겪어야만 했던 것입니다. 예수님에게 있어서 부활의 승리는 궁극적이고 전부이지만, 그 승리는 죽음에 붙들린 자들을 끌고 가지 않고서는 아무런 의미도 없는 것이었습니다. 그는 그런 죽음의 과정을 거치셨습니다. 마찬가지로 바울도 예수 그리스도의 고난에 참여하여 죽은 자 가운데 들어가 예수께서 그리하신 것처럼 죽은 자들을 붙들고 부활로 가는 것이 그의 인생의 정당한 순종이라고 이해하고 있습니다.

부활이라고 하면 우리는 아무래도 좋은 것이라고 이해합니다. 아무래도 좋다는 것을 부정적으로 말하는 것이 아닙니다. 지금 내가 어느 자리에 있든 어떤 형편에 있든 어떤 방해와 장애가 있든 결국은 우리가 이길 것을 알기에 그것들은 아무래도 좋다고 하는 것입니다. 이것은 중요한 부활 신앙입니다. 그런데 빌립보서에서 말하는 부활신앙은 좀 다릅니다. 1장부터 설명해 왔듯이, 사도 바울은 예수 그리스도의 부재와 빌립보 교회에서 사도인 바울 자신의 부재, 그리고 거기서 일하시는 하나님에 대한 이해를 통해 지금 자신의 사역과 교회와 현실 속에서 하나님이 인도하시는 방법을 깨우쳐 가고 있는 중입니다. 예수님의 부활은 궁극적인 승리가 하나님 안에 있다는 것을 증명한 것이고, 또 역사적으로도 확인된 사실입니다.

그러나 그 승리는 승리했다는 사실이 전부가 아니라 누구를 위한 또는 누구에게 주려는 승리인가 하는 차원에서 봐야 합니다. 그래서 자기 백성들을 끌어안고 죽음에서 부활로 끌고 가는 이 고난과 죽으심이라는 단계와 과정이 없다면, 다시 말해 승리를 부여해야 할 대상들을 끌고 가는 죽음이라는 이 전단계가 없다면, 그 부활은 진정한 부활의 내용이 되지 못한다는 것입니다. 그래서 다음과 같은 이야기를 한 것입니다.

> 내가 이미 얻었다 함도 아니요 온전히 이루었다 함도 아니라 오직 내가 그리스도 예수께 잡힌 바 된 그것을 잡으려고 달려가노라. 형제들아, 나는 아직 내가 잡은 줄로 여기지 아니하고 오직 한 일 즉 뒤에 있는 것은 잊어버리고 앞에 있는 것을 잡으려고 푯대를 향하여 그리스도 예수 안에서 하나님이 위에서 부르신 부름의 상을 위하여 달려가노라(빌 3:12-14).

여기 13절에서 "뒤에 있는 것은 잊어버리고"라고 한 말은 나는 내가 다 이루었다고 생각도 안 한다는 뜻입니다. 그는 죽은 자들을 붙들러 가는 인생으로 부름 받은 줄 안다는 것입니다. 그는 살아 있는 시간만큼 한 영혼이라도 더 붙들며 그가 어려움에 처할 때마다 그 어려운 자리까지 찾아가는 성육신의 연장선상에서 자신을 이해하고 있습니다. 그래서 그는 자기의 인생에 대하여 무엇을 이루고 성취하는 문제로 바라보지 않습니다. 그는 오히려 오늘도 한 걸음 더 가며 시간이 주어지는 대로 한 걸음 더 가서 한 영혼을 만납니다. 그가 낮은 곳, 억울한 곳으로 가게 되면, 그 낮은 곳, 억울한 곳의 영혼을 위하여 하나님이 자기를 보내시는 줄로 압니다. 그래서 어디까지 혹은 얼마나 했느냐 하는 것이 문제가 아니라, 하나님께서 아직 안 부르시고 세상에 남겨두셨기에 오늘 하루 찾아갈 자들을 열심히 찾아가는 삶을 산다는 것입니다. 그리스도 예수 안에서 나를 부르신 하나님의 부르심과 그의 보내심을 따라 자신의 인생을 바치기에 뒤에 있는 것은 잊어버리고 푯대를 향하여 앞을 향하여 가노라 하는 고백이 나오는 것입니다.

예수 그리스도의 오심은 찾아오심입니다. 우리를 붙들기 위해 내 옆에 오십니다. 모든 신자의 인생은 성육신의 확장입니다. 예수 그리스도께서 과거에 그러셨고 지금도 그리하신 것처럼, 그가 부활 승리를 적용하려고 하는 모든 죽음의 자리에 우리를 보내십니다. 우리가 어디에 갔느냐, 얼마나 갔느냐를 비교하는 것은 여기서는 아무 의미가 없습니다. 내가 억울한 곳에 갔다면, 나는 억울한 자 옆에 보냄을 받은 것입니다. 내가 세상적으로 승리한 자 옆에 갔다면, 세상의 승리자 옆에 가서 그의 영혼을 부르시는 예수 그리스도의 성육신의 연장선상에서 보냄을 받은 것입니다. 이러한 하나님의 부르심에는 억울한 자나 실패한 자가 없고 승리한 자나 성취한 자가 없습니다. 모두가 다 하나님이 예수 그리스도를 보내심으로 증거하신 것과 동일한 손길과 발걸음으로 보냄을 받고 있습니다.

보냄을 받은 자로서 사는 인생

우리는 고통 속에 있거나 분노 속에 있거나 막막함 속에 있을 수 있습니다. 그 안에서 우리는 이웃을 만납니다. 교회사를 보면 희한하게도 훌륭하고 위대한 신앙인들은 곱게 신앙인이 된 적이 없습니다. 곱게 신앙인이 된 적이 없다는 말은 그가 자기 하나의 정결함과 완성을 위하여 인도함을 받는 것이 최선의 길이 아니었다는 뜻입니다. 그가 갖게 되는 부활신앙의 내용과 깊이와 넓이는 그가 얼마나 많은 영혼과 또 얼마나 많은 현실에 대한 이해와 깊이를 갖느냐에 따라 달라집니다. 칼빈, 웨슬리, 조지 뮬러와 같은 사람들의 신앙은 여러 번 꺾이고 많은 방황을 거치면서 많은 사람을 품을 수 있는 신앙 인생으로 살찌워져 그렇게 위대하게 빛나는 것입니다. 그 혼자만의 정결함, 그 혼자만의 흠 없음이 기독교 신앙의 가장 값진 성취가 아니라는 것입니다.

우리는 한국적 윤리관을 가지고 있기 때문에 흠이 없는 것을 최고로 여깁니다. 그러나 성경에서는 흠이 없는 것이 아니라 누가 더 많이 포용하느냐로 최고를 따집니다. 기독교 신앙에서는 모두에게 용서의 가치를 실천하는 사람이 최고입니다. 우선 자기 자신이 용서가 필요한 자임을 알아야 합니다. 그래서 얼마나 많은 사람을 용서하고 품느냐가 기독교 신앙에서는 최고의 덕입니다. 그러나 한국적 윤리, 유교적 윤리로 인해 우리는 그렇게 하지 않습니다. 도덕성을 생각해 봅시다. 도덕성은 필요한 것입니다. 그러나 도덕성은 늘 자기 혼자 옳기 위해 아무도 끌어안지 못합니다. 흠이 되면 안 되고 욕먹으면 안 되고 오해받으면 안 되는 '군자의 도'가 되고 맙니다.

기독교 신앙은 그렇지 않습니다. 예수님은 오해를 받으셨고 죄인 중하나로 헤아림을 받으셨습니다. 우리 모두는 그가 자신의 죄 때문에 죽는 줄 알았습니다. 그가 우리를 위하여 그 수모를 당하시는 줄 아무도 몰랐습니다. 예수님의 죽으심에서 가장 놀라운 것이 무엇인 줄 아십니까? 그가 고난당하시고 수모를 당하시고 억울하게 죽으시면서도 억울함을 표하시는 부분이 한 군데도 없다는 사실입니다. 예수님의 십자가의 죽음에서 보는 가장 무시무시한 기독교 신앙의 신비는 그가 "털 깎는 자 앞에서 잠잠한 양 같이 그의 입을 열지 아니"(사 53:7)하신 것입니다. 무시무시하지 않습니까? 하나님이 자신을 배반한 인간의 손에 능욕을 당하고 죽는데 억울해하지 않으십니다.

우리는 우리의 인생이 누구에게 보내지는지 모르고 있습니다. 본문 12절의 표현을 봅시다. "내가 이미 얻었다 함도 아니요 온전히 이루었다 함도 아니라. 오직 내가 그리스도 예수께 잡힌 바 된 그것을 잡으려고 달려가노라." 무엇에 잡혔을까요? 주께서 가신 길입니다. 주께서 가신 그 억울한 길, 그러나 입을 열지 않으신 그 길을 가는 것입니다. 누구에게 보내지느냐에 따라서 그의 동류로 대접을 받습니다. 가난한 자에게 보냄을 받으면 가난한 자의 대접을 받고, 억울한 자에게 보내지면 억울한 자의 대접을 받습니다. 그 대접을 받아야 합니다. 그것이 사도 바울이 이야기하는 내가 "어떻게 해서든지 죽은 자 가운데서 부활에 이르려 하노니"라는 것입니다.

그런데 우리에게는 부활만 있지 죽음은 없습니다. 자기 인생의 사명이 무엇인지 모르고 있습니다. 고통을 벗거나 자존심을 세우는 것 외에 아무런 다른 관심이 없습니다. 모든 기도가 여기에 집중되어 있습니다. 내 자존심을 세워 주십시오. 이 외에는 아무것도 없습니다. 기독교 신앙은 그렇게 하는 것이 아닙니다. 이 사실을 모른다면 그 구절들은 모두 성경에서 외면당할 수밖에 없습니다.

그래서 15절에 이렇게 나옵니다. "그러므로 누구든지 우리 온전히 이룬 자들은", 여기서 온전히 이룬 자들이란 누구입니까? 죽음을 통과하여 그의 고난에 참여하여 부활에 가야 한다는 것을 아는 자입니다. 고난이 아니면 부활을 얻을 수 없다는 의미가 아니라, 자신의 인생을 그리스도께서 데리고 가고자 하는 성육신의 연장선상에서 이제 부름 받은 것으로 알고 있다는 것입니다. 바로 이를 알고서 살아가는 인생이 온전히 이룬 자입니다. 내가 낙오자를 데려가야 하고 딴소리를 하는 사람을 데려가야 하고 억울해하는 자를 데려가야 하고 괄시받는 자를 데리고 거기까지 가야 하는 자임을 알게 된 자입니다. 자기 인생을 소중히 여기는 자입니다. 예수님의 부활이 그의 죽으심의 단계를 밟아서야 이르게 되는 승리라는 것을 아는 자들입니다. "온전히 이룬 자들은 이렇게 생각할지니 만일 어떤 일에 너희가 달리 생각하면"(3:15), 여기서 달리 생각하는 자들이란 어떤 사람들입니까? 부활을 성급히 외치는 자들이 있습니다. 승리하고 성공해서 그리스도의 영광을 드러내야 된다고 이야기하는 사람들도 있습니다. 바로 그런 사람들 이야기입니다.

"오직 우리가 어디까지 이르렀든지 그대로 행할 것이라"(3:16). 이 표현은 무슨 뜻입니까. 다음과 같은 이야기입니다. 우리가 자신을 위하여 예수를 믿는 것이 아니라, 예수께서 그리하셨듯이 시작은 우리 자신을 위하여 믿었으나 타인을 위하여 이 믿음을 지키고 살아야 한다. 이것을 아는 것이 부활신앙이라면 서로 싸우지 말고 자기 길을 열심히 가자. 승리하고 성공하여 하나님의 일을 하게 되었다면 감사한 일이다. 괄시받고 고생하고 변명의 여지가 없이 숨어 지내야 한다면 그 길도 괜찮다. 그것이야말로 성육신의 길이다. 하나님께서 그 속에서 큰일을 행하신다. 그 속에서 우는 자들을 부르시고 가난한 자들을 부르신다. 네 사명이 성육신적 사명인 것을 잊지 마라. 혼자 잘난 척하는 것 그만두자. 너는 네 길을 가라. 상대방에게 너는 예수 믿는데 밤낮 그 꼴이냐. 이렇게 멋지게 좀 믿어라. 이 같은 소리 하지 말고 네 갈 길 가라. 각자가 가진 부활의 승리를 자기 인생과 자기를 부르신 하나님의 뜻대로 순종하고 감사하자. 다른 사람들이 더 넓고 더 깊고 더 신비하게 찾아가는 하나님의 발걸음과 손길이 된 것을 인정하자. 네가 유일한 길이라고 말하지 마라. 나 바울은 하나님이 억울한 길로 보내신 줄을 아노라.

기쁘게 억울함을 감당해 내는 삶

다들 바울을 정말 좋아합니다. 고생한 바울은 절대 안 좋아하고 이천 년이나 지나서 유명해진 바울을 좋아합니다. 예수님을 믿는 것이 그가 유명해서 믿는 것이라면 그게 무슨 신앙이겠습니까? 예수님이 유명하시기 때문에 그를 믿겠습니까? 그가 예수님이시기 때문에 믿는 것입니다. 그가 우리를 위하여 오신 하나님이시기 때문에 믿습니다. 나한테까지 찾아온 하나님이시기 때문에 우리가 항복합니다. 기꺼이 내 죄를 지고 수모를 당하시고 억울하게 죽으시되, 나를 끌어안아 부활의 승리로 끌고 가기 위하여 죽으셨기 때문에 믿는 것입니다. 그리고 우리는 그 이름으로 담대히 살아갑니다. 자랑스럽게 살아갑니다. 기쁘게 억울함을 감당해 냅니다. 이렇게 말하면 누가 이렇게 묻습니다. "그런데 목사님, 왜 그렇게 핏대는 올리십니까?" 그러면 저는 이렇게 말합니다. "이게 그렇게 쉽게는 잘 안 돼서요. 그래서 힘을 북돋아서 설교를 합니다. 자꾸 목소리가 기어 들어가니까요. 아는데, 어렵습니다."

여러분 중에 괄시받아도 될 하나님의 백성이 있겠습니까? 여러분 중에 다른 사람보다 더욱 위대한 하나님의 백성이 있겠습니까? 여러분 중에 하나님이 사용하시지 않는 그의 백성이 있겠습니까? 여러분이 만나는 어떤 영혼, 어떤 인생이든 십자가로 해결되지 않을 인생, 하나님이 그 아들을 주시지 않을 저주받은 인생이 있겠습니까? 그래서 여러분이 먼저 예수 믿은 자로 그들 옆에 서 있는 것 아니겠습니까? 그 인생을 살고 있다면 힘내셔야 합니다. 신자답게 살아야 합니다. 늘 교회에 오셔서 하나님이 해결해 주셔야 할 목록만 나열하고 돌아가시면 안 됩니다. 나의 억울함과 해결되지 않은 인생의 신비를 이해하셔야 합니다. 본문 13-14절을 보겠습니다.

형제들아, 나는 아직 내가 잡은 줄로 여기지 아니하고 오직 한 일 즉 뒤에 있는 것은 잊어버리고 앞에 있는 것을 잡으려고 푯대를 향하여 그리스도 예수 안에서 하나님이 위에서 부르신 부름의 상을 위하여 달려가노라(3:13-14).

이 말씀은 한참 뒤에 나오는 "내게 능력주시는 자 안에서 내가 모든 것을 할 수 있느니라"(4:13)는 말씀과 연결됩니다. 내 인생에서 어떤 꼴도 당할 수 있다. 어떤 정황이나 어떤 경우에 처하더라도 거기가 위대한 자리다. 거기에서 위대한 책임이 부여되는 줄로 안다. 어딘들 내가 못 가겠으며 무슨 꼴인들 내가 사양하랴. 그의 부름이 이런 자리로 연결되어 있습니다.

우리가 예수님을 제대로 믿지 못하면 세상이 무섭습니다. 인생이 억울합니다. 예수님을 제대로 믿으면 세상이 무섭지 않습니다. 억울하지 않습니다. 우리가 신자된 것이 매우 위대한 일인 것을 알게 됩니다. 우리의 인생은 신비와 기적이 됩니다. 그 인생을 살고 있는 줄 아는 기쁨과 믿음이 있기를 바랍니다.

25

누적되는 삶

롬 8:26-30

이와 같이 성령도 우리의 연약함을 도우시나니 우리는 마땅히 기도할 바를 알지 못하나 오직 성령이 말할 수 없는 탄식으로 우리를 위하여 친히 간구하시느니라. 마음을 살피시는 이가 성령의 생각을 아시나니 이는 성령이 하나님의 뜻대로 성도를 위하여 간구하심이니라. 우리가 알거니와 하나님을 사랑하는 자 곧 그의 뜻대로 부르심을 입은 자들에게는 모든 것이 합력하여 선을 이루느니라. 하나님이 미리 아신 자들을 또한 그 아들의 형상을 본받게 하기 위하여 미리 정하셨으니 이는 그로 많은 형제 중에서 맏아들이 되게 하려 하심이니라. 또 미리 정하신 그들을 또한 부르시고 부르신 그들을 또한 의롭다 하시고 의롭다 하신 그들을 또한 영화롭게 하셨느니라.

모든 것이 합력하여

로마서 8장은 신자의 삶을 이렇게 요약합니다. 예수님을 믿어 하나님과 화목하게 된 신자는 이제 하나님의 영광을 바라며 삽니다. 그러나 그런 신앙의 여정은 고난과 떼어놓을 수 없습니다. 하나님은 예수 그리스도에게 그리하셨듯이, 우리에게도 영광된 승리의 자리까지 가는 과정을 고난이라는 방법으로 인도하십니다.

이 고난이 얼마나 큰지에 대해서는 로마서 8:20 이하에 잘 소개됩니다. 20절은 피조물이 허무한 데 굴복하는 것은 자기 뜻이 아니라 오직 굴

성화

복하게 하시는 이로 말미암음이라고 합니다. 22절에서는 피조물인 창조세계가 모두 탄식하며 함께 고통을 겪고 있다고 합니다. 23절에서는 성령의 처음 익은 열매를 받은 우리까지도 탄식하며 몸의 속량을 기다린다고 합니다. 그리고 26절에 보듯, 성령이 마땅히 기도할 바를 알지 못하는 우리의 연약함을 도우시려고 말할 수 없는 탄식으로 우리를 위하여 친히 간구하신다고 합니다. 22절과 23절에 말하는 탄식이 우리가 느끼는 고통의 깊이를 표현한 것이라면, 26절에 말하는 성령의 탄식은 대강 하지 않으시겠다는 하나님의 의지를 표현한 것입니다.

우리는 다음과 같이 것들에 겁을 냅니다. 예수님을 믿으면 안 믿을 때보다 좀 나아져야 할 것 같은데, 믿어서 더 힘들게 된다고 하면 가능한 한 늦게 믿는 편이 나은 게 아닐까? 그리고 믿으면서 경험하는 바이지만 내가 과연 뭘 잘못했는가, 이게 뭔가 싶은 생각도 당연히 든다는 것입니다. 이런 고민에 대하여 로마서 8장은 하나님의 일하심에 대한 분명한 이해를 우리에게 촉구하며 답을 주고 있습니다. "우리가 알거니와 하나님을 사랑하는 자 곧 그의 뜻대로 부르심을 입은 자들에게는 모든 것이 합력하여 선을 이루느니라"(롬 8:28).

이 말씀은 매우 중요합니다. 모든 것이 합력하여 선을 이룬다고 하는 것은 우리가 우리 자신을 부추겨 채찍질하고 노력하여 도달하게 될 결국에 관한 것을 말하는 것이 아닙니다. 우리의 능력이나 책임의 한도를 넘어선 어떤 운명을 분명히 제시하고 있습니다. 이 말씀은 '우리가 최선을 다하면'이라든가 '열심히 기도하면'과 같은 우리의 진정성이나 성의를 조건으로 하여 도달할 수 있는 것보다 훨씬 더 큰 범주에 관한 것을 말하고 있습니다. 28절의 "모든 것"에는 우리가 미처 이해하지 못한 것, 우리가 미처 살아내지 못한 것까지 포함되어 있기 때문입니다.

그러면 우리는 어떻게 살 것인가

이런 차원에서 본문이 이야기하는 바를 따라가 봅시다. 29-30절을 보겠습니다.

> 하나님이 미리 아신 자들을 또한 그 아들의 형상을 본받게 하기 위하여 미리 정하셨으니 이는 그로 많은 형제 중에서 맏아들이 되게 하려 하심이니라. 또 미리 정하신 그들을 또한 부르시고 부르신 그들을 또한 의롭다 하시고 의롭다 하신 그들을 또한 영화롭게 하셨느니라(롬 8:29-30).

29절의 "미리"라는 표현에서 우리는 무엇을 알 수 있습니까? 하나님의 섭리가 우리의 이해, 우리의 결단, 우리의 노력, 우리의 업적보다 앞선다는 것을 알 수 있습니다. 우리가 한 일에 대해 보상이나 심판을 받는 것보다 더 큰 하나님의 의지가 먼저 있다는 것입니다. 이 하나님의 의지는 시간상으로도 언제나 우리 자신에 앞서 존재합니다. 우리가 아직 죄인이었을 때에 죽으신 예수님에게서 보듯 복음의 운명적 승리가 먼저 약속되었다는 것입니다.

"미리 아신 자들"이란 무슨 뜻입니까? 하나님이 우리를 만드셨기 때문에 아신다는 뜻입니다. 내가 너를 나의 뜻과 목적을 가지고 만들었다. 그래서 내가 너를 안다. 이런 뜻입니다. 또한 그가 우리를 미리 정하셨습니다. 그렇게 정하시고 무슨 일을 하셨습니까? 부르시고 의롭다 하시고 영화롭게 하셨습니다. 모든 믿는 자의 현실은 어디쯤 와 있습니까? 부르심을 받고 의롭게 된 자리에 와 있습니다.

성경이 말하는 죄는 '하나님 없음'입니다. 성경에서 말하는 구원은 '하나님의 가족으로 편입됨'입니다. 하나님을 아버지라 부를 수 있는 지위와 신분이 된 것입니다. 의롭다 하심이란 하나님과의 관계가 정상화된 것을 말합니다. 우리는 다 여기에 와 있습니다. 그러면 이제 우리는 마침내 어디로 가게 되는 것일까요? 하나님께서 이루시는 승리의 자리, 영광된 자리에 갈 것입니다.

사도 바울은 이러한 사실을 전부 완료형으로 표현하고 있습니다. "미리 정하신 그들을 부르시고 부르신 그들을 의롭다 하시고 의롭다 하신 그들을 영화롭게 하셨느니라"(30절). 여기서 "부르시고", "의롭다 하시고", "영화롭게 하셨느니라"는 표현이 모두 완료형입니다. 이미 이루어진 우리의 운명이며 현실입니다. 이런 하나님의 일하심을 힘입어 우리가 이 자리에 온 것입니다. 이미 영화롭게 하신 우리를 이 자리로 부르셔서 시간 속에서 살게 하십니다. 이것이 성경이 말하는, 하나님이 우리에게 베푸신 구원의 신비입니다.

프랜시스 쉐퍼는 20세기의 뛰어난 기독교 지성인 중 한 분입니다. 그는 목사로 부름을 받아 열심히 복음 사역을 하는데 서구 사회가 인본주의로 넘어가고 교회가 그 영향으로 쇠퇴하는 모습을 보게 됩니다. 이런 현실을 안타깝게 생각하고 스위스에 '라브리'라는 수련원을 짓습니다. 인본주의에 물들어 방황하는 젊은 영혼들에게 지성에 대한 호소를 통해 복음을 전하고 그들을 상담하는 일에 생애를 바칩니다. 쉐퍼는 자신의 전 인생에 걸쳐 고민한 주제를 『그러면 우리는 어떻게 살 것인가』라는 책에서 풀어냅니다. 이 물음이 바로 우리 본문의 주제입니다.

그러면 우리는 어떻게 살 것인가? 풀어 말하자면, 이미 시작되었고 완성되고야 말 하나님의 작정과 의지와 약속 가운데서 오늘 우리는 어떻게 살아가야 할까 하는 문제입니다. 우리는 이 과정을 '성화'라고 부릅니다. 흔히 성화라고 하면 맨 처음에 드는 생각은 '거룩하게 되는 것', 도덕적이고 종교적인 진전일 것입니다. 그러나 성화는 그렇게 간단한 문제가 아닙니다.

성화는 신앙생활에서 매일 부딪히게 되는 가장 큰 주제입니다. 구원은 이미 이루어졌고, 승리와 완성은 아직 미루어진 상태입니다. 신자에게 이 과정은 목적지를 향해 전진하는 완만한 상승곡선이기보다 부침이 심한 굴곡진 곡선으로 대부분 경험될 것입니다. 인생은 진전보다 퇴보가 더 많고 낙관할 상황보다 비관할 때가 더 많기 때문입니다. 그런데도 성경은 목적지가 변경되거나 취소되는 일도 없고 하나님은 결코 타협도 안 하신다고 분명하게 단언합니다. 28절에서 보듯이, 하나님을 사랑하는 자 곧 그의 뜻대로 부르심을 입은 자들에게는 모든 것이 합력하여 선을 이룬다고 못 박아 놓았습니다. 우리가 아무리 깊이 추락했더라도 그 추락한 자리에서 목적지로 이어 나가는 삶을 살게 하신다는 것입니다. 하나님이 우리의 이러한 삶을 이어 나가시고야 말기 때문입니다.

예수 그리스도와의 연합

성화로 표현되는 이 과정을 어떻게 이해할 것인지가 중요합니다. 『성화란 무엇인가』라는 책에서 개신교 내 여러 교파의 성화관을 소개받을 수 있습니다. 개혁주의 성화관에 대해서는 싱클레어 퍼거슨이라는 신학자가 잘 설명합니다. 이 개혁주의 성화관을 살피기에 앞서 다른 교파의 성화 교리를 먼저 요약해 보겠습니다. 루터교는 구원을 더 깊이 이해해 가는 것이 성화라고 합니다. 감리교는 최선을 다하여 하나님 앞에 자신을 드리는 생애가 되는 것을 성화라고 이해합니다. 오순절 성령파는 성화를 신자의 존재와 삶에 대한 성령의 분명한 확인으로 이해합니다. 신비주의에서는 성화를 깊은 내적 성찰과 명상을 통하여 하나님을 만나는 신비하고 환상적인 영적 체험이라고 이해합니다. 이런 설명을 들으면 성화가 그런 것이겠다고 얼른 이해가 될 것입니다. 성화에는 그런 요소들이 있을 것이라고 예상해 볼 수 있기 때문입니다.

그러나 개혁주의 성화관은 다른 교파의 교리와는 차원이 다르고 이해하기도 만만치 않습니다. 개혁주의는 성화를 예수 그리스도와의 '연합'이라고 말합니다. 좀 이해하기 어려운 말입니다. 성화에 관한 다른 교파의 교리들은 신앙의 확인과 이해의 진전이라는 성격을 말하고 있습니다. 하지만 개혁주의 성화관에는 그런 진전 개념이 없습니다. 주의 깊게 이해해야 하는 지점입니다. 그리스도와의 연합이란 무엇입니까? 개혁주의에서 말하는 성화 곧 그리스도와의 연합이란 새로운 삶을 의미합니다. 성화에 대한 개혁주의의 이해를 돕는 구절인 로마서 6:4을 보겠습니다.

> 그러므로 우리가 그의 죽으심과 합하여 세례를 받음으로 그와 함께 장사되었나니 이는 아버지의 영광으로 말미암아 그리스도를 죽은 자 가운데서 살리심과 같이 우리로 또한 새 생명 가운데서 행하게 하려 함이라(롬 6:4).

예수님과 함께하는 것 곧 예수 그리스도와의 연합이 성화입니다. 우리가 그리스도와 연합하여 어떻게 되었는가? 죄에 대하여 죽었다. 그리스도가 십자가에 죽으심으로 우리도 죽어서 죄로 살던 존재와 신분과 지위가 소멸되었다. 그의 죽으심과 함께 죽은 우리는 그의 부활과 함께 살아났다. 그래서 이제 새로운 삶을 산다. 이제는 새 삶이다. 이런 일이 벌어졌다는 것입니다. 이해하기 만만치 않은 내용이니 예를 들어 설명해 보겠습니다.

성화란 악역을 맡았던 어떤 배우가 그 드라마를 끝내고 다른 드라마에서 훌륭한 주인공 역을 맡아 출연한 것으로 비유할 수 있습니다. 그에게 무엇이 진전되었고 무엇이 성취되었느냐 하는 문제는 없습니다. 동일한 배우이지만 새 드라마로 간 것이니 배역이 바뀌었고 지위가 바뀌었고 신분이 바뀐 것입니다. 전에는 죽음으로 끝나는 드라마에서 나 홀로 살아가고, 나 홀로 모든 책임을 지다가 결국 망하는 그런 배역이었습니다. 그런데 이제는 그와 전혀 다른 드라마로 이동하여 가치 있고 신비롭고 명예로운 배역을 맡은 배우로 역할하는 것과 같다고 비유할 수 있겠습니다. 이어서 5절부터 계속 보겠습니다.

> 만일 우리가 그의 죽으심과 같은 모양으로 연합한 자가 되었으면 또한 그의 부활과 같은 모양으로 연합한 자도 되리라. 우리가 알거니와 우리의 옛 사람이 예수와 함께 십자가에 못 박힌 것은 죄의 몸이 죽어 다시는 우리가 죄에게 종노릇하지 아니하려 함이니 이는 죽은 자가 죄에서 벗어나 의롭다 하심을 얻었음이라. 만일 우리가 그리스도와 함께 죽었으면 또한 그와 함께 살 줄을 믿노니 이는 그리스도께서 죽은 자 가운데서 살아나셨으매 다시 죽지 아니하시고 사망이 다시 그를 주장하지 못할 줄을 앎이로라. 그가 죽으심은 죄에 대하여 단번에 죽으심이요 그가 살아 계심은 하나님께 대하여 살아 계심이니 이와 같이 너희도 너희 자신을 죄에 대하여는 죽은 자요 그리스도 예수 안에서 하나님께 대하여는 살아 있는 자로 여길지어다(롬 6:5-11).

새로운 삶을 살게 되었다는 것은 더럽게 살던 인생을 청산하고 깨끗하게 사는 정도의 변화를 말하는 것이 아닙니다. 도덕적, 종교적 차원에서 비교하지 말고 존재와 지위라는 차원에서 비교할 줄 알아야 성화를 이해할 수 있습니다.

또 다른 비유도 들어 보겠습니다. 성화는 누구의 딸이었던 사람이 누구의 아내가 되는 것과 같습니다. 딸이라는 지위와 아내라는 지위는 전혀 다른 것입니다. 이처럼 전혀 다른 지위와 신분으로 사는 것이 성화입니다.

에베소서 5:31-32을 보겠습니다.

> 그러므로 사람이 부모를 떠나 그의 아내와 합하여 그 둘이 한 육체가 될지
> 니 이 비밀이 크도다. 나는 그리스도와 교회에 대하여 말하노라(엡 5:31-32).

성경은 교회가 그리스도의 신부라고 하는데, 왜 이런 이야기를 하는
지 알아야 합니다. 우리는 모두 그리스도의 신부입니다. 지위가 달라졌다
는 것을 알아야 합니다. 잘할 수도 있고 못할 수도 있습니다. 그런데 우리
는 이것을 도덕적, 종교적 잣대로만 판단하기 때문에 이 달라진 지위를 누
리지 못합니다. 잘못 살아온 것을 후회하고, 결국 다 지워 내지 못한 흠 때
문에 늘 자책하느라 새로운 삶을 살아 보지도 못합니다.

빌립보서 4:13 말씀을 생각해 봅시다. "내게 능력 주시는 자 안에서
내가 모든 것을 할 수 있느니라." 이 말씀은 무슨 의미일까요? 빌립보 교회
성도들이 감옥에 갇힌 바울을 위문하러 갔습니다. 바울은 그들에게 고맙
다고 하면서 덧붙여 이야기합니다. 나의 궁핍한 형편을 도와줘서 고마운
것도 아니다. 나의 곤고함을 너희가 돌아봐 줘서 고맙다는 것도 아니다.
내가 너희에게 고마워하는 이유는 너희가 그리스도의 사랑에 동참했기 때
문이다. 나는 모든 일에 일체의 비결을 배웠다. 나는 궁핍하든지 풍부하든
지 그것이 아무래도 좋은 그런 경지에 와 있다. 내게 능력 주시는 자 안에
서 나는 무엇이든지 할 수 있다. 바울이 이렇게 말한 것입니다.

따라서 바울의 그 말은 나는 무엇이든지 해결할 수 있다고 한 것이 아
닙니다. 나는 무슨 꼴이든지 당할 수 있다. 하나님이 어떤 경우에서든 동
일하게 일하신다는 것을 나는 안다. 풍부함 속에서 하실 수 있는 것을 궁핍
함 속에서도 하실 수 있고, 형통함 속에서 하실 수 있는 것을 곤고함 속에
서도 하실 수 있다는 것을 알기에 나는 모든 것을 하나님의 손에 맡긴다.

나는 주인공일 뿐이다. 나를 책임지는 것은 작가이신 하나님이다. 그분이 함께하시는 한 나는 무슨 꼴이라도 당할 수 있다. 그는 빌립보 교회에 그렇게 답합니다.

누적되어 충만해진 인생

이런 의미에서 보면 역사와 인생은 그냥 공허한 반복이나 공전(空轉)이 아닙니다. 『미국을 만든 책 25』를 쓴 토마스 C. 포스터라는 문학 평론가가 있습니다. 그는 이 책에서 25명의 미국 작가와 그들이 쓴 작품을 소개하고 이들의 문학과 정신으로 미국이 어떤 영향을 받았는지를 설명합니다. 이 책의 저자 후기에 이런 표현이 있습니다. "문학과 독서의 효과는 발전적이지 않다. 그것은 누적적이다."

발전하는 것이 아니라 누적된다고 합니다. 충만해지는 것이라고 합니다. 성경이 신앙에 대하여 더 주목하는 바는 여러분이 어디로 가야 한다는 것보다 여러분에게 주어진 것이 어떻게 충만해지는가 하는 것에 있습니다. 에베소서 1:23은 "교회는 그의 몸이니 만물 안에서 만물을 충만하게 하시는 이의 충만함이니라"고 가르칩니다.

여러분은 무엇이 부족해서 곤고한 것도 아니고, 다른 사람보다 열등해서 고통을 받거나 불행한 것도 아닙니다. 이 모든 고난은 예수 그리스도 안에서 모두에게 충만히 주신 것을 각각의 삶 속에서 확인하고 채우고 누리는 싸움이라는 것임을 기억해야 합니다. 방금 소개한 평론가 포스터는 한 흑인 작가의 작품을 소개하면서 블루스를 이렇게 표현했습니다. "낡은 피아노가 멜로디를 신음하게 한다." 저는 이 표현이 마음에 들었습니다. "이 음악은 어떤 특수한 인종의 체험에서 나온다. 차별 사회가 그들에게 주는 삶의 경험에서 나온다." 어떤 인종입니까? 흑인입니다. 그들이 겪

성화

은 고통스러운 차별과 모멸 속에서 블루스가 나오고 재즈가 나옵니다. 흑인이 되어 보지 않고는 결단코 만들어 낼 수 없는 예술입니다.

우리는 우리의 삶이 얼마나 구체적인 성육신인지 잘 이해하지 못합니다. 예수께서 십자가에 달리시면서 "아버지, 저들을 사하여 주옵소서"라고 기도하는 자리까지 내려가신 성육신입니다. 복음을 하늘에다 쓰지 않으셨습니다. 성육신은 예수께서 실제로 채찍에 맞고 못 박혀 죽으심으로 보이신 하나님의 영광이요, 성의요, 의지라는 것을 명심해야 합니다.

그런데 우리는 몸소 살아내어 확인하려 하지 않습니다. 우리는 말로 때우고 주문으로 때워 생각 없이 살게 해달라고 합니다. 이런 우리에게 하나님은 그렇게는 못하겠다고 하십니다. 이것이 우리의 인생입니다. 우리 인생은 우리가 그것을 얼마만큼 이해하고 믿음을 가지고 사느냐에 따라 예술이 되기도 하고 푸념이 되기도 합니다. 분노가 있고 비명을 지르고 있다는 것은 아직 멀었다는 뜻입니다. 내가 얼마나 억울한가를 설명하러 돌아다니지 마십시오. 하나님께 주저리주저리 기도를 엮지 마십시오. 하나님이 친히 찾아오셔서 친히 모욕을 당하시고 친히 피 흘리셨다는 사실을 기억하십시오. 감상주의에 빠지지 마십시오. 합력하여 선을 이룬다는 것은 무시무시한 약속입니다. 타협하지 않겠다. 기어코 모든 것이 다 유익이 되게 하겠다고 하는 그런 뜻입니다.

『대망』이라는 유명한 작품을 다들 아실 것입니다. 이 작품에 등장하는 역사적 인물인 도쿠가와 이에야스는 이런 말을 남겼습니다. "인생은 무거운 짐을 지고 먼 길을 떠나는 것과 같다. 마음대로 되는 일이 없다는 것을 안다면 굳이 불만일 필요가 있는가?" 이 얼마나 적절한 표현이며 분별입니까? 사실 인생이 그렇습니다. 성경은 하나님을 사랑하는 자 곧 그의 뜻대로 부르심을 입은 자들에게는 모든 것이 합력하여 선을 이룬다고 말씀합니다. 그러니 웃으십시오. 명예롭게 사십시오. 복음이 복음인 이유와 십자가가 능력인 이유를 알아야 합니다. 그렇지 않으면 살아낼 수가 없습니다.

그러니 책임 있게 살라

로마서 5장으로 돌아가 다시 확인해 봅시다. 1절에서는 "그러므로 우리가 믿음으로 의롭다 하심을 받았으니 우리 주 예수 그리스도로 말미암아 하나님과 화평을 누리자"고 하여 우리의 현재를 말하고 있습니다. 2절에서는 아직 오지 않은 영광을 언급하며 "또한 그로 말미암아 우리가 믿음으로 서 있는 이 은혜에 들어감을 얻었으며 하나님의 영광을 바라고 즐거워하느니라"고 합니다. 아직 오지 않은 이 영광은 취소되거나 변개되거나 방해 받을 수 없습니다. 그러니 즐거워하자고 합니다.

그리고 3절에서 "다만 이뿐 아니라 우리가 환난 중에도 즐거워하나니 이는 환난은 인내를, 인내는 연단을, 연단은 소망을 이루는 줄 앎이로다"라고 하여 영광스러운 미래로 나아가는 과정인 현실을 하나님이 고난이라는 방법으로 인도하신다고 합니다. 그런 후에 5절에서는 소망을 언급합니다. "소망이 우리를 부끄럽게 하지 아니함은 우리에게 주신 성령으로 말미암아 하나님의 사랑이 우리 마음에 부은 바 됨이니." 여기서 소망은 신자의 운명 곧 영광의 목적지를 말합니다. 계속 6절 이하도 보겠습니다.

> 우리가 아직 연약할 때에 기약대로 그리스도께서 경건하지 않은 자를 위하여 죽으셨도다. 의인을 위하여 죽는 자가 쉽지 않고 선인을 위하여 용감히 죽는 자가 혹 있거니와 우리가 아직 죄인 되었을 때에 그리스도께서 우리를 위하여 죽으심으로 하나님께서 우리에 대한 자기의 사랑을 확증하셨느니라(롬 5:6-8).

이 말씀대로 그리스도께서 죽으신 것은 완료된 과거입니다. 우리가 태어나기 전에 이루어진 구원입니다. 예전에 시간의 역순을 언급하면서 이 구원을 변개할 수 없는 하나님의 의지가 드러난 역사적 사건이라고 말씀드렸습니다. 우리는 이미 성화의 길에 들어왔으며, 결국 영화에 이르게 될 것입니다. 그것을 방해할 수 있는 것은 전혀 없습니다. 그러니 이제 어떻게 살 것인가 묻는 것입니다. 성경은 잘 살라고 이야기합니다. 이는 우리 생각처럼 그렇게 간단한 이야기가 아닙니다.

잘 사는 것은 책임 있게 사는 것을 말합니다. 기독교에서 말하는 '책임 있게 산다'는 것은 하나님의 자녀라는 명예를 알고 사는 것입니다. 너희 삶이 하나님의 성실한 손안에 있다. 그러니 넉넉하게 살아라. 걱정 말고 울어라. 삶을 맘껏 향유하고 누리라고 합니다. 이어서 9절입니다.

그러면 이제 우리가 그의 피로 말미암아 의롭다 하심을 받았으니 더욱 그로 말미암아 진노하심에서 구원을 받을 것이니 곧 우리가 원수 되었을 때에 그의 아들의 죽으심으로 말미암아 하나님과 화목하게 되었은즉 화목하게 된 자로서는 더욱 그의 살아나심으로 말미암아 구원을 받을 것이니라(롬 5:9-10).

이 두 구절은 이런 뜻입니다. 하나님은 우리가 그분을 외면했을 때에도 당신의 아들을 주실 정도로 은혜를 베푸신 분인데, 하물며 우리가 이제 그를 믿고 아는 차원에 있다면 우리에게 무엇을 아끼시겠는가 하는 말씀입니다. 그래서 다음의 고백이 가능한 것입니다. "그뿐 아니라 이제 우리로 화목하게 하신 우리 주 예수 그리스도로 말미암아 하나님 안에서 또한 즐거워하느니라"(롬 5:11).

만일 여러분의 인생이 이 말씀으로 답이 되지 않는다면 다른 답은 없습니다. 여러분 마음에 들게 현실을 바꾸어 주신다는 답은 성경에 없습니다. 하나님이 뜻하시고 목적하시는 역사와 인생과 존재의 목적지만 있을 뿐입니다. 그것이 명예롭게 여겨지지 않고 감사하지 않다면 다른 답은 없습니다. 그러나 여러분이 하나님의 부르심을 받아 예수님을 믿노라고 고백했다면, 그것이 얼마나 큰 하나님의 은혜이며 하나님의 성실한 의지인가를 확인할 수 있을 것입니다. 또한 우리의 인생이 하나님의 복 주심의 결과요 과정인 것이 분명하다면, 여러분에게 약속된 미래도 반드시 일어날 수밖에 없을 것입니다. 이 말씀에 위로를 얻어 소망과 믿음을 갖고서 감사하는 인생이 되기를 바랍니다.

26

신분에 영향을 주지 않는 싸움

롬 8:13-14

너희가 육신대로 살면 반드시 죽을 것이로되 영으로써 몸의 행실을 죽이면 살리니 무릇 하나님의 영으로 인도함을 받는 사람은 곧 하나님의 아들이라.

최고의 난제인 성화

신자들은 영으로써 몸의 행실을 죽여야 하는 성화의 과정을 필수과정으로 책임지고 있습니다. 그러나 이 성화라는 문제를, 우리가 책임지고 우리 자신이 해야 하는 일임에도 불구하고 우리만의 일이 아니고 구원 속에 보장되어 있는 어떤 하나님의 안전장치에 의한 하나의 특권이라고 가르치고 있습니다. 성화라는 것은 내가 죄와 악을 피하고 대적하여, 내 몸에 아직 남아 있는 뿌리와 습관과 부패하는 모든 성질들을 하나님의 명령에 따라 하나님이 힘주시고, 지혜 밝히시고, 우리 안에 거하시는 성령님이 우리를 인도하시는 데에 나를 맡겨서 이겨내는 싸움입니다.

이렇게만 이야기하면 성화라는 것이 우리에게 있어 최고의 난제가 되고 최고의 커다란 싸움이 된다는 것을 금방 깨우치게 됩니다. 그리고 생각보다 싸움이 어렵다는 것을 모든 신자가 고백하고 있습니다. 거의 대부분의 신자들이 이 성화의 싸움에서 승리할 때보다는 실패할 때가 더 많아서 어떻게 하면 거룩한 삶을 살 수 있는가, 어떻게 하면 죄를 짓지 않고 신앙에 승리할 수 있는가라는 것이 신자들의 공통된 첫 번째 질문이며 소원이기도 합니다. 우리는 이 문제를 앞에서 다룰 때 몸의 행실을 죽인다는 싸움이 윤리적, 도덕적, 금욕적으로 다루어져서는 안 된다는 것을 살펴보았습니다. 몸의 행실을 죽이는 이 일은 영으로써만 가능한 것인데, 우리는 그 영으로써 가능하다는 것을 예전에 죄밖에 모르고 죄밖에 지을 수 없었던 상태에서 의와 거룩과 진리와 생명으로 부름을 받아 그 모든 것을 소유하고, 공급을 받고 있다는 차원에서 이해했었습니다.

그러나 이 문제는 훨씬 어렵고 복잡해서, 로마서 전체에 대한 오해가 바로 이 성화 문제 때문에 야기되었다고 해도 과언이 아닐 정도입니다. 조금 전에 예를 든 바와 같이 우리 모두가 실제적인 신앙생활 속에서 실패하는 것 때문에 로마서를 보는 데 실패하게 되는 것입니다. 우리는 하나님의 자녀이고 신앙으로 모든 죄악을 물리치고 승리해야 됨에도 불구하고 실제 생활 속에서 너무나 많은 실패를 반복하고 있기 때문입니다. 그래서 우리는 마음속으로 '나는 왜 이렇게 실패만 할까?'라는 자문을 하게 됩니다.

로마서는 1장에서 8장까지 한 중요한 부분을 이루고 9장부터 나머지는 조금 다른 제2부에 해당합니다. 구원에 관한 설명은 1장에서 8장까지인데, 1장에서 5장까지는 칭의의 문제, 6장은 성화, 7장은 구원은 얻었으나 성화에서 실패한 자를 묘사하는 것으로, 8장은 성화의 완성으로 보는 식의 오해를 낳게 되었던 것입니다. 그 모든 것은 다 성화의 실패 때문이었고, 그런 식으로 나누었을 때 여러 번 예를 든 바와 같이 '7장의 성화에서의 실패는 성화의 싸움을 온전히 혼자서 했기 때문이다. 8장에서 소개한 바와 같이 예수 그리스도로 말미암는 승리, 성령의 인도함을 따라 승리할 것을 요구하고, 그러기 위하여 자신의 싸움을 중단하고 자기의 무력함을 인정하고 온전히 주님께 맡길 것'이라는 성화의 방법이 굉장히 유행했습니다.

그런 식의 주장에 가장 유명한 사람이 워치만 니입니다. 한국교회의 신자들 중에 더 좋은 신앙을 가지려고 애썼던 모든 사람들이 한 번씩 거쳐 갔던 인물이 워치만 니입니다. 저도 젊은 시절 워치만 니를 거쳤고, 또 오늘날 좋은 신앙생활을 하는 대부분의 사람들도 워치만 니의 도움을 받았습니다. 그의 책을 보면 신앙의 순수함과 아름다움과 주님 앞에 온전히 헌신하는 감동과 기쁨과 이런 고귀함들이 잘 표현되어 있습니다. 그러나 워치만 니가 하나님께 자신을 드리는 것을, 자기의 무력함을 인정하고 주님께 모든 것을 맡기는 싸움이라는 이야기의 창시자는 아닙니다. 그는 그것을 가장 널리 퍼뜨린 사람이고, 많은 신자들에게 이 문제는 악영향을 미쳤습니다.

우리는 성화를 그런 의미에서, 주님께 나 자신을 넘겨주는 것으로 만들어 버려서 로마서에서 배워 오는 바와 같은 하나님의 사랑으로 강건해지고 분별력이 생기고 깊은 신앙 인격으로 온전한 하나님의 사람으로 완성되는 일을 점점 포기하는 길로 가는 것이라고 인식하셔야 합니다. 이 싸움은 대단히 복잡하고 어렵습니다. 오히려 로마서는 처음부터 이 성화를 그 초점으로 다루고 있지 않다는 것을 기억해야 합니다.

구원은 모두 하나님께 달려 있음

로마서는 구원이 갖는 근본적 성격을 가르칠 때에 시작도 하나님으로 말미암았고, 완성도 하나님으로 말미암는다는 이야기에 초점을 맞춥니다. 그래서 로마서 초두 1장, 2장, 3장까지는 전부 죄 짓는 사람들의 모습에 관한 일반적인 논증이고, 3장 후반과 4장에 걸쳐서 구원에 관한 이야기와 특별히 4장에서는 믿음에 관한 설명, 5장에서는 대표 원리를 통해, 아담 안에 있었던 우리가 그리스도 예수 안에 있으므로 말미암아 이제 우리가 얻은 이 구원은 절대 취소되거나 파기되거나 실패될 수 없는 완전한 것이라는 확증을 얻었습니다. 8장의 주제도 구원의 확신입니다. 그것은 5장에서 직접 연결해 오는 것입니다. 6장과 7장은 오히려 잠깐 옆길로 들어가서 이 구원의 특성상 일어날 수 있는 오해 중 가장 중요한 두 가지를 다루는데, 6장은 은혜에 대해서 7장은 율법에 대해서 다루고 있습니다.

로마서 5장으로 가보십시다.

그러므로 우리가 믿음으로 의롭다 하심을 받았으니 우리 주 예수 그리스도로 말미암아 하나님과 화평을 누리자. 또한 그로 말미암아 우리가 믿음으로 서 있는 이 은혜에 들어감을 얻었으며 하나님의 영광을 바라고 즐거워하느니라(롬 5:1-2).

이처럼 구원을 설명할 때는 언제나 이 구원이 예수로 말미암아 가능해졌다는 이야기와 함께 예수 안에 있는 것은 곧 하나님의 영광의 자리에 들어간 것이라고 이야기합니다. 구원의 성격에서 제일 독특한 것, 가장 핵심이 되는 것은 우리에게 구원을 시작만 시켜 놓은 것이 아니라는 것입니다. 죄로부터 우리를 자유하게 한 것과 동시에 하나님께서 요구하시는 흠도 없고 점도 없는 영광의 자리에 세워 놓은 것, 즉 최종적 결과를 구원 속에 함께 들어 있는 내용으로서 한 번에 선물 받은 것입니다.

우리가 구원을 이해하는 데 있어 이런 문제들이 어려운 것은 사람들에게 어떤 결과가 원인과 과정보다 먼저 올 수 없기 때문입니다. 사람이란 어떤 결과든지 결과가 있으려면 원인이 있어야 하고, 과정이 있어야 결과가 일어납니다. 하나님은 이것을 바꾸십니다. 하나님은 언제나 결과가 먼저 있습니다. 왜냐하면 하나님은 하나님이 계획하시는 것을 스스로 번복하시는 적이 없으신 분이기 때문입니다. 하나님께서는 성실하시고, 신실하시고, 영원하신 분이며 하시는 일을 누구에게도 방해받지 않으시는 전능하신 분이십니다.

그래서 성경에는 예언이 가득한데, 예언이 있는 가장 큰 이유는 온 천하 만물이 우연의 결과가 아니라 어떤 의지와 계획의 결과인 것을 보여주기 위해서입니다. 하나님은 먼저 계획하셨습니다. 그 계획은 언제나 결과와 목적을 가지고 있는데, 그 목적을 이루시는 것이 시간 순서와 역사 속에 나타나는 것입니다. 인간은 자기가 무엇을 계획했어도 그것을 꼭 이루려는 신념과 실력이 없기 때문에 해봐야 압니다. 그래서 우리는 성화를 일어난 순서대로, 하나님이 나를 부르시고 구원하셨다고 이해를 합니다. 그러므로 이제 하나님의 사람으로 열심히 살면 영광의 자리에 가고, 이 성화에서 실패하면 '뭐 우리 목사님이 구원은 취소되지 않는다니까 꼴찌쯤 앉아 있고,' 즉 이 과정이 결과에 영향을 미칠 것이라고 생각한단 말입니다.

그런데 성경은 계속 우리들에게, 우리가 받고 우리가 지금 서 있는 것이 어떻게 결과를 보증하는 것이냐를 이렇게 이야기하고 있습니다.

하나님이 미리 아신 자들을 또한 그 아들의 형상을 본받게 하기 위하여 미리 정하셨으니 이는 그로 많은 형제 중에서 맏아들이 되게 하려 하심이니라. 또 미리 정하신 그들을 또한 부르시고 부르신 그들을 또한 의롭다 하시고 의롭다 하신 그들을 또한 영화롭게 하셨느니라(롬 8:29-30).

여기에도 부르심과 의롭다 하심 다음 성화가 없고 영화가 끝에 나옵니다. 어쨌든 성경말씀을 적극적인 의미에서 추적하는 신자들이라면 부르심을 받고, 의롭다 하심을 받은 자리까지는 경험이 있습니다. 성경이 자꾸 강조하는 것은, "네가 부르심을 받았고, 네가 구원함을 받았느냐? 그러면 너는 영화롭게 된 자다'라는 것입니다.

성화가 영화를 좌우하지 아니함

그런데 운명이, 하나님의 계획이 그렇게 되기 위해서는 아직도 거쳐야 할 과정이 있습니다. 그것이 성화라는 과정입니다. 이 성화가 나중의 결과에 어떤 영향을 미칠 것이라고 생각해서 우리는 성화 단계에서 일어나는 우리 신앙의 실패에 대하여 한탄하고 좌절합니다. 어떻게 해야 이 싸움에서 이기는가? 나는 밤낮 요 모양 요 꼴일까? 본인의 의지박약과 능력 없음을 한탄합니다.

그러나 성경이 가르치는 것은, 성화가 영화로 가는 과정인 것은 사실이지만 이 성화는 영화에 영향을 미치도록 되어 있는 중간 다리가 아니며, 영화가 되어 있기 때문에 성화를 통과해 가는 것입니다. 성화 차원에서, 우리가 현실의 신앙생활에 실패했을 때, 성화가 영화라는 결과에 영향을 미친다고 하면 우리는 좌절을 하지만 만일 성화에 무슨 문제가 생겨도 영화에는 영향을 미칠 수 없다면, 즉 영화는 있고 성화는 과정이라고 알게 되면 거기서 실패했을 때 자기 머리를 한대 쥐어박으면서 "에이, 바보같이 또 잘 못했네"이렇게 됩니다. 이것은 이야기가 달라지는 것입니다. 이것이 아주 중요한 핵심입니다.

기독교 신앙의 어려운 점은 우리의 수준과 이해력으로 이해하고 믿지를 않는다는 말입니다. 믿는다는 것은 내가 이해하지 못하는 것을 나의 것으로 가지는 것입니다. 우리 인간들은 이런 순서밖에는 못 밟습니다. 왜냐하면 의지력도 모자라고, 힘도 없고, 안목도 없기 때문입니다.

우리 인간들은 해봐야 그다음을 압니다. 그다음을 내다볼 안목도 그것을 조정할 힘도 우리에게는 없습니다. 그것으로 하나님의 일을 생각하지 말아 달라는 것입니다. 쉽게, 우리가 집을 짓는다고 생각해 봅시다. 무엇부터 생각하십니까? 집을 어떤 식으로 지을까? 청기와로 지을까? 적기와로 지을까? 얼마만큼 지을까? 이런 생각부터 합니다. 생각을 해서 머릿속에 그림을 그려 놓은 다음에 구체적으로 땅도 사고, 물건도 사고, 설계도하여 내가 머릿속에 그렸던 것이 되도록 지어 나가는 것입니다. 하나님이 일하시는 방법을 배우십시오. 우리는 이미 부름 받았고 영광의 자리에 가 있는 존재입니다. 이것이 성화에 있어서 맨 처음 기억해야 되는 승리의 비결입니다. 왜냐하면 성화가 영화의 앞 과정임에도 불구하고 성화가 영화를 좌우하는 것이 아니라는 것을 안다면 우리에게는 한탄도 좌절도 없을 것이기 때문입니다.

> 찬송하리로다. 하나님 곧 우리 주 예수 그리스도의 아버지께서 그리스도 안에서 하늘에 속한 모든 신령한 복을 우리에게 주시되 곧 창세 전에 그리스도 안에서 우리를 택하사 우리로 사랑 안에서 그 앞에 거룩하고 흠이 없게 하시려고 그 기쁘신 뜻대로 우리를 예정하사 예수 그리스도로 말미암아 자기의 아들들이 되게 하셨으니 이는 그가 사랑하시는 자 안에서 우리에게 거저 주시는 바 그의 은혜의 영광을 찬송하게 하려는 것이라(엡 1:3-6).

여기에서는 구원을 전부 하나님의 계획의 시각에서 보고 있습니다. 이미 저 궁극적인 결과까지 청사진이 다 그려져 있는 것을 보는 것입니다. 우리가 어떻게 구원을 얻었는가? 어디까지 갈 것인가? 왜 지금 이 자리에 와 있는가? 어떻게 왔는가? 모두 다 하나님의 계획과 하나님의 능력과 하나님의 은혜의 베푸심 속에서 이루어진 일입니다. 그것이 어디까지 가느냐? 그 앞, 거룩하고 흠이 없는 자리, 영광의 자리까지 가는 것이 성화에서 승리하는 비결입니다.

하나님의 영의 인도를 받는 자의 신분

그런데 오늘 읽은 본문 말씀을 다시 한번 봅시다. "너희가 육신대로 살면 반드시 죽을 것이로되 영으로써 몸의 행실을 죽이면 살리니"(롬 8:13). 이렇게만 놓고 따져보면 성화에서 이겨야 되는 것 아닙니까? 성화의 싸움에서 지면 안 되는 것 아닙니까? 성화의 싸움에서 지면 우리는 죽고, 이겨야 산다고 되어 있지 않습니까? 그러나 14절, "무릇 하나님의 영으로 인도함을 받는 사람은 곧 하나님의 아들이라." 이 말씀은 너희가 실패했다는 것을 어떻게 아느냐 하는 것과 관련이 있습니다. 신앙 싸움에서 실패했다는 것을 어떻게 아느냐 하는 이것입니다. 신앙 싸움에서 실패했다는 것은 이렇게 압니다. 하나님께서 이렇게 살아라 했는데 나는 그렇게 살지 못했다. 이렇게 살면 하나님이 싫어하는데 싫어하는 일을 했다. 난 왜 이럴까? 하나님이 원하시는 것, 하나님이 기뻐하시는 것, 하나님이 싫어하시는 것은 하나님의 영으로 인도함을 받지 않는 자는 모르는 일입니다. 신자가 아니고는 모르는 일입니다.

신앙의 실패와 여러분의 연약한 믿음에 대해서 그렇게 좌절하시고 가슴을 치신다면 이 말씀을 한번 상고해 보시라는 것입니다. 너희가 성화의 싸움에서 졌다는 것을 무엇으로 아느냐는 것입니다. 너희의 좌절과 한탄은 너희가 하나님 영의 인도함을 받기 때문이 아니냐는 것입니다. 하나님 영의 인도함을 받는 자라면 이겼느냐 또는 졌느냐를 떠나서 이미 하나님의 아들입니다. 이기면 하나님의 아들이 되는 것이 아니라 너희 마음속에 이 거룩과 생명에 대한 감각과 그 싸움에서 진 것이 애통하는 것으로 와 있다면 너희는 죄와 사망 아래 있지 않고 생명과 거룩 아래 있는 자이고, 하나님 영의 인도함을 받는, 하나님의 성령이 너희 안에 계신 자라는 것입니다. 그렇다면 너희는 이미 하나님의 자녀라는 것입니다.

성화의 싸움에서 이겨야 하나님의 자녀라는 이름을 얻는 것이 아니고 구원을 얻음으로 하나님의 자녀가 먼저 되었습니다. 그러니 이기면 하나님의 신하가 되고 지면 하나님의 종이 되고 져도 왕창 지면 지옥 가는 것이 아니라는 말입니다. 그것과 상관없이 우리는 하나님의 아들입니다. 승리하면 영광스럽고 잘난 자식이고, 지면 못난 자식이 되는 것입니다.

그래서 이것을 좀 더 확대해 보면 신앙을 실존적, 주관적으로 생각하게 됩니다. 신앙이라는 것은 나를 믿는 것이 아니고 나의 의지를 믿는 것이 아니며 결국 하나님을 믿는 것입니다. 성경이 이야기하는 모든 믿음은 하나님이 그렇게 약속하신 것입니다. 내가 해달라고 한 것이 아니라 일차적으로 하나님이 하시겠다는 것입니다. 우리에게는 "네가 갈 곳, 네가 나에게 받은 복에 어긋나게 살지 말라"고 합니다. 그것은 바보짓이기 때문입니다.

우리는 우리의 충성 여하에 따라서, 승패에 따라서, 결과가 달라진다고 믿고 있습니다. 성경이 약속하는 것과는 다릅니다. 우리가 성화의 싸움에 걸렸을 때 언제나 기억해야 할 것이 있습니다.

돌아가신 분이 예수를 믿었다고 봐야 될지, 믿지 않았다고 봐야 될지 애매한 경우입니다. 믿었다고 인정을 해야 어쨌든 "고 아무개 성도께서 주님의 품 안에 있는 것을 믿사오며 우리 모든 사람들이 같은 신앙으로 모였습니다" 이렇게 기도할 수 있지, 안 믿었는데 "하나님, 저 영혼을 부탁합니다" 할 수는 없는 것입니다. 그럼 묻습니다. "평소에 교회에 나오신 적이 있는가?", "없다", "잘 생각해 보라. 정말 한 번도 없었는가?" 부인이 가만 생각하더니 "한 번 있었다" 이것입니다. 늘 자기를 데려다 주고 예배를 보는 동안 밖에 있곤 했는데 그날은 워낙 추워서 할 수 없이 들어와 앉아 있었다는 것입니다. 그럼 저는 "됐다. 충분하다"고 합니다. 교회에 온다고 구원을 얻는 것은 아닙니다. 구원은 예수를 믿어야 얻습니다. 다른 방법이 없습니다.

그러나 예배를 드리는 것은 대단히 어려운 일입니다. 세상에서 제일 못할 노릇이 무엇이냐면 재미없는 영화를 보는 것입니다. 그런데 세상에서 제일 못할 일, 재미없는 영화 보는 것보다도 더 못할 일은 아무리 잘하는 설교라도 믿지 않는 사람이 설교를 듣는 일입니다. 그것은 세상에 못할 짓입니다. 그런데 와서 주무셨든 무엇을 하셨든 예배를 드렸다는 것은 대단히 중요한 것입니다. 그런데 혹 그것도 없다 그러면 이렇게 묻습니다. 가족들이 예수 믿는 것에 대해 호의적 발언을 한 적이 있는가? 왜 자꾸 제가 이러는지 아십니까? 모든 구원은 하나님의 긍휼과 자비와 그의 은혜와 사랑에 근거되어 있지 우리의 노력과 잘남에는 조금도 근거가 없기 때문입니다. 하나님은 무슨 이유를 대어서라도 구원을 하시겠다는 주의이시고, 우리 못난 것들은 사람을 평가할 때 무슨 핑계를 대서라도 묵사발을 만들겠다는 주의입니다. 그 생각을 떨쳐 버리십시오. 매우 중요한 생각의 차이입니다.

지혜로운 자가 되라

그래서 우리가 우리의 성화에서 혹, 부딪히는 모든 문제에 대해 실패했다 할지라도 내가 하나님의 자녀라는 것은 영원히 불변하는 것입니다. 그럼 남은 문제는 하나입니다. 내가 왜 이 미친 짓을 하고 있는가? 결국은 가고야 말 자리에 걸맞게 살지 못하는 것같이 바보 같은 짓은 없습니다. 그러므로 여러분이 성화에서 실패하는 가장 큰 이유는 본인과의 의지의 싸움에서 지기 때문입니다. 그래서 여러분은 실패할 때마다 점점 더 좌절과 자포자기로 가고 스스로를 파괴시키는 데로 갑니다. 그러나 만일 구원의 성격을 근본적인 개념에서 이해한다면 여러분은 '아이고, 또 실패했네, 아이고 또 바보짓 했네'로 금방 고칠 수 있습니다. 이 길이 아니므로 저 길로 돌아

성화

갈 수 있다는 말입니다. 그래서 신앙은 능력을 묻지 않습니다. 능력을 묻지 않고 열심을 묻지도 않습니다. 어떤 의미에서는 어리석으냐 지혜로우냐를 묻고 있습니다.

> 너희가 전에는 어둠이더니 이제는 주 안에서 빛이라. 빛의 자녀들처럼 행하라. 빛의 열매는 모든 착함과 의로움과 진실함에 있느니라. 주를 기쁘시게 할 것이 무엇인가 시험하여 보라. 너희는 열매 없는 어둠의 일에 참여하지 말고 도리어 책망하라. 그들이 은밀히 행하는 것들은 말하기도 부끄러운 것들이라. 그러나 책망을 받는 모든 것은 빛으로 말미암아 드러나나니 드러나는 것마다 빛이니라. 그러므로 이르시기를 잠자는 자여 깨어서 죽은 자들 가운데서 일어나라. 그리스도께서 너에게 비추이시리라 하셨느니라. 그런즉 너희가 어떻게 행할지를 자세히 주의하여 지혜 없는 자 같이 하지 말고 오직 지혜 있는 자 같이 하여 세월을 아끼라. 때가 악하니라. 그러므로 어리석은 자가 되지 말고 오직 주의 뜻이 무엇인가 이해하라(엡 5:8-17).

내용이 전부 지혜, 분별, 하나님의 뜻에 맞게 사는 것이지, 내가 얼마나 열심을 내느냐, 내가 얼마나 힘을 동원하는가 하는 것이 성경에서 첫 번째 요구하는 사항은 아닌 것입니다. 어리석어지지 마십시오. 수영하러 가면서 밍크코트 싸가지고 가지 말라는 말입니다. 그리고 게으르지 마십시오. 세월을 아끼십시오. 그 앞에 가야 할 날이 다가오고 있습니다. 매일 하루씩 다가오고 있습니다. 매년 일 년씩 다가오고 있습니다.

그런데 아직도 사람들은 자기가 가야 할 곳을 준비하지 않고 딴 짓을 하고 있습니다. 어리석은 사람이요, 게으른 사람입니다. 여러분이 신자로서 가지고 싶은 소망은 모든 죄와의 싸움에서 승리하여 신앙인으로서 떳떳한 삶의 영위입니다. 여러분이 누구인가, 하나님이 여러분에게 허락한 것이 무엇인가, 이미 가지고 있는 특권과 영광의 지위가 무엇인가를 깨우치는 것입니다. 그리고 거기에 걸맞게 사십시오. 여러분의 인생에 다시는 실패가 없을 것입니다.

선집 설교 목록

『성화』

『교회』

『자유』

출전

『구원 그 이후』(새순출판사)

『성화의 신비』(세움)

『마태복음』(세움)

『요한복음』(엠마오)

『로마서』(세움)

『고린도전서』(엠마오)

『고린도후서』(엠마오)

『에베소서』(새순출판사)

『박영선 목사의 산상수훈 강해』(합신대학원출판부)

『믿음은 사람보다 크다』(영음사)

『다시 보는 로마서』(무근검)

• 이 책은 박영선 목사의 위 저작들에서 허락을 받고 일부 발췌한 것이다.
  사용을 허락해 준 출판사들에 깊은 감사를 드린다.